庆祝世界贸易组织成立二十周年

中国法学会世界贸易组织法研究会　组织编写

WTO法与中国研究丛书

孙琬钟　总主编

《WTO协定》与条约解释
——理论与实践

冯寿波◎著

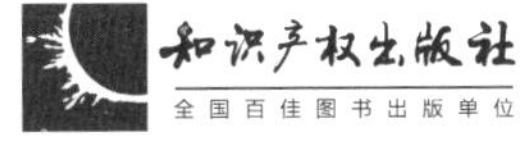

知识产权出版社
全国百佳图书出版单位

图书在版编目(CIP)数据

《WTO协定》与条约解释 : 理论与实践/冯寿波著. —北京:知识产权出版社,2015.1

(WTO法与中国研究丛书/孙琬钟总主编)

ISBN 978-7-5130-3179-0

Ⅰ.①W… Ⅱ.①冯… Ⅲ.①世界贸易组织—贸易协定—研究 Ⅳ.①F744

中国版本图书馆CIP数据核字(2014)第274620号

内容提要

学界对WTO法的"自足性"问题并无定论,因此,WTO法与国际公法间的关系并不十分清晰。WTO案例报告中,专家依据《维也纳条约法公约》第31条、第32条规定的条约解释规则,试图来弥补、澄清、消弭《WTO协定》中的漏洞、模糊和冲突。然而,《维也纳条约法公约》第31条、第32条本身的规定也存在诸多模糊之处,因此,借助WTO争端解决机构的裁决报告中对第31条、第32条在诸多个案中的适用及其诠释,作者试图通过对这两条的含义、价值、适用、模糊性、冲突等问题的探究,以达到明晰条约解释诸要素间的联系、区别及作用机制。条约解释问题还涉及其他许多重大的国际法基本理论问题,包括条约对第三方的效力问题、条约解释对维护国际法体系的作用等。该研究对完善我国国内条约解释制度也具有积极意义。

责任编辑:宋 云　　**责任校对**:董志英

封面设计:张 冀　　**责任出版**:刘译文

《WTO协定》与条约解释——理论与实践

冯寿波 著

出版发行:知识产权出版社有限责任公司　　**网　　址**:http://www.ipph.cn

社　　址:北京市海淀区马甸南村1号　　**邮　　编**:100088

责编电话:010-82000860转8388　　**责编邮箱**:songyun@cnipr.com

发行电话:82000860转8101/8102　　**发行传真**:010-82000893/82005070/82000270

印　　刷:三河市国英印务有限公司　　**经　　销**:各大网上书店、新华书店及相关专业书店

开　　本:787mm×1092mm 1/16　　**印　　张**:18.75

版　　次:2015年1月第1版　　**印　　次**:2015年1月第1次印刷

字　　数:332千字　　**定　　价**:48.00元

ISBN 978-7-5130-3179-0

《WTO法与中国研究丛书》编委会

总　序

2015 年 1 月 1 日是世界贸易组织（WTO）成立 20 周年的日子，这是一个值得庆贺的时刻。

20 年来，世界贸易组织取得了举世瞩目的成就。虽然多哈回合谈判举步维艰，但是，2013 年底达成的“巴厘岛一揽子协议”使我们再次看到了多边贸易体制的曙光。WTO 不仅是制定自由贸易规则的平台，更是解决贸易争端的平台。成立 20 年来，WTO 受理了将近 500 件贸易争端，为世界贸易的平稳发展做出了重大贡献。尽管世界贸易组织谈判中也存在强权政治和大国利益，但在争端解决程序中，任何利益的实现都要以对规则进行合理解释为基础，这是法治社会的重要表征。毋庸置疑，WTO 是成功的，它推动了世界经济的发展，也为世界的和平与进步发挥了积极作用。

2001 年 12 月 11 日，中国加入世界贸易组织，成为现已拥有 160 个成员的世界贸易组织大家庭的一分子。13 年来，中国的改革开放不断深入，经济突飞猛进，社会不断进步，法制日趋完善，这与我国突破西方世界的壁垒加入到世界经济贸易的大市场是分不开的。实践充分证明，我国政府加入世界贸易组织的战略决策是英明和正确的。

13 年前，正当我国即将加入世界贸易组织之际，中国法学会审时度势，向中央提出报告，经朱镕基、胡锦涛、李岚清、罗干、吴仪等领导同志的同意，成立了“中国法学会世界贸易组织法研究会”。研究会的成立，为从事世界贸易组织法研究的专家学者提供了施展才能的平台，大大促进了我国对世界贸易组织法的深入研究，扩大了世界贸易组织法的影响。随着我国经济的发展以及对世界经济贸易的深入参与，世界贸易组织法在我国逐步发展成为一个具有完整理论框架和丰富案例资源的独立法学学科，中国法学会世界贸易组织法研究会也逐步发展成为我国 WTO 法律事务的智囊和人才库。

为了庆祝世界贸易组织成立20周年，中国法学会世界贸易组织法研究会将我国WTO专家学者的近期研究成果编辑成册，出版了这套《WTO法与中国研究丛书》。尽管这套丛书仅仅展示了我国WTO法研究的一个侧面，但是，我们希望这套丛书能够为有志于WTO法研究的读者们提供有价值的参考和借鉴。

最后，我们要向为这套丛书提供出版机会的知识产权出版社表示深切的敬意！向为这套丛书的编写工作付出辛勤劳动的专家学者表示诚挚的谢意！

中国法学会世界贸易组织法研究会

2014年11月5日

目 录 CONTENTS

第一篇 条约解释之通则问题研究

第二篇 解释之补充资料问题研究

第三篇 条约法视角下《联合国海洋法公约》问题研究

第一篇　条约解释之通则问题研究

《维也纳条约法公约》(Vienna Convention on the Law of Treaty，VCLT) 在协助国际、国内 (准) 司法机构解决争端方面，起到了重要作用。特别是在世界贸易组织 (World Trade Organization，WTO) 争端解决机构的专家组/上诉机构报告中，其中的许多内容是适用 VCLT 第 31 条、第 32 条规定的条约解释规则对争议条约的条款含义、效力、条约间关系等问题进行分析。VCLT 第 31 条、第 32 条规定了诸多条约解释要素，主要包括上下文、通常含义、条约的目的和宗旨、善意、条约的准备工作、缔约情形和特殊含义。其中上下文包括：序言、附件、嗣后协定、嗣后惯例、适用于当事方间关系的任何有关的国际法规则等。然而，对于这些解释要素的具体含义、相互间的关系、在条约解释要素体系中的地位、价值及其局限性，特别是其在国际、国内 (准) 司法实践中的具体应用等问题，尚存在许多疑惑和难题，需要加强研究。

第一章　“通常含义”研究

在条约法理论和实践中，对 VCLT 第 31～33 条相关解释因素的含义、价值、性质、关系、局限性等问题仍存诸多分歧。通过实证研究等方法，深入探究第 31.1 条“通常含义”在条约解释中的作用、词典的使用、词语的字面含义、对谁而言是“通常的”、无通常意义或无单一通常意义的处理、在 WTO 和海牙国际法院（International Court of Justice，ICJ）等国际（准）司法实践中的应用等问题。确定条约用语“通常含义”的方法与第 31～33 条规定的其他解释方法间联系密切，“通常含义”仅是该要素系统的一部分，仅在上下文对此予以证实时且并不存在偏离该解释的其他因素时，“通常含义”或许有决定性作用。该方法仍具有局限性，几乎任何词语的含义都不止一个，且相互间可能还存在冲突；但也可能不存在“通常含义”。对“通常含义”与“特殊含义”问题，通常认为主张用语具有特殊意义的一方负有举证责任。

胡果·格劳秀斯曾主张：“如果不存在表明其他不同结论的含义，就依其自然意义来理解词语，不是依据其派生的语法上的意义，而是依据现在的用法。”❶ 瓦泰尔（Vattel）在 1758 年曾说过：“不允许解释不必要解释的词语。”然而，实践中，涉及条约的争议常常是在条约用语解释或理解上存在分歧，这是因为“条约是谈判导致妥协以调解经常是广泛的分歧的产物。就多边条约而言，谈判国的数目越多，满足各方冲突利益的富于想象力的灵活起草的需要就越多。这一过程不可避免地产生了许多不清楚或模棱两可的用词。尽管在起草时非常小心并积累了很多经验，但没有任何条约是不会产生一些解释问题的”。❷ 如同许多《关税及贸易总协定》（General Agreement on Tariffs and Trade，GATT）的规则，这种含糊的规定看来也是经过深思熟虑的。❸ 伊恩·布朗利教授认为，很多条约解释问题绝不是狭隘的技术问题。安托尼·奥斯特也认为，条约的解释在某种程度上是一种艺术，而不是一种严格的科

❶ H. Grotius, De Jure Belli ac Pacis, Book II, Oceana, reprint 1964, p. 409.

❷ 安托尼·奥斯特：《现代条约法实践》，江国青译，中国人民大学出版社 2005 年版，第 200 页。

❸ 约翰·H. 杰克逊：《世界贸易体制：国际经济关系的法律与政策》，张乃根译，复旦大学出版社 2001 年版，第 270 页。

学。这表明了条约解释问题的复杂性。

VCLT 第 31 ~33 条规定了适用于所有条约解释的习惯国际法规则，对消除、减缓条约内外部冲突、澄清条约用语含义以及国际（准）司法机构解决国际争端、缔约方维护国别利益具有重要价值。VCLT 第 31 条规定了条约“解释之通则”作为条约解释的基础性、权威性规则，但该条并不能独自解决条约解释中的所有问题，因此，第 32 条紧接着规定了条约解释的补充资料。在国际争端中，条约解释既可能构成当事方争议焦点，同时又是国际（准）司法机构解决争端中的关键工作之一。VCLT 第 31 条使用了四个“shall”来表示一般性规则的强制性质，第 32 条则使用了“may”来表明其项下条款规定的解释要素有别于第 31 条诸解释要素的不同法律地位，第 31 条中的条约解释要素的重要性大于第 32 条相关规定，但条约法理论和实践对相关解释因素的含义、价值、关系等问题仍存在诸多分歧。本书将深入研究 VCLT 第 31. 1 条中“通常含义”在条约解释中的作用、词典的使用、词语的字面含义、对谁而言是“通常的”、无通常意义或无单一通常意义的处理、在 WTO 和 ICJ 等国际（准）司法实践中的适用等问题。条约解释的目的在于确定条约用语的“通常含义”，但是“该方法的困难在于几乎任何词语的含义都不止一个。‘含义’一词本身就至少有 16 个不同的含义”。[1] 在一个情形下是“通常含义”，而在另一个情形中却可能是“特殊含义”。此外，“通常含义”是否就是指解释时的通常含义或是条约缔结时的通常含义，也是解释时可能产生的问题。

这一章的研究方法主要包括规范分析、历史分析和实证分析等研究方法。研究目的和意义主要是厘清条约用语的“通常含义”在条约解释要素体系中的地位、作用、实践应用及局限性、可能的发展。通过对国际（准）司法实践中对“通常含义”使用的研究，试图揭示条约解释的机理，因为条约用语含义解释的可预期性和完整性有利于提升 ICJ 和 WTO 争端解决机构（Dispute Settlement Body，DSB）裁决的正当性，平衡条约内外不同的甚至相互冲突的价值，维护相关国际规则的一致性、确定性和可预见性。

[1] G. Schwarzenberger，Myths and Realities of Treaty Interpretation：Art. 27 – 29 of the Vienna Draft Convention on the Law of Treaties，Virginia Journal of International Law，Vol9（1968），p. 13.

第一节　“通常含义”的内涵、地位、性质、作用及司法实践

一、“通常含义”的内涵

VCLT 第31条包含了“…in accordance with the ordinary meaning to be given to the terms of the treaty…”的规定，此处涉及对两个词语的解释：“ordinary”和“terms”。

《布莱克法律词典》（第七版）（Black Law Dictionary，7th edition）解释了“ordinary”的三个含义：“1. Occurring in the regular course of events；normal；usual. 2. （of a judge）having jurisdiction by right of office rather than by delegagtion. 3. …”《牛津现代高级双解辞典》的解释是“正常的；通常的；普通的（normal；usual；average）”。正像“ordinary”一词本身的多义性一样，“normal；usual；average”并不一定表明一个词语仅具有单一含义。

此处，存在“通常含义”对谁而言是“通常的（ordinary）”问题。“在一些案件中，一词语的通常含义可能仅对该领域具有某些了解的人来说是显然的。例如，不是每个人可能会立即明白（尽管他们可能会去猜测）为治疗目的而对来自人体或动物体中的物质样品‘用离子透入法’，必须被认为是《欧洲专利公约》（European Patent Convention）第52.4条中该词语的通常含义内的一种‘诊断方法’……通常含义与上下文和条约的目的和宗旨直接相联系……不一定是指一个普通人对该词语含义的理解，而是考虑条约的主题，为了寻求被合理通知该主题的人作为出发点对词语将会了解什么。”❶“某些特定用语还需根据其他国际机构赋予该用语的特定意义来解释。比如《世界贸易组织贸易技术壁垒协议》（Agreement on Technical Barriers to Trade of The World Trade Organization，WTO/TBT）第1.1条的规定。某些用语虽是写入条约的法律用语，但其意义却取决于法律以外的其他专业知识对该用语意义的认识和界定，即它具有法律以外的某个专业的特殊意义。比如，‘相同产品’、‘直接竞争或可替代产品’，仅从法律概念上通常难以界定和区分，还需要借助经济学知识，因而它们具有经济学上赋予的特殊含义。”❷

关于此处“terms”的含义可能有两种理解：（1）“words”的同义词；

---

❶ European Patent Office，Technical Board of Appeal，29 June 2001，Case no T 0946/99 -3.4.1. See Richard K. Garadiner，Treaty Interpretation，Oxford University Press，2008，pp. 173，174.

❷ 张东平：《WTO 司法解释论》，法律出版社2005年版，第65～66页。

(2) 对条约中所反映出的讨价还价的集合性表达。无论指哪一种情形，都指的是已被记录的事项。VCLT 第 2 条的标题就是“用语的使用”。VCLT 第 2.1 条提及“in written form”。VCLT 第 2.2 条规定：“第一项关于本公约内各项用语之规定不妨碍此等用语在任何国家国内法上之使用或所具有之意义。”VCLT 第 31.4 条中规定：“如果确定当事国有此原意，条约用语应使其具有特殊意义。”第 33.3 条规定：“条约用语推定在各作准约文内意义相同。”“VCLT 上下文对‘terms’一词的规定的累积效果是，该词语（word）与词语和短语（words and phrases）的含义有关，而非与讨价还价有关。”❶

实践中，国际（准）司法机构的法官/专家常试图通过使用对争议词语作出界定的词典、特定技术领域的专业书籍来发现该词语的一个含义。“‘to be given’短语中的‘given’一词强调的是，尽管解释者以诸规则所要求的方式使用了文本，但该含义并非文本中内在的，而是由解释者赋予的。”❷“在使用‘词语的通常意义’时，其修饰语是‘拟给予的’，这是否意味着，这里还存在一个赋予‘词语’以‘通常意义’的主体呢？如果是这样的话，词语‘通常意义’的赋予者只能是条约的缔约者，从这个角度来看，该条实际上也建立在意图说的基础上。所以，更准确的结论是，第 31 条是以文本说为基础，同时吸收了意图说和目的说。”❸此外，根据第 31.3 条（c）的规定，为表明可能的含义，法院提及其他条约中对词语的使用，不论这是否是为了寻求用语的“通常含义”，该做法在实施 VCLT 的实践中已被采纳，同时这也是对第 31.3 条（c）规定的适用。

二、“通常含义”的地位与性质

（一）“通常含义”的地位及与其他解释要素间的关系

李浩培先生认为：“VCLT 第 31 条的精神是：约文必须被推定为各条约当事国的意思的权威性的表示，从而解释的出发点是阐明约文的意义，而不是从头调查各当事国的意思……条约当事国应被推定为具有其所使用的词语的通常意义的意思，这是约文解释的精髓；词语的通常意义不应抽象地予以决定，而应按该词语的上下文并参与该条约的目的和宗旨予以决定，这是常识和善意的要求，也是折中地采纳了目的解释。”❹

VCLT 第 31 条、第 32 条间的逻辑关系并不很清晰，这也成为维也纳会议

❶ Richard K. Garadiner, Treaty Interpretation, Oxford University Press, 2008, p. 164.

❷ Richard K. Garadiner, Treaty Interpretation, Oxford University Press, 2008, p. 164.

❸ 宋杰：《国际法院司法实践中的解释问题研究》，武汉大学出版社 2008 年版，第 10 页。

❹ 李浩培：《条约法概论》，法律出版社 2003 年版，第 351 页。

争议的来源，当时美国甚至试图将其合并为一个条款。VCLT 第 31 条、第 32 条规定的诸要素在条约解释中的地位与作用并不相同，既有较密切联系，也有明显区别。就其联系而言，VCLT 规定的诸解释方法是对条约解释主要流派主张的兼顾，构成了条约解释规则的有机体系，具有相对完整性与内在逻辑性；由于 VCLT 第 31 条规定的条约正文本身是否清楚在某种程度上都具有主观性，因此，第 32 条具有内在灵活性。“按照国际法委员会的见解，第 31 条规定所列举的一切因素都是权威性的解释因素，因为这些因素都是与各当事国之间在约文中得到权威性表示的、当时或此后的含意有关的。而第 32 条所提及的条约准备资料和缔约的情况，按其设想的前提就没有这样的性质，因而只能是补充的解释资料，不论其有时在阐明各当事国的合意在约文中的表示方面怎样具有价值，不是权威性的解释因素。”❶ “准备工作能证明当事国在准备阶段的观点和意图，但是它不能确立关于经同意的条约义务之意图。此外，在准备阶段对主张的交流不能替代最终已被采纳的文件中的含义。”❷“准备工作具有合格的相关性特征，就准备工作不能反映诸当事方真实意图而言，准备工作缺乏证据价值。此外，并没有根据来支持对准备工作的借助。并且如果条约文本清楚，无论如何，就没有必要诉诸准备工作；实际上，该借助是被禁止的。”❸ 但是，如果“准备工作”与条约文本和目的相冲突，就不应当认为其具有相关性。

国际法中条约解释的三个主要流派包括目的解释学派（强调条约的宗旨和目的）、客观解释学派（强调条约用语）和主观解释学派（强调缔约意图）。“这三种流派的观点不一定是相互排斥的，而且解释条约的想法可以说是（通常也的确是）上述三种观点综合而成的。但是，每个流派通常把条约解释的某个特定因素置于首位，虽不一定排除其他因素，但肯定凌驾于其他因素之上……目的论派则常会‘溢入’司法立法的危险……总之，这三个流派各有利弊。”VCLT“被形象地称为‘关于条约的条约’。从第 31 ~ 33 条规定的内容看，公约的目的在于对主观学派、客观学派和目的学派所持的条约解释方法进行调和和折中，吸收三种学派中合理的因素，构建相对合理的条约解释规则”。“国际法委员会采取了一种中间路线以避免一种教条主义的方法。”❹ 阿瑟·瓦特（Arthur Watts）认为：“国际法委员会强调，第 31 条是一

---

❶ 李浩培：《条约法概论》，法律出版社 2003 年版，第 352 页。

❷ Alexander Orakhelashvili, The Interpretation of Acts and Rules in Public International Law, Oxford University Press, 2008, p. 384.

❸ J. H. Spencer, L'interpretation des traits par les travaux preparatoires, 1934, pp. 125 – 127, 165 – 167, 196.

❹ ［英］安托尼·奥斯特：《现代条约法实践》，江国青译，中国人民大学出版社 2005 年版，第 202 页。

个‘完整不可分的合并的（解释）操作方法’”。安托尼·奥斯特（Anthony Aust）也认为：“第31条名为‘解释之通则’（general rule）。该单数名词形式强调该条只包含在第一项中的一项规则。因此，我们必须考虑条约解释中三个主要因素——条约约文、它的上下文和条约的目的和宗旨的每一个因素。解释条约时人们自然地是从约文开始，随后是上下文，然后是其他事项，特别是嗣后的资料。”[1] 李浩培先生指出，国际法委员会认为条约解释程序是一个统一体，从而第31条的各项规定组成一个单一的、互相紧密地连在一起的完整的规则。[2]第31.1条规定的诸解释要素间“并没有法律效力上的优劣或上下等级之分”。[3]根据VCLT所确立的条约解释原则构成了一栋建筑物，解释者就是该建筑物的看门人。只有VCLT原则变得更清楚并被注入更大程度的公平时，该看门功能才能被有效发挥。

就“通常含义”与“特殊含义”问题，第31.4条规定：“如经确定当事国有此原意，条约用语应使其具有特殊意义。”“可见，将一用语解释为具有特殊意义，是须经特别‘确定’的，而不是可以随意赋予的。国际司法机构的实践表明，如能通过考虑用语的自然、通常含义有效地解释条约，通常不会采纳争端当事方声称用语具有的某种特殊意义。在争端当事方就某用语是否拥有特殊意义发生争议时，通常认为主张该用语具有特殊意义的一方负有举证责任。联合国国际法委员会在对VCLT解释规则释义时也曾说明，要强调援引某词语特殊意义的条约当事方负有证明的责任。”[4] “这种通常含义学说所包含的唯一推定是：条约的用语也可以确定其具有通常含义以外的意义，但是主张该特殊意义的人必须承担举证责任。”[5] 在国际法院审理的一个案件中，大多数法官认为应将举证责任施加于主张词语具有特殊含义的洪都拉斯。[6]“通过提及上下文的方法从一些可能的含义中选择一个特定含义，可能会产生由特定主题决定的特定意义，例如，一个艺术词语。尽管如此，如果存在证明为‘ordinary’的任何方法，那么就法院而言，似乎就不愿将一个含义归类为‘特殊的’。联合国国际法委员会的沃多克（Waldock）注意到，在

---

[1] ［英］安托尼·奥斯特：《现代条约法实践》，江国青译，中国人民大学出版社2005年版，第203页。

[2] 李浩培：《条约法概论》，法律出版社2003年版，第351页。

[3] 张东平：《WTO司法解释论》，法律出版社2005年版，第23页。

[4] 张东平：《WTO司法解释论》，法律出版社2005年版，第64~65页。

[5] ［英］伊恩·布朗利：《国际公法原理》，曾令良、余敏友等译，法律出版社2003年版，第689页。

[6] Case Concerning the Land, Island and Maritime Frontier Dispute (EI Salvador / Honduras; Nicaragua intervening) [1992] ICJ. 351.

一些案件中，当事方主张一用语的特殊含义，法院似乎拒绝了该特殊含义。”[1]在 Witold Litwa v. Poland 案中，欧洲人权法院宁愿使用“alcoholics”的扩展含义以涵盖尚未成瘾的饮酒者，而非接受波兰的下列主张：当事方已意图使其具有一个特殊含义。[2]对此，理查德·格莱蒂纳（Richard K. Garadiner）认为：“通过对通常含义是什么或该含义是否被视为‘特殊的’理解，一个解释者是否发现了确定适当含义的路径，很可能并不具有极大重要性。如果解释者使用了所有适当的证据来评估这些可能的含义，那么就应该能确定正确的结果。”[3]一个条约所用的名词，如果不是明确地用于某种专门含义的，或者从上下文中看不出有其他意思，就必须按照它们在日常生活用语中的通常含义来解释。如果一个国家对于一个名词一向采取与一般不同的意义，已为众所周知，则尽管如此，如果另一个国家与前一个国家订立条约时仍使用这个名词，该前一国家所主张的意义仍属有效。[4] 显然，该观点得到 VCLT 第 31.4 条的肯定，只是它们都未明确规定相应的证明责任。

可见，就第 31 条、第 32 条间逻辑关系而言，第 31 条是基础性、前提性、权威性和一般性原则，而第 32 条则是第 31 条的补充资料，其正当性建立在依据第 31 条对条约用语的解释结论“意义仍属不明或难解，或所获结果显属荒谬或不合理时”方可适用基础之上。尽管学者们对诸解释因素间的逻辑性并不清楚并存在分歧，但这些因素构成一个具有一定内在逻辑的系统，“通常含义”仅是该系统的一部分，与其他解释因素间存在密切联系，不应将它与其他解释要素分割开来，因为“通常意义的确定不可能抽象地进行，只能根据条约的上下文及其目的和宗旨而予以确定。后一概念可能是难以理解的。幸运的是，它在解释条约中其所起作用不如在它们的上下文中寻求用语的通常意义那么大，而且，在实践中，考虑其目的与宗旨更多的是为了确认一项解释。……因此，尽管第一项包含了文本（或字面）以及有效性（或目的论）两种方式，但它给予文本解释以优先地位”[5]。就第 31.1 条而言，涉及“通常含义”的许多难题需要学界加强研究。

（二）“通常含义”的性质

VCLT 规定的条约解释规则具有习惯国际法性质，因此，包含“通常含

---

[1] Yearbook of ILC, vol I, 1964, p. 309, para 6; Richard. K. Garadiner, Treaty Interpretation, Oxford University Press, 2008, p. 294.

[2] ECHR App no 26629/95, judgment of April 2000.

[3] Richard K. Garadiner, Treaty Interpretation, Oxford University Press, 2008, pp. 294, 295.

[4] ［英］劳特派特修订：《奥本海国际法》（上卷第二分册），王铁崖、陈体强译，商务印书馆 1972 年版，第 363 ~ 364 页。

[5] ［英］安托尼·奥斯特：《现代条约法实践》，江国青译，中国人民大学出版社 2005 年版，第 205 页。

义”规定的第31条构成习惯国际法的一部分。“通常含义”的性质问题涉及习惯国际法与条约法的一般关系。国际条约和国际习惯构成了国际法的主要法律渊源。对VCLT是否习惯国际法规则，安托尼·奥斯特认为：“本公约中某一特定规则是否代表了习惯国际法，只有在该事项被提起诉讼，而且甚至只有在有关法院或法庭将本公约作为其出发点（并且通常也作为其结束点）时，才可能成为一个问题。这无疑是国际法院采取的方法，其他一些国际或国内法院或法庭也是如此。在1977年的Gabcikovo案的判决中（在该案中，有关问题的主要条约是案件当事国在本公约生效之前缔结的），法院撇开了本公约的规则可能不具有适用性而应终止或暂停实施条约的问题，而适用了作为反映习惯法的第60～62条，即使它们被认为是相当有争议的。鉴于国际法院以往也有过一些类似于在该判决中所提及的决定，因此有理由认为法院实际上会对本公约所有实体条款采取同样的方法。国际法院还没有任何案例认为本公约是没有反映习惯法的。……试图确定本公约的某一特别规定是否代表了习惯国际法现在经常是一项相当徒劳的工作。”[1]“毫无疑问，1969年的VCLT所珍藏的解释标准构成了习惯国际法的一部分。国际法院的几个判决已予以证实。”[2]在the Kasikili / Sedude Island案中：“对该《条约》（1890 Anglo - German Treaty）的解释，法院注意到，博茨瓦纳和纳米比亚都非1969年5月23日VCLT的缔约国，但这两个国家认为VCLT第32条可以适用，因为该公约反映了习惯国际法。国际法院自身在过去某些场合也已主张，VCLT第31条中发现了习惯国际法的表达……”[3]在Libya v. Chad领土争端案中，国际法院确认：“条约解释的这些习惯规则被包含在VCLT第31、32条中。”[4]国际法院还有几个判决也阐明VCLT反映了习惯国际法。[5]

正如国际法院一样，WTO法通过《关于争端解决规则与程序的谅解》(Understanding on Rules and Procedures Governing the Settlement of Disputes, DSU）对习惯解释规则的规定而将VCLT第31条、第32条纳入了习惯国际法范畴。DSU第3.2条明确要求DSB“依照解释国际公法的惯例澄清协定的现有规定”，由此明确规定了国际公法关于解释的习惯规则在澄清WTO诸协定

---

[1] ［英］安托尼·奥斯特：《现代条约法实践》，江国青译，中国人民大学出版社2005年版，第11～12页。

[2] Malgosia Fitzmaurice, Treaty Interpretation and VCLT: 30 Years on, Martinls Nijhoff Publishers, 2010, pp. 153, 154.

[3] Case Concerning Kasikili/Sedudu Island (Botswana v. Namibia), Judgment of 13 December 1999, 1999 ICJ Rep. 1045, para 18.

[4] Libya v. Chad, ICJ Reports (1994), part 4, para 41.

[5] Territorial Dispute (Libya v. Chad), Judgment of 3 Feb. 1994, 1994 ICJ Rep. 4, para 23; Oil Platforms (Iran v. United States), Preliminary Objections, Judgment of 12 Dec. 1996 ICJ Rep. 812, para 23.

时的适用。“实践中，专家组和上诉机构经常援引的‘解释国际公法的惯例’是 VCLT 第 31 条和第 32 条。……当然，在专家组和上诉机构审理案件过程中，对这条澄清协定的规定进行了进一步的澄清，并且发展出了诸多解释原则。”[1] DSU 第 3.2 条中的“国际公法中的习惯解释规则”被认为是指 VCLT。在 US—Carbon Steel 案中，上诉机构指出：“我们忆及 DSU 第 3.2 条承认 WTO 争端解决中产生的解释问题应通过适用国际公法的习惯解释规则来解决。WTO 案例法已较好解决了该问题——VCLT 第 31、32 条中编纂的诸原则就是这样的习惯规则。”[2] 在 United States—Standards for Reformulated and Conventional Gasoline 案中，上诉机构认为：“尽管并不总是涉及相同问题，但 VCLT 第 31 条规定的‘解释之一般通则’已被所有参与方和第三方引用。该解释之通则已获得习惯或一般国际法规则的地位。同样，该通则构成了一直指导上诉机构在寻求澄清《总协定》条款和《WTO 协定》中其他涵盖协定中适用的‘国际公法习惯解释规则’，并为 DSU 第 3.2 条所规定。该指导反映了对下列措施的承认——对《总协定》的理解不应与国际公法相隔绝。”[3]

三、“通常含义”的作用及局限性

“甚至在 VCLT 缔结前，条约用语的‘通常含义’作为从上下文分离出来进行解释的作用当时尚不为人们所理解。通常含义或许具有决定性作用，但仅在上下文对此予以证实时且并不存在偏离该解释的其他因素。”[4] 在 Arbitral Award of 31 July 1989（Guinea—Bissau v. Senegal）案中，国际法院考虑了一个裁决机构是否明显违反仲裁协定授予的权限而行为。法院对在 VCLT 缔结前其在诸判决中认可的“通常含义”的作用予以接受。法院认为对该作用的坚持代表了 VCLT 的主张。一项仲裁协议是国家间的协议，必须根据支配条约解释的国际法一般规则来进行解释。在该方面，“要求法庭解释、适用条约条款的首要义务是，在这些条款出现的上下文中，在其自然的和通常的含义中赋予其效力。如果相关词语的自然和通常的含义在其上下文中有意义，那么，事情就完结了。另一方面，如果词语的自然和通常含义模糊或导致不合理的结果，仅在此时，法院才必须借助于其他解释方法来寻求确定当事方在使用这些词语时的意图”。[5] 根据所使用词语的自然和通常含义进行解释的规则“并非一个绝对规则。如果该解释方法导致了所解释的含义与包含该词语的条款

[1] 杨国华等：《WTO 争端解决程序详解》，中国方正出版社 2004 年版，第 15 ~ 16 页。

[2] WT/DS213/AB/R，19 Dec. 2002 paras 61 – 62.

[3] WT/DS2/AB/R，part III，para 16.

[4] Richard K. Garadiner，Treaty Interpretation，Oxford University Press，2008，p. 165.

[5] 1950 I. C. J. Reports，p. 8.

或文件的精神、宗旨和上下文不一致，对此就不能给以有效依赖”[1]。这些原则在VCLT第31～32条已得到反映。

VCLT第31～32条列举的条约解释诸要素构成了一个有机体系，相互联系、补充和制约，任一解释要素常难以解决用语解释问题，依据词典而查出的“通常含义”也不例外。因为词典的目的在于囊括该词的所有含义，不论这些含义是常见的还是不常见的、一般性的还是专业性的，所以，一词的词典含义往往不止一个，并且相互间可能还存在冲突。因此，在其中选择一个契合具体案件或条约具体条款语境的词义并不容易。在美国外国销售公司税收待遇案中，上诉机构认为：“首先我们转向第9.1条（d）中的‘marketing’这个词语，它是第9.1条（d）中‘to reduce the costs of marketing exports’这个短语的中心。正如专家组所示，该词语单独看具有一些含义。专家组注意到了the Webster's Dictionary（《韦伯斯特词典》）中的含义，……The New Shorter Oxford Dictionary（《牛津英语词典》）提供了一个相似含义。尽管如此，我们必须着眼于词典之外的含义，因为词典含义留下许多解释问题有待解决。”[2] 在美国影响赌博措施案中，争议的核心问题是“sporting”是否包含“gambling”，专家组通过查阅许多词典，发现“sporting”的定义有13种之多：“‘sporting’一词包括了不同定义，这些定义与不同活动或特征（体育、赌博、卖淫、植物生物学）相关联。”[3] 在美国软木材Ⅳ案中，上诉机构认为，对条约条款含义的恰当得出要深植于所用词语的通常含义。专家组从《布莱克法律词典》中得到了“goods”一词的定义并予以采纳。但上诉机构注意到《牛津英语词典》中提供了“goods”一词的更为一般性的定义。这些定义为辨别“goods”一词的通常含义提供了一个有用的起点。但上诉机构认为，在揭示一用语的通常含义中，词典中的诸定义具有其诸多局限性。当《WTO协定》的不同认证文本中使用的词语含义在范围上存在差异时，这一点尤其正确。[4]

在国际法院审理的另一案件中，法院认为条约不同文本的词典含义不一定有助于解决解释问题：“VCLT第1条界定了公约中使用的某些用语，但并未界定‘without delay’这个短语。而且，在该公约的不同语言文本中，使用了不同词语来解释第36条中的‘without delay’和第14条中的‘immediate-

---

[1] South West Africa, Preliminary Objections, Judgment, 1962 I. C. J. Reports, p. 336.

[2] WT/DS108/AB/R, para. 129, 24, Feb. 2000.

[3] WT/DS/285/R, 10 Nov. 2004, paras 6. 55 – 6. 59.

[4] WT/DS/257/AB/R, 19 January 2004, paras 58, 59.

ly'。法院注意到这一点，因此认为有必要到别处寻找对该词语的理解。"❶ 尽管美国最高法院同意对词典的使用是界定词语含义的一个主要方法，但在一判例中最高法院承认："对条约解释目的来说，词典中的定义可能过于一般性了。"❷

正是由于借助词典来确定条约用语的方法存在上述局限性，因此，VCLT因过于依赖"通常含义"而受到批评。可见，词典中"通常含义"的非单一性几乎不可避免地决定了条约用语"通常含义"的确定常需依赖于VCLT规定的其他因素。甚至在个案中有法官认为某个词语并不存在通常含义。此外，"尽管条约用语的通常含义或许看起来是清楚的，但可能尚需对该用语所包括的概念进行调查"。❸ 可见，仅通过借助词典来确定条约用语的"通常含义"方法存在一定局限性，并不能独自解决条约解释中的所有问题，常需借助其他解释因素，这主要是因为："字典意义通常是某个用语在各种情况下使用所具有的意义，是单个用语的全部或几乎全部的含义，是一般的或抽象的意义，因此它通常可以被用于确定用语可能有的意义的范围，但解释者不应局限于抽象的词典意义，而必须进一步结合具体情况从中探究出具体的通常意义。"❹ 争议用语常会与一定专业领域的专门知识有关联，可能需要专家组在不同词典含义间、同一词典不同含义间进行筛选，消除通常含义间的冲突，并结合具体案件所涉领域进行具体逻辑分析，必要时依据VCLT第31~33条中其他解释工具，予以综合考量。正如李浩培先生所言："词语的意义时常随着使用时的情况而有差异，所以很难说约文所用的词语有其'通常意义''自然意义'或'明白意义'。"❺ "对于一个时代久远的条约，如何确定其'通常意义'呢?"❻同一用语在不同条约中以及在国际义务层面与国内实施中是否可能具有不同含义?"字面解释通常是所有法律解释首选的基本方法，但是，在欧共体法解释过程中，在很多情况下这种'最基本'的解释方法并无用武之地，尤其是用于基础条约解释的时候。究其原因，除了成员国之间法律语言差异造成的困难以及条文本身的语言不够精确之外，还在于字面解释不能超过明示文义，只能拘泥于法条所用文字的缘故，而这可能和条约的精神与欧共体法的开放性质相悖。"❼ 这与欧盟在与成员国法律关系上所享有独特地位

---

❶ Case concerning Avena and other Mexican Nationals (Mexico v. USA), Judgment of 31 Mar. 2004 [2004] ICJ Reports 12 at 48, para 84.

❷ Eastern Airlines v. Floyd 499 US 530 at 537 (1991).

❸ Richard K. Garadiner, Treaty Interpretation, Oxford University Press, 2008, p. 176.

❹ 张东平：《WTO司法解释论》，法律出版社2005年版，第56页。

❺ 李浩培：《条约法概论》，法律出版社2003年版，第355~356页。

❻ 宋杰：《国际法院司法实践中的解释问题研究》，武汉大学出版社2008年版，第11页。

❼ 王千华：《论欧洲法院的司法能动性》，北京大学出版社2005年版，第100页。

相关。菲茨莫里斯认为国际法院的判决和咨询意见中包含同时性原则等诸原则："同时性原则就是按照条约缔结时约文和用语所具有的正常意义予以解释的原则。这一原则提示：词语的含义是发展的，不是静止不变的，一项条约经过若干时间后，它的约文和用语的'自然和通常'的意义与缔约当初的意义可能是不同的。因此，按照自然意义或通常意义原则所做的解释应当受同时原则的制约。"❶

四、"通常含义"在国际（准）司法实践中的应用

"通常含义"的确定要受制于 VCLT 第 31～32 条规定的诸多解释因素，国际（准）司法实践中，对条约一用语的诸"通常含义"的探究往往借助于权威辞典。鉴于词语的多义性，条约用语的辞典含义也给解释者带来了一些解释难题。例如，如果对用语通常含义的确定结果与条约的目的和宗旨不符，就很可能被上诉机构否定或推翻。

（一）"通常含义"与常设国际法院的司法实践

常设国际法院在关于"波兰在但泽的邮政业务"咨询意见中指出，波兰根据条约有权在但泽开办邮政业务，而且该业务不限于只是在邮政大楼里面开展工作，因为对"邮政业务"必须"按照其通常含义"进行解释，这样就必须包括一个邮政业务的所有正常功能。❷ 在常设国际法院审理的《关于夜间雇佣妇女公约》解释案中，"本案的结论包含有一个重要的解释规则：词语的自然意义规则。这一规则说明，条约中的一个用语，如果不能证明是用于某种特殊意义，或者从上下文中推断不出这种特殊意义，那么，它们就必须按照其在日常使用中的通常意义来解释。若要限定这种意义的使用范围，条约应对此作出明确的规定"。❸ 在接纳一国加入联合国的条件案和联合国大会接纳会员国的权限案中，"在前一案中，为了合理地解释《宪章》第 4 条第 1 项，法院首先审查了该条约的文本……法院认为该条的文本是足够清楚的，因而不要偏离国际常设法院一贯的实践。根据这些实践，如果一项公约或公约的文本本身是足够清楚的，就没有求助于准备资料的余地。……权限案涉及到对《宪章》第 4. 2 条的解释。法院称它的首要任务就是努力实现按照它们的自然的、通常的意义在上下文中出现的用词所包含的规定。如果上下文中用词的自然意义得以合理阐明，解释的目的就达到了。只有当按照其自然

❶ 万鄂湘、石磊、杨成铭、邓洪武：《国际条约法》，武汉大学出版社 1998 年版，第 245 页。

❷ ［英］伊恩·布朗利：《国际公法原理》，曾令良、余敏友等译，法律出版社 2003 年版，第 689 页。

❸ 万鄂湘、石磊、杨成铭、邓洪武：《国际条约法》，武汉大学出版社 1998 年版，第 239 页。

的、通常的意义，用语的含义模糊不清或导致荒谬的结果时，寻找更为广泛的参考资料才属必要”。[1]

在 Kasikili/Sedudu Island 案中，常设国际法院借助法语国际法术语专业词典/著作来确定用语含义：“国际法院发现其不能依赖单一标准来确定 Kasikili/Sedudu 岛周围 the Chobe 河的主要海峡，因为一条河流的自然特征可能会沿着其流域和个案的不同而有明显差异。界定‘main channel’概念的科学著作经常提及不同的标准。所以，在 the Dictionnaire francais d'hydrologie de surface avec equivalents en anglais，espagnol，allemande（Masson，1986）中，‘main channel’是指‘最宽的、最深的海峡，尤其是水流量最大的海峡（第 66 页）；根据 the Water and Wastewater Control Engineering Glossary，‘main channel’是指‘中间的、最深的或最适航的海峡’。”[2] 该案表明专家组在确定用语通常含义时可能会借助一般词典和/或专业词典或书籍。该案还涉及没有通常含义或没有单一通常含义的问题。常设国际法院认为：“当事国间的真正争端涉及边界所处的主要海峡的位置。因此，法院将首先确定主要海峡，这将需要通过参照双方当事国提及的国际法和实践中通常使用的标准，寻求确定‘主要海峡’的‘通常含义’。”[3] 难题是在岛屿周围的两个海峡间进行选择。Higgins 法官曾对判决中的解释方法提出质疑：“我认为，尽管存在通常使用的理解词语的国际法标准，但并不能适用于‘main channel’这个用语。国际法中或水文地理学中似乎并不存在该词语的‘通常含义’。常设国际法院所从事的分析事实上离对其‘通常含义’的解释甚远。法院确实在做其他不同的事情。它在适用一个稍具一般性的词语。该词语是当事国在 1890 年达成一致的。Higgins 法官表明，这并非在条约中去揭示一个虚构的‘通常含义’，而是今天要确定很久以前所选择的一般术语的含义。”[4] 在本案情形中难以区分对大多数人使用的方法的批评是否就是试图寻找一个虚构的“通常含义”或事实上在寻找一个单一的或统一的通常含义，因为这是确定词语含义的一套明显的或已被接受的标准。由于这个理由，Higgins 法官对大多数人对“虚构的”通常意义的寻找的描述似乎是恰当的，因此将目标和宗旨（去选择清楚地标示当事方利益界线的海峡）提升到更高的程度，同时也使得在该案中考虑补充方法（宣告当事国利益的缔约情形）是适当的。[5] 可见，通常含义方

---

[1] 万鄂湘、石磊、杨成铭、邓洪武：《国际条约法》，武汉大学出版社 1998 年版，第 233 ~ 234 页。

[2] Kasikili/Sedudu Island（Botswana/Namibia），1999，ICJ Reports1045，p. 1064，para 30.

[3] Kasikili/Sedudu Island（Botswana/Namibia），1999，ICJ Reports1045，p. 1062 – 1063，para 27.

[4] Kasikili/Sedudu Island（Botswana/Namibia），1999，ICJ Reports1045，p. 1115. para. 10；Declaration of Judge Higgins（1999）ICJ Reports 1113 para1.

[5] Richard K. Garadiner，Treaty Interpretation，Oxford University Press，2008，pp. 171，172.

法存在局限性。如果不存在词语的通常含义或无单一通常含义，就需要借助于第31～33条规定的其他解释方法，包括目标和宗旨、缔约情形等。

在1993年《防止及惩治灭绝种族罪公约》（Convention on the Prevention and Punishment of the Crime of Genocide）适用（Bosnia and Herzegovina v. Serbia and Montenegro）案中，常设国际法院在裁决报告中如何发现“undertake”的“通常含义”值得关注：“禁止灭绝种族的这些特征和《公约》的宗旨对于解释第1条阐明的第二个提议来说是重要的——缔约方对防止和惩处灭绝种族犯罪的承诺，特别是在该上下文中对防止的承诺。该承诺的几个特征是重要的。‘undertake’一词的通常含义是作出正式承诺、是对自己的约束或作出的保证、是发出的誓言或承诺、同意、接受一项义务。是规定缔约方义务的条约中常使用的一个词语。该词不仅是劝告性的或有决心的。该承诺并不合格；且不应被理解为明确纳入以后的立法、起诉和引渡。这些特点支持了下列结论：第1条，特别是其对防止的承诺，创设了与其后诸条款中不同的义务。该《公约》的纯粹人道主义的和文明化的目标也支持了该结论。”❶ “undertake”的“通常含义”不止一个，常设国际法院结合《防止及惩治灭绝种族罪公约》的目标和宗旨来予以筛选。正如常设国际法院所注意到的，该词语常在正式法律义务的意义上被使用。

在The Volga案中，联合国海洋法法庭的Anderson法官在考虑“bond”一词的含义时发现，该词在《韦伯斯特词典》中有12个不同含义，在《牛津英语词典》中有14个不同含义，他将这些含义的范围缩小到具有金融和法律内涵的两个含义，因为这两个含义与该案中的问题直接相关。然后，确定了后者，因为使用担保以使得被扣留的船舶能被释放清楚地构成了司法过程而非纯粹金融交易的一部分。❷

（二）“通常含义”与WTO司法实践

WTO的准司法实践表明了确定词语通常含义的词典途径，但许多案件也表明，仅依据词典来确定条约用语的含义不一定能解决复杂的解释问题，问题的最终解决仍常需要依据VCLT第31～33条提供的诸解释要素的协同。

在加拿大影响民用飞机出口措施案中，上诉机构借助词典作为解释补贴定义一部分的“benefit”一词含义的开始：“在论及该问题时，我们从‘benefit’的通常含义开始。其词典中的含义是advantage，good，gift，profit；more generally，a favourable or helpful factor or circumstance。这些供选择的词语或短

---

❶ Bosnia and Herzegovina v. Serbia and Montenegro，2007 ICJ，191，para 162.

❷ Judge Anderson（dissenting）in The “Volga” case（Russian Federation v. Australia）（2002），（2003）42 ILM 159，pp. 188－190 and 192.

语中的每一个都赋予‘benefit’一词以香味，并有助于传递该词语的某些实质。这些定义也证实了专家组正确阐明，‘benefit 的通常含义清楚地包括了 advantage 的某些形式。’尽管如此，很清楚，词典中的诸含义仍留下了诸多解释问题需要解决。”接着，上诉机构又分析了第 1.1 条（b）项中的“confer”一词的通常含义，上诉机构认为，加拿大的相关主张与第 1.1 条（b）项中该词的通常含义不符。[1]

WTO 案件裁决报告动辄数百页，其中有相当一部分的内容是专家组/上诉机构对 WTO 规则含义的准司法解释。某些案例中涉及“shall”和“should”含义辨析。在美国外国销售公司的税收待遇案中，专家组认为，该 1981 年谅解并没有以通常具有法律约束力的法律文件之特征的命令性（mandatory）语言来表示。该谅解使用了诸如“should not be regarded as export activities”和“should for tax purposes be”这样的词语，此处人们或许期待一项有约束力的法律文件使用“shall”这一词语。该谅解并没有以人们可能期待的有约束力的法律文件的明确方式表达出来。[2] 可见，该案的专家组认为，“shall”应当用《布莱克法律词典》中的第 1 个解释（Has a duty to; more broadly, is required to），而“should”不具有强制性含义。但该案的上诉机构不同意上述看法：“因此，我们分享专家组关于 1981 理事会单独行动（the 1981 Councilaction alone）的正文并没有解决美国和欧共体间相互冲突的争论中的模糊性。”[3]“我们注意到，在该方面，我们没有分担专家组关于在‘法律文件’（Panel Report, para. 7.65）中使用‘should’一词的疑虑。我们认为，许多有约束力的法律条文使用了‘should’一词，并且根据上下文，该词或许要么意味着劝告，要么表达一项义务。”[4]

在 2012 年 1 月美国影响丁香香烟生产和销售措施案中，上诉机构认为：“尽管专家组的论证可被解读为表明部长级会议或许可以无视《WTO 协定》第 9.2 条中的具体要求，但该款的用语并不表明对该要求的遵守是可有可无的。在该方面，根据《WTO 协定》第 9.2 条的规定，我们忆及，部长级会议或总理事会‘应当’（shall）在监督该《协定》实施情况的理事会建议的基础上行使其对《WTO 协定》附件 1 中包含的《多边贸易协定》的解释予以采纳的权力。我们认为相关理事会的建议是第 9.2 条的基本要素，构成了部长级会议或总理事会行使其对《WTO 协定》进行的解释的权力之法律基础。因此，对被包含在《WTO 协定》附件 1 中的《多边贸易协定》的解释，在监督

[1] WT/DS/70/AB/R, paras 153, 154.
[2] WT/DS108/R, para 7.65.
[3] WT/DS108/AB/R, para 111.
[4] WT/DS108/AB/R, footnote 124.

该《协定》实施情况的理事会建议的基础上，必须被采纳。”[1] 也就是说，《WTO 协定》第 9.2 条中的“shall”使得相关规定成为部长级会议或总理事会的一个有法律约束力的义务/职责。上诉机构为了论证《多哈部长决议》属于 VCLT 第 31（3）（a）中所规定的“当事方间嗣后订立的协定”的范畴，认为，“协定”这个词语从根本上说是指实质而非形式。因此，如果《多哈部长决议》清楚表达了成员间对 WTO/TBT 第 2.12 条中“合理时间间隔”一词含义的共同谅解以及对该谅解的接受，那么，《多哈部长决议》就具有 VCLT 第 31（3）（a）中所规定的“当事方间嗣后订立的协定”的特征。在确定情况是否如此时，我们发现第 5.2 段的用语和内容是决定性的。在这一点上，我们注意到，成员间关于 WTO/TBT 协议第 2.12 条中“合理时间间隔”一词含义的谅解被用“shall be understood to mean”这些词语来表达，这不能被视为仅是劝告性的。[2] 该段的核心观点是，WTO/TBT 协议第 2.12 条中留出“合理时间间隔”由于“shall”的使用而对成员具有法律约束力。

在危地马拉对来自墨西哥普通水泥最后反倾销措施案中，在专家组报告的一个脚注中对“should”所具有的劝勉性或强制性含义进行了分析：“附件 1 第 2 段规定，进口的成员‘应当’（should）被告之在答辩书中包含了非官方的专家。它没有规定出口的成员方‘应当’（shall）被如此告之。尽管‘应该’（should）这个词语在口语中常被用来意指劝告，但它也能被用来‘表达一项责任或义务’（to express a duty or obligation）。[3] 由于第 6.7 条在相关部分规定附件 1 的条款‘应当’（shall）予以适用，我们看不到存在不应该（should not）在强制性意义上解释附件 1（2）的理由。我们认为，对附件中条款的劝告性解释应该与第 6.7 条不一致。而且，危地马拉还没有主张附件 1 中的第 2 段仅是劝告性的。相应地，在该基础上我们认为附件 1 的第 2 段应当在强制性意义上予以解释。”[4] 也就是说，根据《简明牛津英语词典》和“should”上下文情况，专家组得出“should”在《补贴与反补贴措施协定》（Agreement on Subsides and Countervailing Measures，SCM）附件 1 第 2 段中应当解释成具有强制性意义的“应当”（shall），而非具有劝告性意义的“应该”。

虾与海龟案的专家组认为：“我们认为，第 20 条的开头语应在其上下文并依据 GATT 和《WTO 协定》的目标和宗旨进行解释，该开头语仅允许成员方在不损害 WTO 多边贸易体制并不滥用第 20 条中包含的例外时才可以背离

---

[1] WT/DS406/AB/R，para 254.

[2] WT/DS406/AB/R，para 267.

[3] See The Concise Oxford English Dictionary，Clarendon Press，1995，page 1283.

[4] WT/DS156/R，24 October 2000，footnote 854.

GATT 条款。如果所保证的多边框架中的市场准入和非歧视待遇不再可能，一成员就损害了《WTO 协定》的运行。……因此，我们认为，当考虑第 20 条下的措施时，我们必须确定不仅措施本身是否损害 WTO 多边贸易体制，而且该类型措施，如果被其他成员采纳，是否会威胁多边贸易体制的安全和可预见性。"❶ 该案的上诉机构认为："专家组没有遵循 DSU 第 3.2 条所要求的适用'国际公法习惯解释规则'的步骤。正如我们已多次强调的，这些规则需要审查条约用语的通常含义、在其上下文中理解并根据所涉及条约的目标和宗旨。条约解释者必须从需要解释的特定条款的文本开始并聚焦于此。正是在构成该条款并在其上下文中理解的这些词语中，必须首先寻求条约中成员方的目标和宗旨。如果文本本身的含义模棱两可或不确定，或如果想要对文本本身的理解的正确性进行证实，那么，总的来说，从条约的目标和宗旨中可得到启示。在本案中，专家组并未明确审查第 20 条用语的通常含义。专家组忽视了下列事实：第 20 条的介绍性条款论及了寻求正当性措施'被适用'的方式。在美国—汽油案中，我们指出了第 20 条的开头语通过其明确用语，与其说提及了被质疑的措施或其具体内容，不如说适用该措施的方式。专家组并未特别地探究 609 条款的适用如何'对情况相同的各国构成任意的或不合理的差别待遇，或构成对国际贸易的变相限制。'专家组为审查措施与第 20 条开头语的一致性所做的事情是反复聚焦于措施本身的设计。例如，专家组强调'成员方采取的单边措施可能会危及多边贸易体制'。尽管如此，与措施的适用相区别，在确定该措施是否属于第 20 条开头语之后的例外规定之一的过程中，审查措施的一般性设计。专家组未能详细审查该开头语的上下文：即，第 20 条的（a）～（j）段，专家组并未调查第 20 条开头语的目标和宗旨。相反地，专家组调查了整个 GATT 1994 和《WTO 协定》的目标和宗旨，并以过于宽泛的方式描述该目标和宗旨。因此，专家组非常宽泛地得出如下简单化的结论：'损害 WTO 多边贸易体制'的措施必须被视为'与第 20 条开头语所允许的措施范围不符'。维护而非损害多边贸易体制必定是《WTO 协定》中蕴含的根本的、普遍的前提，但它并非权利或义务，也非在依据第 20 条开头语评价特定措施中能够利用的一项解释性规则。在美国—汽油案中，我们曾阐明，强调第 20 条介绍性条款中的目标和宗旨通常是防止'滥用第 20 条中的例外'。专家组并未试图调查争议措施是如何正在被以构成对例外的滥用或误用的方式被适用。"❷ 上诉机构推翻了专家组的下列裁决：美国的争议

---

❶ WT/DS58/R，para 7.44.

❷ WT/DS58/AB/R，paras 114，115 and 116.

措施不属于GATT 1994第20条开头语下的措施范围。[1] 在专家组和上诉机构的分析中，涉及VCLT第31条中的通常含义、上下文、目的和宗旨、当事方间嗣后订立的协定等要素在解释条约用语中的协同作用、地位。

五、小结

VCLT第31~33条是对条约解释要素不同主张间的协调结果。VCLT"规定的解释规则具有重要的法理学意义。……从内容上来看，两条规定都包括一些各自独立而相互关联并构成统一体的一系列因素。我们认为，《公约》关于解释的规定基本上坚持了客观论的文本主义立场。所以，文本是解释程序的出发点"。[2] "一般都认为，第31条反映的是文本主义，即解释应该以文本为基础。但是，同样要注意的是，本条反映的不仅仅是文本主义的立场，意图说和目的与宗旨说也在其中得到了反映。"[3] VCLT第31~33条构成了条约解释的要素体系。"通常含义原则的一个自然推断就是整合原则（principle of integration），即必须根据整个条约的上下文，并参照条约的宗旨与目的来理解条约用语的含义。"[4]

"对于一个用语给予通常意义上的理解是重要的，因为合理的假定是，至少直到有确立的相反表示为止，通常意义是最可能反映当事国意图的内容的。正如麦克奈尔所指出的，解释的任务是：对当事国明确表示的意向给予效果的责任，这就是它们根据周围的情形用词语表示的意向。"[5] VCLT是对众多分歧协调的结果，因此，其中难免存在模糊甚至冲突，"从这个例子已显然可见，词语通常意义解释和目的解释是两个互不相容的解释方法，采用这两个互不相容的解释方法就得到两个互不相容的结果，无法折中调和"[6]。这也再次证明，在条约解释中，片面强调某一个要素可能难以得出准确的解释结果，需要根据VCLT规定的解释要素体系，结合案件具体情况，借鉴以前的判例成果，发挥解释者主观能动性将习惯解释规则运用于复杂的条约实践之中，以正确适用条约，公平解决国际争端。

---

[1] WT/DS58/AB/R，para 187.

[2] 万鄂湘、石磊、杨成铭、邓洪武：《国际条约法》，武汉大学出版社1998年版，第249页。

[3] 宋杰：《国际法院司法实践中的解释问题研究》，武汉大学出版社2008年版，第10页。

[4] [英]伊恩·布朗利：《国际公法原理》，曾令良、余敏友等译，法律出版社2003年版，第689页。

[5] [英]安托尼·奥斯特：《现代条约法实践》，江国青译，中国人民大学出版社2005年版，第205页。

[6] 李浩培：《条约法概论》，法律出版社2003年版，第358页。

第二节 “通常含义”实证研究:《WTO 协定》中“shall”/“should”词义研究

条约用语意义的模糊性并非一个独立问题。通过对 WTO 案例实证研究可知,“shall”与“should”在权威的公共英语词典和法律英语词典中都有多义性特征,由此导致成员方和争端解决机构对 WTO 诸协定中的“shall”与“should”具有强制性意义抑或劝告性意义产生分歧,影响了 WTO 相关规则的法律确定性和可预见性。产生这种分歧的原因较为复杂,主要包括国际法本身的局限性、条约用语含义可能会随上下文而变化、成员依据其利益对国际法规则作不断变化和不一致的解读、语言模糊性等。采用规范分析方法、语义分析方法和实证研究、系统分析等方法,根据 VCLT 第 31 ~ 32 条习惯法解释规则,合理、准确选择“shall”与“should”的恰当含义。二者都既具有强制性含义又具有劝告性含义,如何在具体语境下确定其具体含义尚未被不充分的条约实践和条约法规则所证实。

囿于法律文化和法律制度差异以及法律英语、公共英语中情态动词自身的模糊性,“shall”与“should”在不同语境中可能具有不同含义,特别是其究竟表示义务还是仅为修辞,由此带来对法律条款理解和翻译中的困惑,增加了 WTO 成员基于自身利益解读涵盖协定的任意性以及争端解决机构专家解读的自由裁量空间,损害了 WTO 法应有的确定性和可预见性。“在法律英语中,使用频率最高的情态动词依次是 shall、may、must、should,就翻译而言最困难的是 shall。但是,shall 在法律英语中的重要性不可忽视,它是构成独特的英文法律文体的一个最主要的辞汇”[1];“在乌拉圭回合协议中,‘shall’一词可谓俯拾皆是,达 3000 余个……考虑到‘shall’一词出现的频率极高,因此需要找到一个统一和固定的译法。”[2] 还曾有人统计过,“shall”在美国宪法中出现 304 次,在《中华人民共和国民法通则》(以下简称《民法通则》)中出现 310 次。“学者佛雷德瑞克·拜耳(Frederick Bowers)指出:情态动词 shall 被广泛运用于法律英语的主要原因是 shall 被看作是具有法律权威特征的一种象征。”[3] 在笔者对《WTO 协定》文本及相关判例的研究中发现,

[1] 李克兴:“英语法律文本中主要情态动词的作用及其翻译”,载《中国翻译》2007 年第 6 期。

[2] 索必成:“谈‘中国加入世界贸易组织法律文件’的中文翻译”,载陆文慧主编:《法律翻译——从实践出发》,法律出版社 2004 年版,第 301 页。

[3] Frederick Bowers, Linguistic Aspects of Legislative Expression, New York: Macmillan, 1989. 转引自施蕾:“法律英语中的情态动词 shall 及其翻译”,载《工会论坛》2008 年第 14 卷第 2 期。

"shall"在法律英语中的含义及其在具体语境中的选择问题，不仅涉及语言哲学对语言模糊性问题的研究和争论、（法律）英语语言学领域的学者间的分歧，而且直接涉及涵盖协定中相关规范内容的法律效力问题——任意性规范还是强制性规范问题。迄今为止，WTO 专家组/上诉机构相关案例尚未澄清如何确定"shall"和"should"间的联系与区别，其多义性常导致对相关协定含义理解上的分歧。"条约的特点、法律的特点都导致了其规则的静态性、抽象性。同时由于规则所使用的语言的限制，非母语国家或地区在准确理解规则用语上存在困难，即使是规则所使用语言为其母语的国家，由于不同法律制度、文化的影响，对规则用语含义的理解也会产生歧义。语言本身表达的不完善性，导致对规则的解释是不可避免的。有时候，为了达成谈判，谈判者故意使用模糊的字眼，形成'建设性的歧义'。"[1] 因此，在语言学者研究的基础上，结合 WTO 案例实证研究以揭示其含义及应用，减少理解、适用和翻译中的困惑，避免英汉互译中的失真和对语义的曲解甚至滥用，具有重要意义。

一、"shall"和"should"的含义

国内有学者对"shall"和"should"的译法做了研究。[2] 从法律规范意义上说，对"shall"的研究，其最大意义在于确定相关规则的法律效力，即是强制性规范还是任意性规范，这是研究该词语的实质意义，至于如何选择恰当的汉语词语来表达其不同意义，或许仅具形式意义，与语言习惯有一定关系，关键问题是使人能否分辨出其法律效力含义上的不同，非语气强弱。WEST 公司出版的《布莱克法律词典》目前是法律领域最权威的工具书，在美国被誉为法律界的"圣经"，该词典对"shall"的含义有 5 个解释："（1）Has a duty to；more broadly，is required to．（2）Should（as often interpreted by courts）．（3）May．（4）Will（as a future-tense verb）．（5）Is entitled to．"[3] "Preston M. Torbert mentions that 'Shall' can express 'anticipation and determination'（Preston M. Torbert，2006：110），'rhetorical emphasis' and 'obligation'. Apart from these，'Shall' could be further used for expressing the order，obliga-

---

[1] 韩立余：《既往不咎——WTO 争端解决机制研究》，北京大学出版社 2009 年版，第 216 页。

[2] "1995 年译本"中"必须"与"应"混用，显得十分混乱。"须"与"需"同音，且语气非常强硬，中文中使用该词的语言环境非常少，如果将乌拉圭回合协议中几千个"shall"均译为"必须"未免使中译文过于生硬，中国的法律条文也很少使用，而是通常使用"应""应当"和"应该"等表述。因此重译最终将"shall"译为"应"，"shall not"译为"不得"，"shall be free to"译为"有权"。与此有关，"should"也译为"应"，"should not"译为"不应"。参见索必成："谈'中国加入世界贸易组织法律文件'的中文翻译"，载陆文慧主编：《法律翻译——从实践出发》，法律出版社 2004 年版，第 301～302 页。

[3] Bryan A. Garner，Black's Law Dictionary，senenth edition，West Group，1999，p. 1379.

tion, responsibility, right, privilege and commitment."❶ "虽然'shall'在法律英文中有许诺的意思，但是从大量的法律条文的用词习惯上看，'shall'的主要任务是强制某人做某事；况且，许诺并不等于许可。"❷ 但在法律英语中，出于法律确定性的特殊需要，"shall"的含义有限，不同于其他日常用语中的诸多情态意义。对该词含义选择上存在的主要争议是在特定上下文中（非）强制性含义的确定，以及"should"是否可指强制性义务、如何判断。当"shall"与"should"表示有法律约束力含义时，与"must"意义基本相同，可译为"应当/必须"❸，以与"should"的非强制性含义"应该"区别开。至于第3个含义，"shall 表示准许、许可，与表'义务'截然相反。例如，'Such time shall not be further extended except for cause shown'其否定式'shall not'表示'不准、不许'之意，事实上此处'shall'等同于'may'。在英文法律文本中经常会看到'No person shall'……这一结构，但逻辑上存在问题，正确的使用应该是'No person may'，因为此处是对'许可'的否定、禁止，而非针对义务而言。'... shall'表达一种权利而非义务。例如，'The secretary shall be reimbursed for all expenses'……就连英美国家法律工作者也不能完全正确使用'shall'一词。"❹ "现代英语法律和合同条文的主句成分

---

❶ 王宝川：《论 Shall 在汉英法律翻译中的应用》，西南政法大学2010年硕士论文，第25页。"Shall" was originally spelled as sculan, which meant "owe" and "necessary" in old English. Little by little, "Shall" is strongly colored with the meanings of "be obliged to" and "have to" (He Wei, 2003: 52). Since then "Shall" has become the symbol of the imperative in legal language... Due to their different mood degrees, "Shall" is in the right middle between "May" and "Must", so "Shall" is more difficult to be translated. 参见该论文第28页、第31页。

❷ 李克兴："英语法律文本中主要情态动词的作用及其翻译"，载《中国翻译》2007年第6期。

❸ 有研究者指出："在现代汉语中'必须'有7种主要用法。其中第四种用法指出，在法律文本中'必须'可以用来指义务或责任，和 shall 的基本含义相同。而且，'必须'一词在我国的法律法规中出现的频率也较高，如《中华人民共和国刑法》（以下简称《刑法》）出现19次，宪法18次。但'必须'的语气最强，强制性最高，是一种用来加强命令语气的措辞方式。那么，'必须'的较强语气是否会影响 shall 与'必须'的对应呢？任何相关合法的行为都不会因为所谓的语气减弱就降低要求的标准，相应地，也不会因为所谓的语气增强而提高要求的标准，语气的强弱不影响需求的标准，因此，将'必须'只与 must 对应是有片面的，shall 也可以与'必须'对应"；"法律汉语'必须''应当'包含 shall 的基本含义，但又不限于此，可以说，法律汉语中没有与 shall 一词完全对等的语汇，但比较而言，'必须''应当'为 shall 的最佳对应词语。此外，'须'可以看成是'必须'的省略形式，而'应'是'应当'的省略形式，所以，可以将 shall 译成'应''应当''须''必须'。"参见赵宏坤："浅述法律汉语'应当'的误译"，载《重庆城市管理职业学院学报》2011年第1期。

❹ 赵宏坤："浅述法律汉语'应当'的误译"，载《重庆城市管理职业学院学报》2011年第1期。在 shall 的否定式中，shall 的含义一般情况下等同于 may，是对许可的否定。似乎将 shall not 与"不得"对应的，但考虑"American Rule"（美国规则），shall 等于 has a duty to，那么其否定式 shall not 等同于 has a duty not to，显然这不是一个禁止性指引，因此还是不宜将 shall not 与"不得"对应。在权威性法律英译本中，"不得"常常被翻译成 may not 或者 must not。在英美法国家，有些法律起草者避免使用禁止性语言 may not，因为 may not 的含义有时模糊不清，它既可以表示 is not permitted to（取消许可，不被允许……）也可以表示 might not（可以不……）。

中的‘shall’在汉语中有很多种译法。通常被译成‘须’‘应’，有时被译成‘应当’，也有时译成‘要’‘将’‘可’，还有被译成‘必须’，甚至被完全忽略不译的。”❶ 此外，有研究者专门研究了“得”在海峡两岸立法语言中的基本用法：“在立法语言中这两个‘得’有着显著差异，其中最主要的两点是：第一，表‘可以’的‘得’原来表示授权，而表‘应当’的‘得’用来设定义务；第二，‘可以’往往意味着‘可以不’或‘可以其他’，而‘应当’则意味着唯一的指引。”❷

《兰登书屋法律词典》（Random House Webster's Dictionary of the Law）对“shall”的法律解释如以下三项：（1）在特指法规或司法解释中，表示命令、必要性和强制性；（2）表示决心、肯定和强调；（3）表示计划、意愿和预期。❸

专门研究法律英语中“shall”等情态动词应用的研究者关于“should”含义的研究结论为：“In summary, Should is used to represent obligation in general and moral sense.”❹ 也有学者认为：“‘Should’虽然在法律英语中经常使用，但主要局限于各种合约（尤其是销售合约）条款的条件句中，其作用相当于‘if’，但表达的是一种虚拟状态的条件，一般可译成‘假如’‘尚诺’或‘如果’。”❺但在1999年加拿大影响民用航空器出口措施案中，上诉机构根据公共英语词典和专业法律词典❻确定了“should”的含义：“通常隐含着责任或义务，尽管通常仅指礼节上的或权宜上的义务，或道德义务，据此与‘ought’区别开来。”❼ 不过，对“should”究竟是否以及何时具有强制性的法律约束力含义，上诉机构在此语焉不详。

“shall”与“should”都具有非强制性的劝告性或道德期待含义。

在大多数情况下，“shall”在具体法律中的用法究竟是完全表示义务，还是有修辞性质并不是很清楚……结论为：（1）“Shall”表示“义务”和“责任”时通常被翻译成“应当”“应”，有时则不译；（2）“Shall”用于表示“决心”“肯定”和“强调”是为了增强法律语言崇高、庄严的意味，主要起

---

❶ 李克兴：“英语法律文本中主要情态动词的作用及其翻译”，载《中国翻译》2007年第6期。

❷ 苏小妹：“法律语体中的情态动词‘得’”，载《求索》2008年第2期。

❸ 李剑波、种夏：“法律英语中情态动词 shall 和 may 的翻译”，载 US—China Foreign Language 2006年第6期。

❹ 王宝川：《论 Shall 在汉英法律翻译中的应用》，西南政法大学2010年硕士论文，第36页。

❺ 李克兴：“英语法律文本中主要情态动词的作用及其翻译”，载《中国翻译》2007年第6期。

❻ “The Concise Oxford English Dictionary, (Clarendon Press, 1995), p. 1283. See also The Shorter Oxford English Dictionary, (Clarendon Press, 1993), Vol. II, p. 2808, and Black's Law Dictionary, (West Publishing Co., 1990), p. 1379.” See the footnote 120 in WT/DS108/AB/R, para 187.

❼ WT/DS70/AB/R, 2 August 1999, para 187 and footnote 120.

修辞性的作用，用“shall”或者用一般现在时态没有本质区别；（3）“Shall”在法律文本中很少表“预期”。❶

“但某一用语的字典含义并不等同于其中规则中的通常含义。由于字典的功能在于提供最一般的非专业意义的含义，其具体用法未必与经过谈判使用的规则用语相符。因此，专家组和上诉机构尽管在解释中离不开字典，但不唯字典。”❷ WTO法律专家对其含义的确定需要根据VCLT第31~32条的规定，包括对该词语的“通常含义”、条约的目标和宗旨、条约序言、嗣后惯例、谈判历史资料等解释要素的综合衡量与一定的自由裁量权的行使。

二、WTO争端解决机构中专家组/上诉机构的解释

WTO案件裁决报告的长度动辄数百页，其中有相当一部分的内容是专家组/上诉机构对WTO规则含义的准司法解释。某些案例中涉及“shall”和“should”含义辨析。

（一）是否具有法律约束力含义是“shall”与“should”的主要区别

在欧共体关于肉和肉制品（荷尔蒙）案的专家组报告中，曾将是否具有强制性作为区分“shall”与“should”含义的标准：“第4段（该段非强制性）（not mandatory）和第5段（仅是将要通过指导方针来实施的一个目标）试图对成员实施其已确定的保护水平自由设置某些限制。换句话说，它们应该（should）非应当（not shall）考虑到使对贸易影响最小化的目标和应当（shall）避免在水平方面的任意的或不合理的区别，如果……”❸ “由于凭借第5.4条用语的指引，尤其是应该（should）非应当（not shall）和目标，我们认为，《实施动植物卫生检疫措施的协议》（Agreement on the Application of Sanitary and Phytosanitary Measures，以下简称《SPS协议》）中的该条款并没有施加一项义务，尽管如此，使对贸易消极影响最小化的目标无论如何在解释《SPS协议》的其他条款中必须被考虑到。”❹ 此处，专家组将是否具有法律约束力作为“shall”与“should”的最重要区别。

在美国外国销售公司的税收待遇案中，专家组认为，该1981年谅解并没有以通常具有法律约束力的法律文件之特征的命令性语言来表示。该谅解使用了诸如“should not be regarded as export activities”和“should for tax purposes be”这样的词语，此处人们或许期待一项有约束力的法律文件使用

❶ 许加庆：“法律英语文本中情态动词shall的用法及翻译”，载《学理论》2009年第5期。

❷ 韩立余：《既往不咎——WTO争端解决机制研究》，北京大学出版社2009年版，第223页。

❸ WT/DS48/R/CAN，18 August 1997.

❹ WT/DS48/R/CAN，18 August 1997.

"shall"这一词语。该谅解并没有以人们可能期待的有约束力的法律文件的明确方式表达出来。[1] 可见，该案的专家组认为，"shall"应当作上述《布莱克法律词典》中的第1个解释（Has a duty to；more broadly，is required to），而"should"不具有强制性含义。但是，该案的上诉机构并不同意上述看法。上诉机构认为，"因此，我们分享专家组关于1981理事会单独行动（the 1981 Councilaction alone）的正文并没有解决美国和欧共体间相互冲突的争论中的模糊性"。[2]"我们注意到，在该方面，我们没有分担专家组关于在'法律文件'（Panel Report，para. 7. 65）中使用'should'一词的疑虑。我们认为，许多有约束力的法律条文使用了'should'一词，并且根据上下文，该词或许要么意味着劝告，要么表达一项义务。"[3]

在印度专利案的专家组报告中，欧共体认为，无论印度政府在其国会或其他地方或许发布过声明，但它们并没有改变下列事实：印度《专利法》第12. 1条中包含了一项强制性规定，即当关于专利申请的完整说明已被存档时，要求管理员向审查者提交任何申请书。而且，如果在管理员看来说明书中所声称的发明根据该法并非可授予专利，该法第15. 2条要求管理员拒绝该申请。这两个条款都含有助动词"shall"，该词并不允许管理员行使任何的自由裁量权。[4] 欧共体认为，此处两个"shall"都具有法律上的强制性含义。此外，"《与贸易有关的知识产权协议》（Agreement on Trade-related Aspects of Intellectual Property Rights，TRIPs）第51条、第39. 2条、第25. 1条和第22. 2条中的用语（terms）清楚地创设了授权行政部门采取具体行动的权力之义务……"这些词语中就包括了"shall"一词。[5] 在该报告中，还有涉及"shall"与"should"之区别的段落："考虑到它们的通常含义，DSU第9. 1条的用语是指导性的或劝告性的，而非强制性的。这些用语表明应该（should）（不是应当）（not shall）建立单一的专家组……就其本身而言，第9. 1条不应该（should not）影响DSU下成员方的实体性和程序性权利和义务。"[6] 该段表明了"shall"与"should"间含义上的主要区别。

2012年1月，在多米尼加共和国关于聚丙烯包装袋和圆筒织物保障措施案的专家组报告附件（ANNEX B－3）中，表明GATT 1947第19条中的"shall be free"具有强制性意义："……GATT第19条由两部分组成：前一部

[1] WT/DS108/R，para 7. 65.
[2] WT/DS108/AB/R，para 111.
[3] WT/DS108/AB/R，footnote 124.
[4] WT/DS70/AB/R，para 4. 19，19 December 1997.
[5] WT/DS70/AB/R，para 4. 22，19 December 1997.
[6] WT/DS70/AB/R，para 7. 14，19 December 1997.

分确定了必须得到满足的一系列条件（If…any product is being imported…in such increased quantities…），旨在使一 WTO 成员可以采取第 2 部分（the…party shall be free…）中描述的行动步骤。第 19 条的其余部分规定了如果采取该措施时必须要遵守的一系列的程序要求和纪律。如果第一部分没得到满足，该授权将不存在。"❶ "shall be free" 后的"对该产品全部或部分中止义务……"既是该缔约方的权利，同时也是相关缔约方的义务；第 19.2 条中的四个"shall"具有法律义务含义。在该专家组报告附件（ANNEX B－5）第 8 段中，土耳其认为："在该解释基础上，第 9.1 条规定了有利于发展中国家的强制性的'特殊与差别待遇'。土耳其想强调的是，《保障措施协定》（Agreement on Safeguards）第 9.1 条中所含的'shall'一词为成员方将'特殊与差别待遇'适用于满足上述规定条件的所有发展中国家而规定了一项义务。"土耳其在此主张第 9.1 条中的"shall"的含义为义务，具有法律约束力。

在 2012 年 1 月美国影响丁香香烟生产和销售措施案中，上诉机构认为："尽管专家组的论证可被解读为表明部长级会议或许可以无视《WTO 协定》第 9.2 中的具体要求，但该款的用语并不表明对该要求的遵守是可有可无的。在该方面，根据《WTO 协定》第 9.2 条的规定，我们忆及，部长级会议或总理事会'应当'（shall）在监督该《协定》实施情况的理事会建议的基础上行使其对《WTO 协定》附件 1 中包含的《多边贸易协定》的解释予以采纳的权力。我们认为相关理事会的建议是第 9.2 条的基本要素，构成了部长级会议或总理事会行使其采纳对《WTO 协定》进行的解释的权力之法律基础。因此，对被包含在《WTO 协定》附件 1 中的《多边贸易协定》的解释，在监督该《协定》实施情况的理事会建议的基础上，必须被采纳。"❷ 也就是说，第 9.2 条中的"shall"使得相关规定成为部长级会议或总理事会的一个有法律约束力的义务/职责。还是在该报告中，上诉机构为了论证《多哈部长决议》属于 VCLT 第 31（3）（a）中所规定的"当事方间嗣后订立的协定"的范畴，认为，"协定"这个词语从根本上说是指实质而非形式。因此，如果《多哈部长决议》清楚表达了成员间对 WTO/TBT 第 2.12 条中"合理时间间隔"一词含义的共同谅解以及对该谅解的接受，那么，《多哈部长决议》就具有 VCLT 第 31（3）（a）中所规定的"当事方间嗣后订立的协定"的特征。在确定情况是否如此时，我们发现 2001 年 11 月 14 日通过的《多哈部长级宣言》（WT/MINCOD/1720 November 2001）第 5.2 段的用语和内容是决定性的。在这一点上，我们注意到，成员间关于 WTO/TBT 第 2.12 条中"合理时间间

❶ WT/DS415/R/Add.1, para 6, 31 January 2012.

❷ WT/DS406/AB/R, para 254, January 2012.

隔”一词含义的谅解被用“shall be understood to mean”这些词语来表达，这不能被视为仅是劝告性的。[1] 该段的核心观点是，WTO/TBT 第 2.12 条中留出“合理时间间隔”由于“shall”的使用而对成员具有法律约束力。

“在法律语言中，‘shall’与第三人称及第二人称连用时是情态动词，表示‘命令、义务、职责、权利、特权、许诺’等，其作用相当于‘must’‘be required to’‘be to (do)’‘have to’。检验‘shall’在法律条文中是否用得恰当，可简单地用‘must’去替代：如果可替代，则属于情态动词，是法律上的用法。虽然‘shall’在语用上相当于这四个词或短语，但在实际应用中，其中‘must’‘be required to’‘have to’的语气和强制作用比‘shall’更为强烈。专门从事法律翻译的资深专家似乎在重要法律的翻译实践中逐渐达成共识，并正在约定俗成一条规矩：让‘must’以及‘be required to’与汉语中的‘必须’对等（‘have to’基本上不在书面的法律英语中使用）；让‘shall’与‘须’‘应’‘应当’对等。虽然在法律条文中‘shall’的现有译法十分多样，但本文的分析已排除几种不恰当的译法，其中包括‘将’‘要’以及‘必须’等。”[2] 此处，本书作者提出了一个识别“shall”是否具有强制性意义的参考办法。

（二）“shall”与“should”二词都具有法律约束力的含义

在一些案例中，专家组/上诉机构认为，“shall”与“should”都意味着责任或义务，具有法律约束力。

在美国外国销售公司税收待遇案中，上诉机构认为，“尽管在口语中‘should’一词常被用来暗示劝告或表明倾向，但是，该词并不总是以那些方式使用。它也能被用来表达责任或义务。例如，该词以前曾被我们在 DSU 第 11 条的语境中解释为专家组的一项义务。类似地，我们认为，第 13.1 条第 3 句中的‘should’一词，在第 13 条上下文中，‘should’一词是在规范意义上而非仅在劝勉意义上被使用。换句话说，根据 DSU 第 13.1 条规定，成员对专家组向其作出的信息请求负有‘立即和充分反应’的责任和义务。”[3] “如果被专家组要求提供信息的成员没有通过提供该信息方式作出‘回应’的法律义务，那么，该专家组根据第 13.1 条中的第 1 句规定的毫无疑问的寻求信息的法律权利就会变得毫无意义。争端中的成员或许就会随意阻碍 DSU 第 12 条和第 13 条赋予专家组实情调查的权力并自行控制收集信息的过程。换句话说，成员或许会阻止专家组完成其调查构成争端的事实的任务并不可避免地

[1] WT/DS406/AB/R, para 267, January 2012.
[2] 李克兴：“英语法律文本中主要情态动词的作用及其翻译”，载《中国翻译》2007 年第 6 期。
[3] WT/DS70/AB/R, para 187, 2 August 1999.

阻止了专家组继续分析这些事实的法律特征。DSU 第 12.7 条在其相关部分规定‘……专家组报告应当（shall）列出对事实的调查结果、相关条款的适用性及其所作任何调查结果和建议所包含的基本理由’。如果阻碍专家组查明争端的真实的或相关的事实，那么，它就将不能确定相关条约条款对上述事实的适用性，并将不能向 DSB 作出任何有原则的调查和建议。”[1] 在商务部 WTO 法律专家对《〈关于争端解决规则与程序的谅解〉的详解》一书中，也将第 11 条中的“should”翻译为“应当”，从而将其解释为具有法律义务含义。[2] DSU 第 13.1 条规定：“每一专家组应当（shall）有权向其认为适当的任何人或机构寻求信息和技术建议……成员应当（should）迅速和全面地答复专家组提出的关于提供其认为必要和适当信息的任何请求。未经提供信息的个人、机构或成员主管机关正式授权，所提供的机密信息不得（shall）披露。”在日本农产品案中，上诉机构认为，DSU 第 13 条和《SPS 协议》第 11.2 条表明专家组拥有一项重要的调查权力。专家组有权向专家和其选择的任何其他相关来源寻求信息和建议。[3] 由此可见，根据 DSU 和适用协定的相关规则，确定“shall”与“should”在特定语境中都可指责任或义务。

在危地马拉对来自墨西哥普通水泥最后反倾销措施案中，专家组报告的一个脚注对“should”所具有的劝勉性或强制性含义进行了分析：“附件 1 第 2 段规定，进口的成员‘应当’（should）被告之在答辩书中包含了非官方的专家。它没有规定出口的成员方‘应当’（shall）被如此告之。尽管‘应该’（should）这个词语在口语中常被用来意指劝告，但它也能被用来‘表达一项责任（或）义务’（See The Concise Oxford English Dictionary，Clarendon Press，1995，page 1283）。由于第 6.7 条在相关部分规定附件 1 的条款‘应当’（shall）予以适用，我们看不到存在不应该（should not）在强制性意义上解释附件 1（2）的理由。我们认为，对附件中条款的劝告性解释应该与第 6.7 条不一致。而且，危地马拉还没有主张附件 1 中的第 2 段仅是劝告性的。相应地，在该基础上我们认为附件 1 的第 2 段应当在强制性意义上予以解释。”[4] 也就是说，根据《简明牛津英语词典》和“should”的上下文情况，专家组得出该“should”在 SCM 附件 1 第 2 段中应当解释成具有强制性意义的“应当”（shall），而非具有劝告性意义的“应该”。

---

[1] WT/DS70/AB/R，para 188，2 August 1999.

[2] “专家组应对其审议的事项作出客观评估，……专家组应定期与争端各方磋商，……专家组应当对有关事项进行客观评估……”（强调部分为本文作者所加）。参见杨国华等：《WTO 争端解决程序详解》，中国方正出版社 2004 年版，第 61 页。

[3] WT/DS76/AB/R，para 129，22 February 1999；WT/DS58/AB/R，para 106.

[4] WT/DS156/R，24 October 2000，footnote 854.

（三）“shall”与“should”都具有非强制性的道德义务含义

如上所述，二者都具有无法律约束力的道德含义。外国语言学及应用语言学学科、法律翻译理论和实践专业硕士在其专门研究“shall”的硕士论文中也指出，这两个情态动词都可具有道德义务含义。[1]“shall 当作强制性较弱的 should 使用，例如，‘Any person bringing a malpractice claim shall, within 15 days after the date of filing the action, file a request for mediation.’像此类句子，许多英美国家法院认为 shall 起的是指导性作用而非强制性。”[2]

上述实证研究可表明，条约用语的意义模糊性并非一个独立问题，一些条约用语是可能随上下文的变化而影响对其含义的具体选择。因此，“shall”与“should”含义的确定既需要依据权威公共英语词典和法律专业词典的界定，又要根据 VCLT 第 31～32 条规定的条约解释要素来予以综合判断，其中专家组/上诉机构的判例即使不构成先例，也具有重要的示范和指引作用，并对案件当事方具有约束力。

（四）学者对 TRIPs 协议第 7 条、第 8 条中“should”含义的理解分歧

条约用语意义的模糊性会导致条约当事方权利义务的重大不确定性，引发争端，因此，对条约具体规则与条约目的间的互动关系，已成众多学者争论的焦点问题之一。

有学者认为，从条约解释的角度看，与必须/应当（shall）条款形成对照，TRIPs 协议第 7 条是一个应该（should）条款，指出这一点是重要的。尽管该措辞的选择已导致某些工业集团和评论者争辩说，该条款“仅是劝告性的规定”，其解释性价值与序言中的任何规定相当，但是，不应忽视该条款在协议中的位置。事实上，根据杰佛斯（Gervais）教授的观点，具有该性质的第 7 条被包含在协议正文中而非规定在序言中的事实似乎是为了提高其地位。其观点在 United States —Standards for Reformulated and Conventional Gasoline —案中获得上诉机构的进一步支持：条约解释者应对所涵盖协议中“实际使用的词语给予充分考量”。[3] TRIPs 协议第 7 条不可被用来减少其他条款中必须/应当（shall）或与此相当规定的范围，《多哈部长决议》的文件并没有提升第

---

[1] “Shall” is used to express obligations and regulations. However, it is sometimes replaced by “Should” for the Chinese counterpart “ying dang”. The “Should” in English and “ying dang” only express a good morally wish instead of an imperative mood demanding someone to act. In this case, the priority is given to the discretion of parties, which also reveals the legislative purpose (illocutionary act) of the statement someone observe a promise conscientiously. 参见王宝川：《论 Shall 在汉英法律翻译中的应用》，西南政法大学 2010 年硕士论文，第 24 页。不过，笔者在本文中将该道德义务含义译为“应该”，以区别于具有法律约束力含义的“应当”。

[2] 赵宏坤：“浅述法律汉语‘应当’的误译”，载《重庆城市管理职业学院学报》2011 年第 1 期。

[3] Peter K. YU, The Objectives and Principles of the TRIPs Agreement, 46 Hous. L. Rev. 979, 2009.

7 条的法律地位。[1] TRIPs 协议第 7 条使用了应当（should）一词进一步提醒成员，更高水平的知识产权保护并不一定带来更多创新、知识的传播或技术转让。[2] 可见，围绕情态动词的差异与 TRIPs 协议第 7 条的效力问题，学者间存在很大分歧。

尽管 TRIPs 协议第 7 条中应当（should）与必须（shall）之间在语法上可能存在某种差异，但应根据 VCLT 第 31 条规定以及 WTO 司法实践，将其置于 TRIPs 协议的第一部分——总则和基本原则的整体框架中进行考量，鉴于第 7 条规定的五个目标构成了整个 TRIPs 协议的法律基础，是解释、实施、发展 TRIPs 协议条款的路标，已构成国际知识产权法基本原则——公共利益原则的重要内容，已对所有成员具有约束力，适用于国际知识产权法的所有领域，而非个别领域的具体规则，WTO 成员依据 TRIPs 协议所享有/承担的具体权利义务是建立在 TRIPs 协议基本原则体系（包括第 7 条公共利益原则）基础上的，是其追求的价值目标的具体体现，是 TRIPs 协议具体条款的精神和灵魂。任何依据条约用语来限制、否认第 7 条效力、曲解其本义的做法，是与 WTO 司法实践相悖的，因为“根据专家组和上诉机构在许多案件中的观点，有两点是值得注意。一是对条约的‘有效解释’，即条约中的每一个术语都是有意义的，不能随意忽略不予考虑；二是‘协调一致’，即同一个条约下的不同条款相互之间只能是互补关系，而不会互相冲突。”[3] “弗斯指出‘一个词的词义随其所在上下文而变化’，达罗夫也指出：多义词的含义通常是通过言语的上下文来揭示。”[4]笔者认为，既然条约序言没有法律约束力，而一些西方学者主张位于 TRIPs 协议总则和基本原则中的第 7 条、第 8 条的地位与序言中相关规定相同。果真如此的话，一方面，似乎可以得出 TRIPs 协议正文中根本没有必要再重复序言中已有的内容的推论；另一方面，也是对法律基本原则功能的曲解。

语境或上下文能限定和区分一词多义，因此，在解释 TRIPs 协议第 7 条含义及效力时，不应贬低或无视第 7 条的公共政策目标，把处于协议基本原则地位的第 7 条与协议的其他具体规则的地位及效力相提并论，更不应因第 7 条本身的用语而否定其基本原则的地位与效力，甚至人为地、非善意地加以曲解，因为条约的善意解释是善意履行的前提。有学者把 VCLT 第 31 条、第

[1] Daniel Gervais, The TRIPs Agreement: Drafting History and Analysis (2nd Editon), London Sweet & Maxwell, 2003, p. 116.

[2] Carlos M. Correa, Trade Related Aspects of Intellectual Property Rights, Oxford University Press, 2007, p. 97.

[3] 朱榄叶编著:《WTO 国际贸易纠纷案例评析 1995 ~2002（上）》，法律出版社 2004 年版，第 3 页。

[4] 孙志祥：“合同英译理解过程中的‘合法’前提和‘求信’标准”，载《中国翻译》2001 年第 5 期。

32条条约解释规则诸要素间的关系概括为："善意解释是根本原则，约文解释是基本方法，参照目的和宗旨解释是条约解释正当性的保证，使用准备资料是解释的辅助、补充手段。……Jeff Waincymer认为，国际法委员会曾指出，规避WTO协定的实质意义的一种严格的文本解释，是对善意原则的违反。"[1] 国际争端在较大程度上是条约解释争端，本质上是国家利益的博弈，国际（准）司法机构常陷于平衡利益与维护条约一致性的困境，因为"各国会依据其利益对习惯国际法作不断变化和不一致的解读"[2]。WTO法律规则中存在的局限性离不开依据条约目标和宗旨、缔约方共同认可的价值进行判断、甄别、解释；同时也不应忽视法律规则及其具体目的。

三、产生分歧的原因分析及问题解决

（一）三个主要原因

1. "shall"在英语法律文本中用法的复杂性与混乱

如前所述，条约用语含义理解上的分歧原因之一在于法律本身的模糊性以及国际条约缔结谈判中为达成妥协所需。"法律是模糊的，这种情况非常普遍，以致在特定案件中法律的规定常常不确定。……我认为，模糊性以及因模糊性而产生的不确定性是法律的基本特征。虽然并非所有的法律都是模糊的，但是在不同的法律制度中必然包含模糊的法律。当法律模糊的时候，其结果是人们的法律权利、义务和权力在某些案件中（并非在所有案件中）变得不确定。……当法律是模糊的时候，对某些案件的司法裁决将不受法律的约束。法官在原则上不可能总是相同案件相同处理。法律中的可预测性质某种程度上只是可望而不可即。"[3] 但在国际法中，模糊性可能同时也是利益冲突的各方就某一事项/协定达成妥协的一个有效途径，因为"如同许多GATT的规则，这种含糊的规定看来也是经过深思熟虑的。"[4] 条约用语含义理解中存在着分歧是因为"条约是谈判导致妥协以调解经常是广泛的分歧的产物。就多边条约而言，谈判国的数目越多，满足各方冲突利益的富于想象力的灵活起草的需要就越大。这一过程不可避免地产生了许多不清楚或模棱两可的用词。尽管在起草时非常小心并积累了很多经验，但没有任何条约是不可能

---

[1] 张东平：《WTO司法解释论》，法律出版社2005年版，第26页、第145页。

[2] ［美］Jack L. Goldsmity，Eric A. Posner：《国际法的局限性》，龚宇译，法律出版社2010年版，第59页。

[3] ［英］蒂莫西·A. O. 恩迪科特：《法律中的模糊性》，程朝阳译，北京大学出版社2010年版，第1页、第5页。

[4] ［美］约翰·H. 杰克逊：《世界贸易体制：国际经济关系的法律与政策》，张乃根译，复旦大学出版社2001年版，第270页。

产生一些解释问题的。”[1] 可见，语用模糊在国际条约谈判、缔结中具有相应的重要性，是一把双刃剑。“模糊现象是不以人的意志为转移而客观存在的。产生模糊的原因与自然界本身的界限模糊不清有关，与人的认知能力有限有关，也与发话人讲究交际策略有关。模糊和精确是互为对立的统一体。在一定的范围内，精确方法是更科学的方法；在另一范围内，模糊方法则是更科学的方法。关键是使用要得体，该精确的地方模糊不得，该模糊的地方精确不得。当前，对模糊现象的研究正在国内外广泛展开。”[2] “模糊语言存在于法律英语中有其特定的原因。从立法上看，恰当地运用模糊语言，能有效提高语言表达的概括能力与正确程度，实现立法的科学性，从而帮助人们以有限的立法资源应对纷繁复杂的法律现象和法律行为；从执法上看，该模糊性的存在也给执法者一定的自由裁量权……再加上法律现象总是复杂的、无限的，因此有限的法律语言是难以承载、传递未知的法律现象的。”[3] 上述主客观原因决定了法律用语的准确性与模糊性并存。

2. 词语的多义性：语言本身之不确定性

“在宽泛的意义上，模糊性被视同歧义性。歧义性规范是一种框架，在这一框架之内，该规范表达的意义有两个或两个以上。通过使用一种歧义性表达，立法者授予法院自由裁量权，让法院有权在那些意义中作出选择并进而形成个别性规范。”[4] 抛开“文本的语义可能是除它当前看似的东西之外的其他任何东西”[5] 这个对语言极端不确定性的论断的哲学合理性基础而言，似乎可以窥见其所表达的语言在具体语境中的生命力。英语词语本身的多义性、句法等都可能造成法律解释中的困难。如前所述，“shall”与“should”都有两个以上的含义，都既可以表示劝告性意义，又可以表示法律上的强制性意义，在一些情形中人们并不清楚其是在那一种意义上被使用，而对这些不同含义的理解、选择，将直接涉及 WTO 成员诸协定下的权利与义务的确定以及专家组/上诉机构对相关争端的依法公平裁决。因此，也可以说，解释也就是一种语义选择行为。

---

[1] 安托尼·奥斯特：《现代条约法实践》，江国青译，中国人民大学出版社 2005 年版，第 200 页。

[2] 王宏：“模糊语言及其语用功能”，载《外语教育》2003 年第 2 期。

[3] 魏敏：“论法律用语的语言特征——论模糊性及其翻译”，载《福建政法管理干部学院学报》2008 年第 1 期。

[4] ［英］蒂莫西·A. O. 恩迪科特：《法律中的模糊性》，程朝阳译，北京大学出版社 2010 年版，第 22 页。

[5] 迈克尔·格雷·罗森菲尔德：《解构与法律解释：冲突、不确定性与新法律形式主义的诱惑》。转引自：［英］蒂莫西·A. O. 恩迪科特：《法律中的模糊性》，程朝阳译，北京大学出版社 2010 年版，第 22 页。

3. 解释者忽视条约目标和宗旨的作用

条约和构成解释条约的诸要素都具有系统性/整体性特征。对条约上下文的不同考量也会直接影响对“shall”与“should”含义的选择和确定，这是因为条约词语的意义与其使用之间的关系也十分重要。由于多种主、客观原因，同一条约内部以及不同条约之间的冲突、漏洞、模糊等现象并不少见。因此，法律解释问题在国际条约中更具重要性与复杂性。1969 年 VCLT 第 31 条规定了条约解释的通则之一：“条约应依其用语按其上下文并参照条约之目的及宗旨具有之通常含义，善意解释之。”即应从通常意义上来理解条约用语，“通常意义的确定不可抽象地进行，只能根据条约的上下文及其目的与宗旨予以确定……在实践中，考虑其目的与宗旨更多地是为了确认一项解释。如果一项解释与该目的和宗旨不相符合，它很可能是错误的。但第 1 项给予文本解释以优先地位。”[❶] 条约用语的通常意义是全面考察该用语的上下文、条约的宗旨和目的后得出的。应当考察的内容包括：条约约文、序文和附件。[❷]“国际法委员会强调，第 31 条是一个‘完整不可分的合并的（解释）操作方法’”[❸]；第 31 条名为“解释之通则”。该单数名词形式强调该条只包含在第 1 项中的一项规则。因此，我们必须考虑条约解释中三个主要因素——条约约文、它的上下文和条约的目的和宗旨的每一个因素。解释条约时人们自然地是从约文开始，随后是上下文，然后是其他事项，特别是嗣后的资料。[❹] 李浩培先生指出，国际法委员会认为条约解释程序是一个统一体，从而 VCLT 第 31 条的各项规定组成一个单一的、互相紧密地连在一起的完整的规则。[❺] 第 31.1 条规定的诸解释要素之间“并没有法律效力上的优劣或上下等级之分”。[❻] 此外，VCLT 第 32 条对约文解释方法规定了谨慎的限制：如果依第 31 条规定的解释方法“所获结果显属荒谬或不合理时，为确定其意义起见，得使用解释之补充资料，包括条约之准备工作及缔约之情况在内”。

（二）问题的可能解决方法

尽管有学者认为：“近年来简明英语运动不断深入发展，法律文本中‘shall’的使用也呈逐渐减少趋势。”[❼] 但既存《WTO 协定》英文本是客观存在，必须重视对其中“shall”与“should”的研究，以努力实现翻译中“信”的目标。

---

❶ 安托尼·奥斯特：《现代条约法实践》，江国青译，中国人民大学出版社 2005 年版，第 205 页。
❷ 王铁崖主编：《国际法》，法律出版社 1995 年版，第 315 页。
❸ 张东平：《WTO 司法解释论》，法律出版社 2005 年版，第 146 页。
❹ 安托尼·奥斯特：《现代条约法实践》，江国青译，中国人民大学出版社 2005 年版，第 203 页。
❺ 李浩培：《条约法概论》，法律出版社 2003 年版，第 351 页。
❻ 张东平：《WTO 司法解释论》，法律出版社 2005 年版，第 23 页。
❼ 陈小全、刘劲松：“法律文本中 shall 的问题及解决途径”，载《中国翻译》2011 年第 3 期。

1. 专家组/上诉机构解释条约所遵循的规则

条约的解释是为了确定缔约方间的权利义务，以与条约目的和宗旨相一致的方式解释具体规则将有助于加强规则的确定性和可预期性。为了确定哪些语境因素或上下文是和该表达的使用有关联，DSU 第 3.2 条要求争端解决机构“依照解释国际公法的惯例澄清协定的现有规定”，这或许就是凯尔森、罗纳德·德沃金所认为的法律所拥有的防止出现漏洞的各种资源的一部分，同时为争端解决机构自由裁量权的行使划定理性的边界。因此，《WTO 协定》的解释应遵守 VCLT 第 31 条、第 32 条的规定。鉴于 DSU 第 19 条的规定，[1]尽管语境自身可能具有无限性，但 DSU 第 3.2 条为专家组对具有语境依赖特征的词语意义的选择确定了具体的考量要素，其中包括了特定的目的和场合对确定用语含义的作用。对“shall”与“should”含义的准确确定将直接涉及专家组和上诉机构是否正确履行了其职责以及其建议的准确性和合法性，特别会涉及是否变更了适用协定项下所规定的成员的权利和义务。

“WTO 中脆弱的政治协商一致只允许 WTO 司法机构在进行解释时保持司法克制，严格按协定的规定进行解释，这是《WTO 协定》和 DSU 中所确立的关于 WTO 争端解决机制的神圣原则。WTO 中并不具有司法能动主义的政治性协商一致……WTO 上诉机构的司法能动主义面临着成员方的强烈政治控制。WTO 司法机构为了使自身裁决获得成员方的支持，不能越权解释……”[2]成员方应重视和加强对争端解决机构对《WTO 协定》文本含义的解释。关于 WTO 争端解决中法律解释中的司法能动主义和司法克制主义之间的关系，具体到本文来说，即对“shall”与“should”含义的解释与确定，直接关乎成员间权利、义务的平衡和 WTO 司法的公平和正义，当然也将会对 WTO 争端解决机构的公信力产生深远的影响。当然，作为《WTO 协定》解释规则的 VCLT 第 31 条、第 32 条也不能消除所有条约用语的模糊性，其本身甚至就可能存在着模糊性。

2. 注重个案分析方法

由于“shall”与“should”均具有一词多义性，因此，在特定语境中其含义的准确选择便需要明确的适用规则，然而，目前为止，无论是 VCLT 还是

---

[1] DSU 第 19 条规定：“（1）如专家组或上诉机构认定一措施与一适用协定不一致，则应建议有关成员使该措施符合该协定。除其建议外，专家组或上诉机构还可以就有关成员如何执行建议提出办法。（2）依照第 3 条第 2 款，专家组和上诉机构在其调查结果和建议中，不能增加或减少适用协定所规定的权利和义务。”DSU 第 3.2 条规定：“WTO 争端解决制度中为多边贸易体制提供安全性和可预见性方面是一个核心部分。各成员认识到该体制适于维护各成员在适用协定项下的权利和义务，及依照解释国际公约的习惯规则澄清这些协定的现有规定。DSB 的建议和裁决不能增加或减少适用协定所规定的权利和义务。”

[2] 程红星：《WTO 司法哲学的能动主义之维》，北京大学出版社 2006 年版，第 254 ~ 255 页。

WTO 争端解决机构尚未在公约中/准司法实践中对此予以明确，因为尚不充分的准司法实践还难以明确问题，需要个案分析处理。

现以欧盟紧固件反倾销案中争端解决机构如何通过个案分析方法确定“shall”的含义来观察“shall”的含义选择与对具体法律上下文的依赖。“专家组认为，从第 6 条第 10 款看，给予单独待遇是一项原则，而抽样是唯一例外。上诉机构指出，专家组的这一认定提出了两个解释性问题：一是关于确定单独倾销幅度，第一句的‘shall’和‘as a rule’是表明了一项强制性规则，还是仅仅反映了一种偏好；二是第二句所允许的抽样，是否为第一句所设定规则的唯一例外。上诉机构认为，助动词‘shall’在法律文本中通常用于表示强制性规则，而‘as a rule’的含义则是‘usually’‘more often than not’。‘shall’和‘as a rule’结合起来，所表达的不仅仅是偏好。如果该款的起草者意在避免设立确定单独倾销幅度的义务，则可能会使用‘it is desirable’或‘in principle’，而不是‘shall’。尽管‘shall’一词设定了强制性规则，但这一义务却受到了‘as a rule’的限制，而这一限定必然是有含义的。上诉机构认为，这个词表明此项义务并非绝对，预示了例外的可能性。如果没有这个词，确定单独倾销幅度的义务就无法与《反倾销协定》中背离这一规则的其他规定保持协调了。”❶

3. 加强对 WTO 案例的研究

“法律的模糊性不等同于法的不确定性，也不等同于法律语言的模糊性。强调法的模糊性和合理利用法的模糊性走的是一条与传统法学精确化道路完全相反的路径，是一个与传统法学截然不同的理论系统——‘模糊法学’。模糊法学在立法、司法及部门法学中有广泛的应用价值。”❷ 此言肯定了语言模糊性这把双刃剑的一端。尽管 WTO 中相关案例裁决的结果仅约束该案的当事国，但实际上，专家组为了其裁决报告不被上诉机构所推翻，常常会引用以前的专家组报告中的法理分析和相关结论。“我国应密切关注未来 WTO 争端解决机制出现的新的法律解释。WTO 争端解决的个案是直接依据 DSU 和其他适用协议作出的权威裁决，很大程度上代表了全体成员方对于 DSU 和其他适用协议的普遍理解和认识……专家组和上诉机构会根据具体案件不断对《WTO 协定》的各条款作出解释，甚至有可能就同一条款作出新的解释，从而推翻旧的案例。对此，我国应当随时把握争端解决中的新动向，”❸ 并对国际贸易争端中相关成员以法律的不确定性或对该成文法用语的不同解释为借

❶ 杨国华：《WTO 的理念》，厦门大学出版社 2012 年版，第 177 页。

❷ 陈云良：“法律的模糊问题研究”，载《法学家》2006 年第 6 期。

❸ 陈欣：《WTO 争端解决中的法律解释——司法克制主义 vs. 司法能动主义》，北京大学出版社 2010 年版，第 131 ~ 132 页。

口而规避国际条约义务的做法保持警惕。

四、小结

“很显然，在翻译上值得探讨的法律英语中的主要情态动词是‘shall’，‘must’和‘may’在本文中只是供作比较的情态动词，在普通英文中的用法和译法与在法律英文中没有太大差异。而‘shall’则不然。它在普通英文中较少使用，在法律条文中用得极广，这是构成法律英语主要特征的关键字。”❶“shall”是法律英语的理论和实践中最复杂的一个情态动词，该复杂性主要源于其本身易产生歧义的表意缺陷。理解“should”含义的难点在于其强制性含义确定标准。“关于解释问题，确切而言即关于解释在法律中的作用问题，学界已经形成一种共识：理解即是解释，确切而言，即法律的每一次适用都需要一种法律的解释。”❷ 国际贸易和法律的复杂性、语言本身的不确定性以及人类语言能力和法律能力的局限性共同导致了法律用语理解上的困难。对“shall”与“should”含义如何解读，不仅涉及是否变更成员涵盖协定下的权利、义务和 WTO 争端解决机构的效率、合法性基础，而且还可能会侵蚀国家主权。或许，德里达所创立的如下悖论能成为合理平衡并缓和 WTO 司法解释哲学中能动主义和克制主义冲突的一个参考标准：“一项判决要想成为正义的判决，它必须是负责任的而且是自由的判决。因此它必须‘既受法律的约束也不受法律的约束：它必须既保存法律，同时也破坏法律或者将其搁置。’”只不过，专家组/上诉机构对“shall”与“should”含义的公正解读必须要戴着 DSU 第 3.2 条和第 19 条共同铸造的镣铐跳舞了，通过对语言规则和法律规则间关系的探求，并通过对习惯国际法解释规则的遵守，努力降低法律规则表达的模糊性所可能造成的法律的不确定性，最终实现澄清条约用语意义的目标——增加条约中当事国权利和义务的确定性和可预期性。

---

❶ 李克兴：“英语法律文本中主要情态动词的作用及其翻译”，载《中国翻译》2007 年第 6 期。

❷ ［英］蒂莫西·A. O. 恩迪科特：《法律中的模糊性》，程朝阳译，北京大学出版社 2010 年版，第 14 页。

第二章 “上下文”（context）研究

第一节 “上下文”含义研究

通过对国际（准）司法条约解释实践的研究，以揭示“上下文”在条约解释要素体系和实践中的地位及运行机理。争议用语的词典含义往往不止一个，关注“上下文”的主要原因是为证实“通常含义”。“上下文”是选择“通常含义”的一个助手（aid）、任何超字面解释方法的修正者。除直接语境意义上的“上下文”和VCLT第31.2条界定的更广泛含义，“上下文”可能还包括条文中蕴含的任何结构、计划或作为一个整体的条约。直接语境意义上的“上下文”主要包括争议词语所处的条文或短语的语法结构——（分）标题、序言、开头语、标点、时态等。条约序言无法律效力，其法律价值主要在于解释性价值。序言在正文方面的意义是作为挑选和修正所使用词语的通常含义工具的一部分。VCLT未界定或使用“开头语”一词。该词主要用来描述条文的开头语。条文标题不仅是条约的一部分，而且其内容也可能有助于解释用语含义。但标题常常太具一般性而不能提供准确的指引。似应在启发的意义层面上理解对VCLT的适用方式，不存在绝对的、普遍适用的解释标准。能被用来获得合理解释的其他技艺、技术和原则只要不与VCLT冲突，也可以接受。VCLT相关解释规则的系统性仍有改进空间。

由于诸多主客观原因，法律常需要解释，而法律的解释也离不开规范的指引，VCLT正是规范法律解释的法律，被称为“条约之条约”。

任何表达总有其一定的上下文，且“任何用语都只有通过考虑其他被使用的上下文时才可以得到充分的理解”[1]。“上下文”一词在VCLT第31条规定“解释之通则”的三款中都可以说是个关键词语，将第31条各款有机联系起来：“国际法委员会认为条约解释程序是一个统一体，从而第31条的各项

[1] 安托尼·奥斯特：《现代条约法实践》，江国青译，中国人民大学出版社2005年版，第204页。

规定组成一个单一的、互相紧密地连在一起的完整的规则。因此，本条第2项规定开头的‘上下文’一词意在使该项规定中所提及的一切解释因素——这些都是约文的内在因素，都同第1项规定的‘上下文’连接起来，而使这些因素都并入第1项规定内。同样，该条第3项规定开头‘应与上下文一并考虑的’字句也意在把该项规定中列举的一些因素——这些都是约文的外在因素，都并入第1项规定内。而该条第4项关于用语特殊意义的假定，其‘特殊’一词即用以指示其与第1项规定的联系。”❶ 条约的用语不是孤立的，它总是出现在特定条约的特定条款的具体位置，有其特定的语境。相应地，条约用语的通常意义也不是抽象的，它必须在具体所处的上下文中得以识别、确定，而且必须把条约当作一个整体来看待，在这一整体中，在上下文中确定每个具体用语的通常含义，而绝不能把它从其所处的具体上下文中割裂开来孤立地解释。❷国际（准）司法实践以及条约法理论研究都表明，条约用语的解释常需借助 VCLT 第31～33条规定的诸解释要素，各解释要素在条约用语含义的确定中都有其特定作用，同时也都存在一定的局限性，它们相互联系、制约、协作。因此，依托 ICJ 和 WTO 等国际（准）司法实践和国内外学者的相关成果，研究各解释要素的含义、性质、价值、地位、与其他解释要素间的比较、局限性，特别是第31.1条中的“上下文”所涉及的诸解释要素是否具有排他性以及运行机理，就具有重要意义，而“上下文”是第31条的核心用语之一，因此，对其研究更具重要性。

一、“上下文”的含义、作用

Waldock 认为：“不能抽象地确定用语的自然和通常含义，除非提及其出现的上下文。这已被世界法院（the World Court）反复证实。”❸ 在加拿大药品专利保护案中，专家组强调了上下文在确定“limited”含义时的重要作用：“专家组同意欧共体的观点，正如在该上下文中使用的那样，‘limited’一词具有比加拿大所引用的相当宽泛的界定要稍狭窄些的内涵。尽管该词语本身可能具有广义和狭义的界定，但如果‘limited’作为‘limited exception’该短语的一部分而使用，则较狭窄的界定更为适当。‘exception’一词本身具有的有限背离含义，不会削弱（undercut）产生它的相关规则。如果条约使用‘limited exception’用语，就必须给予‘limited’一词分离于（separate from）‘exception’本身蕴含的限制。因此必须将‘limited exception’一语理解为一

❶ 李浩培：《条约法概论》，法律出版社2003年版，第351页。

❷ 张东平：《WTO 司法解释论》，法律出版社2005年版，第67页。

❸ Yearbook of the ILC，1964，vol. II，p. 56.

项狭义的例外——依该例外仅对权利产生较少限制。”[1]

鉴于争议中的条约用语的词典含义往往不止一个，因此，关注“上下文”的主要原因是为了证实“通常含义”。例如，在加拿大影响民用飞机出口案中，上诉机构就在确定 SCM 第 1.1 条（b）项中“利益”一词的通常含义之后，借助于第 1.1 条的“上下文”——该协议第 14 条中对“利益”一词的界定来证实上诉机构对该词语意义的解释。[2] 经常借助条约目的和宗旨的指引从诸多通常含义中确定一个符合该词语所在上下文的一个通常含义。除包括序言和附件在内的条约正文外，VCLT 第 31.2 条中的上下文含义还包括诸协定和文书（instrument）。[3] VCLT 第 31.2 条的作用是依据 VCLT 的目标界定“上下文”，并因此提供第 31.4 条规定的特殊含义。VCLT 第 31.2 规定对于条约的缔结非常重要。VCLT 第 31.2 条第 1 项中规定的协定“并不必须是该条约的一部分，或本身为一项条约；但它必须是当事方意图的一种清楚表述。”关于 VCLT 第 31.2 条第 2 项中规定的任何文书问题，“1995 年《代顿协定》包括了许多这样的文书。这种情况有别于一国在签署批准条约所作的单边解释性声明的是需要接受。对于欧共体或欧盟条约而言，它们会附有各种由一个或多个成员国提出的文件已是一种普遍实践，这些文件都是在条约的谈判过程中得到同意的。”[4] “这种协定和文书通常是在缔结条约之时或缔结后不久很快作出的。它们不应被理解为仅是一种对于解释的帮助，而且也是条约制定者的一种有价值的工具。作为一种法律事实，这里经常没有什么理由来说明为什么这种协定或文书的内容不能体现在该条约之中。因此，使用这种方法的一个理由是政治性的……但有时使用这种方法只是为了方便。一份有关条约中用语的具体适用的协定备忘录或换文比在条约中过多地载入一些冗长的定义要更干净利落一些。”[5] 之所以未将 VCLT 第 31.2 条规定的“……任何协定和文书”纳入 VCLT 第 32 条规定的“准备工作”范畴，是因为：“缔约过程中缔约方达成的某些协定、文件是缔约方的真实意思的书面体现，可能直接关系到条约某些用语的真正意义、内涵，若把它纳入准备工作资料，则将使其处于次要地位，很可能得不到解释者的考虑，因而解释的结果很可能

---

[1] WT/DS114/R, 17 March, 2000, para 7.30.

[2] WT/DS70/AB/R, 2 August, 1999, para 155.

[3] VCLT 第 31.2 条规定：“就解释条约而言，上下文除指连同序言即附件在内之约文外，并应包括：（1）全体当事国间因缔结条约所订与条约有关之任何协定；（2）一个以上当事国因缔结条约所订并经其他当事国接受为条约有关文书之任何文书。”

[4] 安托尼·奥斯特：《现代条约法实践》，江国青译，中国人民大学出版社 2005 年版，第 206 ~ 207 页。

[5] 安托尼·奥斯特：《现代条约法实践》，江国青译，中国人民大学出版社 2005 年版，第 207 ~ 208 页。

不能完整地反映缔约方的缔约意思。正因为如此，使得有必要把一些本可能作为条约准备工作及缔约情况加以考虑到协定、文件归入到上下文中，使其成为确定条约用语的通常意义必须考虑到因素。”❶

VCLT 第 31 条中规定的“上下文”在条约解释中的使用有两个主要作用和方面：“规定‘上下文’的第一个作用是作为条约中使用的词语的通常含义的直接限定语，由此，‘上下文’是选择通常含义的一个助手，是任何超字面解释方法的修正者；第二个作用是在 VCLT 规则中对被考虑作为构成上下文的材料的识别。通过阐述第二个作用，将注意力置于条约的整个约文、其序言和任何附件，就可以界定‘上下文’了。”❷ “在该后一作用中宽泛提及的‘上下文’的事实并不排除在直接语境中理解词语的上下文中所理解的某事项的通常含义。如果一单词构成了一短语的一部分，那就是必须作出的明显的、最初的上下文评估。使用上下文的第二个方面是适用更宽泛的定义。这指引着解释者注意许多因素，包括那些相当直接的因素，例如，附近条款的用词、文章的标题（headings）和标点符号，还包括更远的要素，例如，与涉及近似事项的其他条款的比较或使用近似的措辞（wording）、扩展到通向作为一般规则的第一段中的其他要素桥梁的上下文的功能，即‘目标和宗旨’。”❸

此外，“除了直接语境意义上的上下文和第 31.2 条界定的更广泛的含义，上下文可能还包括条文中蕴含的任何结构、计划或作为一个整体的条约。”❹在加拿大的影响民用飞机出口措施案中，WTO 上诉机构的裁决展示了对通向这样的结构的上下文的探究。❺ 在加拿大药品专利保护案中，由于 TRIPs 协议第 1.3 条、第 2 ~4 条纳入了《保护工业产权巴黎公约》（Paris Convention on the Protection of Industrial Property，以下简称《巴黎公约》）等四个知识产权国际公约的相关规范，由此成为专家组解决 TRIPs 协议第 30 条解释问题的重要上下文。❻ 此外，基于《WTO 协定》是由众多子协定构成的条约群系统，是成员方应依《WTO 协定》第 16.5 条予以“一揽子”方式接受的法律规范，因此，协定框架内的相关条文都可能会成为解释某一协定用语的上下文。可以说，VCLT 第 31 条规定的“上下文”外延相当宽泛。

---

❶ Gyoegy Haraszti, Some Fundamental Problem of the Law of Treaties, Akademiai Kiado, 1973, p. 89. 转引自：张东平：《WTO 司法解释论》，法律出版社 2005 年版，第 68 ~69 页。

❷ Richard K. Garadiner, Treaty Interpretation, Oxford University Press, 2008, p. 177.

❸ Richard K. Garadiner, Treaty Interpretation, Oxford University Press, 2008, pp. 177, 178.

❹ Richard K. Garadiner, Treaty Interpretation, Oxford University Press, 2008, p. 182.

❺ WT/DS70/AB/R, paras 155, 156.

❻ WT/DS114/R, para 7. 14.

二、"上下文"与语法和句法：（分）标题、序言、标点

（一）"上下文"与序言、开头语（preamble/chapeaux）

"直接的（immediate）上下文包括争议词语所处条款或短语的语法结构。国际法院的一个判决书阐明了这一点并阐述了上下文的更广泛作用。在该案中，洪都拉斯主张，在现代海洋法的上下文中，'maritime spaces'用语的通常含义肯定已被扩大到海洋区域的划界，例如，包括领海和专属经济区。据此，沿海国对其近海的权利以及所主张的《特别协定》的目标和宗旨将彻底处理长期存在的争端。洪都拉斯主张，如果任何判决要达到最终解决当事方间争端的目标，那么，有效性原则或有效解释原则要求划界。试图将现代海洋法作为'上下文'的一部分似乎并不合适，因为国际法的相关规则是 VCLT 第 31.3（c）的主题。结果，法庭认为，洪都拉斯的主张相当于借助《特别协定》的'缔约情形'，依据 VCLT 第 32 条，'缔约情形'是解释的补充方法，且仅在特定条件得到满足时第 32 条才可适用。"[1]

1. "上下文"与序言（preamble）

VCLT 第 31.2 条明确规定"上下文"包括条约序言。条约序言在条约解释中的确定性和可预见性目标实现方面有其内在机制。学者们几乎一致认为，条约序言无法律效力，其法律价值主要在于解释性价值，甚至还包括补漏价值和促成条约缔结的价值。将通过对专家组/上诉机构依序言进行的约文解释的法理与实证分析，试图揭示序言在用语解释实践中的作用机理，因为序言解释的可预期性和和完整性有利于提升 DSB 及其裁决的正当性，平衡条约内外不同甚至相互冲突的价值、目的和宗旨。研究表明，既有条约序言并非可有可无。序言常含有对目的和宗旨的表述，以与条约目的和宗旨相一致的方式解释具体规则常有助于加强规则的确定性和可预期性，这也是条约目的解释学派着重强调的。依照 DSU 第 3.2 条，《WTO 协定》的解释应遵守 VCLT 第 31 ~ 33 条的规定。

（1）条约序言的法律效力。明确论及条约序言的国内外学者几乎都一致认为序言无法律效力，例如，"国际文件的引言通常没有什么法律含义，也很少需要说明。这类引言往往通过一些引述语来指明有关条约的宗旨。《保护文学和艺术作品伯尔尼公约》（Berne Convention for the Protection of Literary and

---

[1] Land, Island and Maritime Frontier Dispute（EI Salvador/ Honduras Nicaragua intervening），（1992）ICJ Reports, paras 375, 376; Richard K. Garadiner, Treaty Interpretation, Oxford University Press, 2008, pp. 178, 179.

Artistic Works，以下简称《伯尔尼公约》）的引言沿袭了这一惯例。”[1] “序言有时主要是包含一些政治性的声明。”[2] “如同其他国际条约一样，序言也构成条约的一部分，但其并没有设立具有约束力的法律义务。更准确地讲，序言服务于解释各国的动机和《粮食和农业植物遗传资源国际条约》的基本前提，序言还服务于表述缔约各国和各组织的额外关注，而所有这一切额外关注在条约的实体条款中无法充分表达。”[3] “序言（如果有的话）通常由一套说明组成。这些说明一般包括在条约起草中起到作用的动机、目标和考量。”[4] “序言中的说明并非规定义务的适当地方，通常在条约的有效条款中或附件中规定义务。尽管如此，序言可能会规定解释性承诺，例如，在《议定书》中强调不应将该议定书解释为包含当事方在任何既存国际协定下的权利和义务的变化。因此，如果实体性条款中的用语提供了数个意义可供选择，与其他文件（instruments）下权利和义务背道而驰的那些意义就会被排除。说得更明白些，实体性条款通常比序言具有更大的明确性和精确性；但如果对实体性条款的含义存有疑问，序言可使较宽泛的解释或至少对限制性解释的拒绝具有合理性。”[5] WTO 争端解决实践中时常利用条约序言规定的目的和宗旨来解释涵盖协定正文条款的意义。例如，在加拿大专利药品保护案中，加拿大就曾引用 TRIPs 协议序言第一节来回答诉讼程序中的基本问题——被质疑的措施是否属于 TRIPs 协议第 30 条规定的“有限例外”。加拿大认为必须根据 VCLT 来解释第 30 条语言。VCLT 第 31.1 条规定了基本原则——条约应依其用语按其“上下文”并参照条约之目的及宗旨所具有之“通常意义”，善意解释之。该条第 2 段继续规定所要解读的条约词语的“上下文”还包含条约序言。在寻求确定第 30 条范围时，把加拿大提出的下列主张铭记在心是重要的：“TRIPs 序言第 1 段规定……因此，该序言证明了下列谅解：对知识产权的保护不应当超过‘有效和充分’之规定，因为任何更高水平的保证将会危及其他重要利益。”[6] 在巴西椰子干案中，专家组两次提及《WTO 协定》序言中的宗旨来论证其相关观点：“在我们看来，这个结果既不明显的荒谬也非不合理。事实上，我们认为这完全与《WTO 协定》序言中确定的发展一体化的多边贸易体制的宗旨相一致。”[7] 笔者认为，条约序言具有相应的法律约束力。

---

[1] 《保护文学艺术作品伯尔尼公约指南》，刘波林译，中国人民大学出版社 2002 年版，第 8 页。

[2] 安托尼·奥斯特：《现代条约法实践》，江国青译，中国人民大学出版社 2005 年版，第 367 页。

[3] ［英］杰罗德·莫尔、［加］维托尔德·提莫斯基：《〈粮食和农业植物遗传资源国际条约〉解释性指南》，王富有译，中国政法大学出版社 2011 年版，第 30 页。

[4] Richard K. Garadiner，Treaty Interpretation，Oxford University Press，2008，p. 186.

[5] Richard K. Garadiner，Treaty Interpretation，Oxford University Press，2008，pp. 186，187.

[6] WT/DS114/R，17 March 2000，para 4. 13.

[7] WT/DS22/R，paras 242，279.

（2）条约序言的法律价值之一：解释性价值。条约序言主要有三个价值：序言能表述缔约方的额外关注及分歧，促成条约的缔结；序言阐明条约缔结的背景、基本目标；序言对条约正文具有重要的解释性价值。尽管条约序言规定的目的和宗旨间可能存在冲突，但条约序言能提供缔约背景和宗旨，对条约正文来说起到引言的作用，而作为第 31.1 条规定的“条约的目的和宗旨”经常构成条约序言的一个重要内容，可见，序言在条约解释中具有独特的重要作用：“通常意义的确定不可能抽象地进行，只能根据条约的上下文及其目的与宗旨而予以确定……在实践中，考虑其目的与宗旨更多的是为了确认一项解释。如果一项解释与该目的和宗旨不相符合，它很可能是错误的。但第 1 项给予文本解释以优先地位。”[1]

在阿根廷鞋类产品进口保障措施案中，专家组注意到《保障措施协定》序言中规定的四个相关的重要目标，依据第 2 个目标可知，以本案为例，对涉及不可预见的发展标准的明显遗漏，需要对既存纪律进行其某种程度上的改进或修改，这正是一项新协定最关键之处。序言进一步表明《保障措施协定》主要宗旨之一的“有必要重建对保障措施的多边控制，并消除逃避此类控制的措施”的规定。这凸显了乌拉圭回合之前的国际贸易关系中关于保障措施纪律的广泛缺失。对多边控制的重建意味着权利和义务的新平衡，这是因为在某些情形下，该平衡变更了乌拉圭回合确定的整个一揽子权利和义务。[2] 在该案的上诉机构报告中指出了美国对《保障措施协定》序言规定的理解和评价；[3] 上诉机构认为：“我们的理解也与乌拉圭回合谈判者们在《保障措施协定》序言中表达的愿望相一致：旨在澄清和加强 GATT 1994 的纪律，特别是其中第 19 条的纪律……重建对保障措施的多边控制，并消除逃避此类控制的措施……在对《保障措施协定》的目的和宗旨的进一步发展中，必须

---

[1] 安托尼·奥斯特：《现代条约法实践》，江国青译，中国人民大学出版社 2005 年版，第 205 页。

[2] WT/DS121/R，paras 8.62，8.63.《保障措施协议》序言明确规定了该专家组报告中所提及的四个目标：（1）改善和加强以 GATT 1994 为基础的国际贸易体制的总体目标；（2）有必要澄清和加强 GATT 1994 的纪律，特别是其中第 19 条的纪律（对某些产品进口的紧急措施）；（3）有必要重建对保障措施的多边控制，并消除逃避此类控制的措施；（4）为此目的，需要一项适用于所有成员并以 GATT 1994 的基本原则为基础的全面协议。

[3] 美国指出，尽管《保障措施协定》将“保障措施”界定为“第 19 条所规定的那些措施”，但是，包括第2~5 条、第7 条、第8.3 条、第9 条和第10 条在内的该协议中的许多条款，要么限制了第 19 条规定的权利，要么规定了第 19 条所排除了的权利。此外，美国注意到《保障措施协定》的序言中规定的“适用于所有成员的全面协议”以及有必要重建对保障措施的控制和减少灰色地带的措施。通过施加程序方面的新要求、增强透明度和磋商要求的一项协议，上述目标得以实现，但是，尽管明确禁止灰色地带措施，该协议中某些方面放松了第 19 条中的严格要求。如果成员方有可能在第 19 条规定的一揽子权利和义务与《保障措施协定》中规定的权利和义务间进行挑选的话，那么，《保障措施协议》所代表的整个设计（project）将因此被变更，协商达成的平衡也可能将会从根本上被破坏。See WT/DS121/AB/R，para 61.

时刻记住，保障措施导致减让或义务的暂时中止或撤销，比如 GATT 1994 第 2 条和第 11 条中的减让或义务。同样的，只有当《保障措施协定》中所有条款和 GATT 1994 第 19 条被清楚地说明时，才可适用保障措施。”❶ 有学者对 WTO 保障措施成案中条约序言作用进行研究的结论为：“从以上案例报告，可以看出，专家组和上诉机构对于序言的引用主要用于三个目的，其一是解释《保障措施协定》中具体用语的含义，比如在美国羊肉案中对‘国内产业’和‘严重损害’的解释；其二是解释《保障措施协定》与 GATT 第 19 条的关系，也就是通过序言中表述的‘澄清和加强 GATT 1994 的纪律……’，以此来证明《保障措施协定》与 GATT 1994 第 19 条的规定应同时适用；其三是解释《保障措施协定》与 GATT 其他条款的关系……”❷ 可见，条约序言的解释涉及条约正文用语意义的合理确定、条约群内外部关系的理顺等难题。

在美国某些虾及虾产品进口禁止案中，上诉机构也论及了条约序言规定的目的和宗旨在条约解释中的重要作用：“条约解释者必须首先从需要进行解释的特定条款的正文开始并聚焦于此。必须首先从构成该条款的用语中并从对其上下文的理解中来寻求条约缔约方的目标和宗旨。如果正文规定的含义模棱两可或并不确定，或如果需要对正文本身的理解之正确性进行确认，那么，对作为一个整体的条约的目标和宗旨的光芒予以追寻可能会有用。”❸ 在海龟案中，“上诉机构先从文字解释入手后，‘对照条约的目的和宗旨’作了很精辟的推论。作为‘目的和宗旨’，《WTO 协定》修改了 GATT 1947 的序言，增加了保护环境的文字。对照这个新的‘目的和宗旨’，上诉机构报告（在第 153 段）指出：‘由于这些序言文字反映了《WTO 协定》谈判者的意旨，我们相信，它必然给我们对《WTO 协定》附属各协定的解释增添了色彩、疏密质地和微妙差别。’”❹ WTO 上诉机构指出：“作为 GATT 1994 第 20 条开头语‘上下文’一部分的《WTO 协定》序言中的特定语言，我们对此予以考虑是适当的。《WTO 协定》序言赋予成员方协定下一般性权利、义务和 GATT 1994 下的特定权利、义务以色彩、纹理和比照。”❺

在欧共体鸡肉分类案中，上诉机构依 VCLT 第 31.1 条分析了条约目的与宗旨与条约特定条款的目的和宗旨间的关系，并指出 VCLT 第 31.1 条下的“目的与宗旨”在条约解释中是指条约的整体：“我们从专家组是否错误地区分了条约目的和宗旨与条约的个别条款（its individual provisions）这个问题开

❶ WT/DS121/AB/R，para 95.

❷ 王军等：《WTO 保障措施成案研究（1995～2005 年）》，北京大学出版社 2008 年版，第 202 页。

❸ WT/DS58/AB/R，para 114.

❹ 赵维田：《WTO 的司法机制》，上海人民出版社 2004 年版，第 67～68 页。

❺ WT/DS58/AB/R，12 Oct. 1998.

始分析。大众已同意，VCLT 第 31.1 条下的‘目的与宗旨’词语之前对单数词‘its’的使用表明该词语是将条约作为一个整体而提及。假如‘目的与宗旨’这个词语前使用了‘their’，那么，该复数形式的使用就表明是对特定条约词语的提及。因此，‘目的与宗旨’这个词语清楚表明，从总体上看，确定‘目的与宗旨’的起点是该条约自身。同时，我们并不相信第 31.1 条排除了对特定条约用语的目的和宗旨的考虑，如果这么做有助于解释者从总体上确定条约的目的和宗旨。我们不明白为什么有必要将条约的目的和宗旨与特定条约条款的目的和宗旨割裂开。就人们可以提及的‘条约条文的目的和宗旨’而言，它依赖于整个条约的目的和宗旨并与之保持一致，因为它只是后者的一部分。……由于这些理由，对专家组在本案中根据《WTO 协定》和 GATT 1994 的目的和宗旨来解释该关税承诺问题的方法，我们没有异议。”[1] 在美国羊肉案中，上诉机构报告中也利用《保障措施协定》序言中的目标与宗旨的规定来进行论证：“我们相信‘严重的’这个词语意味着比‘实质性’一词更高的损害标准。而且，我们认为它与《保障措施协定》的目的和宗旨相符——适用保障措施的损害标准应当比反倾销或反补贴措施的损害标准要高。”[2] Jeff Waincymer 认为：“尽管在 WTO 争端解决实践中经常提及并关注争端所涉特定条款的目的和宗旨，但 VCLT 第 31 条指的是条约本身的目的和宗旨，即整个条约作为一个整体的目的和宗旨。因此可以说，仅仅着眼于特定条款的目的和宗旨是与按照国际习惯法规则的适当解释要求不相符的。”[3]

在美国归零案中，专家组论及了《关于实施 1994 年关税与贸易总协定第 7 条的协定》（以下简称《反倾销协定》，ADA）没有序言（中规定的目的和宗旨）对解释该协定实体条款的影响：“我们注意到 VCLT 第 31 条的规定，在解释所使用词语的通常意义时必须考虑条约的目的和宗旨。由于第 31 条规定了条约的‘目的和宗旨’而没有规定条约的特定条文的‘目的和宗旨’，欧共体关于第 9.3 条的论证或许最好被视为具有更进一步的上下文论据的特点，而非与目的和宗旨相关的论据。我们进一步注意到，由于《反倾销协定》含有对目标的不连续的规定，人们仅能从该协定条文的实施中演绎出其目的。尽管有可能在更具普遍性的很高层面上从作为整体的反补贴协定的条款适用中演绎出。例如，该协定的‘目的’是提供一个对制止有害倾销的行为进行控制的多边协调的规则框架，但由于没有可被适当地描述为构成对《反倾销协定》目标的清楚表述的任何东西，因此，难以使用任何工具（facility）或

---

[1] WT/DS269/AB/R, 12 Sep. 2005, paras 238, 240.

[2] WT/DS178/AB/R, 1 May, 2001.

[3] 张东平：《WTO 司法解释论》，法律出版社 2005 年版，第 158～159 页。

强制力来辨别对更具体目标的主张（claims）。在该方面，我们注意到欧共体提及了关于两个市场之间国际价格歧视措施中的‘关于对基本经济概念的一致适用的《反倾销协定》的目的与宗旨’。被欧共体认为是这些概念的准确含义和欧共体从《反倾销协定》正文中推导的方式都并不清楚。”❶ 该表述表明，条约序言的缺失可能会增加对正文含义解释的难度，也可能会减损成员方论证其对涵盖协定词语含义论证的说服力。

作为 VCLT 第 31 条界定上下文的一个要素所特别提及的条约序言在正文和目的方面都具有意义。序言在正文方面的意义是作为挑选和修正所使用词语的通常意义工具的一部分。正如序言常以一般用语所做的那样，通过阐明条约目的和宗旨，有助于确定条约目的和宗旨。尽管如此，不应该假定所有序言都具有同等价值。有些序言经过了非常仔细的谈判；有些序言或多或少由事后想法堆砌而成。在当代主要多边条约情形中，只要通常存在谈判历史的良好记载，该准备性工作就会透露出对序言内容是否给予了充分关注。❷ 可见，序言规定的条约目的和宗旨有助于该条约的和谐解释，WTO“协定序言中能发现目的和宗旨，并也能从作为一个整体的协定中来领悟”❸。例如，TRIPs 是《WTO 协定》的一部分，不应将该协议解释为与 WTO 协定相冲突。“《WTO 协定》未直接规定 GATT 1994 与《服务贸易总协定》、TRIPs 之间的优先次序关系，但根据《WTO 协定》第 2.2 条规定的这些协定‘对所有成员方具有约束力’的原则，可以看出它们之间是平行、平等的法律地位关系，只是规范和调整的角度和侧重点有所不同。”❹ WTO 子协定的法律位阶低于《WTO 协定》本身，这应同样适用于子协定序言的法律价值与《WTO 协定》序言法律价值间的关系。

2. “上下文”与开头语（chapeaux）

VCLT 中并未界定或使用“开头语”这个词。尽管如此，该词语主要用来描述条款的开头语。在虾与海龟案中，美国依据《WTO 协定》、DSU、GATT 1994 中发展着的法理学来证明应当保护海龟的主张：“美国相信这样严重的管辖权限制不仅与第 20 条规定不符，而且与 WTO、DSU 、GATT 1994 中发展着的法理学之正确方向恰恰相悖。国际共同体正在逐步认识到对世界环境的不断增长的威胁。而且，WTO 的序言明确规定贸易规则必须以保护和保存环境的方式适用。申诉方提出的对成员方权利的影响深远的限制表明其甚至没有

---

❶ WT/DS294/R，para 292，31 Oct. 2005.

❷ Richard K. Garadiner，Treaty Interpretation，Oxford University Press，2008，p. 186.

❸ Asif H. Qureshi，Interpreting WTO Agreements：Problems and Persspectives，Cambridge，2006，p. 18.

❹ 张东平：《WTO 司法解释论》，法律出版社 2005 年版，第 74 页。

得到《WTO 协定》用语（language）的支持。”❶ “印度、巴基斯坦和泰国主张，DSU 第 3.2 条要求专家组在解释 GATT 时适用国际公法习惯解释规则。VCLT 中规定解释规则构成了 DSU 第 3.2 条含义中的国际公法习惯解释规则。第 20 条并未明确将隶属采取措施的成员方管辖权的人类、动物或植物涵盖在内。第 20 条（b）也未明确允许一成员方对隶属另一个成员方管辖的人类、动物或植物采取措施。依据第 20 条（b）的语言之通常含义来对其进行解释时，在该问题上是模糊的。尽管如此，不能在真空中解释条约用语。根据 VCLT 第 31 条（c）的规定，应当与诸用语的上下文一起考虑‘适用于当事国间关系之任何有关国际法规则’。这些国际法规则包括《联合国宪章》（The Charter of the United Nations）第 1.2、2.1 和 2.7 条，它们承认国家主权平等和不干涉他国内政原则。根据这些国际法一般规则，应当推定，第 20 条（b）并不扩大适用于一成员针对另一个成员方管辖下的影响人类、动植物生命或健康的措施，同时也没有明确的条约语言作出与此相反的规定。关于第 20 条（g），印度、巴基斯坦和泰国进一步认为，该条款的语言对例外是否仅涵盖颁布该措施的成员方管辖下的可用竭自然资源，或它是否扩大适用于无论位于何处的所有自然资源，对此保持了沉默。尽管如此，如上所述，不应在真空中解释条约，且必须与用语的上下文一起考虑‘适用于当事国间关系之任何有关国际法规则’。而且，VCLT 第 32 条规定，为解决模糊性问题，可借助条款的起草历史。”❷

“印度、巴基斯坦和泰国主张，根据第 20 条的开头语，美国应负证明责任——证明没有以在成员方间产生任意和不公正歧视的结果且未对国际贸易构成变相限制的方式实施。……在‘汽油案’争端中，上诉机构曾探讨过类似情况。在作出争议的 the Gasoline Rule 不符合第 20 条开头语要求的裁决中，上诉机构表明……马来西亚主张，第 20 条开头语涉及该措施的适用方式，而非该措施本身。如果专家组认为美国采取的措施符合第 20 条规定的任何例外（马来西亚并不这么认为），马来西亚认为专家组必须审查第 20 条的开头语。……美国认为必须‘依据其通常含义’并在其‘上下文’中、根据其目的和宗旨来解释‘where the same conditions prevail’这一用语。正如上诉机构在汽油案中所解释的，第 20 条开头语的目的和宗旨通常是防止滥用第 20 条中的例外。”❸

虾与海龟案的专家组认为：“我们认为，第 20 条的开头语应在其上下文

❶ WT/DS58/AB/R, 12 Oct. 1998, para 3.
❷ WT/DS58/AB/R, 12 Oct. 1998, para 3.
❸ WT/DS58/AB/R, 12 Oct. 1998, para 3.

和依据 GATT 和《WTO 协定》的目的和宗旨进行解释，该开头语仅允许成员在不损害 WTO 多边贸易体制并不滥用第 20 条包含的例外时才可背离 GATT 条款。如果所保证的多边框架中的市场准入和非歧视待遇不再可能，一成员就损害了《WTO 协定》的运行。……因此，我们认为，当考虑第 20 条下的措施时，我们必须确定不仅措施本身是否损害 WTO 多边贸易体制，而且该类型措施，如果被其他成员采纳，是否会威胁多边贸易体制的安全和可预见性。”[1]上诉机构认为：“专家组没有遵循 DSU 第 3.2 条所要求的适用‘国际公法习惯解释规则’的步骤。正如我们已多次强调的，这些规则需要审查条约用语的通常含义、在其上下文中理解并根据所涉及条约的目的和宗旨。条约解释者必须从需要解释的特定条款的文本开始并聚焦于此。正是在构成该条款并在其上下文中理解的这些词语中，必须首先寻求条约中成员方的目的和宗旨。如果文本本身的含义模棱两可或不确定，或如果想要对文本本身理解的正确性加以证实，那么，总的来说，从条约的目的和宗旨中可得到启示（light）。在本案中，专家组并未明确审查第 20 条用语的通常意义。专家组忽视了下列事实：第 20 条的介绍性条款论及了寻求正当性措施‘被适用’的方式。在美国汽油案中，我们指出了第 20 条的开头语通过其明确用语，与其说提及了被质疑的措施或其具体内容，不如说适用该措施的方式。专家组并未特别探究 609 条款的适用如何‘对情况相同的各国，构成任意的或不合理的差别待遇，或构成对国际贸易的变相限制。’专家组为审查措施与第 20 条开头语的一致性所做的事情是反复地聚焦于措施本身的设计（design）。例如，专家组强调‘成员采取的单边措施可能会危及多边贸易体制。’尽管如此，与措施的适用相区别，在确定该措施是否属于第 20 条开头语之后的例外规定之一的过程中，审查措施的一般性设计。专家组未能详细审查该开头语的‘上下文’：即，第 20 条的（a）～（j）段，专家组并未调查第 20 条开头语的目的和宗旨。相反地，专家组调查了整个 GATT 1994 和《WTO 协定》的目的和宗旨，并以过于宽泛的方式描述该目的和宗旨。因此，专家组非常宽泛地得出如下简单化的结论：‘损害 WTO 多边贸易体制’的措施必须被视为‘与第 20 条开头语所允许的措施范围不符’。维护而非损害多边贸易体制必定是《WTO 协定》中蕴含的根本的、普遍的前提，但它并非权利或义务，也非在依据第 20 条开头语评价特定措施中能够利用的一项解释性规则。在美国汽油案中，我们曾阐明，强调第 20 条介绍性条款中的目的和宗旨通常是防止‘滥用第 20 条中的例外’。专家组并未试图调查争议措施是如何正在被以构成对例外的滥

[1] WT/DS58/R，para 7.44.

用或误用的方式被适用。”[1] 上诉机构推翻了专家组的下列裁决：美国的争议措施不属于 GATT 1994 第 20 条开头语下跌措施范围。[2]

上述案例涉及“上下文”在成员方和专家组/上诉机构分析论证条约用语意义中的作用，既涉及目的和宗旨、上下文、开头语、通常意义等解释要素的实践应用，又涉及作为整体的条约的目的和宗旨与具体条文的目的和宗旨间的关系问题。尤其需要关注的是条文开头语在条约解释中的地位和作用。

（二）“上下文”与语法和句法：（分）标题、标点、时态

VCLT 第 31 ~ 33 条中并未明确规定标题、标点、时态等语法和句法在条约解释要素系统中的地位和作用。但是，国内、国际（准）司法实践已表明，它们在条约解释中具有独特作用，实际上已构成条约解释要素体系的一个有机组成部分。如果依语法和句法分析得出的解释站不住脚，那么就可能不得不忽视该勉强的语法解释。

1. “上下文”与（次）标题（title，heading）

条约条文常有标题（title）或描述性的标题（heading）。对解释条约来说，它们明显是上下文的一部分，除非有相反标示。[3] 条文的标题不仅是条约的一部分，而且标题的内容也可能有助于解释用语含义。“VCLT 关于条约解释的规则提到约文，但没有提到标题。在一些国内立法中，通常会通过解释性法律条文指出标题是否作为法律条文的组成部分，而且经常是把它作为其组成部分的。”[4]

“从上下文来看，标题可以是确定条约范围或条约条文范围的一个明显起点。尽管标题可能有时有助于具体的解释，但标题常常太具一般性而不能提供准确的指引。”[5] 例如，在 the Oil Platforms 案的审理阶段，国际法院遇到的一个问题是，相关的《1955 年条约》中的“commerce”一词是否仅指购买和销售行为或能否包括相关的活动。在查阅词典中的定义之后，法院注意到，“在《1955 年条约》的最初英文版本中，该条约的实际标题（与当时美国缔结的大多数类似条约相反，例如美国和尼加拉瓜间的 1956 年条约）除了‘Amity’和‘Consular Rights’之外，没有提及‘Commerce’，而是更广泛地

---

[1] WT/DS58/AB/R，paras 114，115 and 116.

[2] WT/DS58/AB/R，para 187.

[3] Richard K. Garadiner，Treaty Interpretation，Oxford University Press，2008，p. 181.

[4] Jeff Waincymer，WTO Litigation，Procedural Aspects of Formal Disputes Settlement，Cameron May Ltd，2002，p. 427. 转引自：张东平：《WTO 司法解释论》，法律出版社 2005 年版，第 88 页。

[5] Richard K. Garadiner，Treaty Interpretation，Oxford University Press，2008，p. 180.

提及了‘Economic Relations’。”[1] 这支持了对该词语的较宽泛理解。

VCLT 第 31 条的标题就能说明标题作为上下文一部分的重要性。“国际法委员会强调，第 31 条是一个‘完整不可分的合并的（解释）操作方法’”；VCLT 第 31 条名为“解释之通则”。该单数名词形式强调该条只包含在第 1 项中的一项规则。因此，我们必须考虑条约解释中三个主要因素——条约约文、它的上下文和条约的目的和宗旨的每一个因素。解释条约时人们自然地从约文开始，随后是上下文，然后是其他事项，特别是嗣后的资料。[2] 李浩培先生指出，国际法委员会认为条约解释程序是一个统一体，从而 VCLT 第 31 条的各项规定组成一个单一的、互相紧密地连在一起的完整的规则。[3] 得出上述结论的主要依据是第 31 条的标题中“rule”是单数，这意味着在任何特定情形中，VCLT 第 31 条规定的所有解释条约的要素都构成一个整体，必须一起适用，没有法律效力上的等第之别；与 VCLT 第 31 条标题形成对应的是，第 32 条的标题是“Supplementary Means of Interpretation”，VCLT 第 31 条、第 32 条规定的诸要素在条约解释中的地位与作用并不相同，既有较密切的联系，也有明显区别。就其联系而言，公约规定的诸解释方法是对条约解释主要流派主张的兼顾，构成了条约解释规则的有机体系，具有相对完整性与内在逻辑性；由于 VCLT 第 31 条约文本身是否清楚在某种程度上都具有主观性，因此，VCLT 第 32 条具有内在的灵活性。就逻辑关系而言，VCLT 第 31 条是基础、前提、权威性和一般性原则，而 VCLT 第 32 条则是第 31 条的补充资料，其正当性建立在依据 VCLT 第 31 条对条约用语的解释结论“意义仍属不明或难解；或所获结果显属荒谬或不合理时”方可适用。可见，VCLT 第 31 条、第 32 条的标题就表明了第 31 条中诸解释要素间的关系、第 32 条规定的“准备工作”和“缔约情况”在条约解释要素体系中的补充与辅助地位以及第 31 条与第 32 条间的内在联系。

在 WTO 争端解决实践中，标题也常被用来解决解释问题。在日本影响农产品措施案中，上诉机构使用相关条文的标题来证明自己的解释：“我们不同意日本的下列主张：《SPS 协议》第 2.2 条的直接适用应限于科学证据明显不足的情形，且应当依据《SPS 协议》第 5.1 条来处理争议中提出的问题。《SPS 协议》第 5.1 条或第 2.2 条的约文中或该协定的其他任何规定中没有任何规定要求或支持对第 2.2 条的范围的限制。相反，第 2.2 条的标题规定了‘基本权利和义务’。在欧共体的荷尔蒙案上诉机构报告中，我们同意该案的

---

[1] Oil Platform (Islamic Republic of Iran v. United States of America), (Preliminary Objection) [1966 – II] ICJ Reports, p. 819, para 47.

[2] 安托尼·奥斯特：《现代条约法实践》，江国青译，中国人民大学出版社 2005 年版，第 203 页。

[3] 李浩培：《条约法概论》，法律出版社 2003 年版，第 351 页。

专家组下列观点：第5.1条可以被视为第2.2条中包含的基本义务的具体适用。该观点不可能被解释为有利于《SPS协议》第5.1条对第2.2条范围的限制。而且，我们在该报告中曾说过，对于专家组没有通过聚焦于标题为'基本权利和义务'的《SPS协议》第2条而开始对整个案件的分析，我们当然感到吃惊，因为这似乎是逻辑上具有吸引力的一个方法。"❶ 在韩国对某些奶制品进口最后保障措施案中，上诉机构认为："这些条款的上下文支持了我们的理解。作为GATT 1994第19.1条（a）上下文的一部分，我们注意到GATT 1994第19条的标题是'Emergency Action on Imports of Particular Products'。'emergency action'这些词语也出现在《保障措施协定》第11.1条（a）中，GATT 1994第19.1条（a）要求进口产品的'数量增长以及根据这些条件将给国内生产者造成严重损害或威胁'。我们认为，GATT 1994第19.1条（a）的约文，从对其通常含义和在其上下文中的理解，证明……"❷

在国际投资争端解决中心（ICSID）作出的一个仲裁案Plama v. Bulgaria中，仲裁庭必须考虑《能源宪章条约》（Energy Charter Treaty）。该条约第三部分给予在当事国从事与能源有关活动的外国投资者以保护。第五部分包含了第26条中规定的争端解决条款。第三部分中的第17条标题为Non-Application of Part Ⅲ in Certain Circumstances。仲裁庭依赖第三部分的标题来证实根据第17条拒绝保护仅排除了第三部分的优惠，但并不排除仲裁庭依据第五部分规定的管辖权来确定《能源宪章条目》第17条是否已经被恰当地适用："仲裁庭认为，……该语言并不模糊；但可由第17条的标题来证实。其他五种语言中所有经认证的文本具有相同效力。从这些词语中，根据它们的通常的、在上下文中的含义来善意地解释，该拒绝仅适用于第三部分中的优惠。"❸

最后，《联合国气候变化框架公约》（United Nations Framework Convention on Climate Change）第1条标题的脚注为："各条加上标题仅是为了对读者有所帮助。"该脚注是对该公约中标题作用的特别限制。

2. "上下文"与标点

"在VCLT的解释规则中，并未专门提及语法在条约解释中的地位。然而，用语的通常意义确实要求在包括句法和语法的上下文中考虑。但说它可以被考虑，并不表明它是决定性的或表明能适当地得出什么推论。"❹ 单个词汇的含义和其直接上下文间的基本联系也要求考虑标点和句法。1945年《纽伦堡宪章》第6条可能是标点符号对条约解释来说是关键之处的最知名范例

❶ WT/DS76/AB/R, 22 Feb. 1999, para 82.

❷ WT/DS98/AB/R, 14, Dec. 1999, para 86.

❸ ICSID Case No ARB/03/24, Decision on Jurisdiction, 8 Feb. 2005, para 147.

❹ 张东平：《WTO司法解释论》，法律出版社2005年版，第89页。

之一。该条文列举了国际军事法庭享有管辖权的诸罪行。（a）段和（b）段中列举了反和平罪和战争罪行。（c）段涵盖了两组反人类罪行，❶ 该分号似乎出现在英语和法语文本中，但在经同样认证的俄罗斯文本中在该问题上存在共同点。分号或许是将第二部分中所界定的“persecution”诸行为与第一部分中的“不人道行为”中的诸行为予以明确区分开来的标志。然而，对与所列举犯罪之一存在联系的要求以及与国内法是无关的澄清似乎仅出现在该段的第二部分。分号或许强烈地表明（如果不是命令的话），该要求和澄清仅与“persecutions”有关，而非与反人类的两组罪行有关。一个明显奇特的结果或许是，对国内辩护（例如最高命令）的明确排除或许仅与“persecutions”有关，而与不人道行为无关（例如，谋杀、灭绝、奴役等）。同样，该法庭对所规定的尚未被追究的不人道行为享有管辖权，而不是仅当犯下与危害和平和战争犯罪有联系的罪行时才享有管辖权。因此，缔结了一个修订《议定书》，以把英语文本中的逗号用分号来替代，这样就与俄罗斯的文本一致了。该《议定书》对法语文本也作了相同变更。❷

在 WTO 欧共体对进口印度的棉花类床上用品征收反倾销税案中，标点符号也曾被用来支持对条约的解释结果：“欧共体还强调了‘including’这个词语，并强调该词语的列表‘nature’，欧共体解释说，‘分号将它分成几部分，且单词‘or’被用来表明并非所有因素需要被考虑’……欧共体还聚焦于第 3.4 条中列举的诸因素中的分号。尽管如此，我们认为，将第 3.4 条中某些要素分开的分号以及这些要素中的第 1 个和第 4 个中的‘or’都不能起到使第 3.4 条中的强制性清单成为一个仅具有四个‘要素’的清单。我们还注意到这两个‘or’出现在被分号分隔开的要素中（within）而非之间（between）。因此……”❸可见，有时候标点符号可能会影响对条约用语意义的确定。

3. “上下文”与时态

在 2012 年 5 月美国的涉及金枪鱼及其产品的进口、销售措施案的上诉机构报告中依据一般现在时态来证明相关观点。上诉机构介绍美国的错误主张时指出：“美国指出 TBT 附件 1 以及‘the ISO/IEC Guide 2：1991’使用一般现在时态（in the present tense）规定了机构的开放性（‘a body that is open’）。在此基础上，美国主张‘该组织必须向该期间内的所有成员开放，在该期间，

❶ Crimes against humanity: namely, murder, extermination, enslavement, deportation, and other inhumane acts committed against any civilian population, before or during the war; or persecutions on political, racial or religious grounds in execution of or in connection with any crime within the jurisdiction of the Tribunal, whether or not in violation of the domestic law of the country where perpetrated.

❷ Protocol Rectifying Discrepancy in Text of Charter, Berlin, 6 Oct. 1945, in Trial of Major War Criminals before the International Military Tribunal, Vol. 1, Documents (London: HMSQ, 1947).

❸ WT/DS141/R, 30 Oct. 2000, para 6.149, 6.157.

该标准得以发展并且其后必须保持开放'。"[1] 作为该案第三方的巴西认为："对于什么构成《TBT 协定》第 2.4 条含义中的'国际标准'，巴西认为应当认真解释第 2.4 条中的'international'的含义。特别是，《TBT 协定》附件 1.4 将'international body or system'界定为'a body or system whose membership is open to the relevant bodies of at least all Members'，附件 1.4 确立了'诸成员方应当有机会加入国际标准化组织，而不论何时他们认为是充分的。'而且，附件 1.4 以一般现在时态表达的事实也表明，国际机构或体制在任何时候都应该向所有的 WTO 成员开放，尤其在发展过程中和/或审核标准中。"[2]

鉴于 VCLT 第 31 条规定的"上下文"外延的宽泛性以及条约解释实践中对非法典解释方法的使用，使得"上下文"范畴中的诸解释要素间的关系成为一个值得关注的问题，然而，目前并无全面、清晰的阐明。"上下文解释要求在确定上下文之间的相互关系和优先次序时，应当同时考虑所有的相关条款。然而，为弄清整个框架的意义，可以有一个考虑到逻辑次序要求。"[3] "上诉机构指出，他们在美国汽油标准案中表明的对第 20 条的上述分析步骤和顺序不是漫不经心或随意的选择，而是对第 20 条的基本结构和逻辑的反映，并明确表示不同意专家组认为颠倒二者的顺序同样合适的观点。上诉机构进一步指出，在没有首先审查特定的例外类别的情况下就投入对该条引言的审查，以防止对具体例外的滥用或误用，如果不是不可能，也是极其困难的。"[4]

三、结论

由于国际法自身的局限性、国际经贸关系的复杂性、语言的模糊性、各国之间利益博弈对条约"立法"技术等方面的特殊要求等综合原因，使条约解释问题变得重要和复杂，存在着司法克制主义与能动性、解释艺术与解释科学之争。然而，国际法中并无一劳永逸的解释条约（上下文）的方法和标准，甚至连 VCLT 第 31 条、第 32 条本身的含义都充满争议，需要澄清。在任何案件中，对 VCLT 中某一解释要素进行考量的同时，应通过对该案所有相关规则的适用来获得一项解释，此外，还应从主要国际组织如何适用 VCLT 的裁决实践中探寻条约解释的先例/法理。

---

[1] WT/DS381/AB/R, 16 May 2012, para 33.

[2] WT/DS381/AB/R, 16 May 2012, para 145.

[3] Jeff Waincymer, WTO Litigation, Procedural Aspects of Formal Dispute Settlement, Cameron May Ltd 2002, p. 425. 转引自：张东平：《WTO 司法解释论》，法律出版社 2005 年版，第 84 页。

[4] WT/DS58/AB/R, paras 119, 120. 参见张东平：《WTO 司法解释论》，法律出版社 2005 年版，第 87 页。

国际争端在较大程度上是条约解释争端，本质上是国家利益的博弈，国际（准）司法机构常陷于平衡利益与维护条约一致性间的困境，因为“各国会依据其利益对习惯国际法作不断变化和不一致的解读。”[1] 条约法的确定性主要依赖解释规则的确定性。即使条约解释是一门艺术，也毫无疑问地存在着规制该解释艺术的规则。显然，VCLT 没有解决条约解释中的所有难题，并未能直接使每个案件一定能获得正确结果，同时也没有剥夺解释者考虑其他解释方法的自由，因为 VCLT 第 31～33 条仅是条约解释的一般性规则。VCLT 对其他条约解释原则和技术并不排斥。当解释条约时，VCLT 具有强制适用性，但似应在启发的意义层面上理解对 VCLT 的适用方式，因为案件具体情况各异，并不存在绝对的、普遍适用的解释标准。能被用来获得合理解释的其他技艺、技术和原则只要不与 VCLT 冲突，也可接受。VCLT“只是将一些基本原则法典化了，反映了逻辑与顺序原则，其意图并非剥夺解释者考虑其他方法的自由，而上诉机构也使用了非法典化的原则。对于需要解释的问题，正确答案也许不止一个，但法官都要提供一个确定的法律答案；上诉机构同意，每个法律问题都有一个法律答案，而答案就在《WTO 协定》文本中，也可能在其他国际法之中。”[2]“因此，人们必须将条约看做一个整体，加上其他相关资料，分析它们各自的作用和价值。这实际上就是国际法律工作者、国际性法院和法庭在遇到困难的解释问题时所做的事情。”[3] VCLT 尚未正视其条约解释规则的僵化性特征——对抽象理论的反馈程度低。对判例的研究表明，作为条约解释的实用方法，VCLT 相关规则的系统性仍有改进空间。

VCLT 相关条款细节的统一解释和“上下文”的法律价值尚未被不充分的条约实践所证实。本研究也并不表明可以忽视对 VCLT 中所包含的系统方法研究——特别是第 31～32 条中诸因素如何相互作用和其中的某些内在逻辑性。应继续加强对条约解释诸要素之法律价值问题研究，在现有经验教训基础上，进一步提升在 WTO 和 ICJ 等国际裁决机构中的国际法律应对能力，以维护国家和国民利益。

---

[1] ［美］Jack L. Goldsmity，Eric A. Posner：《国际法的局限性》，龚宇译，法律出版社 2010 年版，第 59 页。

[2] Isabelle Van Damme，Treaty Interpretation by the WTO Appellate Body，Oxford University Press，2009. 转引自：杨国华：《WTO 的理念》，厦门大学出版社 2012 年版，第 99 页。

[3] 安托尼·奥斯特：《现代条约法实践》，江国青译，中国人民大学出版社 2005 年版，第 219～220 页。

第二节 条约“序言”研究

——兼论TRIPs序言与《WTO协定》及其涵盖协定之序言间的位阶关系

国内对条约序言的法律效力问题的研究比较薄弱。主要以TRIPs序言的效力为例，依托WTO相关判例，探讨条约序言的法律效力以及不同条约序言间的效力位阶问题。TRIPs序言与WTO其他涵盖协定的序言、已被纳入WTO诸协定中的其他国际条约之序言、《WTO协定》序言间存在内在的关联性和效力方面的位阶性。非WTO国际条约序言一般不应拘束对TRIPs序言及正文的解释。序言的法律效力问题直接影响到序言能否约束条约正文条款及其解释。尽管许多学者主张序言无法律效力，但序言在促成条约缔结和条约解释等方面却有着重要作用，主要在于解释性承诺价值，包括补漏价值。条约序言的解释性价值主要体现在其中规定的目标和宗旨中，序言具有相应的法律约束力，具有间接性、有限性等特征。《WTO协定》序言能通过影响其诸附件条款的解释来维护WTO条约群的整体性。

依VCLT第31条，通过对TRIPs等条约序言法律效力的研究，来探讨序言在条约解释中的指引、制约机理，并力图探讨从包括发展、正义、普遍主义的不同视角来研究条约解释的习惯国际法一般规则在条约序言解释中的具体运用，以寻求条约序言在条约解释中对可靠性和可预见性目标实现方面的内在机制。具体来说，研究目标在于，以TRIPs序言法律效力在该协议解释中的作用为例，阐述条约序言的效力以及不同条约序言间的位阶关系及其对条约解释的约束作用。

VCLT第31条规定条约解释因素包括序言、目标与宗旨。DSU第3.2条明确规定了国际公法关于条约解释的习惯规则在澄清WTO诸协定时的适用。序言中常阐明条约的目标和宗旨。“关于条约的立法结构，国际法上没有必须遵守的规则。比较正式的条约由五个部分组成：（1）条约的名称；（2）序言；（3）正文；（4）最后条款；（5）签名。”[1]包括《WTO协定》及其附件之一的TRIPs在内的很多国际条约都存在序言部分。然而，对条约序言的法律效力问题，在国内外学界以及相关法律实践中仍存在分歧，鉴于条约序言与条约其他部分之间存在内在的密切联系，相关分歧与模糊认识的存在，不利于条约正文条款含义的确定与澄清、相互关系的协调和潜在冲突的消除。一

[1] 王铁崖主编：《国际法》，法律出版社1995年版，第297页。

些学者认为，条约序言无法律效力，其法律价值主要在于其解释性价值，甚至还包括补漏价值和促成条约得以缔结的价值。笔者认为，序言中关于基本原则和目的、宗旨等内容的规定具有相应的法律效力。

本研究有助于厘清条约序言与其正文在法律效力方面的差异及其联系以及在 VCLT 第 31.2 条中作为条约上下文组成部分的条约"序言"在条约解释中的地位与作用，包括相关条约序言间的关联性和位阶，也有助于国际裁决机构依条约序言所进行的约文解释的一致性和完整性并提升争端解决机构的正当性，平衡条约内外不同甚至相互冲突的利益。

一、条约序言的法律效力

序言的法律效力直接与序言在条约解释中的法律地位问题相关联，因为序言的法律效力问题直接影响到序言能否约束条约正文条款及其解释。尽管一些学者认为，序言不具有法律效力的结论决定了序言在条约解释中仅具有解释性价值之地位，并不构成缔约方具有法律约束力的具体权利和义务，但笔者认为，作为条约的一个组成部分，特别是序言中经常规定的基本原则、缔约目的和宗旨，在裁决机构和当事国解释正文条款含义时具有相应的约束力，认为条约序言无法律效力的观点值得商榷，因为条约解释是为了确定缔约方间的权利义务，序言常常含有对目标和宗旨的表述，以与条约目标和宗旨相一致的方式解释具体规则常有助于加强规则的确定性和可预期性，也是条约目的解释学派所着重予以强调的。依据 DSU 第 3.2 条，《WTO 协定》的解释应遵守 VCLT 第 31 ~33 条的规定。对序言效力的否定可能导致对序言中基本原则、条约目的和宗旨法律效力的否定，使之成为条约可有可无的内容，该观点与国际（准）司法实践相悖。

（一）条约序言具有相应的法律效力

明确论及条约序言的国内外学者几乎都一致认为序言无法律效力，但基本上都主张序言在条约解释中具有其独特的地位与作用，这似乎给出了一些西方学者在解释 TRIPs 协议第 7 条、第 8 条的含义与效力时竭力将其与 TRIPs 协议的序言等同起来的直接原因，不同学者对序言的作用给出了不同的评价。"国际文件的引言通常没有什么法律含义，也很少需要说明。这类引言往往通过一些引述语来指明有关条约的宗旨。《伯尔尼公约》的引言沿袭了这一惯例。"[1] "序言有时主要是包含一些政治性的声明。"[2] "如同其他国际条约一样，序言也构成条约的一部分，但其并没有设立具有约束力的法律义务。更

---

[1] 《保护文学艺术作品伯尔尼公约指南》，刘波林译，中国人民大学出版社 2002 年版，第 8 页。

[2] 安托尼·奥斯特：《现代条约法实践》，江国青译，中国人民大学出版社 2005 年版，第 367 页。

准确地讲，序言服务于解释各国的动机和《粮食和农业植物遗传资源国际条约》的基本前提，序言还服务于表述缔约各国和各组织的额外关注，而所有这一切额外关注在条约的实体条款中无法充分表达。”❶“序言（如果有的话）通常由一套说明组成。这些说明一般包括在条约起草中起到作用的动机、目标和考量。”❷“序言中的说明并非规定义务的适当地方，通常在条约的有效条款中或附件中规定义务。尽管如此，序言可能会规定解释性承诺，例如，在《议定书》中强调不应将《议定书》解释为包含当事方在任何既存国际协定下的权利和义务的变化。因此，如果实体性条款中的用语提供了数个意义供选择，与其他文件下权利和义务背道而驰的那些意义就会被排除。说得更明白些，实体性条款通常比序言具有更大的明确性和精确性；但是，如果对实体性条款的含义存有疑问，序言可以使较宽泛的解释或至少对限制性解释的拒绝具有合理性。”❸

上述主张一方面彻底否定条约序言的法律效力，同时又认为序言仅具有一定的解释性价值，这些主张之间似乎具有矛盾性。笔者认为，序言对于条约正文解释的价值正是其法律效力的具体体现。条约序言经常会涉及条约的基本原则、目的和宗旨，尽管序言的法律效力与正文的法律效力关系问题仍然存在诸多研究空白，但从国际法法理以及相关国际（准）司法实践来看，条约序言对于缔约方条约权利和义务的确定和解释具有相应的法律约束力，从而间接地确定了当事方的权利和义务，是对条约正文规定的权利义务的确认、限制、修正与补充，因此，序言相关内容具有相应的、有限的法律效力。“有限参考条约的目的和宗旨包括两个方面：一方面，解释应以实现该目的为指导；另一方面，又需注意目的地要求并不代表实际的义务。后一方面在欧共体牛肉荷尔蒙案中得到最好体现。上诉机构指出，《SPS 协议》明确规定其目的是促进成员检疫措施在国际标准基础上的协调，这表明该目标会在将来得以实现。专家组将国际标准解释为约束性的规则，《SPS 协议》本身并没有这样的意图。不能轻易假定主权国家对其自身施加更重的负担（WT/DS26/AB/R，WT/DS/48/AB/R/，para. 165）。实践中，无论是专家组还是上诉机构，并不像国内法院一样特别重视条约的目的与宗旨。”❹ 但笔者认为，实践中，争端解决机构借助目的和宗旨来澄清正文条款含义以明确相关权利义务的案例并不少见，且起到重要作用。当然，目的和宗旨发挥作用的前提是

---

❶ ［英］杰罗德·莫尔、［加］维托尔德·提莫斯基：《〈粮食和农业植物遗传资源国际条约〉解释性指南》，王富有译，中国政法大学出版社 2011 年版，第 30 页。

❷ Richard K. Garadiner，Treaty Interpretation，Oxford University Press，2008，p. 186.

❸ Richard K. Garadiner，Treaty Interpretation，Oxford University Press，2008，pp. 186，187.

❹ 韩立余：《既往不咎——WTO 争端解决机制研究》，北京大学出版社 2009 年版，第 224 页。

WTO 相关规则存在模糊、矛盾或漏洞。

条约序言具有相应的法律效力，这不仅表现在条约的解释中所具有的重要作用，甚至在案件的裁决中被直接引用或被当事国用来证明自己的主张。“虽然《联合国国际货物销售合同公约》（United Nations Convention on Contracts for International Sale of Goods，CISG）序言没有包含实质性规则，公约的序言已经被法院和仲裁庭引用来解决争议。”❶ WTO 争端解决实践中时常利用条约序言规定的目标和宗旨来解释具体协定正文条款的含义。例如，在加拿大专利药品保护案中，加拿大就曾引用 TRIPs 协议序言第一节来回答诉讼程序中的基本问题——被质疑的措施是否属于 TRIPs 协议第 30 条规定的“有限例外”。加拿大认为必须根据 VCLT 来解释 TRIPs 协议第 30 条。VCLT 第 31.1 条规定了基本准则。该条第 2 段继续规定所要解读的条约词语的上下文还包含条约序言。在寻求确定第 30 条范围时，把加拿大提出的下列主张铭记在心是十分重要的：“TRIPs 序言第 1 段规定……因此，该序言证明了下列谅解：对知识产权的保护不应当超过‘有效和充分’之规定，因为任何更高水平的保证将会危及其他重要利益。”❷ 在巴西椰子干案中，专家组两次提及《WTO 协定》序言中的宗旨来论证其相关观点：“在我们看来，这个结果既不明显的荒谬也非不合理。事实上，我们认为这完全与《WTO 协定》序言中确定的发展一体化的多边贸易体制的宗旨相一致。”❸

可见，一般来说，与条约正文的法律效力相比，尽管条约序言的法律效力问题仍存在研究难点，但由于序言往往规定了缔约背景、政治性声明、基本作用以及条约的目的和宗旨，它们对于条约用语含义的解释以及国际（准）司法实践，具有其相应的法律约束力，尽管该法律效力具有有限性的特征。依条约法法理，条约对当事国的效力依据在于“约定必须遵守”这一古老的习惯法原则，这一原则也是现代条约法的基本原则，为 VCLT 第 26 条所明文规定，必须善意履行条约义务也是该条的明确要求。尽管序言并不规定缔约方具体的权利义务，但其中常规定的条约原则、目的和宗旨是条约精神的高度概括。尽管序言内容之间可能存在诸多冲突、矛盾或模糊，但它们之间合理的平衡点恰是条约解释者或争端裁决机构在个案中所努力追寻的目标，因为“善意履行条约也就是诚实地、正直地履行条约，从而要求不仅按照条约的文字，而且也按照条约的精神履行条约，要求不仅不以任何行为破坏条约的宗旨和目的，而且予以不折不扣地履行”❹。条约的目的和宗旨是条约的灵

---

❶ 李巍：《联合国国际货物销售合同公约评释》（第二版），法律出版社 2009 年版，第 1 页。

❷ WT/DS114/R，Report of the Panel，17 March 2000，para 4. 13.

❸ WT/DS22/R，paras 242，279.

❹ 李浩培：《条约法概论》，法律出版社 2003 年版，第 272 页。

魂和精神，其指引着、制约着如何确定缔约方具体的权利义务。否定序言的法律效力，本质上是对条约原则和目的与宗旨的否定，其结果是条约丧失了灵魂与精神，破坏了条约的体系性，将可能为条约的履行和争端的解决造成法律障碍。条约序言法律效力的具体体现便是序言具有相应法律效力的诠释。

（二）条约序言法律效力的具体表现

1. 序言是缔约方额外关注及分歧的合意，制约着条约正文的解释

从序言的产生角度来看，序言中的某些内容是缔约方利益分歧的焦点，常常难以在正文中得以充分明确，在序言中予以规定，具有多个作用，包括对正文条款解释的制约和当事方权利义务的影响。

“序言有时主要是包含一些政治性的声明。它也可能提及一个谈判国没有成功包括在条约正文的问题，尽管这经常在一个打了许多折扣的版本中才会出现。”[1]条约序言在涉及条约解释的国际（准）司法实践中受到重视。国际多边条约的谈判往往涉及错综复杂的利益纷争，有时候利益冲突甚至难以调和，但为了达成协定，除了可能进行多次反复协商以外，在条约的序言和正文中采取一些折中的方法，也经常发生。例如，条约的条款表述中可能会故意留有空白、模糊甚至是相互矛盾的表达。尽管序言仅具有有限的法律约束力，但在促成条约缔结和便利条约解释等方面，仍有其存在的重要法律价值，因为序言能为缔约国提供另外一个解决分歧的妥协空间。由于TRIPs“序言并非旨在确立具体的权利和义务，因此难以预测可以依赖其规定的情形。许多或大多数TRIPs协议条款留有某些解释空间，在这个意义上，序言在许多解释性上下文中好像是相关的。无论如何，某些对其一般性的遵守也许有用。”[2]“除了要将序言尽可能保持简短以外，一个会议主席的另一个目标就是要尽可能长地推迟对于序言的具体审议。因为似乎在一开始，一种自然的——但被错误引导的——倾向是首先谈判讨论序言的内容（从讨论序言开始可能是合乎逻辑的）。这经常是一种错误。尽管序言有它们的作用，但其价值与条约的其余部分相比较是不那么重要的。条约的最后条款经常没有被给予它们应该被给予的那么多的注意，但它们比序言要重要得多。在正文、最后条款、框架和内容得到确定之前讨论序言可能会浪费许多时间。”[3]

此外，序言也能起到缓和谈判各方观点和利益冲突的作用。“至于联合国的决议，序言是一个方便记载在谈判过程中遗漏的或大或小的剩余事项的好

---

[1] 安托尼·奥斯特：《现代条约法实践》，江国青译，中国人民大学出版社2005年版，第367页。

[2] UNCTAD-ICTSD, Resource Book on TRIPs and Development, Cambridge University Press, 2005, p. 10.

[3] 安托尼·奥斯特：《现代条约法实践》，江国青译，中国人民大学出版社2005年版，第367~368页。

地方。这样它也起到一种有价值的作用。谈判经常会因为某一个代表团，或有时几个代表团坚持一个观点而陷入困境。通过建议它可以在序言中以‘一种适当形式的措辞’（这必须达成协议）予以涉及，这样就可以避免更进一步的没有意义的争论，而失利的一方也将能够向其政府报告，尽管有其他当事方要求根本排除这一点的巨大压力，但它们还是被说服同意将这一点包括在序言里面。在通过1993年《执行协定》的联合国粮农组织的大会上，首先一个有争议的问题就是渔船的‘重新挂旗’问题，但由于不可能达成协商一致，所以序言中间接地提到这个问题。通过此种方式政府的‘脸面’得到了保全。但这种方式应该有节制地使用。”❶ 序言可能成为缔约方缓和冲突主张的减压阀，同时也体现了缔约方的某种程度上的合意。

关于序言的段落应该规定什么内容的问题并无确定的规则或惯例，缔约国在谈判中经常为此产生争议。奥斯特认为：“关于序言的其余部分应该包含哪些内容不存在任何规则或惯例；一切取决于各种具体情形……但如果有更多需要说明的内容，其主要目的应该是通过包括几段有关该条约的背景与宗旨的内容来引出条约的正文。”❷ 鉴于VCLT第31～33条规定的条约解释诸要素及其相互间关系仍存模糊性、冲突和漏洞等局限性，序言的内容并非可以任意确定。“出于解释的目的（VCLT第31条第2项），包括为了确定条约的目的和宗旨，序言属于条约的一部分。因此重要的是要保证序言各段的内容与正文相一致。人们在序言中所加的不必要的、但并非总是非实质性的材料越多，它将被依赖于支持对于正文的一个特定解释的危险就越大。”❸ 奥斯特强调了条约序言与其正文条款的一致性，但实践中该目标往往难以达到，例如，因为“TRIPs序言反映了谈判中WTO成员间的观点分歧以及谈判的争议性”❹，涉及TRIPs协议序言的谈判历史也表明WTO成员在该序言内容的确定上存在诸多分歧。美国在1987年的《与贸易有关的知识产权协议谈判建议》中就包含了未来协议的目标；欧共体在1988年7月提交给TRIPs谈判小组的《目标和指南》的建议中也提及了协议的一般宗旨；1989年7月印度提交了一份详细建议，该建议详细阐述了发展中国家对谈判的主张；包括目标和原则的序言草案的正文出现在1990年7月23日向总谈判小组提交的关于TRIPs谈判小组工作地位的《安奈尔报告》的附件中，尽管该报告涉及“原则”的“B”条款反映在TRIPs协议第7条和第8条之中，但该报告与TRIPs序言仍然相关。“在《安奈尔报告》附件中，发达国家和发展中国家观点分歧明显。

❶ 安托尼·奥斯特：《现代条约法实践》，江国青译，中国人民大学出版社2005年版，第367页。
❷ 安托尼·奥斯特：《现代条约法实践》，江国青译，中国人民大学出版社2005年版，第366页。
❸ 安托尼·奥斯特：《现代条约法实践》，江国青译，中国人民大学出版社2005年版，第367页。
❹ UNCTAD-ICTSD, Resource Book on TRIPs and Development, Cambridge University Press, 2005, p. 2.

在发达国家阵营中的日本和瑞士的建议中能发现最终缔结的TRIPs序言中的许多内容。发展中国家集团提出的建议则影响不大……序言的结构和用语反映了发达国家把知识产权保护纳入WTO法律机制努力的成功。"[1] 最后是《布鲁塞尔草案》和《邓克尔草案》。1990年12月在主席安奈尔的倡议下，提交给布鲁塞尔部长级会议的TRIPs协议约文草案对1990年7月的建议进行了实质性重组，使之成为序言、第7条（目标）和第8条（原则）。《布鲁塞尔草案》的序言部分在《邓克尔草案》中并无较大变更，与最终的TRIPs协议条文（text）实质上相同。"TRIPs序言较好地总结了在布鲁塞尔会议之前的两个《部长宣言》，即发起该回合的埃斯特角城宣言和1989年的《中期审查决定》。即使讨论了包括将协议某些条款移至序言在内的许多其他建议，但并未能就向埃斯特角城宣言和《中期审查决定》中添加很少内容达成一致。"[2] 可见，条约谈判中序言内容的确定问题也常常充满了尖锐分歧，且将会对成员方权利义务产生深远影响及相应的法律效力，尽管这种法律效力或许具有有限性、间接性等特征。并非序言的所有内容都会影响到缔约方的权利和义务以及条约的解释，因此，条约序言的法律效力更多体现在其中所规定的条约原则、目的和宗旨上。其具有间接性特征，是因为序言中规定的条约基本原则以及条约的目的和宗旨并不直接规定缔约方实体性或程序性权利或义务，其效力主要通过体现条约原则、目的和宗旨的正文条款的效力来具体实现，当正文条款的解释与条约基本原则、目的和宗旨相冲突时，似乎应遵守、尊重后者的约束力。这些原则、目的与宗旨的法律效力的实现主要是以通过对正文中具体条款的理解、解释的指导、制约等方式来间接实现的。不应因其上述特征而彻底否定序言相关内容的相应法律效力。

"正如其他WTO协定和《WTO协定》本身一样，TRIPs协议包含一个详细的序言，在该序言中，谈判方表达了他们在采纳WTO的该制度中所追求的诸目标。尽管在某种程度上TRIPs协议的序言中的规定反映了谈判方带到谈判桌上的不同主张，但序言中的这些规定是对美国和其他发达国家在知识产权方面所倡导的保护主义主张的实质性回应。一些发展中国家对更高水平的知识产权保护对其经济的影响——尤其是对技术转让的影响的关注并没有引起注意。"[3] 可以说，TRIPs协议的内容更多体现了知识产权强国的利益，它们常以协议第7条、第8条应纳入序言或其效力等同于序言等理由，来否定

[1] UNCTAD-ICTSD, Resource Book on TRIPs and Development, Cambridge University Press, 2005, p. 9.

[2] Daniel Gervais, The TRIPs Agreement: Drafting History and Analysis (2nd Editon), London Sweet & Maxwell, 2003, p. 80.

[3] Carlos M. Correa, Trade Related Aspects of Intellectual Property Rights, Oxford University Press, 2007, p. 1.

序言和正文中有利于发展中成员方的规定，使之难以真正得到实施，这种对序言内容有选择性地适用、强调或全面否定其法律效力的做法或主张缺乏法理及实证支持。迄今尚无 WTO 案例明确否定条约序言的相应法律效力，相反地，依赖序言的相关规定来证明专家组/上诉机构的主张或对正文条款的理解的此类案例并不少见。

2. 序言中阐明了条约的原则

序言阐明了条约的原则，是其法律效力的具体表现之一。CISG 的“序言阐明了公约制定的背景、基本目标和性质”[1]。“序言是解释和适用公约各项条款时应当遵循的基本原则。它指出了制定国际货物销售合同公约的目的，体现了发展中国家对制定国际贸易统一法的立场和主张。……它（公约序言）指出了公约的解释和适用要与建立国际经济新秩序的各项目标相互联系和一致，要为这些目标的实现而服务，从而明确了制定维也纳销售合同公约的总目标。……这一原则要贯穿到公约的解释和适用的过程之中。……序言指出制定本公约的目的，是促进国际贸易的发展。……总之，公约的序言目的明确、言简意赅、意义深远，是世界各国在制定国际贸易统一法中取得的可喜成果。”[2] CISG“在它的序文中揭示了《公约》的基本原则。这些基本原则是制定《公约》的指针，也是解释、适用《公约》的依据，是贯穿整个《公约》的根本精神，所以《公约》序文的文字虽不多，但却非常重要”[3]。《保护表演者、音像制品制作者和广播组织罗马公约》（Rome Convention for the Protection of Performers, Producers of Phonograms and Broadcasting Organizations，以下简称《罗马公约》）的序言只有一句话，“与国际条约常见的模式一样，罗马公约中也包含有一般性引言以确定其宗旨。……同绝大多数条约一样，（录音制品）公约也以引言作为开端。这一引言比罗马公约的引言长”。[4]《世界知识产权组织版权条约》（World Intellectual Property Organization Copyright Treaty，以下简称《WIPO 版权条约》）“序言的‘叙述一’是以《伯尔尼公约》（巴黎文本）序言的‘叙述一’为基础制定的，它体现了制定条约的最主要目的”。[5] TRIPs 序言主要是为了对“在缔约方加入协议时的打算和目的

---

[1] 李巍：《联合国国际货物销售合同公约评释》（第二版），法律出版社 2009 年版，第 2 页。

[2] 张玉卿主编：《国际货物买卖统一法——联合国国际货物销售合同公约释义》，中国商务出版社 2009 年版，第 9 页、第 10 页。

[3] 陈安主编：《国际经济法概论》，北京大学出版社 2010 年版，第 184 页。

[4] 《罗马公约和录音制品公约指南》，刘波林译，中国人民大学出版社 2002 年版，第 10 页、第 76 页。

[5] ［德］约格·莱因伯特、西尔克·冯·莱温斯基：《WIPO 因特网条约评注》，万勇、相靖译，中国人民大学出版社 2008 年版，第 30 页。

进行最后记录而设置的”。[1] “序言通常是订立国际条约宗旨与目的的部分，相当于通常所讲的立法目的。序言部分是解释条约内容的重要参照。通常认为，在条约解释时，首先是把条约文本看作当事国意图的正式表达，其次是将当事国的意图作为主观因素与文本区别开来，最后才是探究条约宣告的或明显的目的和宗旨。WTO 争端解决机构在处理保障措施争端时，通常引用序言阐释理由，加强说理的力度。”[2] 此处并未明确论及序言的法律效力问题。

“TRIPs 协定的前言是其必要的组成部分。按照 GATT 和 WTO 的法律实践，如果法律条文的措辞含糊或者可能发生解释上的歧义，专家组有时在很大程度上根据前言的规定进行判断。TRIPs 协定的前言和脚注是其有机的组成部分，是其基础原则或者原理的浓缩表述。……TRIPs 协定在其序言中规定了一般目标。这些目标是 TRIPs 协定谈判和缔结的根基，并在很大程度上反映了乌拉圭回合多边贸易谈判埃斯特角城部长宣言的授权。”[3] 可以说，对于包含原则、目的与宗旨的条约来说，其序言与正文的关系在一定程度上是法律的基本原则与具体规则间的关系。

3. 序言对条约正文条款的解释具有相应的法律约束力

（1）条约序言的解释性效力。国际法中条约解释的三个主要流派包括目的解释学派（强调条约的宗旨和目的）、客观解释学派（强调条约用语）和主观解释学派（强调缔约意图）。实际上，上述观点各有利弊。“由于实用主义的原因，条约解释的一般惯例是从解释相关条约条款原始约文的通常含义开始，然后试图根据上下文和条约的目的及宗旨对其进行阐释。……大多数条约的目的及宗旨都不是单一的，而是容纳了或折中了各种不同的，甚至是相冲突的目的及宗旨。”[4] VCLT “被形象地称为‘关于条约的条约’。从第31 ~33 条规定的内容看，公约的目的在于对主观学派、客观学派和目的学派所持的条约解释方法进行调和和折中，吸收三种学派中合理的因素，构建相对合理的条约解释规则”[5]。尽管对 VCLT 第 31 条诸解释要素间的关系学界仍存较大分歧，对条约的目的是否独立的解释依据也似无定论，但许多学者并不否认条约目的在条约解释中的重要作用。例如，“国际法委员会强调，VCLT 第 31 条是一个‘完整不可分的合并的（解释）操作方法（a single combined operation）’”[6]；VCLT 第 31 条名为“解释之通则”（general rule）。该单数名

---

[1] Peter K. YU，The Objectives and Principles of the TRIPs Agreement，46 Hous. L. Rev. 979，2009.

[2] 王军等：《WTO 保障措施成案研究（1995 ~2005 年）》，北京大学出版社 2008 年版，第 199 ~200 页。

[3] 孔祥俊：《WTO 知识产权协定及其国内适用》，法律出版社 2002 年版，第 71 页、第 73 页。

[4] 程红星：《WTO 司法哲学的能动主义之维》，北京大学出版社 2006 年版，第 225 页。

[5] 廖诗评：《条约冲突基础问题研究》，法律出版社 2008 年版，第 178 页。

[6] 张东平：《WTO 司法解释论》，法律出版社 2005 年版，第 146 页。

词形式强调该条只包含在第1项中的一项规则。因此，我们必须考虑条约解释中三个主要因素——条约约文、它的上下文和条约的目的和宗旨的每一个因素。解释条约时人们自然地从约文开始，随后是上下文，然后是其他事项，特别是嗣后的资料。❶ 李浩培先生指出，国际法委员会认为条约解释程序是一个统一体，从而VCLT第31条的各项规定组成一个单一的、互相紧密地连在一起的完整的规则。❷ VCLT第31条第1项规定的诸解释要素之间“并没有法律效力上的优劣或上下等级之分”❸。“根据VCLT所确立的条约解释原则构成了一栋建筑物，解释者就是该建筑物的看门人。只有VCLT原则变得更清楚并被注入更大程度的公平时，该看门的功能才能被有效发挥。VCLT原则的有些部分并不清楚。”❹ VCLT尚没有解决条约解释中的所有难题：“国际法院、其他国际法院和国家已将VCLT第31~32条中包含的方法论视为条约解释的习惯国际法的公布。尽管如此，这些条款本身就需要解释。解释者如何确定条约的‘目标和宗旨’？所规定的‘宗旨’是否隐含着目的论的（故意的）作用？作为‘上下文’的因素需要考虑哪些？它们限于第31.2条的明确规定项目吗？‘动态的’解释具有盲从性吗？（例如，第31.3条对‘任何嗣后惯例’的规定。）依第32条对‘补充手段’的使用限于该条规定的情形吗？这些和可比较的难题是国际法院磨坊中的谷物，经常地会涉及条约解释中的难题。在Bosnia and Herzegovina v. Serbia and Montenegro一案中（2007 I. C. J. 191），法院注意到《防止及惩治灭绝种族罪公约》所规定的成员国义务依赖于对该公约用语在其上下文中和依据该公约的目标和宗旨所理解的通常意义。”❺

条约序言的解释性效力主要体现在其中经常规定的目标和宗旨中。条约序言尽管没有规定具体权利、义务内容，但构成了解释条约正文条款含义的上下文之一，具有相应的解释性效力。“条约用语的通常意义是全面考察该用语的上下文、条约的宗旨和目的后得出的。应当考察的内容包括：条约约文、序文和附件。”❻ 条约序言能提供缔约背景和宗旨，对于条约正文来说起到引言的作用。尽管条约序言中规定的目标和宗旨间可能存在冲突，但“通常意义的确定不可能抽象地进行，只能根据条约的上下文及其目的与宗旨而予以确定。……在实践中，考虑其目的与宗旨更多的是为了确认一项解释。如果一项解释与该目的和宗旨不相符合，它很可能是错误的。但第一项给予文本

❶ 安托尼·奥斯特：《现代条约法实践》，江国青译，中国人民大学出版社2005年版，第203页。

❷ 李浩培：《条约法概论》，法律出版社2003年版，第351页。

❸ 张东平：《WTO司法解释论》，法律出版社2005年版，第23页。

❹ Asif H. Qureshi, Interpreting WTO Agreements: Problems and Persspectives, Cambridge, 2006, p. 29.

❺ Lori F. Damrosch, etc, International Law: Cases and Materials (Fifth Edition), West Academic Publishing, 2009, pp. 167, 168.

❻ 王铁崖主编：《国际法》，法律出版社1995年版，第315页。

解释以优先地位”❶。根据辛克莱尔（Sinclair）的观点，目标和宗旨是对根据条约正文确定的词语的通常含义的检验（test）。❷“大多数条约没有单一的、纯粹的目标和宗旨，相反，具有许多不同的甚至可能会相互冲突的目标和宗旨。对《WTO 协定》来说，这当然属实。”❸“目标和宗旨指的是条约的基础，是指对条约的总体设计。它指的是为什么当事国已采纳了相关条约的原因以及通过该条约它们想要达到的目标。目标和宗旨并不直接为缔约国创设权利和义务，但是其中解释方面的相关性意味着规定在条约中的权利和义务的范围将会受到条约目标和宗旨的很大影响。条约的目标和宗旨几乎不可避免地体现了缔约方共享的某些价值或利益，因此给予这些非法律概念在条约下某种法律地位。尽管如此，这样的法律地位一定是有限制的，因为该目标和宗旨与某些目标、价值和理想以一般的和抽象的方式得以实现并不相关，而是通过相关条约中的条款和机制来实现的。因此，目标和宗旨的主要相关性并非依赖自己去创立法律条例，而是在以条约目标和宗旨不受危害的方式帮助解释现存条约规范。在该意义上，目标和宗旨可能对相关条约条款可能的含义构成直接的限制。”❹ 序言中目标和宗旨对缔约国权利义务的（间接）影响也正是序言具有相应的或有限法律效力的体现。

在阿根廷鞋类产品进口保障措施案中，专家组注意到《保障措施协定》序言中规定的四个相关的重要目标，依据第 2 个目标可知，以本案为例，对涉及不可预见的发展标准的明显遗漏，需要对既存纪律进行其某种程度上的改进或修改，这正是一项新协定最关键之处。序言进一步表明《保障措施协定》主要宗旨之一的“有必要重建对保障措施的多边控制，并消除逃避此类控制的措施”的规定。这凸显了乌拉圭回合之前的国际贸易关系中关于保障措施纪律的广泛缺失。对多边控制的如此重建意味着权利和义务的新平衡，这是因为在某些情形下，该平衡变更了乌拉圭回合确定的整个一揽子权利和义务。❺ 在该案的上诉机构报告中，指出了美国对《保障措施协定》序言规定的理解和评价；❻ 上诉机构专家认为：“我们的理解也与乌拉圭回合谈判者们在《保障措施协定》序言中表达的愿望相一致：旨在澄清和加强 GATT 1994 的纪律，特别是其中第 19 条的纪律……重建对保障措施的多边控制，并

❶ 安托尼·奥斯特：《现代条约法实践》，江国青译，中国人民大学出版社 2005 年版，第 205 页。

❷ Alexander Orakhelashvili, The Interpretation of Acts and Rules in Public International Law, Oxford University Press, 2008, p. 343.

❸ UNCTAD-ICTSD, Resource Book on TRIPs and Development, Cambridge University Press, 2005, p. 12.

❹ Alexander Orakhelashvili, The Interpretation of Acts and Rules in Public International Law, Oxford University Press, 2008, p. 343.

❺ WT/DS121/R, paras 8. 62, 8. 63.

❻ WT/DS121/AB/R, para 61; WT/DS121/AB/R, para 95.

消除逃避此类控制的措施……在对《保障措施协定》的目标和宗旨的进一步发展中，必须时刻记住，保障措施导致减让或义务的暂时中止或撤销，比如GATT 1994第2条和第11条中的减让或义务。同样的，只有当《保障措施协定》中所有条款和GATT 1994第19条被清楚地说明时，才可适用保障措施。”❶ 有学者对WTO保障措施成案中条约序言的作用进行研究而得出的结论为：“从以上案例报告可以看出，专家组和上诉机构对于序言的引用主要用于三个目的，其一是解释《保障措施协定》中具体用语的含义，比如在美国羊肉案中对‘国内产业’和‘严重损害’的解释；其二是解释《保障措施协定》与GATT第19条的关系，也就是通过序言中表述的‘澄清和加强GATT 1994的纪律……’，以此来证明，《保障措施协定》与GATT 1994第19条的规定应同时适用；其三是解释《保障措施协定》与GATT其他条款的关系……”❷ 可见，条约序言的解释涉及条约正文用语意义的确定、条约群内部关系的理顺等难题，直接关涉正文条款含义的确定，因此也直接决定着缔约方具体权利、义务的内容和范围，序言的解释性价值正是其法律效力的相应体现，因此，完全否定序言的法律效力并无充分的法理和司法实践依据。

在美国某些虾及虾产品进口禁止案中，上诉机构也论及了条约序言中规定的目标和宗旨在条约解释中的重要作用。❸ 在海龟案中，“上诉机构先从文字解释入手后，‘对照条约的目的和宗旨’作了很精辟的推论。作为‘目的和宗旨’，《WTO协定》修改了GATT 1947的序言，增加了保护环境的文字。对照这个新的‘目的和宗旨’，上诉机构报告（在第153段）指出：‘由于这些序言文字反映了《WTO协定》谈判者的意旨，我们相信，它必然给我们对《WTO协定》附属各协定的解释增添了色彩、疏密质地和微妙差别。’”❹ 在欧共体鸡肉分类案中，上诉机构依据VCLT第31.1条分析了条约目标与宗旨与条约特定条款的目标和宗旨间的关系，并指出VCLT第31.1条下的“目标与宗旨”在条约解释中是指条约的整体。❺ 在美国羊肉案中，上诉机构报告也利用《保障措施协定》序言中的目标与宗旨的规定来进行论证：“我们相信‘严重的’这个词语意味着比‘实质性’一词更高的损害标准。而且，我们认为它与《保障措施协定》的目标和宗旨相符——适用保障措施的损害标准应当比反倾销或反补贴措施的损害标准要高。”❻

---

❶ WT/DS121/AB/R，para 95.

❷ 王军等：《WTO保障措施成案研究（1995～2005年）》，北京大学出版社2008年版，第202页。

❸ WT/DS58/AB/R，para 114.

❹ 赵维田：《WTO的司法机制》，上海人民出版社2004年版，第67～68页。

❺ WT/DS269/AB/R，12 Sep. 2005，paras 238，240.

❻ WT/DS178/AB/R，1 May，2001.

在美国归零案中，专家组论及了 SCM 没有序言（中规定的目标和宗旨）对解释该协定实体条款的影响："我们注意到 VCLT 第 31 条规定，在解释所使用词语的通常意义时必须考虑条约的目标和宗旨。由于第 31 条规定了条约的'目标和宗旨'而没有规定条约的特定条款的'目标和宗旨'，欧共体关于第 9.3 条的论证或许最好被视为具有更进一步的上下文论据的特点，而非与目标和宗旨相关的论据。我们进一步注意到，由于《补贴与反补贴措施协定》含有对目标的不连续的规定，人们仅能从该协定条款的实施中演绎出其目标。尽管有可能在更具普遍性的很高层面上从作为整体的反补贴协定的条款适用中演绎出，例如，该协定的'目标'是提供一个对制止有害倾销的行为进行控制的多边协调了的规则框架，但由于没有可被适当地描述为构成对《补贴与反补贴措施协定》目标的清楚表述的任何东西，因此，难以使用任何工具或强制力来辨别对更具体目标的主张。在该方面，我们注意到欧共体提及了关于两个市场之间国际价格歧视措施中的'关于对基本经济概念的一致适用的《补贴与反补贴措施协定》的目标与宗旨。'被欧共体认为是这些概念的准确含义和欧共体从《补贴与反补贴措施协定》正文中推导的方式都并不清楚。"❶ 该表述表明，条约序言的缺失可能会增加对正文含义解释的难度，条约序言并非可有可无。

也有学者在研究 CISG 公约第 7 条的解释问题时认为："第 7 条本身没有专门提到序言，同时在第 7 条的立法历史材料中也没有提到序言，很难说《公约》制定者赋予了序言在《公约》解释上以任何角色。因此，序言不能也不应该直接用以解决《公约》的解释问题。……然而，另一方面，应该注意到，序言正式地提到了制定《公约》的考虑和主要目标，其中一些要素，如国际性质、统一，在《公约》第 7 条第 1 款也能找到对应的表述，反映了二者之观念上的联系。也因此，序言在解释上并非毫无价值，至少它反映了《公约》解释应当依循的一般方向。在《公约》的目的和宗旨解释中也应当考虑《公约》序言的表述。"❷ 显然，以条约具体条款是否提及了序言内容来判断序言能否被直接用以解决该公约的解释问题，似有不妥，混淆了条约抽象的目标与宗旨和具体条款间的差异，也与 VCLT 相关规定不符。对序言与正文间的关系，丹宁指出，条约"序言是说明法规和命令的目的和意图的，下面才是应该服从的法律条文。在这些法规和命令中再次使用了对含义未加解释的词句和短语……万一发生困难，就可以求助于序言。这些序言对说明法

---

❶ WT/DS294/R, para 292, 31 Oct. 2005.

❷ 刘瑛：《联合国国际货物销售合同公约解释问题研究》，法律出版社 2009 年版，第 19 页。

规和命令的目的是很有用的，但是留给法官去做的事就非常多了。”[1] Jeff Waincymer 也认为：“尽管在 WTO 争端解决实践中经常提及并关注争端所涉特定条款的目的和宗旨，但维也纳条约法公约第 31 条指的是条约本身的目的和宗旨，即整个条约作为一个整体的目标和宗旨。因此可以说，仅仅着眼于特定条款的目的和宗旨是与按照国际习惯法规则的适当解释要求不相符的。”[2]

WTO 相关案例表明，条约序言（中规定的目标和宗旨）在国际贸易和知识产权争端的解决中具有相应的法律效力。当然，作为条约整体的序言与正文具体条款的目标和宗旨间的关系问题仍需进一步研究。应从主要国际组织如何适用 VCLT 的裁决实践中探寻条约序言法律效力方面的解释先例（如果能构成先例的话）。下文将以 TRIPs 协议序言的效力问题为例，集中阐释 TRIPs 协议序言如何对正文条款用语含义的解释产生影响和制约，旨在进一步加强对条约序言具有相应法律效力的论证。

（2）例证：TRIPs 序言的法律价值及其对第 7 条、第 8 条含义与效力的影响。TRIPs 序言可被用来作为对协议条款的实施进行解释的资料且具有其相应的法律效力。“在 TRIPs 的具体上下文中，并根据 VCLT 第 31.2 条的规定，在加拿大专利案中专家组认为 TRIPs 序言的法律价值在于作为解释该协议条款的上下文的一部分。”[3] 专家组认为：“在 TRIPs 框架中，纳入了在先存在的主要知识产权国际公约的某些条款，为解释 TRIPs 具体条款，专家组可能借助的上下文并不限于条约正文、序言和协议本身的附件，而且还包括被纳入 TRIPs 的其他知识产权公约中的条款以及在 VCLT 第 31.2 条含义上涉及这些协定的当事方之间订立的任何协议。”[4] 在虾与海龟案中，WTO 上诉机构的裁决证明了 TRIPs 序言的潜在重要性。在该案中，对《WTO 协定》序言中“可持续发展”目标的多次提及从根本上影响了上诉机构对 GATT 1994 的解释方法。[5] 这并不表明序言中特定词语对 TRIPs 协议的重要性将会一定像对《WTO 协定》中的“可持续发展”所起的重要性具有可比性，而是表明在解释过程中序言或许会起到重要作用……《WTO 协定》的序言不仅在决定虾与海龟案的结果中起到关键作用，而且，序言为自 WTO 成立以来上诉机构解释方法唯一的、最重要的发展——“发展中的”解释的概念奠定了基础。因为涉及 TRIPs 协议可能会产生多种争端，预测序言可能会作为一个解释的原始资料来

---

[1] ［英］宁勋爵：《法律的训诫》，刘庸安等译，群众出版社 1985 年版，第 16～17 页。

[2] 张东平：《WTO 司法解释论》，法律出版社 2005 年版，第 158～159 页。

[3] Carlos M. Correa, Trade Related Aspects of Intellectual Property Rights, Oxford University Press 2007, p. 18.

[4] WT/DS114/R, Report of the Panel, 17 March 2000, para 7. 14.

[5] WT/DS58/AB/R, 12 Oct. 1998. 该案的上诉机构报告多次提及《WTO 协定》序言。例如，paras 12, 17, 47, 67, 129, 130, 131, 155, etc.

使用的情形并不可行。虾与海龟案所表明的是不应当贬损序言的潜在作用。[1]

作为VCLT第31条界定的上下文的一个要素所特别提及的条约序言在正文和目的方面都具有意义。序言在正文方面的意义是作为挑选和修正所使用词语的通常意义工具（apparatus）的一部分。正如序言常以一般用语所做的那样，通过阐明条约目标和宗旨，序言能有助于确定条约目标和宗旨。尽管如此，不应该假定所有序言都具有同等价值。有些序言经过了非常仔细的谈判；有些序言或多或少地是由事后想法堆砌而成。在当代主要多边条约情形中，只要通常存在谈判历史的良好记载，该准备性工作就会透露出对序言内容是否给予充分关注。[2] 可见，序言中规定的条约目标和宗旨所具有的相应法律效力有助于该条约的和谐解释，WTO“协定序言中能发现目标和宗旨，并也能从作为一个整体的协定中来领悟”[3]。序言中的目标和宗旨也有助于对相关协定进行和谐解释，例如，TRIPs协议是《WTO协定》的一部分，不应将该协议解释为与WTO协定相冲突。

TRIPs序言中的目标与宗旨又被正文第7条、第8条作为TRIPs协议的基本原则予以明确规定。但对这两条的法律效力国内外学界存在很大分歧。一些西方学者认为其无法律效力，其解释性价值与序言中的任何规定相当，也非国际知识产权法的一个基本原则，对其后的权利人条款没有约束和指导效力。该立论的基础是序言无任何法律效力。这或许是某些西方学者为曲解或否定第7条、第8条法律效力的借口；还有学者以TRIPs协议第7条是一个“应当”（should）条款为由，主张该条与协议序言一样无任何法律效力。事实上，尽管WTO争端解决机构在司法实践中对“should”与“shall”的区分并不清晰，但已有判例表明，在特定情形下，“should”也可能具有强制性含义。在一些案例中，专家组/上诉机构认为，“shall”与“should”都意味着责任或义务，具有法律约束力。在美国外国销售公司税收待遇案中，上诉机构认为，“should”也能被用来表达责任或义务。在日本农产品案中，上诉机构认为，DSU第13条和《SPS协议》第11.2条表明专家组拥有一项重要的调查权力。专家组有权向专家和其选择的任何其他相关来源寻求信息和建议。[4] 由此可见，根据DSU和相关适用协定的相关规则，确定了“shall”与“should”在特定语境中意味着责任或义务。此外，在危地马拉对来自墨西哥普通水泥最后反倾销措施案中，专家组报告中的一个脚注中对“should”所具

---

[1] UNCTAD-ICTSD, Resource Book on TRIPs and Development, Cambridge University Press, 2005, pp. 12, 13.

[2] Richard K. Garadiner, Treaty Interpretation, Oxford University Press, 2008, p. 186.

[3] Asif H. Qureshi, Interpreting WTO Agreements: Problems and Perosspectives, Cambridge, 2006, p. 18.

[4] WT/DS76/AB/R, para 129, 22 February 1999.

有的劝勉性或强制性含义进行了分析，得出了类似结论。

笔者认为，即使学界认为条约序言无法律效力，但 TRIPs 协议第 7 条、第 8 条的效力显然与协议序言的效力不同，因为这两条是条约正文的一部分。实际上，序言具有相应的法律效力，TRIPs 协议第 7 条、第 8 条与序言一道有助于全面理解协议的目标、原则及具体条款的含义，第 7 条、第 8 条具有完全的法律约束力，它们勾画出了协议目标和原则的轮廓，构成了“实施和解释协议的一个中心”❶。TRIPs 协议第 7 条的目标应是 WTO 全体成员的共同目标，而非特定缔约方各自的目标。TRIPs 协议第 7 条规定的五个目标为实施和解释协议提供本源，具有整合协议条款的重要地位。“序言和脚注应当被视为 TRIPs 协议整体的一部分，是其根本原则的浓缩表达。”❷ TRIPs 协议第 7 条、第 8 条所规定的相关原则在其序言中有基本相同的表述。只是使用序言中表述来阐述第 7 条和第 8 条的原则时，仍存在内在困难，因为这些目标和原则间存在一定冲突。条约解释者不应在这些目标与原则间偏爱其中的一个。

二、TRIPs 协议序言与《WTO 协定》及其涵盖协定之序言间的位阶关系

WTO 法律体系是由诸多附件组成的条约集合，“这一‘条约群’‘成员’之多，内容量之大，内部关系之错综复杂，实为国际经济条约领域所罕见。”❸条约的目标和宗旨的确定，要么是通过包括序言的条约正文和通过条约的一般设计，要么是通过与其他条约的目标和宗旨的比较。TRIPs 协议与《WTO 协定》下其他子条约以及与之外的其他国际条约间的联系、冲突，都会涉及对 TRIPs 协议序言和正文条款含义的正确理解，以及对相关序言间关系的准确理解。通过对 TRIPs 协议序言与 WTO 内外其他条约序言间效力关系的研究，有助于进一步理解诸多相关条约序言间的位阶关系，消除条约解释的冲突。《WTO 协定》序言能通过影响其诸附件条款的解释来统率或维护 WTO 条约群的整体性。

实际上，在 WTO 成立之前，在美国《1930 年关税法》337 条款案（1989 年）等三个专家组报告中，就已将 GATT 的原则和规则适用于知识产权了。知识产权与国际贸易间存在一定联系，TRIPs 协议与《WTO 协定》之间是部分与整体的关系，“《WTO 协定》是 WTO 的‘根本大法’，其与其他协定的关

---

❶ Carlos M. Correa, Trade Related Aspects of Intellectual Property Rights, Oxford University Press, 2007, p. 104.

❷ Daniel Gervais, The TRIPs Agreement: Drafting History and Analysis (2nd Editon), London Sweet & Maxwell, 2003, p. 80.

❸ 张东平：《WTO 司法解释论》，法律出版社 2005 年版，第 69 页。

系好比一国国内宪法与其他部门法之间的关系。因此，WTO体系中的其他任何规则，都不能与这一宪法性文件相抵触；若有抵触，自应以《WTO协定》为准”。[1]同样，对涵盖协定诸序言的解释也不应与《WTO协定》序言的解释相冲突。类似地，对欧共体鸡肉分类案上诉机构报告第238段，阿什夫·奎什（Asif H. Qureshi）的评价为：“这是一个受欢迎的澄清。在确定目标和宗旨中，它给予解释者更多余地。尽管如此，上诉机构并没提及VCLT第31.3条（c）项。该项规定了对‘国际法任何相关规则的’考虑。可以将作为一个整体的国际法律制度的更广泛目标（goals）用来增加《WTO协定》的目标和宗旨吗？对这样的解释潜在允许的归纳和演绎推理来说，此处在范围方面存在太多主观性和诡辩的危险。就WTO而言，因为《建立世界贸易组织的马拉喀什协议》（Marrakech Agreement Establishing the World Trade Organization，以下简称《马拉喀什协议》）优先于其他的《WTO协定》，因此，其目标和宗旨必须站在《WTO协定》中所规定的目标和宗旨之顶端。”[2]

知识产权与国际贸易间的区别可能会令人对TRIPs协议产生误解以及使得TRIPs序言与《WTO协定》下的其他协定序言间产生冲突。“关于TRIPs协议最常见的误解之一是其主要目标在于加强知识产权的保护。但是并非如此，TRIPs协议的主要目标——如果不是唯一目标的话——和《WTO协定》的主要目标是促进自由贸易。实际上，TRIPs协议已提高了知识产权保护标准，但这仅是以一种偶然的方式，并且是就这些标准有助于促进自由贸易的目标而言的。TRIPs协议的一些方面对此有清楚的说明。例如，《伯尔尼公约》所保护的核心权利——作者的人身权——不一定能够促进自由贸易，因此，协议第9.1条豁免了WTO成员方相关义务。……知识产权与贸易间的相互作用在某些领域变得更加明显。例如，对工业设计的保护与纺织品领域所作的减让之间具有不可否认的联系。地理标志保护与农业领域的减让牵手而行。”[3] WTO诸协定服从于WTO体制追求自由贸易的核心目标和经济目的，因此，“这种目的有时会大大改变对特定条款意义的解释”[4]。

TRIPs协议序言明确了知识产权保护与国际贸易间的联系，制约了知识产权国际保护标准的确定。尽管TRIPs协议是一个知识产权法统一化的国际条约，与该领域的其他知识产权国际公约间可能存在错综复杂的关系。例如，TRIPs协议条款本身就直接纳入了《巴黎公约》《伯尔尼公约》等四个知识产

---

[1] 张东平：《WTO司法解释论》，法律出版社2005年版，第74页。

[2] Asif H. Qureshi, Interpreting WTO Agreements: Problems and Persspectives, Cambridge, 2006, p. 19.

[3] Nuno Pires de Carvalho, The TRIPs Regime of Patent Rights, 2nd Edition, 2005 Kluwer Law International, pp. 40, 41.

[4] 张东平：《WTO司法解释论》，法律出版社2005年版，第149页。

权国际公约中的许多条款，因此，结合这些被纳入的国际公约序言和正文来研究 TRIPs 协议序言和正文并不会令人感到意外。需强调的是，TRIPs 协议是《WTO 协定》的附件之一，其中文全称为《与贸易有关的知识产权协议》，因此，学界不应孤立地研究 TRIPs 协议，而应将其置于 WTO 多边贸易机制背景之下加以研究，TRIPs 协议序言第 1 段就明确指出知识产权国际保护与减少国际贸易扭曲和障碍之间存在联系。例如，TRIPs 协议将 GATT 中的两个基本原则——最惠国待遇和透明度原则扩大适用于知识产权领域；TRIPs 协议第 3 条规定的国民待遇原则与《巴黎公约》第 2 条确立的国民待遇原则相比就更加综合。但是否可认为 GATT 原则和纳入 GATT 1994 的所有规则和纪律体系都适用于 TRIPs 问题似乎并无定论。在印度药品和农业化学产品专利保护案中，专家组分析了 TRIPs 两方面特点：“在 WTO 中，TRIPs 具有相对自足的、独特的地位。尽管如此，TRIPs 协议是 WTO 体制的一个主要组成部分，而 WTO 体制本身就建立在 GATT 1947 近半个世纪的经验之上。”❶ 依《WTO 协定》第 16.1 条可知，“既然 TRIPs 协议是多边贸易协议之一，因此，除非存在相反规定，在解释 TRIPs 协议条款时，我们必须遵循 GATT1947 所确立的法理的指导……确实，鉴于 TRIPs 协议在乌拉圭回合中是作为让步的总体平衡的一部分而谈判的，所以，在解释 TRIPs 协议时不适用那些同样适用于《WTO 协定》其他部分解释的相同原则，这是不合适的”。❷ 可见，专家组清楚地表明，在 GATT 规定的原则和条款面前，不可孤立地看待 TRIPs 协议。“知识产权保护并非其自身的终结，而是通向终结的手段。这是一个关键点，因为利益集团常无视旨在推动贸易和经济发展的 WTO 的基本使命而不是保护特定的知识产权持有人私人利益集团利益，《WTO 协定》序言对其使命有所规定。”❸ 这决定了 TRIPs 序言的法律效力依赖于并服从于《WTO 协定》的法律效力。

“TRIPs 序言是该协议的一个基本组成部分。当条款中词语含义不清楚或有不同解释时，根据 GATT 法律，专家组有时候在较大程度上依据序言。这正是许多‘东京回合法典’存在的情形。GATT 本身并没有序言。1955 年在缔约方第九次会议期间讨论了一个序言，但本应把该《议定书》纳入 GATT 的议定书从未生效。”❹ “TRIPs 序言应当联系规定了 WTO 目标的《WTO 协定》的序言进行解读。……将 TRIPs 加入 GATT——现在的 WTO 框架是为了保证对知识产权的充分保护来推动世界货物和服务贸易；并保证对知识产权

❶ WT/DS50/R，5 September 1997，para 7. 19.

❷ WT/DS50/R，5 September 1997，para 7. 19.

❸ UNCTAD-ICTSD，Resource Book on TRIPs and Development，Cambridge University Press，2005，p. 10.

❹ Daniel Gervais，The TRIPs Agreement：Drafting History and Analysis（2nd Editon），London Sweet & Maxwell，2003，p. 80.

的低保护和高保护不会损害 WTO 的经济策略和最终目标。知识产权保护是通往目标的手段，应当在促进经济增长这个更大的策略中考虑该目标。WTO 的核心目标是提高全球生活标准。”❶

尽管 TRIPs 序言规定：有必要制定涉及“1994 年关贸总协定的基本原则和有关国际知识产权的新的规则和纪律”，但是，“关于对‘1994 基本原则’的提及，还难以确定其范围。仍然明确的是，GATT 1994 完全适用于 WTO 成员方，并非仅仅其基本原则”。❷此外，“一些评论者也认为，主要由于在 TRIPs 中贸易与知识产权间联系密切，从历史上看，与 WIPO/BIRPI 下的知识产权相比，TRIPs 与世界知识产权组织（以下简称 WIPO）条约（包括《巴黎公约》和《伯尔尼公约》）具有不同的目标。该事实意味着可以对它们进行不同解释。换句话说，被纳入 TRIPs 的 WIPO 管理下的公约条款在 TRIPs 上下文中可进行不同解释，该上下文中或许以经济、福利为基础的分析为重。”❸

可见，《WTO 协定》是一个由诸多协定组成的有机体，共同构成成员方一揽子权利义务内容，协定下不同附件之间相互联系和补充。TRIPs 序言与 WTO 其他涵盖协定的序言、已被纳入 WTO 诸协定中的其他国际条约（规则）之序言、《WTO 协定》序言之间存在内在的逻辑关系或者效力上的位阶性。“《WTO 协定》未直接规定 GATT 1994 与《服务贸易总协定》（General Agreement on Trade in Services，GATS）、TRIPs 协定之间的优先次序关系，但根据《WTO 协定》第 2. 2 条规定的这些协定‘对所有成员方具有约束力’的原则，可以看出它们之间是平行、平等的法律地位关系，只是规范和调整的角度和侧重点有所不同。”❹ WTO 子协定的法律位阶低于《WTO 协定》本身，这应同样适用于子协定序言的法律价值与《WTO 协定》序言法律价值间的关系，TRIPs 序言与 WTO 其他涵盖协定的序言之间具有相同的法律位阶。而 TRIPs 序言与这之外其他国际条约序言间似乎没有法律关联性，因此，非 WTO 国际条约序言一般不应拘束对 TRIPs 序言的解释。

三、小结

条约序言具有一定的法律效力，包括 TRIPs 协议序言在内的 WTO 涵盖协定的诸序言之间具有平行、平等的法律地位关系，但它们与《WTO 协定》序

---

❶ UNCTAD-ICTSD, Resource Book on TRIPs and Development, Cambridge University Press, 2005, p. 13.

❷ R. Dhanjee and L. Boisson de Chazournes, TRIPs: Objectives, Approaches and Basic Principles of the GATT and of Intellectual Property Conventions, 1990, 5 Journal of World Trade 11.

❸ N. Netanel, The Next Round: The Impact of the WIPO Copyright Treaty on TRIPs Dispute-Settlement, Int'l Law, 1997, 37 Virginia J. of Int'l Law 441, pp. 480 – 489.

❹ 张东平：《WTO 司法解释论》，法律出版社 2005 年版，第 74 页。

言间具有不同的法律位阶，后者影响并制约着前者的效力。序言本身的法律效力以及在VCLT所规定的条约解释要素体系中的地位与作用并不十分明确，尚需澄清。条约“解释当注意全约之精神”[1]，条约序言往往包含了体现全约精神的条约目标和宗旨，并构成VCLT第31.2条规定的“上下文”的一部分，因此，研究条约序言的效力问题直接关乎条约序言在条约用语含义解释中的独特地位与作用，因而具有重要意义。

由于国际法自身的局限性、国际经济贸易关系的复杂性、语言自身的模糊性、成员方间利益博弈等综合原因，使包括序言法律效力在内的条约解释问题变得非常重要和敏感。然而，国际法中并无一劳永逸的条约解释方法和标准，甚至连VCLT第31条、第32条本身的含义都充满争议并需要澄清。在任何案件中，对VCLT中某一解释要素进行考量的同时，应当通过对该案中所有相关规则的适用来获得一项解释，其中可能就很可能包含了（不同的）条约之序言，由此也会涉及如何恰当确定不同条约之序言在条约用语解释中的效力与位阶关系。应从主要国际组织如何适用VCLT的裁决实践中探寻条约序言法律效力的先例/法理。在虾与海龟案中，WTO上诉机构指出：“作为GATT 1994第20条开头语上下文一部分的《WTO协定》序言中的特定语言，我们对此予以考虑是适当的。《WTO协定》序言赋予成员方协定下一般性权利和义务和GATT 1994下的特定权利和义务以色彩、纹理和比照。”[2] 可见，该案的上诉机构认可条约序言具有相应的法律效力。具体来说，并非序言中的所有内容都一定具有法律效力，很可能只有部分内容（间接）涉及缔约方的权利、义务，因此，笔者认为，尤其是序言中规定的基本原则、目的和宗旨具有高于正文具体条款的法律效力，序言效力具有间接性、有限性等特征。

第三节　“嗣后惯例”（subsequent practice）研究

对于嗣后惯例的含义、形式、构成要素、可能的效力以及与嗣后协定的比较等问题的研究尚较为薄弱。从国际法制和相关案例来看，嗣后惯例的效力和构成要素是模糊的。从定义上看并非正式的、文本性协定，嗣后惯例的解释性价值完全依赖于一致性的行为、所有当事方间达成的协定和作为单一的自主解释之合成解释。嗣后惯例必须是确立了当事方间的协定，在履行条约中当事方明确地实施了在本质上相同或一致的行为。嗣后惯例的效力是一

[1] 周鲠生：《国际法大纲》，商务印书馆1922年版，第171页。

[2] WT/DS58/AB/R, 12 Oct. 1998.

个颇有争议的问题，尤其是部分缔约方的惯行对原条约和其他缔约方的效力问题。相互矛盾的嗣后惯例会有不同的效力，这取决于其所涉及的多边条约机制。该惯例的形成有赖于国家在适用条约中有机会采取某些行动。并不要求每个当事方都必须单独地实施了足以被接受为惯例的行为，只需要所有当事方接受，甚至是默示地接受。嗣后惯例与嗣后协定间存在联系与差异。

条约解释是国际法的一个重要领域，绝大多数国际争端都会涉及条约解释问题，特别是既存条约如何因应国际法律环境和科技发展变化的问题。VCLT 第 31 ~32 条规定了诸多条约解释要素，是进行条约解释的主要方法。除规定嗣后协定和适用于当事国间关系之任何有关国际法规则外，VCLT 第 31. 3 条还规定："应与上下文一并考虑者尚有：……（b）嗣后在条约适用方面确定各当事国对条约解释之协定之任何惯例。"可知，嗣后惯例与"上下文"等其他条约解释要素一并成为第 31 条规定的条约"解释之通则"的一个重要部分。学界对于第 31. 3 条的研究尚有待加强，特别是嗣后惯例如何对条约解释产生可能的影响。因此，对于嗣后惯例的含义、构成要素、ICJ 与 WTO 等相关（准）司法实践以及与其他条约解释要素的比较等问题的探讨具有重要意义。目前，由于嗣后惯例涉及诸多相关复杂问题，国内外学界对一些问题的研究并无定论。

一、嗣后惯例的含义、效力及形式

在日本酒税案的上诉机构报告中曾给出了嗣后惯例的界定："……协调的、共同的和一致的（concordant，common and consistent）一系列行为或声明，该系列行为或声明足以确立可识别的模式，该模式隐含着关于条约解释的各缔约方间的协定。"[1] 我们认为，与条约解释有关的嗣后惯例是指在条约缔结之后，缔约方的全部或一部分为条约适用或解释目的，通过一致的、普遍的、一贯的行为或事实而形成的条约解释方式。

各当事国缔结条约后，随着时间的推移和条约的履行，必然有条约适用和解释方面的具体实践。事实上，对于条约的解释，缔约方在条约的嗣后执行中所表现出来的行为可以提供有益的信息。它们的态度也无意识地暴露出它们自己是怎样解释和理解条约的特定条款的，在条约签订和争端出现的期间内它们是怎样理解它们条约项下的义务的。有学者把依赖条约缔结后一段时间当事方的后续实践行为的解释方法称为"实践解释"。[2] 这表明嗣后惯例

---

[1] WT/DS8/AB/R，WT/DS10/AB/R，WT/DS11/AB/R，adopted 1 November 1996，DSR 1996：I，97，p. 107.

[2] 张东平：《WTO 司法解释论》，法律出版社 2005 年版，第 93 ~94 页。

对条约的解释、修改及条约终结存在某种作用。“行为赋予词语以含义。条约体现了缔约方的共同谅解，因此，缔约方的一致惯行是其对条约正确解释的最好证据。”[1]嗣后惯例构成了对当事方就条约含义达成的谅解的客观证据。[2]“嗣后惯例从定义上看并非正式的、文本性协定，嗣后惯例的解释性价值完全依赖于一致性的行为、所有当事方间达成的协定和作为单一的自主解释之合成解释。”[3]嗣后惯例可能表明同意条约暂时不予适用或条约范围暂时扩大或表示一种“暂行方法”。[4] 嗣后惯例规则和研究中存在的模糊性也同时表明嗣后惯例在条约解释中的灵活性特征。“国家不确定嗣后惯例的某些运用是否和在多大程度上与妨碍条约法中的一致同意原则相关。因此在条约法公约起草期间缔约国有意让公约对嗣后惯例的规范模糊化。……在将嗣后惯例作为解释性方法应用时，更好的导向性会增加普遍性多边条约体系的协调性。”[5]

关于 VCLT 第 31.3 条（b）项的立法沿革，“在特别报告员 Waldock 最初向（联合国国际法委员会）所提交的关于条约解释的建议中，他在一个条文草案中纳入了嗣后惯例，该草案条文允许在规定情形中参照‘其他证明或表明当事方意图的证据或说明’，这些情形与现在 VCLT 第 32 条的相关规定类似，旨在提供可借助的补充解释方法。尽管如此，国际法委员会当时决定使嗣后惯例成为一般规则中一个独特的要素，该委员会认为，该一般规则具有使嗣后惯例成为一个可信的解释的效力，且与一个解释性协定相当。明显地，要达到‘可信度解释’的标准，该惯例必须表明，解释已经大体上获得了各当事方的默示同意”[6]。“国际法委员会（对条约的名称）选择用‘谅解’取代‘协定’显然是为了指出对惯例的积极回应或默示都可能表明当事国对解释的同意或赞成。”[7] VCLT 第 31.3 条（a）项、（b）项是联合国国际法委员会“也想论述时际法和条约之修改的更庞大计划的存留者。这一较庞大的计划由于各种原因不能实现，特别是因为很难适当地拟定关于时际法的通则，并且各国在维也纳会议时不愿意接受有关通过嗣后惯例对条约作非正式修改的明文规则”。[8]

---

[1] Richard K. Garadiner, Treaty Interpretation, Oxford University Press, 2008, p. 225.

[2] Kasiki / Sedudu Island (Botswana / Namibia) (1999) ICJ Reports 1045, at 1076, para 49.

[3] Richard K. Garadiner, Treaty Interpretation, Oxford University Press, 2008, p. 237.

[4] 国际法委员会会议记录文件，A/67/10，para 232。

[5] 吕洁：《论嗣后惯例解释方法的 WTO 争端解决实践》，郑州大学 2012 年硕士学位论文。

[6] Waldock, Six Report Yearbook of the ILC, 1996, vol II, pp. 98－99, para 19 and Commentary on draft article 27.3 (b) at 221, 222, para 15.

[7] U. N. Doc. A/CN. 4/186, 99. 转引自：吕洁：《论嗣后惯例解释方法的 WTO 争端解决实践》，郑州大学 2012 年硕士学位论文，第 10 页。

[8] A/65/10, para 352.

条约义务可能会因嗣后惯例而发生改变，条约义务因嗣后惯例而可能被修正。嗣后惯例的效力是一个颇有争议的问题，尤其是部分缔约方的惯行对原条约和其他缔约方的效力问题。对于相互矛盾的嗣后惯例的效力问题，有学者认为："相互矛盾的嗣后惯例会有不同的效力，这取决于所涉及的多边条约机制。世贸组织上诉机构对与条约任何其他缔约方的惯例存在矛盾的做法不予采纳，但欧洲人权法院在面临不一致惯例时，有时会使《欧洲公约》'绝大多数'缔约方或'全体协商一致'的缔约方的惯例具有决定性。"[1]

VCLT 第 31.3 条（b）项为嗣后惯例规定了需要考虑或注意的四个要素：（1）嗣后惯例的含义；（2）条约适用中；（3）哪些当事方需要参加到惯例中；（4）是什么确立了解释性协定……由什么构成嗣后惯例将依据争议条约的标的而变化。其实质是，在条约的实施和适用中，展示了什么行为已经被系统或反复作出。难以列出"惯例"的清单。一般国际法中广为使用的是将国际法的一个渊源描述为"国际习惯（custom），作为通例之证明而经接受为法律者。"显然，由于着眼于条约解释，任何这样的描述需要由"general（一般的）"惯例转变为揭示当事方将什么接受为特定条款的含义的"specific（具体的）"惯例。尽管如此，一般国际法中对"惯行（practice）"的类似描述表明了能被用来表明惯行的证据的某种范围。布朗利（Brownlie）列出了国际习惯的实质性渊源。[2]

"practice（惯行）"的词典含义是指："（1）习惯，常例（way of doing sth. that is common or habitual; sth done regularly）；（2）经常或有系统地重复（frequent or systematic repetition）。"[3] 就条约解释而言，根据 VCLT 第 31.3 条（b）项的规定，"practice"有两个限定语，换句话说，此处的"practice"具有两个特征：（1）"条约适用中的惯行（practice in the application of the treaty）"；（2）"确定各当事国对条约解释之协定之惯行（practice which establishes the agreement of the parties regarding its interpretation）"。尽管如此，"这些特征并未表明是什么真正构成了这样的惯行或什么证据可以被接受以证明已产生了惯行。嗣后惯例由什么构成会随着争议条约的主题不同而变化。其本质是能够用什么展示在实施和适用条约中已系统地或反复地做了什么。"[4]

Abdul Rahman 女士在联合国大会第六委员会相关会议上讨论条约随时间演变问题时曾指出："演进式解释早就规定在 VCLT 第 31.3 条（a）项、（b）项中。然而，国际法院的判例表明，对 VCLT 第 31 条的相关规定几乎没有做

---

[1] A/67/10, para 240.

[2] Richard K. Garadiner, Treaty Interpretation, Oxford University Press, 2008, pp. 226, 227.

[3] 《牛津现代高级英汉双解辞典》，第 887 页。

[4] Richard K. Garadiner, Treaty Interpretation, Oxford University Press, 2008, p. 226.

过详细分析，因为很难找到‘嗣后协定’和‘嗣后惯例’。虽然演进式解释能确保条约持续有效，但有可能导致对条约作出未经缔约方同意的重新解释。尽管如此，必须确定后续行为、事件和事态发展如何影响条约缔约国的义务。因此，研究组应当制定说明性准则，供国际法院和法庭使用。”❶ 这些言语反映了对嗣后惯例/协定适用中的困难。

二、嗣后惯例的构成要素

对条约解释的嗣后惯例的构成要素的研究涉及嗣后惯例与条约以及同期习惯国际法规则的形成之间的关系问题的研究，能够为嗣后惯例确定成立标准。因此，探讨嗣后惯例的构成要件具有必要性，但同时，目前并不存在确定嗣后惯例的明确规则或先例。美国《版权法》第 110（5）节案的专家组似乎也认可这一点：“通过对上述国家惯行事例的阐述，我们并不希望发表这些事例是否足以构成 VCLT 第 31. 3（b）含义中的‘嗣后惯例’。”❷

嗣后惯例“是在任何条约解释中的一项最重要的因素，而且参照惯例在国际性法庭的判例中是得到确认的。不论一个文本显得多么精确，它被当事国所实际适用的方式经常有效地表明了它们对该文本内容的理解，但以这种实践是一致的和普遍的，或为所有当事国所接受为限。”❸ 此处涉及的第一个问题便是，既然惯例必须可归属于条约的当事方，那么，哪些行为或声明可归属于各当事方（一般是国家，但也可能是国际组织）。原则是，惯例必须处于国家的权力之下，此处即指该国家的行政、立法或司法机构的任何表现。❹ 该惯例的形成有赖于国家在适用条约中有机会采取某些行动。在加拿大专利保护案中，加拿大主张一些国家的国内立法行为构成了相关嗣后惯例：“关于嗣后惯例，加拿大曾指出，在 TRIPs 协议缔结之后，WTO 的其他四个成员方（阿根廷、澳大利亚、匈牙利和以色列）采纳了包含类似的规则审核例外的立法，且日本和葡萄牙采纳了对既存的证实提交规章审查豁免的专利法的解释。加拿大主张，上述行为是 VCLT 第 31. 3（b）含义下由该协定当事方实施的嗣后惯例，这证明了加拿大的解释：TRIPs 协议第 30 条授权规章审查例外。”❺

根据 VCLT 第 31. 3 条（b）项规定，惯例必须是确立了各当事方的协定，“该规定被广泛理解为要求行为是一贯的，这完全等同于或充分地接近于表明

---

❶ A/c. /6/66SR. 28，para 8.

❷ WT/DS160/R，footnote 68，p. 21.

❸ 安托尼·奥斯特：《现代条约法实践》，江国青译，中国人民大学出版社 2005 年版，第 211 页。

❹ Richard K. Garadiner，Treaty Interpretation，Oxford University Press，2008，p. 235.

❺ WT/DS114/R，para 7. 42.

各当事方已证明了它们间的协定”❶。“没有必要证明每一当事方都参与了一项惯例，而只需要所有当事方都接受这一惯例，即使是默示地接受。但如果当事方之间存在明显的意见分歧，可能就不能依赖该惯例作为一种补充性解释方法。”❷ 由此需要探讨的问题是，多边条约某些当事方能否通过其行为确立仅对它们自己有约束力的解释，即使该解释与大多数缔约方的解释不同，不太可能出现这种可能性，因为正确的解释仅能通过一致的惯行（practice）才能出现；自主解释原则也排除了国家间合法解释存在差异的可能性。❸ 所审查的裁判机构并不一定要求嗣后惯例必须明确反映对于条约解释的立场，但可视这一立场暗含在惯例之中。❹ VCLT 第 41 条规定了“仅在若干当事国间修改多边条约之协定”的效力和程序性问题，其第 1 款规定多边条约两个以上当事国得于两种情形下缔结协定仅在彼此间修改条约。但“这样的修改与一致的行为之观念并不相符。如果存在一个预备性协定足以能够宣告修订的意图，则 VCLT 所面对的下一步是修订原条约的一个协定，而非一致的行为”❺。在一些案例中，裁判机构承认，条约机制存在正式修正或解释程序并不排除使用嗣后协定和嗣后惯例作为一种解释方式。❻ 嗣后惯例有时可以起到弥补 VCLT 条约修改规定局限性的作用。

所涉及的第二个问题是“任何”嗣后惯例与“各当事方（parties）”的协定这些词语之间的关系和效力。VCLT 第 31.3 条（b）项中的措辞并未要求有所有当事方来实施惯行，但是，必须要求协定是所有缔约方间的协定吗？通常，各当事方（parties）面前的一个确切的条款或许表明是“所有的”而非“某些”当事方。❼ 上述观点为联合国国际法委员会对该条款的发展的记录所证实：“1964 年临时采纳的正文规定了‘确立所有当事方之间谅解的’惯例。通过省去‘all’一词，委员会当时并未想改变该规则。委员会认为，‘各当事方（parties）间的谅解’这个短语必然是指‘作为一个整体的各当事方’。委员会删掉‘all’一词仅是为了避免下列任何可能的误解，即每个当事方都必须单独地实施了足以被接受为惯例的行为。”❽ 该问题本质上是嗣后协定和嗣后惯例应在多大程度上反映缔约国关于条约解释或适用的法律意见。

可以说，嗣后惯例必须是确立了当事方间的协定，在履行条约中当事方

---

❶ Japan—Alcoholic Beverages, section 4. 1. 3.

❷ 安托尼·奥斯特：《现代条约法实践》，江国青译，中国人民大学出版社 2005 年版，第 212 页。

❸ Richard K. Garadiner, Treaty Interpretation, Oxford University Press, 2008, pp. 236 – 237.

❹ A/67/10. para 240.

❺ Richard K. Garadiner, Treaty Interpretation, Oxford University Press, 2008, p. 237.

❻ A/67/10. para 240.

❼ Richard K. Garadiner, Treaty Interpretation, Oxford University Press, 2008, pp. 235 – 236.

❽ Waldock, Six Report, Yearbook of the ILC, 1966, vol II, p. 222, para 15.

明确地实施了在本质上相同或一致的行为："当探寻与解释条约特定条款相关的惯例时，最典型的证明就是该惯例必须确立了各当事方间的协定。这就要求相关证据是那些表明各当事方'一致的'行为的证据，是他们在明显遵守条约中所为基本上相同的行为，或者，如果该行为是单方的，则该证据表明了其他当事方或各当事方的协定。"❶ 该惯例可能由立法行为、司法行为和执法行为构成。VCLT 第 31.3 条（b）项中规定的"在条约适用方面"的相关惯例清楚地表明，这并不限于实施争议中所涉及的特定条款。"通常，在国际法的条约解释中，嗣后惯例的构成要件已被公认为是"协调的、常见的和一致的"（a "concordant，common and consistent" sequence of acts or pronouncements）一系列行为或声明，该系列行为或声明足以确立含有关于解释的当事方协定之可辨别模式。一个孤立的行为通常不足以确立嗣后惯例；它是确立各当事方间相关协定的一系列行为。"❷ 此处"implying"似乎包含"默示"之情形。可见，嗣后惯例的形成条件在某种程度上可以借鉴一般国际法中国际习惯的构成要素："（1）时间的连续性。除了某种做法的连贯性和普遍性得到证实之外，没有特定的持续时间的要求，时间的流逝当然是普遍性和连贯性依据的组成部分。长时间的实践并无必要（更不需要古老的实践），有关领空和大陆架的规则就是从相当快的成熟做法中产生的。国际法院在其实践中并不强调这方面的时间因素。（2）做法的一致性、连贯性。这很大程度上是一种鉴别问题，而且国际法院在许多案件中享有相当程度的自由决定权。不需要完全的一致性，而是要求实质上的一致性。因此，国际法院在英挪渔业案中拒绝接受海湾 10 海里规则的存在。（3）做法的一般性。这是一个与一致性概念相辅相成的概念。当然，普遍性是不需要的，但是真正的问题是断定相当数量的国家对一些其他国家所遵循的做法而表示回避的价值。沉默既可以暗示默示同意，也可以只是表示对有关问题缺乏兴趣。（4）法律及必要的确念。"❸ 但在美国内衣案的上诉机构报告中，专家们似乎主张惯例的形成对期间有一定的要求："无论如何，对于仅在 1995 年 1 月 1 日才开始的《纺织品与服装协议》（Agreement on Textiles and Clothing）体制来说，说已经产生了惯例还太早。"❹ 在智利价格幅度和保障措施案中，美国主张非一致性的行为不能构成嗣后惯例："智利（或其他成员方）对与 WTO 不一致措施的使用

❶ Richard K. Garadiner，Treaty Interpretation，Oxford University Press，2008，p. 227.

❷ WT/DS8/AB/R，WT/DS10/AB/R，WT/DS11/AB/R，pp. 12 – 13.

❸ ［英］伊恩·布朗利：《国际公法原理》，曾令良、余敏友译，法律出版社 2003 年版，第 6 ~ 7 页。

❹ WT/DS/24/AB/R，p. 17.

尚未达到确立第4.2条的禁令的参数之嗣后惯例的水平。”[1] 该案的专家组认为：“首先，直到最近，阿根廷或其他成员方并未通过WTO争端解决体制来质疑智利的PBS，仅该事实并不构成‘一系列的行为或声明’；其次，几个WTO成员方采取与智利PBS近似的措施的事实并不足以构成确立涉及《农业协定》第4.2条解释的‘协调的、通常的和一致的系列行为’。”[2]

在日本酒精饮料案中，上诉机构详细解释了对惯例需要具有一致性的要求：“通常，在国际法中，条约解释中的嗣后惯例的实质已被承认为是‘协调的、常见的和一致的’行为或声明，且这些行为或声明足以确立含有各当事方关于协定解释的一个可辨别的模式。一个孤立的行为通常并不足以确立嗣后惯例，它是确立相关的各当事方间协定的一系列行为。”[3] 但是，这并不一定意味着存在由条约各当事方实施的充分的惯行。如果存在一方或更多的当事方的行为以及存在其他当事方已认可该行为的良好证据，就足以了。由此，事情可能主要就是法院或其他解释者如何看待该证据。[4] “对于WTO这样一个成员众多且随时在不断增加成员的庞大的国际组织而言，满足一致同意条件的嗣后惯例几乎不可能，坚持这一条件的后果可能将使‘嗣后惯例’规则在WTO条约的解释中失去意义。再说，总理事会通过立法解释都不要求一致同意，可以考虑的在嗣后实践中的惯例反而要求一致同意，似乎缺乏足够的逻辑基础。”[5] 有学者主张单独的上诉机构的报告也可能构成事实上的嗣后惯例：“事实和实践表明，上诉机构报告就争端所涉及的规则的解释，不仅其自身更容易遵循，而且几乎理所当然地受到嗣后专家组的考虑和直接援用。有学者指出，专家组一般会遵循上诉机构报告，就像国内下级法院一般会遵循上级法院的判决一样。因此，上诉机构报告中关于WTO条约规则的解释，即使是单独的，也可能具有事实上的嗣后惯例地位。”[6] 被要求确立解释的国家行为的范围和证据明显可能会受到争议条款背景等因素的影响。通常，为了考量所有的证据，需要对当事方的每个行为予以评估。在印度尼西亚与马来西亚岛屿争端案中，国际法院对被作为嗣后惯例提出的许多因素进行了审查。[7]嗣

[1] WT/DS207/R, para 5.49.

[2] WT/DS207/R, para 7.79.

[3] Sinclair, The Vienna Convention on the Law of Treaties (2nd edition), 1984, pp. 137, 138.

[4] Richard K. Garadiner, Treaty Interpretation, Oxford University Press, 2008, p. 239.

[5] 张东平：《WTO司法解释论》，法律出版社2005年版，第96页。

[6] 张东平：《WTO司法解释论》，法律出版社2005年版，第106页；David Palmeter and Petros C. Mavroidis, Dispute Settlement in the World Trade Organization: Practice and Procedure, Kluwer Law International, 1999, p. 45.

[7] Sovereignty over Pulau Litigan and Pulau Sipadan (Indonesia / Malaysia), 2002, ICJ Reports 625, pp. 656 – 665, paras 59 – 80.

后协定和惯例的相关性和重要性是否可能因与有关条约相关的因素不同而异，例如其年龄、主题或其面向过去或面向将来的性质。但是，一般认为，现阶段还不能就这些问题作出定论。[1]

关于与条约解释相关的嗣后惯例尚涉及如下研究难题："参与某种惯例的必要积极程度与条约一个或多个缔约方对其他一个或多个缔约方的惯例保持沉默的意义；嗣后惯例与正式修正与解释性程序之间的关系。"大多数依赖嗣后惯例的裁判机构承认，在特定情形下，一个或多个缔约方的沉默可增进相关的嗣后惯例。[2]

在欧共体计算机设备案中，上诉机构指出："诸成员方的减让表构成GATT 1994不可分割的部分的事实表明，尽管每个减让表代表了一个（one）成员方作出的关税承诺，但它们代表了所有（all）成员方间的共同协定。条约解释的目的旨在确立条约缔约方的共同意图。为了确立该意图，仅仅由缔约方中的一个实施的在先惯行可能是相关的，但与所有的缔约方的惯行相比，它明显地具有更加有限的价值。在解释计划表中的关税减让的特定案件中，进口成员方的分类惯行事实上可能会具有极大的重要性。尽管如此，在得出美国的分类惯行是无关的裁决中，专家组犯了错误。"[3]此处，上诉机构试图表明单个缔约方的惯行并非毫无价值。

三、与"嗣后协定"等条约解释要素的比较

"嗣后协定与嗣后惯例之间存在超过线索这样的关系。协定越不正式（formal），确认不正式的协定或谅解的嗣后惯例的重要性就越大……（VCLT第31.3条b项的）措辞最终由'agreement'替代了'understanding'，似乎清楚地表明，并不要求所有当事方参与到惯行之中。所要求的是它们的明确的或可负责的协定。参与该行为明显的是惯例的最清楚的证据。因此，原则似乎是，在条约各当事方和行为之间必定存在充分的联系，这与所有当事方实际上参与到所涉行为间存在不同。"[4] 二者在多边条约情形下形成的难度较大，而在双边协定情形中则更容易形成。"当事方一致的惯行是其正确解释的最好证据；嗣后惯例构成了当事方关于条约含义的理解的客观证明。国际法院已较好地确立了借助嗣后惯例作为解释方法的法理。"[5] 二者的共同作用在于加强对缔约方的共同意思的结论或加强缔约时条约的含义。嗣后协定代表

---

[1] A/65/10，para 351.

[2] 国际法委员会会议记录文件，A/67/10，para 230，240。

[3] Appellate Body Report，EC—Computer Equipment，paras 109，93.

[4] Richard K. Garadiner，Treaty Interpretation，Oxford University Press，2008，pp. 222，236.

[5] Ibid，at 225；Kasiki / Sedudu Island (Botswana / Namibia) (1999) ICJ Reports 1045，p. 1076，para 49.

了对缔约方的真实意思的解释，且就解释的目的而言，必须将另外的含义纳入条约；嗣后惯例则构成了对当事方含义的谅解的客观证据。嗣后协定与条约解释密切相关，而嗣后惯例与条约的适用关系密切。嗣后惯例必须是确立了当事方间的协定，在履行条约中当事方明确地实施了在本质上相同或一致的行为。该惯例可能由立法行为、司法行为和执法行为构成。一个单独行为通常不足以确立嗣后惯例；确定当事方的协定的一系列行为才是相关的。嗣后惯例的形成条件在某种程度上可以借鉴一般国际法中国际习惯的构成要素。

尽管以另一个条约或诸条约形式存在的嗣后惯例可能会对条约正文可能的含义予以证实，但是，与一个不同协定有关的行为所证明的嗣后惯例在确立一项解释时是不可接受的，因为该解释并不依赖于被解释的正文中使用的词语。[1] 此外，嗣后惯例与非正式的协定、谅解或其他的文件之间存在联系："有时候嗣后惯例是对与并不符合 VCLT 严格分类的条约有关的文件（instrument）中记录或宣布的解释的证明。如果该惯行给出了清楚的解释，那么，形成该解释的文件具有什么样的准确的地位就不太要紧了。因此，例如，欧洲议会公约的各解释性报告被视为准备工作或 VCLT 第 31.2 条规定的协定或文书。"[2] 显然，嗣后惯例与其他条约解释要素间存在密切的联系和显著的区别。VCLT 第 31.2 条规定"上下文"的外延及作为解释之通则的有机组成部分；VCLT 第 31.3 条规定的嗣后协定、嗣后惯例、有关国际法规则与"上下文"具有同样的法律效力；VCLT 而第 32 条规定的条约之准备工作及缔约情况则仅为条约解释之补充资料，只在 VCLT 第 31 条不能实现条约解释目的时，作为补充性解释要素而可能被采用。

此外，与嗣后惯例相比较，嗣后协定的确定较为容易。

与"上下文"相比，嗣后惯例似乎并不着眼于条约本身，而主要侧重于在条约缔结之后的一定期间内适用者对条约的适用和解释；而"上下文"则着眼于条约本身的内容，主要包括条约序言、目的和宗旨、附件以及相关协定和文书。

Ian Sinclair 曾表明："当然应该强调 VCLT 第 31.3 条（b）项并不涵盖通常的嗣后惯行，而是仅涵盖特殊形式的嗣后惯例，也就是说，对所有当事方来说是共同的、一致的嗣后惯例。尽管如此，不属于该狭窄定义的嗣后惯例或许构成 VCLT 第 32 条含义下的一个补充解释方法。"[3]

---

[1] Richard K. Garadiner, Treaty Interpretation, Oxford University Press, 2008, p. 234.

[2] Richard K. Garadiner, Treaty Interpretation, Oxford University, Press, 2008, pp. 241, 242.

[3] Ian Sinclair, The Vienna Convention on the Law of Treaties (2nd edition), Manchester University Press, 1984, p. 138.

四、ICJ/WTO 相关实践

国际（内）司法机构与嗣后惯例相关的（准）司法实践不仅涉及嗣后惯例在条约解释中的效力、局限性、构成要件等问题，还涉及如何确定缔约方会议的决定权或审查权对嗣后惯例形成的贡献程度。对相关实践的探讨也有助于了解不同的争端解决机构对于嗣后惯例在条约解释中的作用与权重的认识是否存在差异。

（一）加拿大药品专利保护案与嗣后惯例

在该案中，加拿大在相关主张中涉及嗣后惯例的参加者的数目问题：“自邓克尔文本以来，许多成员方的嗣后惯行（practices）已经对基因药品和其他受规制的产品的销售授权申请，允许存在排他性使用权的例外，而不论上述嗣后惯行是通过对实验使用抗辩的司法解释或通过它们的立法方式所表现出来。”[1]

欧共体则竭力论证嗣后惯例作用的有限性和 WTO 法制对相关修订的严格限制。欧共体认为，嗣后惯例要与“上下文一并”考虑，就 WTO 诸协定而言，特别包括《WTO 协定》本身所涉及的关于 WTO 法律的解释和发展之一般性规则。《WTO 协定》第 9.2 条授予部长级会议进行权威解释的排他性权力，且第 10 条规定了关于修订的特殊程序。考虑到 DSU 第 3.2 条规定的专家组不能增加或减少成员方的权利和义务之原则，这证明了成员方想对修订经成员方同意的规则维持严格的控制，且他们并不希望以其他任何方式改变他们曾达成一致的条款之含义。这已经表明了“嗣后惯例”在解释 WTO 诸协定中具有非常有限的作用。必须铭记成立“嗣后惯例”的诸条件实际上可能难以得到满足，且它可能是难得相关的。从 VCLT 第 31.3 条（b）项的措辞中，“嗣后惯例”必须能够确立各当事方之间的默示协定，这一点是清楚的。一个学识渊博的评论者曾将这表达为要求“协调的、共同的和一致的”嗣后惯例。该惯行也必须对所有当事方来说是共同的，且在多边协定情形下尤其难以确立。在本案中，似乎确立 TRIPs 协议相关条款解释的嗣后惯例的存在或许能被排除，因为该协议生效期间短。在本争端中，专家组向第三方提出的问题的答案表明，以前存在的任何惯行无论如何是一致的和协调的。[2]

（二）日本酒税案与嗣后惯例

在该案的专家组报告中，美国主张被采纳的专家组报告的法律地位不应

[1] WT/DS114/R，para 4.15.

[2] WT/DS114/R，para 4.31.

该被视为嗣后惯例。专家组注意到其他的 GATT 和 WTO 专家组已经解释了 GATT 1994 第 3 条，且被 GATT 缔约方和 WTO 争端解决机构采纳的各专家组报告因采纳它们的决定而在特定案件中构成了嗣后惯例。GATT 1994 第 1 条（b）（iv）从制度上规定承认被采纳的专家组报告构成嗣后惯例。这样的报告是 GATT 1994 不可分割的部分，因为这些报告构成了“GATT 1947 缔约方的其他决定”。……由上可知，专家组认为，被缔约方采纳的各专家组报告在特定案件中构成了嗣后惯例，且以后的专家组在处理相同或相似问题时对此必须予以考虑。尽管如此，专家组注意到其不必一定要遵循它们的推理或结果。专家组进一步注意到未被采纳的专家组报告在 GATT 或 WTO 体制中并不具有法律地位，因为它们尚未被 GATT 或 WTO 成员方通过决定予以接受。因此，专家组裁定它不必考虑这些未被接受的专家组报告，因为它们并未构成嗣后惯例。尽管如此，依据该专家组的观点，对于专家组认为是相关的未经采纳的专家组报告中的推理，从中或许可以发现有用的指导。[1]

该案的上诉机构报告指出，尽管 GATT 1947 专家组报告被缔约方的决定所采纳，但根据 GATT 1947，采纳专家组报告的决定并不构成关于该专家组报告中法律推理方面的缔约方间的协定。根据 GATT 1947，被普遍接受的观点是，在特定案件中已被采纳的专家组报告中的结论和建议约束争端各当事方，但其后的专家组并不认为受先前专家组报告中的细节和推理的约束。上诉机构专家并不认为，缔约方在采纳专家组报告的决定时打算使其决定构成 GATT 1947 中相关条款的一个最后的（definitive）解释。上诉机构也不认为这是 GATT 1994 的预期。在《WTO 协定》中存在得出该结论的具体原因，其第 9.2 条明确规定部长级会议和总理事会对采纳该协定和多边贸易协定的解释享有排他性权力，且需成员方的 3/4 多数通过该决定。因此，这样的权力不会通过其他地方的暗示或疏忽而存在……被采纳的专家组报告是 GATT 经验的一个重要部分，常常为其后的专家组所考虑，它们在 WTO 成员方间创设了合法预期。因此，在相关的任何争端中应该被考虑。尽管如此，除非涉及解决该争端的各当事方间的特定争议，它们并无约束力。总之，专家组报告的特征和法律地位并未因《WTO 协定》的生效而被改变。由于这些理由，上诉机构并不同意专家组报告第 6.10 段中的结论。尽管如此，同意该同一段落中专家组的下列结论：未被采纳的专家组报告在 GATT 或 WTO 体制中没有法律地位，因为它们尚未被 GATT 缔约方或 WTO 成员方以决定方式表达赞同。同样的，上诉机构同意以下观点：专家组或许能够在被认为是相关的且未被采纳

---

[1] WT/DS8/R, para 5.4, 6.10.

的专家组报告的推理中发现有用的指导。[1]

由于WTO争端解决中实行“方向一致”原则，因此，在个案中具体专家组报告的通过并不能合理得出WTO所有成员方作为一个整体接受了专家组报告，且该报告尚难以构成了嗣后惯例。但是，“从另一角度看，既然WTO全体成员方授权争端解决机构对WTO规则作出司法解释，又共同同意了报告的‘反向协商一致’通过方式，对按此通过的报告中的解释又未能被成员方有效推翻的情况下，如果‘协调的、共同的和前后一致的’多个或一系列的专家组报告中对同一规则作出相同的解释，则应当推定为构成足以确定各成员方对条约解释的协定，从而构成VCLT意义上的嗣后惯例。嗣后专家组在解释相关规则时应当将其与上下文一并予以考虑，这才有利于保证规则解释的连贯性和一致性。”[2]

（三）智利价格幅度和保障措施案与嗣后惯例

智利价格幅度和保障措施案专家组指出，此处我们也应该注意到，我们并未将关于谈判历史的证据视为对确立在包含嗣后惯例的“国家行动”基础上的辩护来说会有所帮助。对于智利对“国家惯行”进行辩护的法律基础，我们仍然并不确定。由于现在我们已审查了该辩护的第二个方面，即谈判历史，因此，我们在此处提出了这一点。上面已论及了第一个方面“嗣后惯例”。就本案事实而言，对“国家惯行”的主张或许更多地建立在依据禁止反言的法律基础上或建立在针对主张非违反的丧失或损害的辩护之基础上。尽管如此，在本案中，智利似乎真正提出的主张是对“国家无为”的争论。即，因为据说成员方对于乌拉圭回合谈判结束前后对智利的PBS保持沉默，所以这些成员方对PBS的任何主张都应该被舍弃（fail）。在上面我们已注意到，“嗣后惯例”要求明显的行为，而非仅仅是默认。尽管或许存在谈判者们的沉默可能表明默许以及因此可能是关于谈判历史的证据之情形，在本案中，如果智利当时将PBS包含在其计划表中，则该沉默或许可能会更加重要。在该案中，智利对1994年年初确认期间内的沉默的主张或许具有仍可商榷的意义。尽管如此，由于PBS并不在其计划表中，所以没有要证实的东西。[3]

可见，该案专家组对于沉默是否能够构成嗣后惯例并没有非常明确的观点。一方面，专家组认为嗣后惯例要求明显的行为，而非仅仅是默认。另一方面，又承认沉默在一定情形下对于嗣后惯例的形成具有重要作用。

该案的上诉机构认为，专家组的记录和参与人上诉意见都不能表明存在

---

[1] WT/DS8/AB/R，WT/DS10/AB/R，WT/DS11/AB/R，pp. 12－15.

[2] 张东平：《WTO司法解释论》，法律出版社2005年版，第105～106页。

[3] WT/DS207/R，para 7. 100.

隐含着关于第4.2条解释的WTO成员方间协定的行为或声明之可识别模式。因此，我们认为，所主张的某些成员方的惯行并不相当于VCLT第31.3条(b)项含义下的“嗣后惯例”。[1]

（四）欧共体鸡块案与嗣后惯例

对于嗣后惯例的形成是否需要全体缔约方的参与问题，欧共体鸡块案专家组认为：“上述阐述表明，没有必要表明条约的所有签署方都必须已经实施了特定惯行，以使之符合VCLT第31.3条（b）项规定的嗣后惯例。它或许足以表明条约所有当事方已接受了相关惯行。我们认为，可以从当事方对争论中的惯行的反应或无反应中推断出这样的接受。我们认为，特别是在GATT附表对每个WTO成员方来说是特有的情况下，该方法具有实际意义。比较起来，如果有必要表明一个条约的所有缔约方（在本案中，WTO的所有148个成员方）的共同惯行的存在，以论证VCLT第31.3条（b）项规定的“嗣后惯例”的存在，那么，在WTO背景下对关于附表的嗣后惯例的证明就非常不可能了。”[2]

在该案的上诉中，欧共体提出：“本诉讼中摆在上诉机构面前的一个关键法律问题是，其他WTO成员方对一个WTO成员方的单边各行为已保持沉默，该单边行为是否能构成第31.3条（b）项含义下为解释WTO法的‘嗣后惯例’。欧共体认为，这样的行为并不代表各当事方理解法律的一致的和共同的表达。”[3] 该案的专家组认为，在确定是否存在VCLT第31.3条（b）项下的确立WTO成员方间协定之嗣后惯例时，依赖欧共体一方的分类行为是合理的。但该案的上诉机构认为该主张与欧共体计算机设备案中上诉机构的阐述不一致。

对于“什么是可以取得‘惯行’的资格”问题，上诉机构认为：“我们分享专家组的下列观点：不是每个当事方都必须从事特定惯行，以使之取得‘共同的’和‘一致的’惯行的资格。尽管如此，某些而非所有当事方实施的惯行明显与仅由一个当事方或非常少的当事方实施的惯行并不处于相同地位。我们认为，在诸如《WTO协定》这样的多边条约的一个或很少的成员方的各行为或声明的基础上，或许难以确立‘协调的、共同的和可识别的模式’。尽管如此，我们承认，一些WTO成员方确实已根据相关标题进行了贸易或产品分类，就确定VCLT第31.3条（b）项中‘嗣后惯例’的存在而言，

[1] WT/DS207/AB/R, para 214.

[2] WT/DS269/R, para 7.253.

[3] European Communities' appellant's submission, para 116.

该情形可能会减少这样的‘行为和声明’的有效性。”❶

关于一方如何确立尚未参与争议中的惯行的各当事方间的协定问题，上诉机构认为：“VCLT 第 31.3 条（b）项规定，必须要确立各缔约方间关于条约词语解释的协定。这提出了如何确立那些尚未实施惯行的缔约方间协定的问题。根据专家组报告，从一成员方对另一成员方‘惯行的反应或无反应’中推断出的接受，足以确立条约缔约方间关于条款解释的协定（Panel Reports，footnote 396 to para. 7.253.）。专家组认为，由于其他的 WTO 成员方当时并未对欧共体 1996 ~ 2002 年的分类惯行提出‘抗议’，争议产品由此根据 02.1. 标题进行分类。因此，能够推断其他成员方已经接受了该惯行（Panel Reports，para. 7.255）。”❷

上诉机构认为：“一般而言，我们同意专家组的下列观点：可以从一个条约缔约方的积极的反应中推定存在协定。尽管如此，未作进一步探究就从一当事方的‘无反应’的惯行中推断出存在协定，对此，我们存在疑虑。我们并不排除在特定的情形中，特定条约的缔约方的‘无反应’或沉默可能会依据随后的情形而被理解为是对其他各缔约方惯行的接受。没有必要表明每个缔约方都实施了惯行，而仅有必要表明他们都接受了该惯行。当尚未实施一惯行的一缔约方已开始意识到或被促使着意识到其他各当事方的惯行时（例如，通过通知或通过参与相关论坛的方式），但并没有对此作出反应，上述情形或许会出现。尽管如此，我们并不同意专家组的这个观点：其他 WTO 成员方对一成员方的分类惯行‘并无抗议’可以被理解为确立了这些其他成员方间关于该惯行的协定。因此，已实际出口争议产品的巴西和泰国可能接受欧共体根据 02.10 标题进行的进口分类的事实，对于具有实际或潜在贸易利益的其他成员方是否也已经接受了该惯行来说，并不具有决定性。因此，我们并不同意专家组的下列观点：第 31.3 条（b）项下的‘嗣后惯例由于该事实——专家组尚未被提供任何证据来表明 WTO 各成员方对欧共体 1996 ~ 2002 年的该分类惯行提出抗议——已经被确立。’”❸上诉机构认为：“最后，我们忆及，根据欧共体的主张，《WTO 协定》第 9.2 条表明‘涉及多边贸易协定解释的任何惯行及对其的接受必须采取明显的行为形式，且这些行为被明确地提交给所有 WTO 成员方考虑并经 WTO 成员的绝大多数而采纳。’我们认为，对于解决如何确立尚未实施一惯行的各成员方间的协定的问题，《WTO 协定》第 9.2 条的存在并非决定性的。我们没有看到，《WTO 协定》中对诸

❶ WT/DS269/AB/R，WT/DS286/AB/R，para 259.

❷ WT/DS269/AB/R，WT/DS286/AB/R，para 271.

❸ WT/DS269/AB/R，WT/DS286/AB/R，para 272.

成员方采纳对 WTO 条款的解释——这要求 3/4 的多数票和非一致的决定，予以明确的授权或许会对将依 VCLT 第 31.3 条（b）项把嗣后惯例作为条约解释的一个工具的依赖如何产生影响。无论如何，我们会记住，日本酒税Ⅱ案中上诉机构的警告：为条约解释目的而依赖嗣后惯例不得导致对部长级会议和总理事会采纳约束所有成员方的对 WTO 诸协定的解释之‘排他性权力’的干涉。我们认为，这证实了以下观点：如果没有对案件的相关情形作进一步的调查，那么，‘无反应’就不应该被轻松地理解为隐含了条约各缔约方间的解释性协定，这些缔约方自身尚未实施特定的惯行，该惯行在条约适用中被其他诸缔约方所遵循。这更是如此，因为在嗣后惯例的基础上对条约条款的解释约束条约的所有缔约方，包括实际上尚未实施该惯行的那些缔约方。”❶

对于欧共体鸡块案中是否存在关税分类惯行的“一致性”问题，上诉机构认为：“我们的下一个任务是要考虑专家组的结论——存在 1996～2002 年间欧共体减让表 02.10 标题下分类的‘一致的、共同的和可识别的模式’的证据。该专家组发现了欧共体实施的一致惯行的合理迹象。此外，专家组对关于从巴西和泰国进出口以及从第三方出口（中国和美国）的分类惯行的证据进行了审查，但发现该证据具有有限的证明价值。尽管如此，考虑到我们不同意上述的专家组对第 31.3 条（b）项中各要求的解释和适用的几个方面的观点之事实，我们并不相信我们有必要对欧共体在 1996～2002 年的分类惯行是否存在‘一致性’进行审查，以确立第 31.3 条（b）项含义下的‘嗣后惯例’。即使我们同意专家组关于欧共体存在对争议产品的一致分类，这也不会改变我们涉及专家组对 VCLT 第 31.3 条（b）项的解释和适用方面的观点。”上诉机构的最后结论为：“由于上述诸理由，我们推翻专家组对 VCLT 第 31.3 条（b）项含义下‘嗣后惯例’概念的解释和适用；对于专家组报告第 7.289～7.290 段和第 7.303 段中欧共体在 1996～2002 年依欧共体减让表的 02.10 标题的争议产品的分类惯行相当于 VCLT 第 31.3 条（b）项含义下的嗣后惯例之结论，上诉机构也同样予以推翻。”❷

（五）ICJ 的相关司法实践

国际常设法院和国际法院都在一系列案件中应用了实践解释的方法；尽管主要在按它们利用外部资料的观点所设定的限度内，即在约文本身不够明白清楚的情况下使用；国际法院在其裁决的第一个案件即英国和阿尔巴尼亚之间的 Corf Channel 案中指出，缔约方的嗣后态度表明，通过缔结一项特别行

❶ WT/DS269/AB/R，WT/DS286/AB/R，para 273.

❷ WT/DS269/AB/R，WT/DS286/AB/R，paras 274－276，347.

动来排除法院对赔偿数额的确定，这并不是它们的意图。[1]

五、小结

条约是确定缔约方权利义务、解决国际争端的重要法律基础，然而，条约条款的解释可能会存在诸多不同的解释。因此，确立统一的条约解释规则便十分必要，作为“条约之条约”的 VCLT 便有了产生和存在的现实土壤。然而，VCLT 第 31 ~32 条中规定的诸解释要素本身存在模糊，需要澄清。

本文对嗣后惯例的研究结论是初步的、宽泛的，有些地方甚至是模糊不清的，其主要根源在于国内外学界对嗣后惯例问题的研究成果的有限性以及相关国际争端解决机构的司法实践的非一致性。对于嗣后惯例的研究既有重要意义，又存在较大难度。2009 年联合国国际法委员会设立了条约随时间演变专题研究组。“VCLT 第 31. 3 条的适用是一个相对被忽略的题目。显然很难将第 3 款的适用与第 31 条中提到的其他解释方法分开。这些（嗣后）惯例和协定的例子尚未在司法意见或准司法意见中阐述。”[2] 上述相关研究试图探究嗣后惯例的含义、构成要素、作用以及与嗣后协定的区别，但仍然还有涉及嗣后惯例的诸多理论难题有待学界加强研究。

第四节　“嗣后协定”（ subsequent agreement）研究

作为条约解释之通则的一部分，嗣后协定应与上下文一并考虑。然而，对其的含义、作用、约束力、局限性、与其他主要条约解释要素间的比较以及 ICJ 与 WTO 的相关司法实践的研究还有待加强。嗣后协定是指缔约方在条约缔结之后，为了条约解释或适用目的而事后达成的协定。VCLT 第 31. 3 条（a）项并未规定嗣后协定必须要构成条约或与其所要解释的条约具有相同的正式法律地位。在条约缔结后达成的关于条款解释的协定代表了当事方所进行的权威解释，在解释条约时必须被考虑，其实质是相关缔约方对在先条约所作出的立法解释。其作用不是修订条约，而是对缔约方最初预期的证实或补充。嗣后协定的形式灵活，在一定条件下可以包括谅解备忘录、会议记录甚至信件。条约的解释和适用联系密切。嗣后协定与“上下文”“准备工作”和“嗣后惯例”之间存在密切联系和显著差异。

由于诸多主客观原因，法律常常需要解释，而法律的解释也离不开规范

---

[1] 张东平:《WTO 司法解释论》，法律出版社 2005 年版，第 94 页。

[2] A/c. /6/66SR. 28， para 61.

的指引，VCLT 正是规范法律解释的法律，被称为“条约之条约”。

任何表达总有其一定的上下文，且“任何用语都只有通过考虑其他被使用的上下文时才可以得到充分的理解。”❶“上下文”一词在 VCLT 第 31 条规定“解释之通则”的三款中都可以说是个关键词语，将 VCLT 第 31 条各款有机联系起来：“国际法委员会认为条约解释程序是一个统一体，从而第 31 条的各项规定组成一个单一的、互相紧密地连在一起的完整的规则。因此，本条第 2 项规定开头的‘上下文’一词意在使该项规定中所提及的一切解释因素——这些都是约文的内在因素，都同第 1 项规定的‘上下文’连接起来，而使这些因素都并入第 1 项规定内。同样，该条第 3 项规定开头‘应与上下文一并考虑的’字句也意在把该项规定中列举的一些因素——这些都是约文的外在因素——都并入第 1 项规定内。而该条第 4 项关于用语特殊意义的假定，其‘特殊’一词即用以指示其与第 1 项规定的联系。”❷国际（准）司法实践以及条约法理论研究都表明，条约用语的解释常需借助 VCLT 第 31 ~ 33 条规定的诸解释要素，各解释要素在条约用语含义的确定中都有其特定作用，同时也都存在一定的局限性，它们相互联系、制约、协作。因此，依托 ICJ 与 WTO 等的国际（准）司法实践和国内外学者的相关成果，研究各解释要素的含义、性质、价值、地位、与其他解释要素间的比较、局限性，特别是鉴于 VCLT 第 31. 3 条（a）项中“嗣后协定”尚存诸多模糊与研究空白，因此，本研究具有重要意义。

一、嗣后协定的含义、作用、问题及评析

一些学者对于出现在我国法律中的“协定”一词的含义提出了一些看法。如有的学者主张：“有时协定专指政府间的行政性协定，其缔结手续较为简单，一般签字后即可生效。”也有的学者认为，“协定”在《中华人民共和国宪法》（以下简称《宪法》）及《缔结条约程序法》中与条约一起使用，表明了“协定”的地位低于条约。❸ 协定多指缔约方为解决某一方面的具体问题而达成的协议，既有多边协定，也有双边协定。❹“agreement”一词不如一项被批准的条约严密。似乎与通过修订而获得的另一个条约相比，规定了并不正式、完整的某个安排，因此，VCLT 第 31. 3 条（a）项的规定适用范围扩及

❶ 安托尼 · 奥斯特：《现代条约法实践》，江国青译，中国人民大学出版社 2005 年版，第 204 页。

❷ 李浩培：《条约法概论》，法律出版社 2003 年版，第 351 页。

❸ 邹瑜主编：《中华人民共和国法律释义全书》（国家法律、刑事法律卷），法律出版社 1996 年版，第 59 页；Li Zhaojie，the effect of treaties in the municipal law of the people's republic of china：practice and problems，in Asian yearbook of international law，1994，vol 4，p. 189. 转引自王勇：《论条约名称在中国国内法上的规范化运用》，载《南京社会科学》2012 年第 2 期，第 102 页。

❹ 王铁崖主编：《国际法》，法律出版社 1995 年版，第 295 页。

会议或新闻稿记录（minutes）所记载（record）的非正式协定，如果它构成了Haraszti所言的“cordant practice”或McDougall所言的“当事方真实分享的预期”的话。像在the Kasikili案中曾提出异议的Weeramantry法官所断言的将嗣后协定理解为“谅解”或许是走得太远了；他将会把面对Masubia部族对该岛屿定期的使用之一方当事国所表现出的“沉默和不作为”视为诸当事方间的嗣后协定范畴。在Weeramantry法官的异议意见中，他主张能够在“谅解的意义上理解VCLT第31.3（a）中的‘agreement’一词，因此也能够涵盖沉默和不作为。”❶“谅解”一词与“协定”相比较弱。“‘协定’似乎强调当事方的共同意图并由此与当事方的纯粹行为区别开来。”❷

除嗣后惯例、当事方间任何有关国际法规则之外，VCLT第31.3条（a）项规定，应与上下文一并考虑者尚有当事国嗣后所订关于条约之解释或其规定之适用的任何协定。“鉴于当事国可以后来更改条约，它们也可以同意一项对其用语的权威性解释，而这实际上相当于一项修正，这里不需要进一步的条约，因为该项规定审慎地提到‘协定’，而不是条约。协定可以采取各种形式，包括当事国会议通过的一项决定，但以其目的清楚为限。”❸ 因此，条约当事方已经达成的关于条约解释的任何好的证据似乎都是可以接受的。❹ 可见，VCLT第31.3条（a）项并未规定这样的协定必须要构成条约或与其所要解释的条约具有相同的正式法律地位。在欧洲分子生物实验室诉德国仲裁案中，“仲裁庭认为政府部门（Ministry）1977年的一封信件和1987年的经协商达成的‘解决’（Settlement）都构成了VCLT第31.3条（a）含义上的嗣后协定……仲裁机构并不是仅将1977年的该信件视为单方说明，而是对争端另一方提出的问题的回复，是构成了关于解释的一项协定的回复。”❺

嗣后协定是指缔约方在条约缔结之后，为了条约解释或适用目的而事后达成的协定。即该解释性协定是在条约缔结之后达成的，而不是与在先条约的缔结存在关联性。“对于在谈判期间达成的对条款含义的谅解当时是或不是旨在构建对其进行解释的一致同意的基础，有时可能会产生事实问题。但当在缔结条约之前或缔结之时已达成的关于条约解释方面的协定，会被视为构成条约的一部分，这个问题得到了较好的解决。……同样的，在条约缔结之

---

❶ Malgosia Fitzmaurice, etc. Treaty Interpretation and the Vienna Convention on the Law of Treaties: 30 Years on, Martinus Nijhoff Publishers, 2010, p. 63.

❷ Malgosia Fitzmaurice, etc. Treaty Interpretation and the Vienna Convention on the Law of Treaties: 30 Years on, Martinus Nijhoff Publishers, 2010, pp. 63, 64.

❸ 安托尼·奥斯特:《现代条约法实践》，江国青译，中国人民大学出版社2005年版，第208页。

❹ Richard K. Garadiner, Treaty Interpretation, Oxford University Press, 2008, p. 220.

❺ European Molecular Biology Laboratory Arbitration (EMBL v. Germany), Award of 29 June 1990, 105 ILR 1, p. 54.

后所达成的关于条款解释的协定代表了当事方所进行的权威解释，在解释条约时必须被考虑。”❶ 嗣后协定“在时间上应是订立于条约缔结之后，而不是条约缔结之前或缔结之时。一些条约在订立时也会专门就某些重要条款达成一致的解释协定，如《WTO 协定》附件 1A 中就包括了关于解释 GATT 1994 第 2.1 条（b）的谅解……但这些是在《WTO 协定》缔结当时以一揽子方式同时签订的，是 WTO 诸条约本身不可分割的组成部分，是解释 WTO 诸条约相关条款时应予考虑的上下文本身，而不属于应‘与上下文一并考虑的’嗣后协定。”❷ “在内容方面，嗣后协定既包括关于条约解释的协定，也包括关于条约规定适用的协定，而且条约的适用事实上和解释是密不可分的，条约适用的协定通常也包含解释的内容和因素，因而可能包含有与条约解释同样的法律效果。”❸ 缔约方为了澄清条文、弥合分歧、填补漏洞等目的，在条约生效后经协商达成对条约解释或适用方面的协定，其实质是缔约方对在先条约所作出的立法解释。“既然是‘应与上下文一并考虑’的，就说明这些要素与上下文并无效力等级层次上的高低之分，因而同样是解释时必须充分考虑到权威要素。”❹

由嗣后协定而产生的问题主要包括：“（1）嗣后协定与缔约当时达成的那些协定之间在法律效力方面是否存在任何差异；（2）是否要正视由不如条约正式的方法记录的嗣后协定或谅解；（3）修订性协定是否可能具有解释的含义；（4）非正式的嗣后协定的实施是否构成适用 VCLT 第 31.3（b）（嗣后惯例）之基础。”❺ 可以说，对相关协定的共同缔约方而言，嗣后协定与在先的条约之间在法律效力方面并无显著差异，因为嗣后协定反映了共同缔约方的协调合意，从条约的名称角度来看，协定既是条约的同义词，又意味着有约束力的承诺，是缔约方对在先条约的立法解释。对于嗣后协定和嗣后惯例的作用，正如 McDougall 所言：“该行为的效力不是修订条约，而是对缔约方最初预期的证实或补充。”❻ “令人遗憾的是，被记录下来的 ILC 的评论框架并未使得这个问题变得完全清楚，因为在缔约之前或缔约之时的情形中，该解释从‘understanding’转换到‘agreement’，而没有清楚表明这两个词语间的区别。尽管如此，从所有情况来看，得出下列结论似乎是合理的——‘agreement’并不必须采用条约形式，而是必须如此以表明诸缔约方当时旨在将他

❶ Yearbook of the ILC, vol. 11, p. 221, para 14.

❷ 张东平：《WTO 司法解释论》，法律出版社 2005 年版，第 91 页。

❸ 张东平：《WTO 司法解释论》，法律出版社 2005 年版，第 91 页。

❹ 张东平：《WTO 司法解释论》，法律出版社 2005 年版，第 90 页。

❺ Richard K. Garadiner, Treaty Interpretation, Oxford University Press, 2008, p. 216.

❻ Myres S. McDougall, etc. The Interpretation of International Agreement and World Public Order, New Heaven Press, 1994, pp. 132 – 134.

们的谅解作为一致解释的基础。……两个或更多的缔约方的官员们对某些小的解释分歧达成了谅解或妥协，但是以会议记录（minute）、谅解备忘录（memorandum of understanding）或就是一封信。……这样的过程或结果能被视为关于解释的嗣后协定吗？答案似乎在于两个方面：首先，该官员是否具有充分的权力来签订约束本国的一项协定；其次，如果一项谅解在适用条约中被实际上赋予效力，该非正式的协定（不论是否被记录在信件、达成一致的讨论记录或无论什么形式）与 VCLT 中另一个条约解释要素结合起来了（嗣后惯例）。"❶ 在符合条约法相关规定的前提下，嗣后协定对于相关条约的共同缔约方具有约束力，且其具体形式较为灵活。嗣后协定与嗣后惯例联系密切。

此外，谅解录与条约间在法律效力等方面的比较也值得关注。"谅解录经常起补充条约的作用，甚至是一个必不可少的补充。选择使用谅解录而非条约的主要理由是保密性和各种不同的方便形式。能够较容易地修改。在实践中，美国或至少有些美国的机构，似乎也将一些其他国家仅认其为谅解录的文件视为条约。当一项作为条约辅助文件的谅解录中包含了旨在修订条约或在其他方面与条约不一致的条款时，就会出现一些难题。这就提出了不一致条款是否具有任何法律效力的问题。在某些情况下，这种谅解录可以视为相互放弃条约中一些权利的证据，但使用谅解录来改变条款可能是危险的，并且可能导致关于条约准确效果的不确定性。通常没有必要确认一项辅助文件的准确地位，这种文件属于条约的一种解释性声明，大部分情况适合于（VCLT）第 31 条的规定。"❷ 安托尼·奥斯特倾向于主张谅解录不具有法律拘束性质，但在某些情形下有法律后果。如上所述，根据 VCLT，在一定条件下，谅解录可能像条约一样具有法律效力，这也会体现在内容措辞方面存在差异。条约与谅解备忘录"之间的区别可能显得相当微妙，但在法律与外交中，微妙是一种必然"❸。

除了对嗣后协定的形式、内涵、法律效力等方面存在分歧，其实，对于多边条约之嗣后协定达成的困难性方面也同样值得关注。对此，Sinclair 认为："自然地要遵循如下主张：条约缔约方有权合法地修订条约或终止他们被授权解释的条约。人们很少碰到当事方之间基于其已经缔结的条约之解释所达成

---

❶ Richard K. Garadiner，Treaty Interpretation，Oxford University Press，2008，pp. 217，218.

❷ 安托尼·奥斯特：《现代条约法实践》，江国青译，中国人民大学出版社 2005 年版，第 29 ~ 42 页。

❸ 安托尼·奥斯特：《现代条约法实践》，江国青译，中国人民大学出版社 2005 年版，第 50 页。

的嗣后协定。”❶ 尤其是仅部分多边条约的缔约方达成的旨在澄清尚未被修订的在先条约条款含义的解释性协定，也属困难之一。“根据嗣后协定的性质，与正式的协定相比，非正式的协定不太可能出现。它们易于被埋在政府部门的众多文件（file）中。尽管如此，有时候这样的文件（instruments）会出现并在解释方面具有明显的作用，甚至那些比通常可辨认的条约似乎具有非正式特征的上述文件也可能会被认为构成了一项有拘束力的协定。”❷ 在解释和适用之间划出分界线是困难的。❸ 还有学者认为，尽管条约的解释和适用联系密切，二者能够被分割开来，因为“不论以何种方式表明自身的法律规则并不能被适用，除非其内容已被阐明。解释是将阐明正文含义作为其目标，而适用则意味着列举对于当事方发展的结果，在某些例外情形中也会涉及特定情形中的第三国”❹。当然，在许多案件中或情形下，很可能并不存在相关的嗣后协定或嗣后惯例，此时，条约解释需更多依赖其他解释方法了。

二、与“上下文”“准备工作”和“嗣后惯例”的比较

（一）与“上下文”的比较

除包括序言和附件在内的条约正文外，VCLT 第 31.2 条中的上下文含义还包括诸协定和文书（instrument）。❺ 可以说，VCLT 第 31 条规定的“上下文”外延较宽泛。VCLT 第 31.2 条的作用是依据 VCLT 的目标界定“上下文”，并因此提供 VCLT 第 31.4 条规定的特殊含义。VCLT 第 31.2 条规定对于条约的缔结非常重要。VCLT 第 31.2 条第 1 项中规定的协定“并不必须是该条约的一部分，或本身为一项条约；但它必须是当事方意图的一种清楚表述”。❻ 关于 VCLT 第 31.2 条第 2 项中规定的任何文书问题，“1995 年《代顿协定》包括了许多这样的文书。这种情况有别于一国在签署批准条约所作的单边解释性声明的是需要接受。对于欧共体或欧盟条约而言，它们会附有各种由一个或多个成员国提出的文件已是一种普遍实践，这些文件都是在条约

---

❶ Sir Ian Sinclair，The Vinna Convention on the Law of Treaties（2nd edition），Manchester University Press，1984，p. 136.

❷ Richard K. Garadiner，Treaty Interpretation，Oxford University Press，2008，p. 220.

❸ Comments of Alfred Verdross（A/CN. 4. SR. 728），reproduced in YIIC（1964），Vol. 1，at 34，para 11.

❹ Gyorgy Haraszti，Some Fundamental Problems on the Law of Treaties，Budapest：Akademiai Kiado，1973，p. 18.

❺ VCLT 第 31.2 条规定：“就解释条约而言，上下文除指连同序言即附件在内之约文外，并应包括：（1）全体当事国间因缔结条约所订与条约有关之任何协定；（2）一个以上当事国因缔结条约所订并经其他当事国接受为条约有关文书之任何文书。”

❻ 安托尼·奥斯特：《现代条约法实践》，江国青译，中国人民大学出版社 2005 年版，第 206 页。

的谈判过程中得到同意的”[1]。“这种协定和文书通常是在缔结条约之时或缔结后不久很快作出的。它们不应被理解为仅是一种对于解释的帮助，而且也是条约制定者的一种有价值的工具。作为一种法律事实，这里经常没有什么理由来说明为什么这种协定或文书的内容不能体现在该条约之中。因此，使用这种方法的一个理由是政治性的……但有时使用这种方法只是为了方便。一份有关条约中用语的具体适用的协定备忘录或换文比在条约中过多地载入一些冗长的定义要更干净利落一些。”[2]“不能抽象地确定用语的自然和通常含义，除非提及其出现的上下文。这已被世界法院（the World Court）反复证实。”[3] 鉴于争议中的条约用语的词典含义往往不止一个，因此，关注“上下文”的主要原因是为了证实“通常含义”。

与嗣后协定相比，VCLT 第 31.2 条（a）项中的任何协定和（乙）中的任何文书（instrument），并没有时间先后的明确规定，也没有将其内容限于“关于条约之解释或其规定之适用”。但在形式上，二者有相同之处——都没有明确使用“条约”一词。此外，当事国的数目规定有所不同，在 VCLT 第 31.2 条（甲）中使用了“全体当事国”（all the parties）词语，在（b）项中使用了“一个以上当事国”（one or more parties），而在 VCLT 第 31.3 条（a）中使用的是“当事国”（the parties）。

（二）与“准备工作”的比较

尽管“准备工作”一词是条约解释中的关键概念之一，但 VCLT 第 32 条并未界定该词含义与范围。有学者将 VCLT 第 32 条“准备工作”理解为“准备资料”予以解释：“准备资料是指在条约的谈判、缔结过程中为条约的缔结所作的准备工作而形成的资料。它是条约文本形成的基础资料，但并非条约本身。对于准备资料的范围，国际法学者见仁见智，并不一致。”[4]《奥本海国际法》认为：“所谓准备资料，即缔结条约前的谈判记录、通过公约的国际会议的全体大会和委员会的议事记录、条约的历次草案，等等。”[5] 从这两个解释中尚不明了“准备资料”是否包括口头资料。根据笔者的相关研究，“准备工作”应包括与条约谈判、缔结相关的所有书面、口头资料，只是口头资

[1] 安托尼·奥斯特：《现代条约法实践》，江国青译，中国人民大学出版社 2005 年版，第 206 ~ 207 页。

[2] 安托尼·奥斯特：《现代条约法实践》，江国青译，中国人民大学出版社 2005 年版，第 207 ~ 208 页。

[3] Yearbook of the ILC，1964，vol. II，p. 56.

[4] 张东平：《WTO 司法解释论》，法律出版社 2005 年版，第 195 页。

[5] ［英］劳特派特修订：《奥本海国际法》（第二分册），王铁崖、陈体强译，商务印书馆 1972 年版，第 366 页。

料仅作为例外而使用。

"准备工作"具有补充性，不具有 VCLT 第 31 条诸因素的权威性。VCLT 第 31 条、第 32 条规定的诸要素在条约解释中的地位与作用并不相同，既有较密切的联系，也有明显区别。就其联系而言，VCLT 规定的诸解释方法是对条约解释主要流派主张的一个兼顾，构成了条约解释规则的有机体系，具有相对完整性与内在逻辑性；由于 VCLT 第 31 条规定的条约正文本身是否清楚在某种程度上都具有主观性，因此，VCLT 第 32 条具有内在的灵活性。"按照国际法委员会的见解，第 31 条规定所列举的一切因素都是权威性的解释因素，因为这些因素都是与各当事国之间在约文中得到权威性表示的、当时或此后的含意有关的。而第 32 条所提及的条约准备资料和缔约的情况，按其设想的前提就没有这样的性质，因而只能是补充的解释资料，不论其有时在阐明各当事国的合意在约文中的表示方面怎样具有价值，不是权威性的解释因素。"❶"准备工作能证明当事国在准备阶段的观点和意图，但是它不能确立关于经同意的条约义务之意图。此外，在准备阶段对主张的交流不能替代最终已被采纳的文件中的含义。"❷"准备工作具有合格的相关性特征，就准备工作不能反映诸当事方真实意图而言，准备工作缺乏证据价值。此外，并没有根据来支持对准备工作的借助，并且如果条约文本清楚，无论如何，就没有必要诉诸准备工作；实际上，该借助是被禁止的。"❸ 如果"准备工作"与条约文本和目的相冲突，就不应当认为其具有相关性。

之所以未将 VCLT 第 31.2 条规定的"……任何协定和文书"纳入第 32 条规定的"准备工作"范畴，是因为："缔约过程中缔约方达成的某些协定、文件是缔约方的真实意思的书面体现，可能直接关系到条约某些用语的真正意义、内涵，若把它纳入准备工作资料，则将使其处于次要地位，很可能得不到解释者的考虑，因而解释的结果很可能不能完整地反映缔约方的缔约意思。正因为如此，使得有必要把一些本可能可以作为条约准备工作及缔约情况加以考虑到协定、文件归入到上下文中，使其成为确定条约用语的通常意义必须考虑到因素。"❹

就 VCLT 第 31 条、第 32 条间逻辑关系而言，第 31 条是基础、前提、权威性和一般性原则，而第 32 条则是第 31 条的补充资料，其正当性建立在依

---

❶ 李浩培：《条约法概论》，法律出版社 2003 年版，第 352 页。

❷ Alexander Orakhelashvili, The Interpretation of Acts and Rules in Public International Law, Oxford University Press 2008, p. 384.

❸ J. H. Spencer, L'interpretation des traits par les travaux preparatoires 1934, pp. 125 – 127, 165 – 167, 196.

❹ Gyoegy Haraszti, Some Fundamental Problem of the Law of Treaties, Akademiai Kiado, 1973, p. 89. 转引自：张东平：《WTO 司法解释论》，法律出版社 2005 年版，第 68 ~ 69 页。

据第 31 条对条约用语的解释结论“意义仍属不明或难解；或所获结果显属荒谬或不合理时”方可适用。

规定嗣后协定的 VCLT 第 31 条的标题为“解释之通则”，而规定“准备工作”的 VCLT 第 32 条之标题为“解释之补充资料”。如果依 VCLT 第 31 条诸解释因素尚不能解决条约解释问题，才可适用 VCLT 第 32 条规定的“条约之准备工作”及“缔约情况”等解释因素。嗣后协定和嗣后惯例都不再如“准备工作”那样是条约解释的补充或辅助资料。此外，二者另一个重要区别是，“准备工作”是在条约的谈判、缔结过程中为条约的缔结所作的准备工作而形成的资料，而嗣后协定则是指缔约方在条约缔结之后，为了条约解释或适用目的而事后达成的协定。二者在形成的时间、表现形式和作用等方面都存在明显差异。

（三）与“嗣后惯例”的比较

VCLT 第 31.3 条（b）项为嗣后惯例规定了需要考虑或注意的四个要素：（1）嗣后惯例的含义；（2）条约适用中；（3）哪些当事方需要参加到惯例中；（4）是什么确立了解释性协定……由什么构成嗣后惯例将依据争议条约的标的而变化。其实质是，在条约的实施和适用中，展示了什么行为已经被系统地或反复地作出。难以列出“惯例”的清单。一般国际法中广为使用的是将国际法的一个渊源描述为“国际习惯，作为通例之证明而经接受为法律者”。显然，由于着眼于条约解释，任何这样的描述需要由“一般的”惯例转变为揭示当事方将什么接受为特定条款的含义的“具体的”惯例。尽管如此，一般国际法中对惯例的类似描述表明了能被用来表明惯例的证据的某种范围。布朗利列出了国际习惯的实质性渊源。[1]

“嗣后协定与嗣后惯例之间存在超过线索这样的关系。协定越不正式，确认不正式的协定或谅解的嗣后惯例的重要性就越大。”[2] 二者在多边条约情形下形成的难度较大，而在双边协定情形中则更容易形成。“当事方一致的实践是其正确解释的最好证据；嗣后惯例构成了当事方关于条约含义的理解的客观证明。国际法院已较好地确立了借助嗣后惯例作为解释方法的法理。”[3] 二者的共同作用在于加强对缔约方的共同意思的结论或加强缔约时条约的含义。嗣后协定代表了对缔约方的真实意思的解释，且就解释的目的而言，必须将另外的含义纳入条约；嗣后惯例则构成了对当事方含义的谅解的客观证据。

---

[1] Richard K. Garadiner, Treaty Interpretation, Oxford University Press, 2008, pp. 226, 227.

[2] Richard K. Garadiner, Treaty Interpretation, Oxford University Press, 2008, p. 222.

[3] Richard K. Garadiner, Treaty Interpretation, Oxford University Press, 2008, p. 225; Kasiki / Sedudu Island (Botswana / Namibia) (1999) ICJ Reports 1045, p. 1076, para 49.

嗣后协定与条约解释密切相关，而嗣后惯例与条约的适用关系密切。

可以说，嗣后惯例必须是当事方间确立的协定，在履行条约中当事方明确地实施了在本质上相同或一致的行为。该惯例可能由立法行为、司法行为和执法行为构成。VCLT 第 31.3 条（b）项中规定的“在条约适用方面”的相关惯例清楚地表明，这并不限于实施争议中所涉及的特定条款。“一般说来，在国际法中，在条约解释方面的嗣后惯例的实质已被认为是足以确定包含有当事方有关其解释的协定的一种可辩知的形式的、协调的、共同的和一致的一系列行为或宣言。一个单独的行为通常不足以确立嗣后惯例；确定当事方的协定的一系列行为才是相关的。”❶ 可见，嗣后惯例的形成条件在某种程度上可以借鉴一般国际法中国际习惯的构成要素：“（1）时间的连续性。除了某种做法的连贯性和普遍性得到证实之外，没有特定的持续时间的要求，时间的流逝当然是普遍性和连贯性依据的组成部分。长时间的实践并无必要（更不需要古老的实践），有关领空和大陆架的规则就是从相当快的成熟做法中产生的。国际法院在其实践中并不强调这方面的时间因素。（2）做法的一致性、连贯性。这很大程度上是一种鉴别问题，而且法院在许多案件中享有相当程度的自由决定权。不需要完全的一致性，而是要求实质上的一致性。因此，国际法院在英挪渔业案中拒绝接受海湾 10 海里规则的存在。（3）做法的一般性。这是一个与一致性概念相辅相成的概念。当然，普遍性是不需要的，但是真正的问题是断定相当数量的国家对其他一些国家所遵循的做法而表示回避的价值。沉默既可以暗示默示同意，也可以只是表示对有关问题缺乏兴趣。（4）法律及必要的确念。”❷

三、ICJ/WTO 的相关（准）司法实践

（一）国际法院相关司法实践

国际法院“在对 1999 年 the Botswana / Namibia 案（涉及上述国家间部分河流边界的位置）作出的判决中，国际法院确认了嗣后协定在条约解释中的作用。国际法院注意到，尽管它们从解释争议条约的目的出发而从事实中得出的结果不能达成一致，但该案中的双方当事国接受解释性协定和嗣后惯例构成条约解释的要素。法院审查了争端当事国前任之间的相关事件和往来，并得出这些事件并不构成条约适用中的嗣后惯例，该条约当时确立了当事方

❶ WT/DS8/AB/R，WT/DS10/AB/R，WT/DS11/AB/R，pp. 12 – 13. 转引自：张东平：《WTO 司法解释论》，法律出版社 2005 年版，第 101 ~ 102 页。

❷ ［英］伊恩·布朗利：《国际公法原理》，曾令良、余敏友等译，法律出版社 2003 年版，第 6 ~ 7 页。

关于条约解释方面的协定。”[1] 在看待相关当局间交往的历史以明了他们当时是否对确立河流边界位置的历史性条约已达成了任何协定中，国际法院得出了如下结论：对解决当事国继任者间的困难的不同推动当时并不曾产生表明解释性协定的嗣后惯例，从对以上的评估作为出发点，结论为可能并不存在嗣后协定。该方法似乎表明，确立解释性协定的嗣后协定和嗣后惯例的概念在不具有正式协定或谅解这方面具有某种潜在的重叠之处。在目前的语境中更为重要的是，国际法院似乎基于如下假定得出了其结论：“任何嗣后的协定”是指协定的事实而非预设的一个正式的文件。[2] 该案的裁决当时是依据VCLT相关规则作出的。此外，该案也涉及国际法院如何看待“嗣后惯例”作为解释《1890 Anglo German Treaty》第3条中“the centre of the main channel of Chobe River”含义的一个方法。

该案中国际法院的裁决在Methanex v. USA案中曾被仲裁机构引用，这表明VCLT第31.3条（a）项并未正视嗣后协定的缔结需要具有条约那样的系统的正式要求，以使得这样的协定在条约解释中起到作用。[3]

不过，VCLT第31.3条与博茨瓦纳和纳米比亚间的边界争端的相关性引出了三个问题：（1）假定这两个国家并非VCLT的缔约方，VCLT第31.3条（a）项和（b）项对该案存在任何可适用性吗？（2）如果VCLT第31.3条中规定的规则在该案中作为习惯法被适用，那么，该习惯法可以适用于缔结于1890年并被假定与VCLT第31条规定的当代解释规则相同的一个条约吗？（3）如果作出这样的假定，从1890年之后直到国际法院确定条约含义的任何时间，诸当事方的任何协定或惯例都可以作为证据而可接受吗？或者这样的嗣后协定或惯例是限于《1890年Anglo-German条约》缔结之后的一段期间？Shaw将上述最后两个问题定性为时间因素和关键日期。[4] 这些问题涉及条约的效力、溯及力等问题，VCLT第26条规定有效条约对各当事国有约束力。一方面，尽管博茨瓦纳和纳米比亚都非《1890年Anglo-German条约》的缔约方，但它们都认为，可以适用反映了习惯国际法的VCLT第31条，由于双方当事国对第31条习惯国际法效力的承认，似乎就可以忽视VCLT第4条关于条约不溯及既往的规定；另一方面，可能还由于这两国都声称自己是1890年条约的继承者。当然，对上述观点并非没有不同看法或批评。第三个问题涉

---

[1] Kasiki / Sedudu Island (Botswana / Namibia) (1999) ICJ Reports 1045, p. 1076, paras 49, 51 and 63.

[2] Richard K. Garadiner, Treaty Interpretation, Oxford University Press, 2008, p. 219.

[3] International Arbitration under Chapter 11 of the NAFTA and the UNCITRAL Arbitration Rules, Methanex v. USA (Merits), Award of 3 August 2005, (2005) 44 ILM 1345, paras 18 –21.

[4] Malgosia Fitzmaurice, etc. Treaty Interpretation and the Vienna Convention on the Law of Treaties: 30 Years on, Martinus Nijhoff Publishers, 2010, p. 61.

及时间跨度，即条约生效后的嗣后协定或惯例是否有期间长短的限制。对此仍存在较大分歧。对此，在 Kasikili / Sedudu 案中，国际法院当时并不承认适用习惯解释规则中关于时间问题存在任何困难："为了阐明在 1890 年达成的词语的含义，没有任何东西可以阻止国际法院考虑反映在诸当事方所提交的文件材料中的当今科技状态。"[1] 关于嗣后协定/惯例能够作为证据是否存在时间上的限制，也存在分歧。该案中提出异议的四个法官都明确主张，对于解释 1890 年条约的嗣后协定的可接受期间应当限制于该条约缔结后的数十年。MacDougall 则持较为折中的观点："对于条约中的词语，在确定当事方真实意图时，应该优先考虑紧接条约之后的证据，但是，对于必须生活在文件条款支配下的人们所实施的一系列行为，根据 VCLT 第 31.3（b）的规定作为嗣后协定的证据也应该是可接受的。"[2]

在利比亚和乍得关于领土争端案中，涉及在后的公约是否对在前条约具有解释或修订的效力问题。"在调查利比亚和乍得间的边界中，当时国际法院不得不考虑英国和法国在巴黎签署的《1919 年 9 月 8 日公约》。该公约本身阐明它是'对 1899 年 3 月 21 日签署于伦敦的《宣言》的补充，作为《1898 年 6 月 14 日公约》的一个补充，该 1899 年公约规范英国和法国殖民地的边界。'对于该《1919 年公约》是否是对稍早条约的一个解释或修订，对此，国际法院并不在意。"[3] "由于该 1919 年公约确定了该界线的精确终结点，考虑 1919 年之前的情况没有什么意义。1919 年公约的正文规定该界线以作为 1899 年宣言的一个解释。根据法院的观点，就目前的判决而言，并无理由将其分类为是对该宣言的证实或修订。因该公约的两个国家缔约方是 1899 年宣言的缔结国，因此，毫无疑问，该'解释'构成了对《1899 年宣言》的正确的和有约束力的解释。"[4] "因此，这些文件中的最后一个是决定性的，而不论其真正的特征是什么。尽管如此，这并不意味着稍后的条约是否确实是对稍早的条约的修订问题没有任何意义。对在先条约进行修订的条约有时候包含旨在解决解释原条约中已经产生的难题。这些修订性条约并不一定是作为解释性协定而被指定或描述的。这些修订性条约的结构可能会介绍如下的困难：涉及相同事项的不同措辞可能会被视为更清楚的措辞，以反映由此被证实的含义；或被视为一个变化，以处理较早的措辞未能涵盖的含义或由此产生了意外的结果，或缺乏更清楚的说明。不仅对于未成为修订性条约缔约方的国家来说，

---

[1] Kasiki / Sedudu Island (Botswana / Namibia) (1999) ICJ Reports 1045, p. 1076, para 20.

[2] Myres S. McDougall, etc. The Interpretation of International Agreement and World Public Order, New Heaven Press, 1994, p. 144.

[3] Richard K. Garadiner, Treaty Interpretation, Oxford University Press, 2008, p. 223.

[4] Territorial Dispute (Libyan Arab Jamabiriyal Chad) [1994] ICJ Reports 6, at 29, paras 59, 60.

这或许是一件重要的事情。对于那些确实受该‘修订’约束的国家来说，它也可能是重要的，如果它们继续是原条约缔约方的话，因为在他们与国家缔约方的关系中这将继续仅适用于该最初文件。如果在后条约中的条款确实是修正性的，且规定了与在先文件中的义务互不相容的义务，则诸国可能不能调和上述义务且可能不能成为二者的当事国。”❶

（二）WTO 的相关实践

正如 Sinclair 所指出的，人们很少碰到当事方之间基于其已经缔结的条约之解释所达成的嗣后协定。对于成员方如此之多的 WTO 要缔结解释或适用《WTO 协定》的嗣后协定难度很大，“因此，WTO 争端解决中在认定和适用‘嗣后协定’方面的实践从目前来看是罕见的。从 WTO 的解释决策体制看，这种嗣后协定应为以多边协商一致方式通过的相关解释或适用协定，而不包括根据《WTO 协定》第 9.2 条通过和形成的、未必是全体成员方通过的对立法解释。”❷

在美国 1998 年《综合拨款法》第 211 节案中，专家组把 1883 年巴黎会议上为了达成最后法案的相关条款而通过对一项有关该条款的经同意的解释认为是 VCLT 第 31.3 条（a）项下的一项可能的解释工具，亦认为是嗣后协定（WT/DS176/R，para 8.82）。这种观点是值得商榷的。因为如果它是通过最后文本所必要的一项协定，它更可能是 VCLT 第 31.2 条（a）项下的条约“上下文”的组成部分，即全体当事国间因缔结条约所订立的与条约有关的协定……基本上可以认为《TRIPs 协议与公共健康宣言》构成了 TRIPs 协议中 VCLT 第 31.3 条（a）项意义上的一项嗣后协定。❸

四、小结

国际争端在较大程度上是条约解释争端，本质上是国家利益的博弈，国际（准）司法机构常陷于平衡利益与维护条约一致性间的困境，因为“各国会依据其利益对习惯国际法作不断变化和不一致的解读。”❹ 条约法的确定性主要依赖解释规则的确定性。与对严格规则的适用相比，即使条约解释更像是一门艺术，但也毫无疑问地存在着规制该解释艺术的规则。显然，VCLT 没

---

❶ Richard K. Garadiner, Treaty Interpretation, Oxford University Press, 2008, p. 223.

❷ 张东平：《WTO 司法解释论》，法律出版社 2005 年版，第 91 ~92 页。

❸ Michael Lennard, Navigating by the Stars: Interpreting the WTO Agreement, Journal of International Economic Law (2002), Oxford University Press, 2002, p. 31. 转引自张东平：《WTO 司法解释论》，法律出版社 2005 年版，第 92 页、第 93 页。

❹ ［美］Jack L. Goldsmity, Eric A. Posner:《国际法的局限性》，龚宇译，法律出版社 2010 年版，第 59 页。

有解决条约解释中的所有难题，并未能直接使每个案件一定能获得正确结果，同时也没有剥夺解释者考虑其他解释方法的自由，因为第 31 ~ 33 条仅是条约解释的一般性规则。VCLT 对其他条约解释的原则和技术并不排斥。当解释条约时，VCLT 具有强制适用性，但似应在启发的意义层面上理解对 VCLT 的适用方式，因为案件具体情况各异，并不存在绝对的、普遍适用的解释标准。能被用来获得合理解释的其他技艺、技术和原则只要不与 VCLT 冲突，也可接受。VCLT "只是将一些基本原则法典化了，反映了逻辑与顺序原则，其意图并非剥夺解释者考虑其他方法的自由，而上诉机构也使用了非法典化的原则。对于需要解释的问题，正确答案也许不止一个，但法官都要提供一个确定的法律答案；上诉机构同意，每个法律问题都有一个法律答案，而答案就在 WTO 协议文本中，也可能在其他国际法之中。"❶ "因此，人们必须将条约看作一个整体，加上其他相关资料，分析它们各自的作用和价值。这实际上就是国际法律工作者，国际性法院和法庭在遇到困难的解释问题时所做的事情。"❷ VCLT 尚未正视其条约解释规则的僵化性特征——对抽象理论的反馈程度低。对判例的研究表明，作为条约解释的实用方法，VCLT 相关规则的系统性仍有改进空间。

VCLT 相关条款细节的统一解释和 "上下文" 的法律价值尚未被不充分的条约实践所证实。本研究也并不表明可以忽视对 VCLT 中所包含的系统方法研究——特别是第 31 ~ 32 条中诸因素如何相互作用和其中的某些内在逻辑性。应继续加强对条约解释诸要素之法律价值问题研究，以在现有经验教训基础上，进一步提升在 WTO 与 ICJ 等国际裁决机构中的国际法律应对能力，以维护国家/国民利益。对 VCLT 第 31.3（a）中嗣后协定的含义、作用、问题、与 "上下文、准备工作、嗣后惯例" 的比较以及 ICJ 与 WTO 相关司法实践的研究，对于澄清 VCLT 条约解释要素规则的含义，化解条约解释与实施中的某些难题，具有积极的作用。

第五节　"有关国际法规则"（relevant rules of international law）研究

VCLT 第 31.3 条规定："应与上下文一并考虑者尚有：……（C）适用于

---

❶ Isabelle Van Damme, Treaty Interpretation by the WTO Appellate Body, Oxford University Press, 2009. 转引自：杨国华：《WTO 的理念》，厦门大学出版社 2012 年版，第 99 页。

❷ 安托尼·奥斯特：《现代条约法实践》，江国青译，中国人民大学出版社 2005 年版，第 219 ~ 220 页。

当事国间关系之任何有关国际法规则。”可见，相关国际法规则构成了 VCLT 第 31 条构建的条约解释要素体系的一个有机组成部分，并且“最近提及 VCLT 第 31.3 条（c）项规定的判例法的繁茂已经表明，与第 31.3 条（c）项的最初规定所表明的能力相比较，该项规定具有能够适用于更多不同情形的能力。在联合国国际法委员会对国际法碎片化问题进行研究的背景下，该项规定已经成为该委员会最近广泛研究的课题。VCLT 第 31.3 条（c）项的规定和适用提供了该项所提及的难题的某种程度上的说明。”❶第 31.3 条（c）项的规定也留下了诸多疑问：哪些规则具有相关性？“适用于当事国间关系的”这个短语是否对可以适用的国际法规则的范围具有限制性作用？是否是指条约解释之时处于生效状态的国际法的全部？甚至有学者认为：“该规则并未解决时际问题，其与时际问题是否有关系也并不很清楚。因此，该规则对于条约解释任务是否会具有任何助益是存在疑问的。”❷ 因此，通过对 VCLT 第 31.3 条（c）项立法沿革、用语含义以及相关国际司法实践的探究，对于深入了解国际条约解释规则作用的机理，具有积极意义。

一、第 31.3 条（c）项的形成历史

在联合国国际法委员会的工作中，成为 VCLT 第 31.3 条（c）项的首个条款的草案是草案第 56 条，草案第 56 条旨在将作为关于条约适用草案条款的一部分而非仅仅是条约解释的时际法的影响予以考虑。VCLT 第 31.3 条（c）项第 1 段的形成当时旨在将 the Island Palmas 案中已经较好地确立的时际法定第一个分支的措辞移入条约法中。联合国国际法委员会对条约草案条文的评论为：“如前所述，该因素出现在 1964 年被临时采纳的正文第 1 段中，该正文特别规定根据缔约时已生效的一般国际法原则来确定条约用语的通常含义。”所强调的词语是必须根据缔约时的法律来理解（appreciate）裁判事实（a juridical fact）的一般原则的反映……草案第 2 段是胡伯（Huber）法官关于该原则的观点的放大或继续。❸

“联合国国际法委员会考虑了范围宽泛的争论中的最初建议，包括对时际法本身的探讨、解释和适用之间是否存在界线以及如果这样的话（或在任何情形下），草案第 56 条中的两段间是否相冲突。争论的结果是，第一段中的基本概念（根据条约缔结时代国际法来解释）被转换为关于解释的新草案中

❶ Richard K. Garadiner，Treaty Interpretation，Oxford University Press，2008，p. 251.

❷ H. Thirlway，The Law and Procedure of the International Court of Justice 1960 ~ 1989 Part Three，(1991) I. XII BYBIL. I p. 58.

❸ Yearbook of ILC，vol II，at 222，para 16；Richard K. Garadiner，Treaty Interpretation，Oxford University Press，2008，p. 257.

的‘一般规则’（草案第70.1（b））。草案第56条第二段被转换为一个要求解释时要考虑一下条约标的和约束所有缔约方的‘任何嗣后的习惯国际法规则的出现’之条款（草案第73（a））。该后一因素被简要地剥离出来并被纳入一个独立的草案条款，并经过调整以处理条约实施可能会被修正的方式，从而确保该条款从诸解释规则中脱离出来（尽管最终的VCLT第31.3条（c）项变得足以宽泛以至于涵盖那个相同的想法）。‘依（缔约时生效的）国际法规则来解释条约用语’这个被修订过的想法在当时继续成为争论的主题。尽管将被包括在方括号中的短语予以移除似乎是摧毁了该条存在的目的或理由，并留下了相当平庸的、明显的规定，但是，仍然不能对该短语的保留达成一致。联合国国际法委员会明显适用了‘少即是多’（less is more）的原则，并决定删除所有的细节……委员会考虑到1964年正文中使用的表述不能令人满意，因为它仅涵盖了所谓的时际法律问题的一部分……联合国国际法委员会进一步考虑到，对时际因素的正确适用通常会通过对‘善意’这一语点解释来表达出来。因此，联合国国际法委员会认为应该省去时际因素并对国际法的规定进行修正。”❶

尽管如此，对国际法“任何相关规则”的明显无伤大雅的规定的采纳似乎提供了传统的条约制定者的妥协——高雅却不能提供信息，后者尤其如此，这是因为“相关的”一词中存在的使草案第56条明显存在的诸问题被准确激活的潜在可能性。因此，在向1969年维也纳会议提交的最后文本中（并且在维也纳未受到明显改变），对时际原则内容的明确规定从关于解释的诸规则中被抛弃，尽管它以伪装方式存在于VCLT第31.3条（c）项中并以第31.1条中对善意的公开规定方式潜伏（lurk）下来了。在VCLT的其他条款中，时际法问题也是明显的，例如，第53条、第63条、第62条、第30条和第四部分。或许特别报告员（Waldock）在联合国国际法委员会中的争论的最后阶段将条约用语和国际法之间的时际关系的观点进行了最好地归纳：“所使用的用语是否旨在具有确定的内容或随着法律的演变而在含义上跟着改变的问题，或许仅可通过解释诸当事方的意图方法来裁断。”❷

二、第31.3条（c）项与“时际法”

有学者认为，VCLT第31.3条（c）项规定与“时际法”存在关联，即提出了条约解释中的时际法问题：“当时关于国际法规则的规定有其缘由，试图处理在一般国际法背景下通常被标示为‘时际法’的问题。该概念提出了

❶ Richard K. Garadiner, Treaty Interpretation, Oxford University Press, 2008, pp. 257, 258.

❷ Richard K. Garadiner, Treaty Interpretation, Oxford University Press, 2008, pp. 258, 259.

两个问题：首先，在特定情形中的诸事实的法律意义是否要在相关事件发生的时间而非在解决分歧或争端时予以评估；其次，对于在任何干预期间国际法的变化或发展要考虑什么。”[1] “譬如，在有些情况下，达成一种与当事方意图（或理解的意图）相一致的解释可能不但要求考虑条约缔结时的国际法（‘时际法规则’），而且也要考虑当代国际法。现在解释一项1961年条约中提及的大陆架概念时，就很可能有必要不但要考虑到1958年的在日内瓦签订的《联合国大陆架公约》，而且也要考虑到1982年的《联合国海洋法公约》（United Nations Convention on the Law of the Sea，UNCLOS）。”[2] 可以说，胡伯法官在著名的the Island of Palmas案中关于时际法法理的论述，今天看来，似存在一定的局限性，可能提供了一个解决问题的合理起点，但难以为在条约解释中充分考虑条约正文以及条约解释的其他要素留有适当的空间。换句话说，没有为条约解释的扩张留有潜在空间。

“国际法，正如国内法一样，不可能没有时际法。这是因为国际社会正如国内社会一样，也既需要变革，又需要法律的安全，并且需要这两者的平衡。”[3] 因此，在条约解释中，既要维护国际法的稳定性，保护缔约国的合法预期，同时，又需顾及国际法的发展，将一般国际法的时际法原则适用于条约法领域，既要重视其内在联系，又要认识到可能的差异。“胡伯法官认为应据以判断该事实的法律只有一个，即该事实发生时正在实行的法律。这样，这个国际法上的时际法原则的精髓也是法律不溯反既往，与国内法上的时际法规则并无二致。”[4] 因此，VCLT第28条规定了一般条约不溯及既往：“关于条约对一当事国生效之日以前所发生之任何行为、事实或已不存在之任何情势，条约之规定不对该当事国发生拘束力”，但该条对此仍规定了例外或限制：“除条约表示不同意思，或另经确定外。”对于VCLT本身是否具有溯及既往的效力，公约第4条明确规定：“以不妨碍本公约所载任何规则之依国际法而无需基于本公约原应适用于条约者之适用为限，本公约仅对各国于本公约对各该国生效后所缔结之条约适用之。”“这个规则主要包含两个原则。第一，VCLT所规定的规则，有些是新创的。例如：第65～67条关于主张条约无效、终止、退出或暂停施行的程序的规定。这些规则应仅适用于各国在该公约对之生效后所缔结的条约，所以不溯及既往。第二，有些国际法规则，如习惯国际法规则和一般法律原则，其拘束各国并不依赖于VCLT的规定，所

[1] Richard K. Garadiner，Treaty Interpretation，Oxford University Press，2008，p. 250.

[2] 安托尼·奥斯特：《现代条约法实践》，江国青译，中国人民大学出版社2005年版，第212页。

[3] 李浩培：“论条约法上的时际法”，载《武汉大学学报（社会科学版）》1983年第6期，第61页。

[4] 李浩培：“论条约法上的时际法”，载《武汉大学学报（社会科学版）》1983年第6期，第62页。

以这些规则不因载在 VCLT 中而其适用受第一个规则的限制。”❶

基于国际法总是处于演进之中，条约的解释不可能简单地、绝对地受制于“条约不溯及既往”原则。事实上，条约的理解和解释通常难免借助于其后相关新条约的生效以及包括嗣后协定、嗣后惯例、准备工作等在内的诸多条约解释因素。“在将一般国际法背景下的时际法原则变换到条约解释的时际法原则时，中心问题是：（1）条约条款是否依条约谈判、缔结、批准时或某个其他时间进行解释；（2）条约条款的含义是否能够演进，尤其是考虑到国际法的变化。在以前的章节中，曾举出欧洲人权法院的判例，法院同意，某些用语自身纳入了其范围的宽度足以允许一项‘演进性’的解释之想法。该演进解释受限于采纳源于谈判条约时条约中已经存在的概念之含义的范围，尽管在该章中对此仍存有争议，嗣后惯例的发展提供了进一步的方法，通过该方法，条约内容的演变能够在条约当事方提出主张之时发生。”❷

鉴于条约数目的激增，条约解释中的时际法问题难以回避，同时，又由于该问题的复杂性，VCLT 对此的规定较为简略，主要包含第 24 条、第 28 条、第 52 ~ 53 条、第 64 条、第 70 条。VCLT 第 53 条和第 64 条规定了与条约缔结之前后强行法冲突对条约效力的影响问题。此外，对时际法性质的理解是审视 VCLT 第 31.3 条（c）项的一个必要前提，相关观点包括时际法是一项原则、一项规则、国际法的一项理论、一个学说（doctrine）或一项法律，存在明显分歧。在联合国国际法委员会对《关于国家对其不法行为责任（草案)》第 13 条的评论第一段中提及了“时际法的一般原则”。

三、条约解释中的时间因素

对于条约解释中的时间因素问题的考量，其主要的潜在问题是要探究变化了的情形究竟能够在多大程度上对条约解释产生影响。对此，尚难以在诸如时际法原则之类的理论中找到普遍性的解决方法。2008 年联合国国际法委员会第 60 届会议决定将“条约随时间演变”专题列入其工作方案，并决定在此后设立一个专题研究组。该研究组在 2010 年编写的介绍性报告中处理了一些问题，其中包括：“术语问题；嗣后协定和惯例在条约解释中的一般意义；演变解释与嗣后协定和惯例之间的相互关系；时际法问题；嗣后协定和惯例的各种要素，包括：可能发生这一现象的有关期间的起点和终点、确定各当事方的共同谅解或协议，包括沉默的可能作用、将行为归于国家的问题；以

---

❶ 李浩培：“论条约法上的时际法”，载《武汉大学学报（社会科学版）》1983 年第 6 期，第 67 页。

❷ Richard K. Garadiner，Treaty Interpretation，Oxford University Press，2008，p. 251.

及嗣后协定和惯例作为条约修改的可能手段。”[1]

对于条约解释中需要考虑时间因素的原因，主要包括以下几点。（1）条约所使用的法律用语对含义可能会随着时间变迁而有所变化。例如，“知识产权”一词在不同时期的保护知识产权国际公约中，变化较大，“公海”的定义、范围、法律地位在海洋法的不同历史发展时期，也存在明显差异。也就是说，条约解释者可能常常需要确定某用语或某条款在条约谈判、缔结或生效之时的具体含义。对条约用语的解释可能就会需要为应对国际法的发展或情势的变化而采取变化了的解释。（2）自条约缔结或生效后，国际法一直处于发展变化中，条约解释者的任务之一是要知晓是否以及如何将条约解释与变化中的国际法契合起来或与之相衔接。例如，1982 年《联合国海洋法公约》中规定的国际海底区域以及毗连区和专属经济区制度必定会对 1958 年《联合国公海公约》（United Nations Convention on the High Seas）的相关条款、用语的解释和适用难以避免地产生不同程度的影响；再如，环境权的产生必定会影响或拓宽对不同时期国际人权公约的解释。正如国际法院在纳米比亚案中所言：“国际文件必须在解释时仍在实施的整个法律体制的框架中予以解释和适用。”[2]（3）条约的保留和对保留的反对也可能存在时间因素问题。（4）条约解释需要依赖于对一系列事实的法律意义的评估。

尽管并无解决变化了的情况影响条约解释的程度之普遍性答案，但是，“解决的办法存在于特定条约本身。如果变化了的情况是事实性的，则问题是条约是否正视了变化的可能性。如果在适用解释通则后这一点并不清楚，则 VCLT 第 32 条表明，条约的缔约情形是条约解释的补充方法……如果解释时代该事实与条约缔结时的那些事实不同，则存在三种可能性：（1）条约正视这些变化；（2）在条约解释的有效范围内该情形存续；（3）变化是如此根本性的以至于不能适用条约。”[3]例如，国际人权公约的解释需要正视变迁中的侵害人权的国际罪行的影响；新技术发展对条约解释的影响；VCLT 第 62 条规定的“情况之根本改变”——此等情况之存在构成当事国同意承受条约拘束之必要根据、该项改变之影响将根本变动依条约尚待履行之义务之范围。

四、国际法规则的相关性

“将国际法的‘相关’规则的通常含义理解为是指涉及与正在被解释的条款或诸条款具有相同主题或以任何方式影响该解释的那些规则。尽管如此，

[1] A/65/10, para 344.

[2] Arbitration regarding the Iron Rhine Railway (Belgium / Netherlands), Award of 24 May 2005, para 80.

[3] Richard K. Garadiner, Treaty Interpretation, Oxford University Press, 2008, p. 254.

'相关的'一词同样易于再次引入对时际的考量，且尤其当与'当事国间关系中可适用的'联系起来时，易于将源于具有相同主题的其他条约下的义务予以考虑。国际法规则在什么意义上与特定条约的解释是'相关的'?"[1]麦克拉切兰（McLachlan）教授对此提供了一个有益的一般性解答："……VCLT 第31.3条（c）项表达了条约解释的更具一般性的原则，即在国际法律体制中的系统性一体化原则。该原则的基础是，条约本身就是国际法的产物。无论诸条约的主题范围有多宽泛，无论如何，它们在范围方面都是有限的，且对于其作为国际法律制度的一部分而存在、运行来说是确定的。因此，必须依据国际法一般原则的背景来适用和解释条约，正如维兹吉（Verzijl）所言，对于条约自身尚未明确地并以不同方式解决的诸问题来说，条约必须被认为是规定了这些原则。更具体地说，第31.3条（c）项的作用可能包括：（1）解决时间问题（包括对时际法的适用）；（2）通过规定一般国际法的方式，在条约中完成法律图画或填补漏洞；（3）从平行的条约条款中获得指导；（4）解决不同条约引起的冲突性义务；（5）顾及国际法的发展。"[2]

对于相关"国际法"的范围问题仍然存在一些有待研究的问题。"第一个问题便是，该规定是否指与解释有关的国际法规则，从而与诸当事方间的法律关系有关的或与争议事项有关义务的任何规则不同。该规定仅与解释有关，这从上下文来看似乎是清楚的。因此，相关规则肯定是指那些能够有助于探求条约条款含义的国际法规则，而非一般性地适用于某个情形的那些国际法规则。当然，在案件中也并不一定会将后者排除在考虑之外。如果法院或仲裁庭负责解决国际争端，且并不被限制于确定对条约的正确解释，那么，国际法可能会与争端的解决相关，但这是由于VCLT第31.3（c）规定之外的原因。"[3]在the Oil Platforms案中，国际法院的裁决相当详细地阐明了关于使用武力的国际法规则。然而，该案的某些法官在其个人意见以及评论中认为，对国际法的这种适用并非出于条约解释目的，而更多地是为了确定可能适用于已经发生的事实的法律。[4]

欧洲人权法院在1975年Golder v. the United Kingdom案的裁决中在VCLT第31.3条（c）项与《国际法院规约》第38条之间建立了明确的联系，将规约第38.1条（c）规定的文明各国所承认的一般法律原则视为与《欧洲人权公约》（European Convention on Human Right）第6条中的"civil rights"该用

---

[1] Richard K. Garadiner, Treaty Interpretation, Oxford University Press, 2008, p. 260.

[2] Richard K. Garadiner, Treaty Interpretation, Oxford University Press, 2008, p. 260.

[3] Richard K. Garadiner, Treaty Interpretation, Oxford University Press, 2008, p. 266.

[4] Oil Platforms (Islamic Republic of Iran v. United States of America) (Merits) [2003] ICJ Reports 161.

语的解释相关："VCLT 第 31.3（c）表明，要与上下文一道来考量适用于缔约方关系的任何相关国际法规则，这些规则包含了一般法律原则，特别是规约第 38.1 条（c）规定的文明各国所承认的一般法律原则……一个国内的诉求必须能够被提交给被广泛'承认的'法律基本原则来裁决。对于禁止背弃（denial）正义这个国际法原则来说，也是一样。必须根据这些原则来解读第 6.1 条。"[1]

五、国际法的规则

"在'国际法规则'的特定上下文中，可能会产生许多考量。对于主张区分国际公法和国际私法的那些人来说，'国际法'会是个有点不太准确的用语。尽管如此，作为联合国的机构，国际法委员会使用了'国际法'这个不合格的用语，这并不令人吃惊。（1）在国家间创设义务的条约背景下，可以将'国际法'理解为是指国际公法。从第 2.1 条（a）将'条约'界定为'国际法所支配'的书面协定的定义中可知，这一点是清楚的。（2）对于界定或描述国际公法来说最广为使用的起点之一是在《国际法院规约》第 38 条中。该条规定了国际法院所适用的法律渊源。ICJ 的职能是'根据国际法'裁决争端。因此，第 38 条所列举的诸要素等同于国际法。更一般地说，如今没有形容词限定的'international law'表示国际公法，国际'私'法是直接说明的或以'冲突法'来进行描述。"[2]

因此，尽管在上下文中以及依据条约的目标和宗旨，"任何相关的国际法规则"使人认为就是指国际公法，这似乎很清楚，但是，这并未准确地确定被予以考虑的该领域法律的范围。这里并非关于国际法是什么或它究竟是不是法律的专题论文之地。国际法是法律的假定必定是由接受条约解释要受国际法规则支配的任何人作出的。尽管如此，VCLT 第 31.3（c）中的"国际法规则"是否包括了诸条约的众条款，如果包括，是否为所有条约的条款？条约能被恰当地描述为国际法或者依据国际法它们就是约束性义务的来源？后一观点与合同形成明显类比，因为条约能够起到的不同作用，这是一个不能令人满意的类比。但是，此处作为阐明法律中的义务与适用法律中创立的义务之间的差异是有所帮助的。或者，在"造法性条约"和只是为当事方创设具体义务的那些条约之间应该作出区分吗？对于该问题的回答更是论述国际（公）法书籍所关注的领域。但是不同的问题（此处的"国际法"是否仅指习惯法和一般原则、是否包括区域性和地方性国际法、是否要根据其他条约

[1] Golder v. the United Kingdom Series A,（judgement of 21 February, 1975, vol. 18, p. 17, para 35.

[2] Richard K. Garadiner, Treaty Interpretation, Oxford University Press, 2008, p. 261.

来解释一个条约等）当时在关于“一般的”（general）这个词语的删除的争论中确实吸引了注意力，该词语当时已经作为合格的“国际法”被包括在一般规则的草案中。对于“一般国际法”这个词语并无权威性定义，但是联合国国际法委员会中其争论中多次使用该词语，并将之包含在VCLT的某些条款中（第53条、第64条、第71条）。“一般国际法”仅在赋予条约狭义的含义时才将诸条约排除。因此，删除“一般的”这个词语肯定强烈地表明，在对“国际法”的不合格的使用中包括了条约。[1] 加上“一般的”这个词语可能会将对当事方具有约束力的国际法的特定的或区域性规则排除在外。必须根据拘束当事方的其他条约来解释一个条约，这是一件特别重要的事项。[2]

下列事实也间接地提供了对上述观点的支持：“Verdross建议，为了更清楚地表达这一点，应该规定‘习惯’国际法规则，因为每个条约都包含国际法规则。”[3] 但是，使用“习惯的”一词来取代“一般的”当时并未被采纳。Yasseen清楚地将对国际法不合格地规定视为包含了条约：“当时在‘国际法’之前去掉了‘一般的’一词的做法并不合理，因为在数个国家间缔结的条约应该根据适用于这些国家的特别的国际规则来进行解释，而不论它们是习惯规则或是书面的法律规则。尽管如此，在解释条约中，上述规则，尽管并非‘一般性的’，对条约诸当事方来说必须是‘共同的’，对此必须予以强调。”[4] 其实，“国际法”一语的通常含义也并不限于习惯国际法。“通过规定‘任何的’规则和‘适用于当事方间的关系’的方式，也表明了宽泛的含义（以及特别是包括条约义务的含义）。”[5] 在《北美自由贸易协议》（North American Free Trade Agreement，NAFTA）中“国际法”是否仅指“习惯”国际法成为Pope Talbot v. Canada（Damages Phase）案的一个核心议题。[6] 这一议题是依据一个NAFTA条约条款进行解释的（尽管在案件的早期阶段在确定VCLT规则的可适用性时，仲裁庭就已经提及了第31.3条（c）项[7]）。尽管如此，对现在的诸目的有意义的类似方面是，仲裁庭使用了被其视为国际法定义的东西，也就是《国际法院规约》第38条指导国际法院作为‘国际法’而予以适用的

[1] Richard K. Garadiner, Treaty Interpretation, Oxford University Press, 2008, p. 262.

[2] Yearbook of ILC, vol II, 1966, p. 190, para 70.

[3] Yearbook of ILC, vol II, 1966, p. 191, para 74.

[4] Yearbook of ILC, vol II, 1966, p. 197, para 52.

[5] Richard K. Garadiner, Treaty Interpretation, Oxford University Press, 2008, p. 267.

[6] Arbitration under Chapter 11 of NAFTA, Pope Talbot v. Canada (Award in respect of Damages) (2002) 41 ILM, p. 1347.

[7] Arbitration under Chapter 11 of NAFTA, Pope Talbot v. Canada (Interim Award) 26 June 2000, paras 65 – 68.

诸要素。仲裁庭注意到，这是一个比相关国际法要较为宽泛的概念。”❶

WTO争端解决机构在一些案件中曾借助于VCLT第31.3条（c）项来解释条约。在VCLT欧共体影响生物技术产品批准和营销案中，一个问题是，在解释WTO诸相关条约下的权利和义务时，《生物多样性公约》（Convention on Biological Diversity）和《卡塔赫纳生物安全议定书》（Cartagena Protocol on Biosafety）是否是条约。专家组认为：“毫无疑问，条约和国际法习惯规则是VCLT第31.3条（c）项含义下的‘国际法规则’（尽管仍然存在关于这些手段（instruments）的内容以及仅有某些争论者是其缔约方的事实）。”❷

“得出下列结论或许看起来是合理的：在平等对待的基础上，VCLT所规定的国际法包括《国际法院规约》第38条规定的所有要素。然而，尽管对于条约、习惯和一般原则来说这一点是清楚的，但‘司法判例及各国权威最高之公法学家学说’被认为具有‘作为确定法律原则之补助资料者’的特征。尽管如此，VCLT第31.3条（c）项要求关注相关国际法‘规则’，如果对司法判例和学说的使用的确导致了对这些规则的确定，则在条约解释中必须将该使用视为可以接受。当然，法院和仲裁机构确实在并无明显必要要在VCLT规则中发现明确的合理性时，自由使用该材料。”❸

六、“Rules”的含义

国外学者从一些案例中得出如下结论：“并不能从与‘国际法’的隔绝中来有效地理解‘rule’的概念。”❹

对于此处“规则”的含义及范围，目前并无明确的案例阐明。国外有学者认为：“‘规则’的概念与义务不同，前者引入了某种被强加的东西，后者则是被自愿地承担。这或许表明了编纂习惯规则与仅确立自愿承担的特定承诺之间的区别。……条约解释争端诸当事方间的其他相关诸条约在条约解释中被视为可以接受，而不论是被归入在国际法之中（作为他们得出其义务的效力来源），或者作为与所考虑的问题可能相关的事实，或者，更明确地说，在适用国际法一般规则中——‘每个生效条约对其缔约方具有拘束力，且必须由其善意履行’。对‘适用于诸当事方间关系’的进一步规定倾向于支持如下结论：第31.3（c）包含了条约义务，国际法自明地适用于国家间关系，而

---

❶ Arbitration under Chapter 11 of NAFTA, Pope Talbot v. Canada (Interim Award) 26 June 2000, p. 1356, para 46.

❷ WT/DS291－293 R, 29 Sep. 2006, at 384, para 7. 67.

❸ Richard K. Garadiner, Treaty Interpretation, Oxford University Press, 2008, p. 268.

❹ Richard K. Garadiner, Treaty Interpretation, Oxford University Press, 2008, p. 269.

条约义务则是诸当事方间关系的一个不同事项。"[1] "规则"是否仅指对当事方有法律约束力的规则，存在不同的看法："国际法是否包括一个更加宽泛的法律概念以及无约束力的文件是否可以合法地影响解释，对此，存在某些争议。在 Iron Rhine 案中，承认了上述争议被扩大到'rules'的概念。"[2] 在环境法领域，对于什么构成了"rules"或"principles""软法"是什么以及哪些环境条约法律或原则已推动了习惯国际法的发展，存在较大争论。仲裁庭并不认为有必要深究规则的含义，因为它发现国家防止或减缓对环境的损害之义务已经成为一个国际法原则。[3]

七、哪些是"the parties"

目前，实务界和学界尚未能够解决"parties"一词中的不确定性问题，例如，"applicable in the relations between the parties"这一短语的焦点是否在于对条约所有的当事方间关系的审查上、是否存在可以给予"parties"含义某个其他解释。"VCLT 第 31.3（c）规定的对适用于'当事方'间关系的规则之范围的限制，不能仅根据该词语的通常含义来确定，从其上下文来说也并不清楚。第一个问题是，该规定是否指争端或对条约含义存在分歧的当事方，或指正在被解释的条约的诸当事方。即使是指后者，在多边条约情况下进而出现的问题是，该含义是否正是对解释存在争端或分歧的条约当事方中的那些缔约方（those of the parties），或是否正是已经在它们中间确立了某个特定国际机制的一组当事方，或该规定是否指被引用来提供可适用的规则的条约之所有当事方。"[4] 可见，通过对"applicable in the relations between parties"这一短语的文本含义及其上下文的探究，似乎该短语是指正在被解释的条约的缔约方，而非对条约用语含义存在任何争论的缔约方。例如，在 WTO 体制下的成员方间的争端往往不会限于条约的两个缔约国，而往往会涉及一定数目的作为第三方加入争端解决程序的其他成员方。因此，对条约用语的解释既可能反映了对争端诸当事方间关系的观点，也可能会反映了第三方在内的所有参与方间的更为广泛的关系。

由于 VCLT 第 2.1 条（g）项中规定的"缔约方（party）具有特殊含义，该词语被界定为'称当事国者，谓同意承受条约拘束及条约对其有效之国家'。在条约用语中常见用法中的复数是'states parties'，但是 VCLT 将之省

[1] Richard K. Garadiner, Treaty Interpretation, Oxford University Press, 2008, p. 252.

[2] Richard K. Garadiner, Treaty Interpretation, Oxford University Press, 2008, p. 268.

[3] Arbitration regarding the Iron Rhine Railway (Belgium / Netherlands), Award of 24, May 2005, paras 58, 59.

[4] Richard K. Garadiner, Treaty Interpretation, Oxford University Press, 2008, p. 263.

略为‘parties’。尽管如此，这并未最终解决该问题。”❶ VCLT 第 31 条有多处含有“parties”的规定。例如，VCLT 第 31.2 条（a）项、（b）项中分别使用了“all the parties”“one or more parties”和“the other parties”词语；VCLT 第 31.3 条（c）项中则使用了“parties”。在 the Biotech 案中，WTO 专家组就“parties”的范围问题采用了较为狭窄的解释：“我们注意到 VCLT 第 31.3 条（c）项并未提及‘一个或更多的缔约方’，也未提及‘争端的诸缔约方’。我们进一步注意到，VCLT 第 2.1 条（g）项根据该公约的目的界定了‘party’一语的含义。因此，‘party’是指‘同意承受条约拘束及条约对其有效之国家’。从上述诸因素中可以推断出，适用于‘the parties’间关系的国际法规则是适用于同意受正在被解释的条约拘束的各国家间关系的国际法规则。对该词语的理解在逻辑上产生了下列观点：在解释争端中存在争议的 WTO 诸协定中被考虑的国际法规则是指那些适用于 WTO 诸成员方间关系的国际法规则。”❷ 由此可见，该案的专家组认为，“parties”一语的含义是指，正在被解释的条约的所有缔约方必须是被适用的其他任何条约的缔约方。在该案中，由于作为争端当事方之一的美国并非《生物多样性公约》和《卡塔赫纳生物安全议定书》的任一缔约方，因此，专家组在解释 WTO 相关协定时对此未予考虑。该解释方法显然把双边条约排除在外。

VCLT 第 31.3 条（c）项中的“applicable in the relations between the parties”的规定给人的印象是：“该短语肯定是通过对并不适用于该关系的某些国际法规则的排除而缩小了（narrow）解释性探索的范围。将一般国际法强制性规则（强行法）放在一边不论，国家通常可以对将在它们之间适用的规则达成其自己的协定。甚至在规则被规定在多边条约中时，所允许的保留会被修改适用于诸当事方间关系的规则，且可以以创设各种可能的义务的方式来实施任意性规则。因此，根据或包含任何所允许的修订或扩展，适用于涉及特定的解释过程的那些国家的条约已经把第 31.3 条（c）项拓宽到足以涵盖国际法规则。尽管如此，从第 31.3 条（c）项的条文（text）来看，在后的国家是否仅是在适用该规则中被考虑的国家，这一点并不清楚。上下文表明，‘parties’并不一定是指正在被解释的条约的所有当事方。第 31.2 条（a）中在‘the parties’之前纳入了‘all’一词并不模糊。这或许表明，只要是指‘all parties’，这就是所规定的（stated）。尽管如此，即使‘all’一词没有被纳入，VCLT 规则中其他条款中规定的‘parties’可能具有‘all’的含义。在第 31.3（c）中，其直接的上下文则有点不同。对‘all’一词的省略是与

❶ Richard K. Garadiner, Treaty Interpretation, Oxford University Press, 2008, p. 264.

❷ WT/DS291 - 293 R, 29 Sep. 2006, p. 384, para 7. 68.

'适用于当事方间关系的'这个短语结合在一起，该措辞可能引入了重要关系的想法，如果是指在条约问题中具有直接利益的诸当事方间的关系而非是指正在被解释的条约的所有国家缔约方，则该省略就具有更多的意义。'当事方间的关系'这个短语也出现在 VCLT 第 72 条中。该措辞的背景是仅在某些当事方间条约终止，但考虑到该清楚的上下文，第 31.3（c）或许仅仅是指某些缔约方。"❶

此外，就 VCLT 第 31.3 条（c）项的立法目的而言，似乎强调的是在解释条约时与上下文一并考虑的以及"适用于当事国间关系的有关国际法规则"，该项规定的作用在于将条约解释与国际法体制结合起来，重点可能并不在于"the parties"的具体范围，而是在于该其他条约中的条款是否属于国际法规则。如果不是，则不属于 VCLT 第 31.3 条（c）项意义下的国际法规则，但可能归于其他的条约解释因素范畴，例如，嗣后协定、嗣后惯例、通常含义等。

八、相关内容的比较

（一）VCLT 第 31.3 条与第 31.4 条的比较

VCLT 第 31.4 条规定："如经确定当事国有此原意，条约用语应使其具有特殊意义。""第 31.3（c）涉及可以在条约解释中起作用的范围宽泛的国际法之情形。第 31.4 条指出如下的情形——诸缔约方通过赋予条约用语以某一特定含义的方法缩小了解释活动的范围。第 31.3（c）规定了解释者可以适用条约之外的法律制度中的规定（use matter from the body of law outside the treaty）；而第 31.4 条缩小了对条约中特定或特殊用语的使用焦点（focus），且大多数已为定义条款所表明。"❷

（二）与其他条约解释要素间的关系

"应该根据《维也纳公约》缔结的时间或是在我们正在阅读该评价之时来解释第 31.3 条（c）项吗？或是在通过引用第 31.3 条（c）项的规定正在解释某个其他条约之时？从维也纳规则的规定之上下文和位置来看，上述三个可能性中的最后一个是清楚的。它处于《公约》中标题为'条约的解释'部分中。即使不是存在等级的或最终一定会被循序地适用，第 31 条中的通则在概念上是清楚的：从用语到上下文的过程，通过缔结条约时的任何协定（agreements），从用语到嗣后协定、嗣后惯例以及相关的国际法规则。该结构

---

❶ Richard K. Garadiner, Treaty Interpretation, Oxford University Press, 2008, p. 265.

❷ Richard K. Garadiner, Treaty Interpretation, Oxford University Press, 2008, p. 263.

表明，假如所提及的国际法是条约谈判时或缔结时的该法律的话，从逻辑上讲应将之置于第31条的第1或2段中。如果准备工作趋向于（tend）透露第31.3条（c）项在时际法第一个分支中的诸来源，那么，在《维也纳公约》生效后最终所使用的词语和惯行就表明了比解决时际法问题要更宽泛的对该规定的实际适用。尽管如此，当该规定被援引时，时间因素常常是画面的一部分。”❶ VCLT第31.3条中的“应与上下文一并考虑者尚有”一语表明：“第31.3条中的所有因素应该同等地适用于该上下文的解释过程。尽管（a）项和（b）项（嗣后协定和嗣后惯例）与缔约之后将来发生的事件有关，Greig教授注意到，（c）项并不包含有任何对该时间的标明。尽管如此，他同意，处理将来事件的（a）项和（b）项规定的存在给予了（c）项涵盖缔约时国际法规则和解释条约时的规则之空间。”❷ 尽管如此，Greig教授将VCLT第31.3条（c）项合成的宽泛的范围视为有点反常，考虑到他所描绘的VCLT的“上下文的限制性版本（即限定于文本因素而非外围情形，考虑到通过对条约目的和宗旨的规定而对此进行有限的扩张，以及考虑到第32条对可能会被考虑到的外围情形的考虑之诸情形的限制。”❸

九、小结

特定条约规定之外的国际法的发展为条约用语解释的演进提供了空间。“近年来适用第31.3条（c）项的诸多裁决提供了肯定性回答。国际法向新领域的扩张对此予以了证实，尤其是不仅通过创设具体义务的条约而且还通过确立一般性原则条约的方式，例如关于环境事项的那些一般性原则。在解释上述发展之前已存在的条约时，可能需要予以考虑这些规则。尽管如此，这是促进条约的过程，而非去替代条约。”❹ 整个国际法不应被割裂、孤立、片面甚至故意曲解地实施，对“国际法规则”的适用能使条约随着整个国际法体系而变化和发展，增加了灵活性，而省去了对公约某些不必要的修改。1982年《联合国海洋法公约》中有多个条款提到“（其他）国际法规则”（第2.3条、第19.1条、第21.1条、第31条、第34.2条、第58.3条、第87.1条、第138条、第139.2条、第239.1条、第297.1条、第303.4条）。

❶ Richard K. Garadiner, Treaty Interpretation, Oxford University Press, 2008, p.251.

❷ D. W. Greig, Intertemporality and the Law of Treaties, London: BIICL, 2001, p.46.

❸ Richard K. Garadiner, Treaty Interpretation, Oxford University Press, 2008, p.259.

❹ Richard K. Garadiner, Treaty Interpretation, Oxford University Press, 2008, p.252.

第三章 "目的和宗旨"(object and purpose)研究

"目的和宗旨"是条约正文固有的。通常含义常需借助条约"目的和宗旨"来确定。WTO实践往往以约文解释为主,以上下文解释以及目的和宗旨解释为辅。不应游离于条约用语来考虑"目的和宗旨",它仅被用来澄清正文,而非提供与含义清楚的正文相冲突的独立的意义来源。它也有局限性。目的论派常会陷入司法立法的危险;大多数条约(序言)无单一的、纯粹的"目的和宗旨",而有各种各样的不同的甚至相冲突的"目的和宗旨",该冲突包括内部冲突和外部冲突。常借助"目的和宗旨"的指引来从诸多通常含义中确定一个符合该词语所在上下文的意义。其最核心作用可能在于是确定用语通常含义的证实者、检测者和修订者,而非决定者。解释结果的荒谬性是指使条文不能运转、与"目标和宗旨"或其他条款或与任何上一级的法律规则不一致。

VCLT第31~33条规定了条约解释的要素体系,VCLT第31条和第32条的标题已表明诸要素在条约解释中的不同作用。作为条约"解释之通则"的第31条第1款要求"条约应依其用语按其上下文并参照条约之目的和宗旨具有之通常意义,善意解释之。""因此,人们必须将条约看做一个整体,加上其他相关资料,分析它们各自的作用和价值。这实际上就是国际法律工作者、国际性法院和法庭在遇到困难的解释问题时所做的事情。"[1] 据此,对VCLT第31.1条中的"目的和宗旨"(object and purpose)的含义、地位、价值、局限性、目的与宗旨间的联系与冲突、目的与宗旨与序言和实体条文间关系、目的与宗旨的实现、特定条文的目的与宗旨与作为整体的条约的目的和宗旨间的关系、国际(准)司法实践中关于目的和宗旨的具体应用等诸多问题进行研究,具有重要意义。

---

[1] 安托尼·奥斯特:《现代条约法实践》,江国青译,中国人民大学出版社2005年版,第219~220页。

第一节　依“目的和宗旨”解释的历史、含义、作用、问题及局限性

一、与“目的和宗旨”相关的历史、准备工作及相关规定

VCLT 对“目的和宗旨”的使用有其渊源，与反映缔约国善意履行条约义务的最早条款中的条约解释相关（现在是 VCLT 第 26 条）。《维也纳条约法公约》第一草案包含了一项要求：“a party to a treaty shall refrain from any acts calculated to prevent the due execution of the treaty or otherwise to frustrate its objects.”[1] 将“object”和“purpose”结合起来的似乎是联合国国际法委员会一成员在陈述关于遵守条约义务的草案条文的结果。[2]

VCLT 的某些条款规定/使用了“目的和宗旨”这一用语。按照条文顺序包括以下几点：(1) 第 18 条，标题为“不得在条约生效前妨碍其目的及宗旨之义务”。(2) 第 19 条规定了“目的和宗旨”对条约保留的制约：“一国得于签署、批准、接受、赞同或加入条约时，提出保留，但有下列情形之一者不在此限：……（丙）凡不属（甲）及（乙）两款所称之情形，该项保留与条约的目的和宗旨不合者”。(3) 第 20.2 条也规定了目的和宗旨对条约保留的影响：“如自谈判国之有限数目及条约之目的和宗旨，可见在全体当事国间适用全部条约为每一当事国同意承受条约拘束之必要条件时，保留须经全体当事国接受”。(4) 第 31 条规定了条约“解释之通则”，其第 1 款明确规定“条约应依其用语按其上下文并参照条约之目的及宗旨所具有之通常意义，善意解释之”。(5) 关于以两种以上文字认证之条约的解释，第 33.4 条规定：“除依第 1 项应以某种约文为根据之情形外，如果比较作准约文后发现意义有差别而非适用第 31 条、第 32 条所能消除时，应采用顾及条约目的和宗旨之最能调和各约文之意义”。(6) 第 41.1 条涉及条约目的和宗旨对仅在若干当事国间修改多边条约之协定的限制：“多边条约两个以上当事国得于下列情形下缔结协定仅在彼此间修改条约：……（二）不关涉任何如予损抑即与有效实行整个条约之目的及宗旨不合之规定者”；(7) 第 58.1 条规定了条约目的

---

[1] Waldock, Third Report on the Law of Treaties [1964], Yearbook of the ILC, vol. II, p. 7, draft article 55. 2.

[2] Richard K. Garadiner, Treaty Interpretation, Oxford University Press, 2008, pp. 190 – 191.

和宗旨对多边条约仅经若干当事国协议而停止施行的影响："多边条约两个以上当事国得暂时并仅于彼此间缔结协定停止施行条约之规定，如……（乙）有关之停止非为条约所禁止，且：……（二）非与条约之目的和宗旨不合。"对上述含有"目的和宗旨"条款的适用可增加如何确定条约的目的和宗旨的实例。

二、"目的和宗旨"的含义及确定

国际法中条约解释的三个主要流派包括目的解释学派（强调条约的目的和宗旨）、客观解释学派（强调条约用语）和主观解释学派（强调缔约意图）。目的解释学派"强调条约解释应注重条约所体现的目的或宗旨。条约解释的规则及方法的有效性以符合条约的目的为标准。"❶ 对于条约目的与宗旨间的关系："一般的学者通常将二者等同而不加区分。在各国国内法的实践中，也少有将二者区分的实践。例外的可能是法国。但是，也有学者主张，既然使用的是两个词，那就意味着二者有差异，更何况，VCLT 第 60.3 条（乙）项也单独使用了'目的或宗旨'。"❷《布莱克法律词典》（7th edition）对"purpose""purpose clause"的解释分别是："An objective，goal，or end""An introductory clause to a statute explaining its background and stating the reasons for its enactment"。"object"的含义之一为："Something sought to be attained or accomplished；an end，goal，or purpose"。可见，object 与 purpose 在作"目的/目标"解时为同义词。有些条约在其实体条款中明确列举了条约的目的和/或宗旨，例如，TRIPs 协议第 7 条的标题为"objectives"（目标）、《原产地规则协定》第 9 条的标题为"objectives and principles"（目标和原则）；《联合国宪章》第 1 条阐明了其宗旨。有时候特定的条约类型也可能内在地具有特定的目的和宗旨，例如，解决边界争端的条约可能会被法院认为意图确定最终的边界。

在英语中难以区分"object"与"purpose"，这或许解释了为什么这些词语在 VCLT 中被提及时通常被合成（composite）使用。鉴于 VCLT 中最终使用的该短语明显来源于法语文本，因此，在法语中考虑该术语以及英语中应该规定的任何相同词语，是尤其合适的。❸

对将"object"与"purpose"结合起来使用的做法也存在争议。如上所述，二者的合并使用似乎是国际法委员会的一个委员阐述涉及遵守条约义务的草案条文的一个结果："Mr Reuter 认为，在该条第 2 段，英语词语'ob-

---

❶ 万鄂湘、石磊、杨成铭、邓洪武：《国际条约法》，武汉大学出版社 1998 年版，第 225 页。

❷ 宋杰：《国际法院司法实践中的解释问题研究》，武汉大学出版社 2008 年版，第 9 页。

❸ Richard K. Garadiner，Treaty Interpretation，Oxford University Press，2008，pp. 191，192.

jects'或许在法院中可以用'l'objet et la fin'这个短语来更好地表达。这曾是国际法院在涉及《防止及惩治灭绝种族罪公约》保留"时所使用的措辞。在其他案件中，该法院曾单独使用法语'but'作为英语单词'object'的同义词语。如果它采纳了该建议，那么国际法委员会或许就引入了目的论的细微差别。……但该形式问题也影响到实质，因为义务的 object 是一回事而其 purpose 是另一回事。"❶ 令人相当着急的是，国际法委员会对这两个词语的区别工作没有进一步的推进，但在法国的公法中或许对此有所反映："在灭绝种族罪保留案中，国际法院的用法事实上似乎略微有些不同，法院确实提及了'les fins poursuivies'，可译为'objects pursued'（［1951］ICJ Reports 15，at 23），但涉及'l'objet'时，法院使用了'et la but'，可译为'the object and purpose'（［1951］ICJ Reports 15，at 24）。因此，在英语文本中出现 object and purpose 的每个地方，法语文本开始使用'but'而非'fin'，在 VCLT 中主要在表明条约'术语'的段落中使用'fin'一词（例如，第 45 条、第 60 条等），第 8 条是个例外（代表特定的'fin'或'purpose'）。"❷ Buffard 和 Zemanek 解释了法国公法中对这两个词语的区分，法律行为或法律文件的"l'objet"，其在创立特定的一套权利和义务的意义上发挥作用，而"l'but"则作为确立"l'objet"的理由："因此，根据该法国学说，'object'一词表明规范、条文、由该规范创设的权利和义务的实体内容。条约的目的（object）是实现条约宗旨（purpose）的工具，并且该宗旨是当事方通过条约想要达到的一般结果。尽管能在条约的条文中发现其目的，但其宗旨可能并不总是明确的，易于产生更主观的理解。"❸ 在 ICJ 的某些判决中，存在并不总是将"目的和宗旨"视为一个合成概念的暗示。在 the Oil Platforms 案中，在提出初步反对意见阶段，国际法院在数处共同提及目的和宗旨，并提及 VCLT，但也曾单独提及"目的"（object）、"目标"（objective）、"精神"以及"这些条文的整体所指的东西"。❹

目的解释强调解释一个条约应符合该条约的目的。对这个解释方法最重要的陈述见于《哈佛条约法公约草案》第 19 条第 1 款：对于一个条约的解释应按照条约意在达成的一般目的。该条约的历史背景、准备资料、该条约缔结时缔约各方的情况、企图对这些情况作出的改变、缔约各方在缔约以后适用该条约中的行动，以及解释条约时所流行的情况都应联系该条约意在达成

❶ Yearbook of the ILC，1964，vol. 1，p. 26.

❷ Richard K. Garadiner，Treaty Interpretation，Oxford University Press，2008，p. 191，footnote 158.

❸ Buffard and Zemanek，The "Object and Purpose" of a Treaty：An Enima? p. 326；Richard K. Garadiner，Treaty Interpretation，Oxford University Press，2008，p. 192.

❹ Yearbook of the ILC，1968，vol. 1，paras 27，28，31，36，52.

的一般目的来考虑。值得注意的是，该规定列举了它认为可借以发现解释的条约的目的的一些因素，并且把这些因素按照时间的先后排列，而并不予以等级的区分。对于这一点，《哈佛条约法公约草案》释明如下：对于该项规定中所列举的每个因素应当给予的分量，自然因每一个别案件而不同；所以列举的次序并不重要……在就一个具体案件达到妥善的解释中，全部因素是或可能是重要的，负有解释条约义务的人不应忽视任何一个因素。每个因素可能在某种程度上有助于看清该条约在其环境中准确、全部的"形象"，而且只有在这样考虑后，才能完全了解和有理智地实现它的目的。只有这样才能保证说出该条约的"意义"究竟是什么。[1]

实践表明，难以在条约"目标和宗旨"间发现任何合理区别，且有时在条约的目的和宗旨与一个特定条文的宗旨（purpose）间的区分似乎没有特定性，从这个意义上说，法院和裁判庭倾向于将"目标和宗旨"视为一个单一的但宽泛的事物。当然，这些可被合理地省略，但从一特定条款在条约结构中的作用以及在条约体制中的描述功能意义上来说，特定条文的宗旨作为确定通常含义的一个助手，是上下文的一部分。[2]

三、"目的和宗旨"在条约解释中的作用

尽管对 VCLT 第 31 条诸解释要素间的关系学界存在较大分歧，但许多学者并不否认目的在条约解释中的重要作用。例如，"国际法委员会强调，第 31 条是一个'完整不可分的合并的（解释）操作方法'"[3]；VCLT 第 31 条名为"解释之通则"（General rule）。该单数名词形式强调该条只包含在第一项中的一项规则。因此，我们必须考虑条约解释中三个主要因素——条约约文、它的上下文以及条约的目的和宗旨的每一个因素。解释条约时人们自然地从约文开始，随后是上下文，然后是其他事项，特别是嗣后的资料。[4] 李浩培先生指出，联合国国际法委员会认为条约解释程序是一个统一体，从而 VCLT 第 31 条的各项规定组成一个单一的、互相紧密地连在一起的完整的规则。[5] VCLT 第 31 条第 1 项规定的诸解释要素间"并没有法律效力上的优劣或上下等级之分。"[6] 在 VCLT 解释规则中，"目的和宗旨起到了阐明通常含义的作用，而非仅是条约解释中要考虑的一般性方法的一个指示器……条约解释的

---

[1] 李浩培：《条约法概论》，法律出版社 2003 年版，第 346 页。

[2] Richard K. Garadiner, Treaty Interpretation, Oxford University Press, 2008, pp. 193, 194.

[3] 张东平：《WTO 司法解释论》，法律出版社 2005 年版，第 146 页。

[4] 安托尼·奥斯特：《现代条约法实践》，江国青译，中国人民大学出版社 2005 年版，第 203 页。

[5] 李浩培：《条约法概论》，法律出版社 2003 年版，第 351 页。

[6] 张东平：《WTO 司法解释论》，法律出版社 2005 年版，第 23 页。

目的是要产生促进条约目标的结果。需注意的是，该要素并不允许条约的一般宗旨（purpose）不顾条约文本。在通常含义需要借助条约目的和宗旨之光予以确定的意义上说，目的和宗旨是正在解释的用语通常含义的修正者。”❶对“目的和宗旨”的解释作用尚存疑问：“《防止及惩治灭绝种族罪公约》的‘人道的和文明的宗旨’在国际法院条约解释中起到什么作用？在缺乏明确规定义务的用语时，条约宗旨能弥补该漏洞吗？对目的解释的限制应该是什么？”❷

尽管序言中的目的和宗旨间可能存在冲突，但是，“通常意义的确定不可能抽象地进行，只能根据条约的上下文及其目的与宗旨而予以确定。后一概念，可能是难以理解的。幸运的是，它在解释条约中所起的作用不如在它们的上下文中寻求用语的通常意义那么大，而且，在实践中，考虑其目的与宗旨更多是为了确认一项解释。如果一项解释与该目的和宗旨不相符合，它很可能是错误的。但第1项给予文本解释以优先地位”❸。“尽管WTO实践往往以约文解释为主，以上下文解释和目的解释为辅，但不能因此忽视目的解释的重要地位……目的解释曾在某些WTO案件中发挥了决定性作用，其重要性甚至超过约文解释规则。其中最著名的莫过于美国虾与海龟案。上诉机构在该案中以《建立WTO协定》序言中的‘可持续发展’这一目标为依据，强调环境保护在国际法律秩序中的重要性和合法性，并由此作出所谓‘发展性解释’，将GATT 1994第20条（g）款中的‘可用竭自然资源’解释为既包括非生物资源，也包括生物资源（如该案中的海龟）。”❹

目的和宗旨说强调在对条约进行解释的时候，应特别注意使条约的目的和宗旨得以实现。一般都认为，这一解释理论应特别适用于宪法性条约与造法性条约……在相当程度上应该能够弥补条约规定的不足，填补条约规定的空白，缝合条约与现实间的差距。对于造法性条约，正如国际法院所指出的，由于国家在其上没有特别的利益，所以，充分实现这类条约的目的和宗旨就具有优先性。❺实践中，不应夸大或否定目的和宗旨在条约解释中的作用：“VCLT规则中规定‘目的和宗旨’是为了阐明在其上下文中实际使用的用语含义，而非为寻找其含义提供一个替代物。尽管如此，对此保持谨慎是明智

---

❶ Richard K. Garadiner, Treaty Interpretation, Oxford University Press, 2008, p. 190.

❷ Lori F. Damrosch, etc, International Law : cases and materials (Fifth Edition), West Academic Publishing, 2009, p. 171.

❸ 安托尼·奥斯特：《现代条约法实践》，江国青译，中国人民大学出版社2005年版，第205页。

❹ 刘勇：“论GATT 1994第20条对中国加入议定书的可适用性”，载《环球法律评论》2012年第1期，第155页。

❺ ICJ Reports 1951；宋杰：《国际法院司法实践中的解释问题研究》，武汉大学出版社2008年版，第8~9页。

的，因为条约之‘精神’可能会表明是什么使条约保有生命力的一个朦胧的构想。‘目的和宗旨’是更为明确的一个规定。”❶ 对美国—伊朗关于伊朗维持在第三方的‘安全账户’诉求的裁决也清楚表明，条约的目的和宗旨不能被用来变更条约用语的清楚含义：“即使当一方涉及作为条约上下文最重要部分的条约目的和宗旨时，该目的和宗旨也并不构成独立于该上下文的一个要素。不应游离于条约用语来考虑条约的目的和宗旨。目的和宗旨是条约正文所固有的。依据 VCLT 第 31 条，条约的目的和宗旨仅被用来澄清正文，而非提供与含义清楚的正文相冲突的独立的意义来源。”❷ “目的与宗旨虽与条约解释相关，但它必须在约文文本分析的范围之内考虑。目的解释不得优先于文本分析或凌驾于文本分析之上，而且，目的和宗旨是评价解释结果（正当性）的检测手段，并没有形成一个独立的解释依据。”❸

有时候，法庭似乎将条约的目的和宗旨作为如此显而易见的东西，以至于在特定条款的上下文中直接予以考虑。上诉机构曾在美国某些虾及虾制品进口禁止案中采用过类似方法：“专家组并没按照 DSU 第 3.2 条的要求，遵循适用‘国际公法习惯解释规则’的所有步骤。正如我们多次强调的，这些规则要求对条约用语的通常含义进行审查，在其上下文中理解，并依据所涉条约的目的和宗旨。条约解释者必须从需要解释的特定条文开始并聚焦于此。正是在构成该条文的词语中，从对这些词语的上下文的理解中，首先寻找缔约国对条约的目的和宗旨的期望。如果文本本身赋予的含义模棱两可或并不确定，或需要对文本本身理解的正确性予以证实，那么，从作为一个整体的条约之目的和宗旨中寻找启发或许有用。”❹

总之，VCLT 第 31 条规定的“解释之通则”：“尽管涉及的问题并不总是相同，但已被所有参与者和第三方所依赖。该解释的一般规则已获得习惯规则或一般国际法地位。因此，它构成了‘习惯国际公法解释规则’的一部分，依据 DSU 第 3.2 条，上诉机构受其指导将其适用于寻求对《总协定》和《WTO 协定》其他‘涵盖协定’条文的澄清。该指引反映了对不应孤立于国际公法之外来理解《总协定》的措施的承认。”❺ “GATT 1994 规定的肯定承诺，例如第 1 条、第 3 条，与第 20 条列举的‘一般例外’中所体现的政策和利益之间的关系，能够由条约解释者在《总协定》和其目的和宗旨框架中，

---

❶ Richard K. Garadiner, Treaty Interpretation, Oxford University Press, 2008, p. 192.

❷ USA, Federal Reserve Bank v. Iran, Bank Markazl Case A 28, (2000 - 02) 36 Iran-US Claims Tribunal Reports 5, p. 22, para 58.

❸ 张东平：《WTO 司法解释论》，法律出版社 2005 年版，第 146 页。

❹ WT/DS58/AB/R, 12 Oct. 1998, para 114.

❺ WT/DS2/AB/R, p. 14.

仅在个案基础上，通过对一特定争端中的事实和法律背景进行详细审查方法而赋予意义，不能漠视 WTO 成员自身为表达其意图和目的（intent and purpose）所实际使用的词语。”❶

四、“目的和宗旨”解释中存在的问题、局限性

显然，VCLT 尚未解决条约解释中的所有难题：“国际法院、其他国际法院和国家已将 VCLT 第 31～32 条中包含的方法论视为条约解释的习惯国际法的公布。尽管如此，这些条款本身就需要解释。解释者如何确定条约的‘目标和宗旨’？所规定的‘宗旨’是否隐含着目的论的（故意的）作用？作为‘上下文’的因素需要考虑哪些？它们限于第 31.2 条的明确规定项目吗？‘动态的’解释具有盲从性吗，例如，第 31.3 条对‘任何嗣后惯例’的规定？依第 32 条对‘补充手段’的使用限于该条规定的情形吗？这些和可比较的难题是国际法院磨坊中的谷物，经常会涉及条约解释难题。在 Bosnia and Herzegovina v. Serbia and Montenegro 案（2007 I. C. J. 191）中，法院注意到《防止及惩治种族灭绝罪公约》所规定的成员国义务依赖于对该公约用语在其上下文中和依据该公约的目的和宗旨所理解的通常意义。”❷ “在 WTO 体制中，要找出缔约方的共同目的有时并不容易。因为诸条约中经常有着不同的甚至是相互冲突的目的和宗旨。”❸ 例如，TRIPs 协议序言以及第 7 条和第 8 条都规定/涉及该协议的目的和宗旨，但它们之间存在明显的且可能是难以较好协调的冲突，因为知识产权的私权属性强调对知识产权持有人无形财产权的保护。在西方国家，私有财产神圣，这必然与序言中规定的“认识到各国知识产权保护制度的基本公共政策目标，包括发展目标和技术目标”存在结构性冲突。TRIPs 协议第 7 条规定了其 5 个体现公共利益原则的目标：技术创新、技术转让和传播、技术知识的生产和使用、社会和经济福利、权利义务平衡。正是这些目标与序言中私权保护目标间的冲突，导致了两类国家学者对该条的含义、效力、适用范围等问题存在迥然不同的解读，西方许多学者认为该条解释性价值与序言中的任何规定相当，对其后的权利人条款没有约束和指导效力，主张第 7 条和第 8 条没有法律效力，应当取消或置于序言之中。❹ 此处还涉及规定在条约正文中的目的/目标的法律效力问题。对此，国内外学者间基

❶ WT/DS2/AB/R，p. 15.

❷ Lori F. Damrosch，etc，International Law：cases and materials（Fifth Edition），West Academic Publishing，2009，pp. 167，168.

❸ 张东平：《WTO 司法解释论》，法律出版社 2005 年版，第 147 页。

❹ 冯寿波：“TRIPs 协议公共利益原则条款的含义及效力——以 TRIPs 协议第 7 条能否约束其后的权利人条款为中心”，载《政治与法律》2012 年第 2 期。

于不同价值观和利益，分歧很大；WTO 争端解决机构知识产权成案中尚无对此问题的明确阐述，但在其他领域案件中有所涉及：“有时即使是协定中明确载明的目标，也不过是目标，而不能构成现行承诺或义务的内在要素。在欧共体荷尔蒙案中，对 SPS 协定第 5.5 条中关于‘为实现在防范对人类生命或健康、动物或植物的生命或健康的风险方面适当的卫生与植物检疫保护水平的概念的适用的一致性的目标……’的规定，专家组和上诉机构都认为该规定只是一个目标，而没有确立一项‘一致’的法律义务。”❶

涉及‘目的和宗旨’的主要问题是：“目的和宗旨意味着什么；如何确定它们；它们有什么用……目的和宗旨概念的准确性质、作用和适用在条约法中呈现出某些不确定性，并且在主要研究该问题的标题中被描述为一个‘谜’。”❷“怎样判断一项条约的目的与宗旨，有时却并不是一件很容易的事情，更何况，条约的目的与宗旨究竟是怎样的关系，二者是否具有统一性，这本身就是一个有争议的问题。条约有没有所谓‘发展过程中出现的宗旨’，这本身就值得研究。同时，在根据条约的目的与宗旨对条约进行解释时，一般倾向于给予相应条款或文字以效果，但是，究竟应该给予多大的效果，这却是一个有着相当大的自由裁量权的问题，因而不免有很大的主观性。”❸ 条约解释的“这三种流派的观点不一定是相互排斥的，而且解释条约的想法可以说是（通常也的确是）上述三种观点综合而成的。但是，每个流派通常把条约解释的某个特定因素置于首位，虽不一定排除其他因素，但肯定凌驾于其他因素之上……目的论派则常会‘溢入’司法立法的危险……总之，这三个流派各有利弊。”❹ 可见，如同 VCLT 第 31 ~ 33 条规定的其他解释要素一样，“目的和宗旨”在条约用语解释中既有其独特的作用，也有其难以克服的局限性。实践中，国际（准）司法机构有时仅阐明目的和宗旨，而不准确解释目的和宗旨如何导致结论的过程。

---

❶ WT/DS26/AB/RMWT/DS48/AB/R，para 213；WT/DS26/R，WT/DS48/R，para 8.169. 参见张东平：《WTO 司法解释论》，法律出版社 2005 年版，第 148 页。

❷ Richard K. Garadiner，Treaty Interpretation，Oxford University Press，2008，p. 190.

❸ 宋杰：《国际法院司法实践中的解释问题研究》，武汉大学出版社 2008 年版，第 9 页。

❹ 赵维田：《WTO 的司法机制》，上海人民出版社 2004 年版，第 57 ~ 59 页。例如，Richard K. Garadiner 认为：“可能对于应如何解释条约问题的最常见回应是沿着“你必须寻找当事方的意图”的线路。给予的进一步的回答常是应寻找条约的“精神”（spirit）。当事方的意图或条约的精神都离条约解释目标（objective）并不遥远，但 VCLT 规则并未明确地将其作为指导性原则而提及。尽管如此，如果恰当地适用 VCLT，意图的发现就是该实施的一个结果；但这是条约真实含义意义上的意图，而非与其有别的当事人的意图……VCLT 曾考虑过三个一般方法，从其常被贴的标签中昭示了其一般性质：（1）字面的（literal）；（2）目的论的（teleological）；（3）意图（intention）。VCLT 采纳了前两个方法。该方法的一般意义在于通过考虑 VCLT 规定的所有相关因素获得依据条约上下文所记录的当事国意图的正当尊重，但没有从无关来源的意图中进行广泛搜寻。” See Richard K. Garadiner，Treaty Interpretation，Oxford University Press，2008，pp. 6，8.

WTO上诉机构也曾在美国某些虾及虾制品进口禁止案中指出条约“目的和宗旨”在条约解释中作用的有限性：“而且，专家组没能认识到大多数条约并没有单一的、纯粹的目的和宗旨，而是具有各种各样的不同的甚至可能相冲突的目的和宗旨。这对《WTO协定》而言当然正确。因此，尽管《WTO协定》序言的第1段要求扩大货物和服务贸易，但是该同一条文也承认，依据《WTO协定》，国际贸易和经济关系应当允许‘依照可持续发展的目标，对世界资源的最佳利用’，并应该寻求‘保护和维护环境’。当专家组进行一项《WTO协定》文本中没有发现的新测试时，专家组实际上片面地考察了《WTO协定》的目的和宗旨。”❶“尽管第31条使用‘目的和宗旨’的单数形式，但毫无疑问，公约容纳了多种目的和宗旨的可能，因为大多数条约的目的和宗旨不是单一的、纯粹的，而是在一定范围内不同的甚至可能是相互冲突的。”❷这种冲突可能会增加解释者确定条文效力或条约用语含义时的困难，增加了条约解释中的不确定性。

此外，条约目的和宗旨间的冲突还存在内部冲突和外部冲突的情况。内部冲突主要指同一条约的目的和宗旨间以及条约的目的和宗旨与具体条文的目的和宗旨间的冲突、子协定的目的和宗旨与母协定目的和宗旨间的冲突以及子协定间目的和宗旨间的冲突；外部冲突是指一条约目的和宗旨与相关协定目的和宗旨间的冲突，前者如TRIPs协议序言中的目的和宗旨与《WTO协定》中的目的和宗旨间的冲突，后者如TRIPs协议与《联合国气候变化框架公约》《生物多样性公约》等序言中载明的目的和宗旨间的直接或潜在冲突。“WTO中包含多种层次的目的，既有整个WTO协定的一般目的，又有具体协定、具体条款的目的。它们之间关系如何？整个协定的一般目的是否应优先于（或高于）具体条款的目的被考虑，或者相反？……WTO争端解决中规则解释的通常实践是既参考相关的一般目的，又关注具体目的，但在一个条款有其特定的具体目的时，更加强调具体目的在该条款解释中的实现，反对泛泛地以总的目的和宗旨的应用取代对该条款的具体目的和宗旨的审查和应用。”❸产生上述冲突的原因之一在于，缔约方对于国际经济、政治关系中的基本价值目标较容易达成共识。例如，世界和平的维护、推动公平、自由的国际贸易、知识产权、人权和环境的保护等，但对于如何具体实现上述目标以及如何解读相关条约用语，往往会存在较大分歧，因为这会切实关涉缔约方条约下的具体法律权利和义务，更何况条约诸多目的和宗旨间本来就常存

---

❶ WT/DS58/AB/R，12 Oct. 1998，para 17.

❷ Sir Ian Sinclair，The Vinna Convention on the Law of Treaties（2nd edition），Manchester University Press，1984，p. 130. 转引自：张东平：《WTO司法解释论》，法律出版社2005年版，第150页。

❸ 张东平：《WTO司法解释论》，法律出版社2005年版，第167页。

在竞争关系或冲突，争端中的解释者也仅会从自身利益角度出发来进行解释。因此，条约的目的和宗旨在协助澄清条约用语方面的作用会受到主客观条件的制约。“虽然公约对条约解释的规则进行了编纂，但条约解释在实践中的问题却并没有完全得到解决。所形成的最终条文，由于弹性过大，仍然给予了人们在不同解释规则之间进行广泛选择的机会。正如Bos教授所指出的，《公约》关于解释的规则给解释者留下了相当大的自由。从文本出发，解释者可通过运用这些解释规则得出不同的结论而不违背这些条款的文字或其精神（Maarten Bos，1980）。解释者对解释规则的选择不是取决于规则本身，而是取决于解释目的与解释者本身等相关因素。”❶ 最后，“目的论的解释方法可能对条约制定后加入的缔约国是不公平的，因为这些国家没有参与条约的谈判，因此，条约的谈判中没有他们的声音。”❷

第二节 “目的和宗旨”与VCLT其他解释因素的比较

一、“目的和宗旨”与上下文（条约序言）

可以说，“上下文”一词是贯穿VCLT第31条的一个核心词语，第31条规定了“解释之通则”，其第1款规定：“条约应依其上下文并参照条约之目的和宗旨具有之通常含义，善意解释之。”该款规定了条约解释的三个核心要素——通常含义、上下文以及目的和宗旨。尽管其含义和作用有别，但互相联系与补充，都构成条约解释要素体系的一部分。VCLT第32条界定了上下文的范围：“就解释条约而言，上下文除指连同序言及附件在内之约文外，并应包括……之任何协定……之任何文书。”通常可以在条约序言中发现条约的目的和宗旨。

任何表达总有其一定的上下文，且“任何用语都只有通过考虑其他被使用的上下文时才可以得到充分的理解。”❸ “上下文”一词在VCLT第31条规定“解释之通则”的三款中都可说是关键词语，将VCLT第31条各款有机联系起来。鉴于争议中的条约用语的词典含义往往不止一个，因此，关注“上下文”的主要原因是为了证实“通常含义”，经常借助条约目的和宗旨的指引

---

❶ Maarten Bos, Theory and Practice of Treaty Intepretation, Netherland International Law Review, 1980, vol. XXVII, pp. 36, 37，参见宋杰：《国际法院司法实践中的解释问题研究》，武汉大学出版社2008年版，第12页。

❷ 黄东黎：“主张一定的灵活性——国际法条约解释理论和实践研究”，载《国际贸易》2005年第3期，第36页。

❸ 安托尼·奥斯特：《现代条约法实践》，江国青译，中国人民大学出版社2005年版，第204页。

来从诸多通常含义中确定一个符合该词语所在上下文的一个通常含义。除包括序言和附件在内的条约正文外，VCLT 第 31.2 条中的上下文含义还包括诸协定和文书（instrument）。❶ VCLT 第 31.2 条的作用是依据 VCLT 的目标界定“上下文”，并因此提供第 31.4 条规定的特殊含义。VCLT 第 31.2 规定对于条约的缔结非常重要。

VCLT 第 31 条规定的“上下文”在条约解释中的使用有两个主要作用和方面：“规定‘上下文’的第一个作用是作为条约使用的词语的通常含义的直接限定语，由此，‘上下文’是选择通常含义的一个助手，是任何超字面解释方法的修正者；第二个作用是在 VCLT 规则中对被考虑作为构成上下文的材料的识别。通过阐述第二个作用，将注意力置于条约的整个约文、序言和任何附件，就可以界定‘上下文’了。”❷ “在该后一作用中宽泛提及的上下文的事实并不排除在直接语境中理解词语的上下文中所理解的某事项的通常含义。如果一单词构成了一短语的一部分，那就是必须作出的明显的、最初的上下文评估。使用上下文的第二个方面是适用更宽泛的定义。这指引着解释者注意许多因素，包括那些相当直接的因素，例如，附近条文的用词、条文的标题和标点符号，还包括更远的要素，例如，与涉及近似事项的其他条款的比较或使用近似的措辞、扩展到通向作为一般规则的第一段中的其他要素桥梁的上下文的功能，即‘目标和宗旨’。”❸ 此外，“除了直接语境意义上的上下文和 VCLT 第 31.2 条中界定的更广泛含义，上下文可能还包括条文中蕴含的任何结构或计划或作为一个整体的条约。”❹ 在加拿大影响民用飞机出口措施案中，WTO 上诉机构的裁决展示了对通向这样结构的上下文的探究。❺

VCLT 第 31.2 条明确规定“上下文”包括条约的序言。条约序言在条约解释中的确定性和可预见性目标实现方面有其内在机制。学者们几乎一致认为，条约序言无法律效力，其法律价值主要在于解释性价值，甚至还包括补漏价值和促成条约缔结的价值。“国际文件的引言通常没有什么法律含义，也很少需要说明。这类引言往往通过一些引述语来指明有关条约的宗旨。《伯尔尼公约》的引言沿袭了这一惯例。”❻ “序言有时主要是包含一些政治性的声

---

❶ VCLT 第 31.2 条规定：“就解释条约而言，上下文除指连同序言即附件在内之约文外，并应包括：（1）全体当事国间因缔结条约所订与条约有关之任何协定；（2）一个以上当事国因缔结条约所订并经其他当事国接受为条约有关文书之任何文书。”

❷ Richard K. Garadiner, Treaty Interpretation, Oxford University Press, 2008, p. 177.

❸ Richard K. Garadiner, Treaty Interpretation, Oxford University Press, 2008, pp. 177, 178.

❹ Richard K. Garadiner, Treaty Interpretation, Oxford University Press, 2008, p. 182.

❺ WT/DS70/AB/R, paras 155, 156.

❻ 《保护文学艺术作品伯尔尼公约指南》，刘波林译，中国人民大学出版社 2002 年版，第 8 页。

明。”❶“如同其他国际条约一样，序言也构成条约的一部分，但其并没有设立具有约束力的法律义务。更准确地讲，序言服务于解释各国的动机和《粮食和农业植物遗传资源国际条约》的基本前提，序言还服务于表述缔约各国和各组织的额外关注，而所有这一切额外关注在条约的实体条款中是无法充分表达。”❷“序言（如果有的话）通常由一套说明组成。这些说明一般包括在条约起草中起到了作用的动机、目标和考量。”❸“序言中的说明并非规定义务的适当地方，通常在条约的有效条款中或附件中规定义务。尽管如此，序言可能会规定解释性承诺。例如，在《议定书》中强调不应将该议定书解释为包含当事方在任何既存国际协定下的权利和义务的变化。因此，如果实体性条款中的用语提供了数个意义可供选择，与其他文件下权利和义务背道而驰的那些意义就会被排除。说得更明白些，实体性条款通常比序言具有更大的明确性和精确性；但如果对实体性条款的含义存有疑问，序言可使较宽泛的解释或至少对限制性解释的拒绝具有合理性。”❹ WTO 争端解决实践中时常利用条约序言规定的目标和宗旨来解释附件协定正文条款的含义。例如，在加拿大专利药品保护案中，加拿大就曾引用 TRIPs 协议序言第一节来回答诉讼程序中的基本问题——被质疑的措施是否属于 TRIPs 协议第 30 条规定的“有限例外”。加拿大认为必须根据 VCLT 来解释 VCLT 第 30 条的语言。VCLT 第 31.1 条规定了基本原则——条约应依其用语按其上下文并参照条约之目的及宗旨所具有之通常意义，善意解释之。该条第 2 段继续规定所要解读的条约词语的上下文还包含条约序言。在寻求确定第 30 条范围时，把加拿大提出的下列主张铭记在心是重要的：“TRIPs 序言第 1 段规定……因此，该序言证明了下列谅解：对知识产权的保护不应当超过‘有效和充分’之规定，因为任何更高水平的保证将会危及其他重要利益。”❺ 在巴西椰子干案中，专家组两次提及《WTO 协定》序言中的宗旨来论证其相关观点：“在我们看来，这个结果既不明显的荒谬也非不合理。事实上，我们认为这完全与《WTO 协定》序言中确定的发展一体化的多边贸易体制的宗旨相一致。”❻

条约序言主要有三个价值：序言能表述缔约方的额外关注及分歧，促成条约的缔结；序言阐明条约缔结的背景、基本目标；序言对条约正文具有重要的解释性价值。尽管条约序言中规定的目标和宗旨间可能存在冲突，条约

---

❶ 安托尼·奥斯特：《现代条约法实践》，江国青译，中国人民大学出版社 2005 年版，第 367 页。

❷ ［英］杰罗德·莫尔，［加］维托尔德·提莫斯基：《〈粮食和农业植物遗传资源国际条约〉解释性指南》，王富有译，中国政法大学出版社 2011 年版，第 30 页。

❸ Richard K. Garadiner, Treaty Interpretation, Oxford University Press, 2008, p. 186.

❹ Richard K. Garadiner, Treaty Interpretation, Oxford University Press, 2008, pp. 186, 187.

❺ WT/DS114/R, 17 March 2000, para 4. 13.

❻ WT/DS22/R, paras 242, 279.

序言能提供缔约背景和宗旨，对于条约正文来说起到引言的作用，而作为VCLT第31.1条规定的“条约的目标和宗旨”经常构成条约序言的一个重要内容。可见，序言在条约解释中具有独特的重要作用。

二、“目的和宗旨”与通常含义

李浩培先生认为：“第31条的精神是：约文必须被推定为各条约当事国的意思的权威性的表示，从而解释的出发点是阐明约文的意义，而不是从头调查各当事国的意思。……条约当事国应被推定为具有其所使用的词语的通常意义的意思，这是约文解释的精髓；词语的通常意义不应抽象地予以决定，而应按该词语的上下文并参与该条约的目的和宗旨予以决定，这是常识和善意的要求，也是折中地采纳了目的解释。”❶“甚至在VCLT缔结前，条约用语的‘通常含义’作为从上下文分离出来进行解释的作用当时尚不为人们所理解。通常含义或许具有决定性作用，但仅在上下文对此予以证实时且并不存在偏离该解释的其他因素。”❷

依据词典而查出的“通常含义”也不例外，因为词典的目的在于囊括该词的所有含义，不论这些含义是常见的还是不常见的、一般性的还是专业性的，所以，一词的词典含义往往不止一个，并且相互间可能还存在冲突。因此，在其中选择一个契合具体案件或条约具体条款语境的词义并不容易。词典中“通常含义”的非单一性几乎不可避免地决定了条约用语“通常含义”的确定常需依赖于VCLT规定的其他因素。这主要是因为：“字典意义通常是某个用语在各种情况下使用所具有的意义，是单个用语的全部或几乎全部的含义，是一般的或抽象的意义，因此它通常可以被用于确定用语可能有的意义的范围，但解释者不应局限于抽象的词典意义，而必须进一步结合具体情况从中探究出具体的通常意义。”❸

虾与海龟案的专家组认为：“第20条的开头语应在其上下文并依据GATT和《WTO协定》的目标和宗旨进行解释，该开头语仅允许成员方在不损害WTO多边贸易体制并不滥用第20条中包含的例外时才可以背离GATT条款。如果所保证的多边框架中的市场准入和非歧视待遇不再可能，一成员就损害了《WTO协定》的运行。……因此，我们认为，当考虑第20条下的措施时，我们必须确定不仅措施本身是否损害WTO多边贸易体制，而且该类型措施，如果被其他成员采纳，是否会威胁多边贸易体制的安全和可预见性。”❹ 该案

❶ 李浩培：《条约法概论》，法律出版社2003年版，第351页。

❷ Richard K. Garadiner, Treaty Interpretation, Oxford University Press, 2008, p. 165.

❸ 张东平：《WTO司法解释论》，法律出版社2005年版，第56页。

❹ WT/DS58/R, para 7.44.

上诉机构认为："专家组没有遵循 DSU 第 3.2 条所要求的适用'国际公法习惯解释规则'的步骤。正如我们已多次强调的，这些规则需要审查条约用语的通常含义、在其上下文中理解并根据所涉及条约的目的和宗旨。条约解释者必须从需要解释的特定条款的文本开始并聚焦于此。正是在构成该条款并在其上下文中理解的这些词语中，必须首先寻求条约中成员方的目的和宗旨。如果文本本身的含义模棱两可或不确定，或如果想要证实对文本本身理解的正确性，那么，总的来说，从条约的目的和宗旨中可得到启示。在本案中，专家组并未明确审查第 20 条用语的通常含义。专家组忽视了下列事实：第 20 条的介绍性条款（introductory clauses）论及了寻求正当性措施'被适用'的方式。在美国汽油案中，我们指出了第 20 条的开头语通过其明确用语，与其说提及了被质疑的措施或其具体内容，不如说适用该措施的方式。专家组并未特别探究 609 条款的适用如何'对情况相同的各国构成任意的或不合理的差别待遇，或构成对国际贸易的变相限制'。专家组为审查措施与第 20 条开头语的一致性所做的事情是反复聚焦于措施本身的设计。例如，专家组强调'成员方采取的单边措施可能会危及多边贸易体制。'尽管如此，与措施的适用相区别，在确定该措施是否属于第 20 条开头语之后的例外规定之一的过程中，审查措施的一般性设计。专家组未能详细审查该开头语的上下文：即第 20 条的（a）~（j）段，专家组并未调查第 20 条开头语的目标和宗旨。相反地，专家组调查了整个 GATT 1994 和《WTO 协定》的目标和宗旨，并以过于宽泛的方式描述该目标和宗旨。因此，专家组非常宽泛地得出如下简单化的结论：'损害 WTO 多边贸易体制'的措施必须被视为'与第 20 条开头语所允许的措施范围不符'。维护而非损害多边贸易体制必定是《WTO 协定》中蕴含的根本的、普遍的前提，但它并非权利或义务，也非在依据第 20 条开头语评价特定措施中能够利用的一项解释性规则。在美国汽油案中，我们曾阐明，强调第 20 条介绍性条款中的目标和宗旨通常是防止'滥用第 20 条中的例外'。专家组并未试图调查争议措施是如何正在被以构成对例外的滥用或误用的方式被适用。"[1] 上诉机构推翻了专家组的下列裁决：美国的争议措施不属于 GATT 1994 第 20 条开头语下的措施范围。[2] 在专家组和上诉机构的分析中，涉及 VCLT 第 31 条中的通常含义、上下文、目的和宗旨等要素在解释条约用语中的协同作用、地位，特别是特定条文的目的和宗旨与作为整体的条约的目的和宗旨间的关系以及具体条文中"开头语"在条约解释中的作用。

---

[1] WT/DS58/AB/R，paras 114，115，116.

[2] WT/DS58/AB/R，para 187.

三、“目的和宗旨”与条约的“准备工作”“缔约情况”

条约“准备工作”应包括条约缔结前后与条约谈判、缔结相关的所有书面、口头资料，只是口头资料仅作为例外而使用。“准备工作能证明当事国在准备阶段的观点和意图，但它不能确立关于经同意的条约义务之意图。此外，在准备阶段对主张的交流不能替代最终已被采纳的文件中的含义。”❶ “准备工作具有合格的相关性特征，就准备工作不能反映诸当事方真实意图而言，准备工作缺乏证据价值。此外，并没有根据来支持对准备工作的借助，并且如果条约文本清楚，无论如何，就没必要诉诸准备工作；实际上，该借助是被禁止的。”❷ VCLT 第 31 条、第 32 条规定的诸要素在条约解释中的地位与作用并不相同，既有较密切联系，也有明显区别。就其联系而言，公约规定的诸解释方法是对条约解释主要流派主张的一个兼顾，构成了条约解释规则的有机体系，具有相对完整性与内在逻辑性；由于 VCLT 第 31 条规定的条约正文本身是否清楚在某种程度上都具有主观性。因此，VCLT 第 32 条具有内在的灵活性。但是，如果“准备工作”与条约文本和目的相冲突，就不应当认为其具有相关性。

“当对正文的解释模糊时，解释之通则提供了确定当事方意图的多样方法，实践中就借助条约目的和宗旨、其上下文、国际法一般规则和嗣后惯例。仅在用尽 VCLT 第 31 条所列举的所有方法后仍存模糊性，才可借助准备工作或条约缔结的情形。如果不符合该顺序要求，准备工作简直就毫不相干。同样，解释结果的荒谬性并非从某些观点来看是不相宜的、不愉快的或不可接受，对当事方来说不可接受或对其利益来说并非有益，而是指使条约条款不能运转了、与条约目标和宗旨或其他条款或与任何上一级的法律规则不一致。一般而言，准备工作包含无数的声明，其中的许多声明与法律义务无关，仅为政治目的或礼节，条约准备的通常过程正是这样。如果这些声明不能为协定提供证据，对为确定条约解释效果而要求对该类声明的每一个进行解释而对准备工作的依赖，无疑是复杂的，并且最后可能会被证明无用，如果可能，就必须避免对准备工作的借助。”❸ “因为人们总是提及解释准备工作的危险而非解释条约的危险，因此，在借助任何准备工作时，都必须谨慎从事。”❹

---

❶ Alexander Orakhelashvili, The Interpretation of Acts and Rules in Public International Law, Oxford University Press, 2008, p. 384.

❷ J. H. Spencer, L'interpretation des traits par les travaux preparatoires, 1934, pp. 125 – 127, 165 – 167, 196.

❸ Alexander Orakhelashvili, The Interpretation of Acts and Rules in Public International Law, Oxford University Press, 2008, pp. 382, 383.

❹ Judge Spender in Guardianship of Infants, ICJ Reports, 1958.

"《欧洲人权公约》的特殊性质意味着对该公约准备工作的依赖有必要持特别的谨慎。作为条约解释的一般指导，准备工作是众所周知地不可靠；准备工作并非经常是有帮助的。"❶ "因此，接触准备文件时必须要时刻小心。它们的调查是费时间的，其作用经常是边缘性的而极少是具有决定性的。……所以这些补充性方法都需要特别小心地予以适用。它们只不过是解释的辅助手段，如果盲目地适用很可能导致错误的结果。"❷

"准备工作"在条约解释中的地位和作用不应一概而论，因为"准备工作"相关资料可能并不总是存在，也可能很多，且内容上可能存在矛盾、模糊之处，或与需要解释的条约条款相关性程度、价值不一，或根本就不存在准备工作资料，"特别是准备资料，或条约谈判的记录，在很多情况下是不完全的或容易引起误解的，从而在决定其作为解释资料的价值时应当谨慎，并且第 32 条也只是在有限的范围内采用为解释资料。……国际法委员会也无意在补充性解释资料和权威性因素之间划出一条严格的界限。"❸

VCLT 第 32 条本身并未阐明"缔约情况"的含义和范围。"依据 VCLT，'缔约情况'既包括条约缔结时的当时情况，又包括缔约时其历史背景。"❹ "缔约之情况通常包括条约缔结时的形势、背景、缔约各方状况等主、客观方面的情况。"❺ 至于"缔约情况"究竟具体包括哪些内容以及范围如何，与"条约之准备工作"等概念间的联系与区别，目前尚不清楚。

第三节　"目的和宗旨"的确定

VCLT 第 31 条规定的"上下文"包括条约序言，序言中常会规定"目的和宗旨"。但并非所有条约都有序言，也并非所有序言中都规定有"目的和宗旨"，例如，在加拿大影响民用飞机出口案中，就出现了 SCM 没有序言的情形："专家组注意到《SCM 协定》并不包含有对其目的和宗旨的任何明确阐述。因此，专家组认为赋予涉及该协定目的和宗旨的争议以不适当的重要性

---

❶ Jacobs, White & Ovey, The European Converntion on Human Rights, Oxford University Press, 2006, p. 40; D Harris, M. O'Boyle & C. Warbrick, The Law of the European Convention on Human Rights, Oxford University Press, 1995, p. 17.

❷ 安托尼·奥斯特：《现代条约法实践》，江国青译，中国人民大学出版社 2005 年版，第 216 页、第 219 页。

❸ 李浩培：《条约法概论》，法律出版社 2003 年版，第 352 页。

❹ Malgosia Fitzmaurice, Treaty Interpretation and VCLT: 30 Years on, Martinls Nijhoff Publishers, 2010, p. 158.

❺ 张东平：《WTO 司法解释论》，法律出版社 2005 年版，第 218 页。

并不明智。尽管如此，我们认为，对政府净成本的废止并非《SCM 协定》中所包含的多边纪律的目的和宗旨。该协定的目的和宗旨可适当地被归纳为，确立规制‘政府干预扭曲国际贸易，或潜在扭曲国际贸易’的某些形式的多边纪律。”❶“解释者如何确定条约的‘目的和宗旨’？提及‘宗旨’是否意味着一个目的论方法，解释者据此可能会寻求在条约字面用语之外发展条约的目的（goals）?”❷ 该案专家组在条约无序言情形下主动查明/归纳出该协定的目的和宗旨。可见，如何发现并确定条约的目的和宗旨对于用语的解释就比较重要。一般来说，有两个途径可发现目的和宗旨：从条约序言和从实体条文中。至少序言为寻找目的和宗旨提供了一个起点，因为可能会在正文中发现关于目的和宗旨的进一步规定。“条约的目的和宗旨要从作为一个整体的条约中得以确立。条约序言也是查找一项条约目的和宗旨表述的自然位置；当然，序言以外的其他相关条款有时也明确地或隐含地表述了条约目的和宗旨方面的内容。”❸

前文第三部分比较了目的和宗旨与条约序言的解释性作用。实际上，条约序言在涉及目的和宗旨方面也存在自身的局限性：“尽管序言似乎可能是确定条约目的和宗旨的一个明显的起点，但仍有必要保持谨慎，因为序言并非总是认真起草的，且序言自身也可能需要解释。”❹

“尽管序言或许被用来作为对条约目的和宗旨进行概括的一个便利途径，VCLT（第 31.2 条）和实践清楚表明，解释者需要理解整个条约。因此，实体性条文将会为目的和宗旨提供更充分的说明。WTO 上诉机构已在许多场合提及序言，但它是在对相关条约的实体条文进行非常详细考虑的过程中才这么做的。”❺ 在美国某些虾及虾制品进口禁止案中，上诉机构在论及 GATT 1994 第 20 条时指出：“环境目的（purpose）是适用第 20 条根本所在，不可无视该目的，尤其是《WTO 协定》的序言承认贸易规则‘应当符合可持续发展的目标’。”❻ 在 Chile Price Band System 案中，上诉机构指出：“我们忆及《农业协定》的序言阐明了该协定的目的和宗旨是‘确立公平的、以市场为导

---

❶ WT/DS70/R, 14 April, 1999, para 9.119.

❷ Lori F. Damrosch, etc, International Law : cases and materials (Fifth Edition), West Academic Publishing, 2009, p.165.

❸ Jeff Waincymer, WTO Litigation, Procedural Aspects of Formal Disputes Settlement, Cameron May Ltd., 2002, p.436; Sir Ian Sinclair, The Vinna Convention on the Law of Treaties (2nd edition), Manchester University Press, 1984, p.130. 转引自：张东平：《WTO 司法解释论》，法律出版社 2005 年版，第 150 页。

❹ Richard K. Garadiner, Treaty Interpretation, Oxford University Press, 2008, p.196.

❺ Richard K. Garadiner, Treaty Interpretation, Oxford University Press, 2008, p.197.

❻ WT/DS58/AB/R, 12 Oct. 1998, para 12.

向的农业贸易体制'，并'应通过支持和保护承诺的谈判及建立增强的和更行之有效的GATT规则和纪律发动改革进程。'该序言进一步阐明，为实现该目的（objective），有必要削减保护，通过达成'具体约束承诺'，尤其在市场准入领域，'从而纠正和防止世界农产品市场的限制和扭曲'。"❶ "最后，《SPS协定》的目的和宗旨以及《WTO协定》的目的和宗旨支持对什么构成一项'措施'给予宽泛解释。《SPS协定》的序言规定，该协定的目的和宗旨是'将（SPS措施）对贸易产生的负面影响最小化'。如果一WTO成员通过采纳对贸易具有负面影响的非透明的、非书面的SPS措施，可以避免其SPS义务，那么，《SPS协定》的诸目的和宗旨就不会得以充分实现。"❷

第四节 结 语

"对于《联合国宪章》，国际法院使用最多的解释规则就是目的和宗旨的规则……国际法院在其司法实践中，对宪章的解释坚持了一种较自由和开放的立场，主要使用的解释规则是目的学说；解释时的基本出发点在于维护宪章的权威和统一；以目的说为基础，则综合使用了多种解释方法。不同解释方法的运用有助于保持法律的统一与协调，有利于防止法律体系内部冲突的产生。但是，国际法院在解释的过程中同样应该坚持司法的自我抑制，防止使解释演变成立法。毕竟，宪章再重要，其作为多边条约的本质是无法改变的。"❸ "总之，从VCLT关于条约解释的规定可以得出结论：善意解释是根本，依约文解释是基础，按照目的和宗旨解释是正当性的保证，使用补充资料或准备资料解释是辅助手段。"❹ VCLT "第31.1条比VCLT的其他任何规则被援引的次数都要多。这或许是因为对VCLT条文的粗略的关注可能会使一些人认为该款是解释之通则，而对其的使用仅是解释的起点。在其结构之下是条约诸用语和作为一个整体的条约之间的关系。问题可能会集中在一个或更多的条文上。在为所使用的词语选择通常意义时，要理解任何这类条文。但对通常含义的发现通常要求在一些可能的意义中作出选择。直接的和更遥远的上下文是紧接着的文本指南，同时伴以将善意和条约的目的和宗旨作为

---

❶ WT/DS207/AB/R, 23 Sep. 2002, paras 196, 197.

❷ WT/DS291/R, WT/DS292/R, WT/DS293/R, 29 Sep. 2006, para 4.162.

❸ 宋杰：《国际法院司法实践中的解释问题研究》，武汉大学出版社2008年版，第16页、第25页、第26页。

❹ 万鄂湘、石磊、杨成铭、邓洪武：《国际条约法》，武汉大学出版社1998年版，第250页。

该解释阶段中的进一步帮助。”[1] 应根据 VCLT 相关规定以及国际裁决实践，合理确定条约目的和宗旨在解释要素体系中的地位和作用，片面夸大或否定其作用（例如，无视、否定或规避目的和宗旨而仅依文本解释），可能滑向司法造法或违反 VCLT 第 31.1 条善意解释的泥沼。条约目的和宗旨的最核心作用可能在于是确定用语含义的证实者、检测者和修订者，而非决定者。条约可能无序言，或规定了众多且存在冲突的目的和宗旨，不同效力层级的条约中的目的和宗旨间的关系也非十分清楚与确定，加上 VCLT 第 31 ~ 33 条规定的条约解释要素间的关系也存在模糊，因此，条约目的和宗旨在条约解释中的作用存在一定的局限性。

[1] Richard K. Garadiner, Treaty Interpretation, Oxford University Press, 2008, p. 202.

第四章 “善意”（good faith）解释条约研究

在国际法和国内法中都会一般性提及善意，但在不同国内法中其受到了不同关注。“当前大多数解释规则，无论是否涉及合同或条约，不过是必须善意解释合同这个基本主题的详细阐述。”[1] “在条约法准备工作中，当国际法委员会尚未决定是否在草案中纳入条约解释规则时，特别报告人在其对条约法的一般原则——条约对当事方有约束力且必须善意履行其义务的描述中包括了现存诸规则。该建议和维也纳规则（应当善意解释条约）的开篇语之间的联系是概念性的和文本性的。说其概念性的原因在于解释是适当和诚实履行条约中的一个理解的阶段；说其文本性的原因在于国际法委员会对与解释有关的‘约定必须信守’的首次阐述。”[2]

善意（原则）构成国际法一般法律原则，乃国际条约的基础，在条约解释诸要素体系中具有重要地位，因此，对其含义、价值、局限性、与其他条约解释要素的比较、在国际（准）司法实践中的应用等问题有必要加强研究。

第一节 “in good faith”含义、比较、价值、局限性

一、“in good faith”的含义

在后来成为VCLT第31条的第一个草案中提及善意的措辞来源于1954年的Resolution of the Institute of International Law。特别报告人（Waldock）将该措辞与Sir Gerald Fitzmaurice表述的六个原则合在一起使用，随后也源于（常设）国际法院的法理。这些原则并未明确提及善意，但特别报告人将善意与其中的两个原则联系起来。原则三的标题为“整体性（integration）原则”并

[1] H. Lauterpacht, Restrictive Interpretation and the Principle of Effectiveness in the International of Treaties, 1949, XXVI BYBIL 48, p. 56.

[2] Richard K. Garadiner, Treaty Interpretation, Oxford University Press, 2008, pp. 148, 149.

规定："应当将条约作为一个整体进行解释，且将条约的特定部分、章节也作为一个整体。特别报告人认为该原则的特征是'常识和善意'。原则四的标题为'有效性原则'。"[1]特别报告人解释了踌躇于是否将有效性解释包含在一般规则中的诸理由。其中一个理由是，正确理解的有效解释或许可以说被包含在依善意作出的解释中或明显存在于该理念中。在联合国国际法委员会关于第72条草案的争论中，演讲者们支持将有效解释原则纳入，但不是作为一个独立条文。达成的一致是，该原则应该被包含在诸规则的开头段落中。占优势的观点是："以善意的解释且考虑了条约的目的和宗旨总是一定会寻求赋予文本以意义。"[2]

"善意"的英文/拉丁文为"good faith"或"bona fides"。VCLT第31.1条规定："A treaty shall be interpreted in good faith..."，即应当善意地解释条约。但是，尚难以精确界定"善意"的内涵。"'善意'是'通常意义'为不可捉摸的（elusive）一词的最佳范例。词典对'善意'短语的解释为'bona fides'，该词语本身是个相当现代的用法，很古旧的用法为副词性的或形容词性的'bona fide'。诚实地行为的理念，不欺诈或不意图欺诈，对于条约解释来说太一般性且不太合选。"[3] 既然条约必须善意履行，当然亦须善意予以解释。所谓以善意解释，无非是从诚实信用的立场进行解释。[4] 善意是指由下列因素构成的一种思想状态："（1）在信仰或目的方面的诚实；（2）对其责任或义务（duty or obligation）的诚实（faithfulness）；（3）遵守贸易或商业中公平交易的合理商业标准；（4）没有欺诈意图或寻求不合理利益的意图。"[5]"善意往往被放到平等主体之间的关系，尤其是契约关系或条约关系的语境中讨论，这时它就成为诚实信用原则。因而很多学者认为善意与诚信是一个意思，甚至直接将有关的西文表述译为'诚信'……诚实信用是善意原则的主要内容。在词源上，善意与诚信并不是等同的；在内容上善意涵盖的范围比诚信要广。诚信的作用范围限于协议关系……诚信原则确实涵盖了善意原则的主要范围……如果仅在实在国际法的语境之下，那么所谓'善意履行国际义务'中的'善意'就单指'诚信'……仅有诚信原则，是不足以在实践中贯彻正义原则的，因为很多权利义务的产生和发展不以协议的存在为前提。"[6]

"善意"一词表明如何执行解释的任务，确定其在条约解释中的价值需要

---

[1] Richard K. Garadiner，Treaty Interpretation，Oxford University Press，2008，p. 149.
[2] Richard K. Garadiner，Treaty Interpretation，Oxford University Press，2008，p. 150.
[3] Richard K. Garadiner，Treaty Interpretation，Oxford University Press，2008.
[4] 李浩培：《条约法概论》，法律出版社2003年版，第355页。
[5] Bryan A. Garner，Black's Law Dictionary，Senenth Edition，West Group，1999，p. 701.
[6] 罗国强：《国际法本体论》，法律出版社2008年版，第159页，第164~165页。

顾及“善意”属于VCLT第31条规定的“解释之通则”范畴，从而与VCLT第32条“解释之补充资料”中的诸解释要素之解释价值形成明显差异，“善意”置于VCLT第31条开头部分的意义在于：“解释过程被视为诸要素的累积，而非连续（a succession），即第31条中的所有要素构成了该通则。”❶ 即VCLT第31条规定的所有解释要素构成了一个有机体系来探究条约用语，它们并无顺序、位次之别，并彼此补充与制约。

善意的含义为“理性/合理”(reasonableness)。在Nicaragua v. USA中，国际法院在条约法规定的其他上下文中考虑到了“善意”的作用：“从善意的要求来看，似乎应当同样根据条约法来对待他们，条约法要求撤回或终止未规定有效期间条款之条约的一段合理时间。”❷

善意的含义高度抽象且处于发展中，作为条约解释诸要素的灵魂，善意在具体个案中通过对诸解释要素和方法的指导、限制和调节来得以实现、转化。“善意远远不只是客观上对义务的诚实——它具体表现为诚实地以一种方式行事，以便不使他人的主观信任落空，只要对其主观上的信任或期望在逻辑上能从该国以前的作为或不作为中推断出来。在此，善意原则包括禁止权利滥用原则和保护合法期望原则。这些原则通过赋予每一当事方以相同条件，提高了法律制度的合法性。在接受了协议之后，任一当事方都不能改变义务以仅仅满足一己之目的。”❸

二、与其他相关解释要素的比较

VCLT第31~33条规定了条约解释的诸多要素，包括上下文、目的和宗旨、通常意义、善意、准备工作、缔约情形、语言等。它们构成了条约解释要素的习惯国际法规则体系的重要部分，彼此间存在密切联系，同时也存在差异，既相辅相成，又存在相对独立性。VCLT第31条规定的诸解释要素和方法构成了条约“解释之通则”，而VCLT第32条则为“解释之补充资料”。

“善意”具有重要的评价功能。“善意原则适用于条约解释的全过程，包括对约文、上下文、嗣后惯例等审查。此外，通常认为，解释过程中的善意原则是解释不能导致明显荒谬或不合理的结果的观念的基础。因此，按其他规则解释而获得的结果也必须根据善意原则进行评价。”❹ “‘善意’与VCLT

---

❶ Richard K. Garadiner, Treaty Interpretation, Oxford University Press, 2008, p. 152.

❷ Military and Paramilitary Activities in and against Nicaragua (Nicaragua v. United States of America) (Jurisdiction and Admissibility) [1984] ICJ Reports 420, para 63.

❸ Thomas Cottier, Krista N. Schefer:《WTO中的善意及合法期望之保护》，韩秀丽译，北京大学出版社2005年版，第183页。

❹ Sir Ian Sinclair, The Vinna Convention on the Law of Treaties (2nd edition), Manchester University Press, 1984, p. 120. 转引自：张东平：《WTO司法解释论》，法律出版社2005年版，第188~189页。

中的大多数其他要素不同，至少在规则中的开头语中的表达方式方面存在差异，因为‘善意’适用于条约解释的整个过程而不是仅适用于对条约特定词语或短语的解释。”❶ 善意原则是条约解释的一项古老原则……依善意解释条约不是一项特别的解释规则，而是一项总的法律原则。这一原则要求不对条约作任意解释，解释不能偏离条约的真正的、实质性的意思……离开了它，其他的解释原则、规则和方法都是空洞的。善意意味着不应对《联合国宪章》的任何条款作歪曲的、专断的、背离《联合国宪章》目的和宗旨的解释。❷

“有时善意似乎基本上是‘理性’的同义词，但是善意也会被用来证明对当事方意图的明确提及之合理性，维也纳规则受当事人意图这个目标的指引，但并未明确阐明。”❸ 善意的概念与 VCLT 第 31 条规定的解释之通则中的其他要素间也存在着联系。United States—Sections 301 －310 of the Trade Act of 1974 案的专家组报告指出了“善意”在条约解释中的作用及与其他因素间的联系：“将善意要求适用于第 23 条或许并不能产生最后的结果，但这会驱使（impel）我们迈向审查原文通常含义的方向。”❹

印度药品和农业化学品专利保护案的上诉机构指出“善意”对适用其他诸解释要素的制约作用：“专家组错误适用了 VCLT 第 31 条，误解了国际公法习惯解释规则背景下合法预期的概念。当事方对条约的合法预期直接反映在条约本身的语言中。条约解释者的责任是审视条约词语以确定诸当事方的意图。这应该根据第 31 条规定的条约解释诸原则来进行。但这些解释原则既不要求也不容忍将条约中本不存在的词语或本来没有打算使用的概念纳入条约中。”❺

可见，作为条约解释因素之一的“善意”在其他解释因素的适用中能够起到指导、评价作用，不仅构成整个法律的基础，而且也是诸解释因素的基础。

三、“in good faith”的解释性价值

鉴于善意原则乃国际公法中的一般法律原则之一，因此，依据 DSU 第 3.2 条规定，该原则应属于解释国际公法的惯例范畴，可用于澄清 WTO 协定条款。条约解释中的善意原则“所起的作用在于赋予约文以成员方所期待的含义，使得解释不至于导致某些约文没有意义或仅停留在概念的层面，从而

---

❶ Richard K. Garadiner, Treaty Interpretation, Oxford University Press, 2008, p. 148.

❷ 万鄂湘、石磊、杨成铭、邓洪武：《国际条约法》，武汉大学出版社 1998 年版，第 252 页。

❸ Richard K. Garadiner, Treaty Interpretation, Oxford University Press, 2008, p. 148.

❹ WT/DS152/R, 22 December 1999, para 7. 64.

❺ WT/DS50/AB/R, para 45.

使得成员方能履行条约义务，而不是可自由裁量决定履行与否或履行哪些义务”❶。“善意是缔约国履行条约的首要因素……善意履行还必须以善意解释条约为前提，恶意的解释必然导致非善意履行的结果。”❷

善意的“概念在 VCLT 中也被用作下列特定原则的一把伞：对用语的解释应选择赋予其某种含义和作用而非相反。在国际实践中，该原则的拉丁文形式为 ut res magis valeat quam pereat（有效性原则）。”❸ 其基本含义是，如果一法律似乎不清楚，就应该以使其有意义的方式来理解它。其潜在理念是所有法律都有意义，且具有目标。

“善意赋予条约解释的一般性规则的关键部分以色彩，并给予条约文本更一般的方法……善意的适用包括条约法律中的一般性适用和具体解释中的适用。在其一般性作用中，善意被包含在 VCLT 关于条约法的根本性建议中——在其第 26 条，条约为缔约方确立了有拘束力的义务且必须善意履行。在其对条约解释的具体适用中，在第 31 条，《奥本海国际法》表明，善意的概念强烈暗示着理性因素以及对善意解释条约的要求。”❹ 条约解释必须符合“善意”等重要原则，善意是评估条约解释合理性的一个重要方法或标准。善意也总是与具体行为或宣言相关联。

“善意”能对国家权力的解释产生限制，以否认条约下权利的方式来解释国家权力的使用显然有悖“善意”。在北大西洋渔业案中，仲裁法庭通过对“善意”的引用限制了国家制定在加拿大近海捕鱼规章的权力：“但从《条约》的结果来看，英国通过制定规章方式来行使其主权权利的权利要受善意制定该规章的限制，并不违反该《条约》。”❺

“善意”要求对 VCLT 规定的诸解释要素予以平衡。“诚信（good faith）原则不应被视为是和约文解释相抵触的一项条约解释方法，而应被看成是对 WTO 条文进行解释和实施的一个重要补充工具。……约文解释并不排除‘诚信’的作用，它更应当体现诚信原则并受其指导，因为诚信原则是条约法所有基本原则的理论基础。”❻ 不过，作为一般法律原则和国际法原则的善意原则在条约解释中的应用不能脱离 VCLT 第 31～32 条规定的诸解释因素，否则，即是对善意原则的违反。“善意”（原则）既是 VCLT 条约解释要素体系的有机组成部分，同时，作为一般法律原则和国际法原则，又具有对其他解释要

---

❶ 程红星：《司法哲学的能动主义之维》，北京大学出版社 2006 年版，第 233 页。

❷ 万鄂湘、石磊、杨成铭、邓洪武：《国际条约法》，武汉大学出版社 1998 年版，第 169 页。

❸ Richard K. Garadiner，Treaty Interpretation，Oxford University Press，2008，p. 148.

❹ Richard K. Garadiner，Treaty Interpretation，Oxford University Press，2008，pp. 151，152.

❺ North Atlantic Coast Fisheries（USA v. Great Britain）（1910）4 AJIl，948，p. 967；see also Right of Nationals of the USA in Morocco［1952］ICJ Reports 212.

❻ 程红星：《司法哲学的能动主义之维》，北京大学出版社 2006 年版，第 229 页、第 231 页。

素的适用结果的评价和调节功能。"善意"对 WTO 专家组/上诉机构专家解释条约时所遵循的司法能动主义与司法克制主义间划定了一条基本界线，这就是 DSU 第 3.2 条和第 19.2 条的明确规定——包括条约解释在内的准司法行动不能增加或减少涵盖协定规定的权利和义务。

鉴于其他解释因素均存在自身的局限性，甚至条约用语含义的模糊性也常是弥合分歧的方法之一，"在这些情况下，含糊本身就是缔约方的真实意思表达，或者说缔约方就这些所谓含糊的表达没有或不可能达成真实意思。"[1] 可见，在条约解释中，"善意"可弥补其他解释因素的不足，校正依据其他方法解释条约可能产生的对公平结果和利益平衡的偏离与违背，从而起到修正任何条约解释者对条约含义所作出的专断判断。"善意"还能起到填补法律空隙、消除规范冲突的作用。包括 WTO 规则在内的国际法的诸多规则是抽象的"善意"原则的具体转化及表达方式之一。

四、"in good faith"在条约解释中的限制与局限性

"善意解释作为一项总的原则，要确定该原则的具体内容是困难的，很可能找不到一个无可争辩的、客观的、获得公认的衡量标准。"[2] 鉴于并不存在绝对的条约解释规则和方法，VCLT 第 31～32 条规定的解释因素以及其他非法典化解释方法都存在自身的局限性，因此，对包括"善意"在内的诸解释因素的适用并非没有任何限制，而是具有矫正与限制作用。"然而，在大多数情况下，都难以看到对善意的准确适用或善意的独立作用。这可能是因为，在其附属于人的意义上善意是主观的，而非对解释形成具有客观性的帮助。善意是活动的一个伴随物，这可能部分地解释了为什么难以在裁决中对于解释和适用之间划出一条清楚界线的原因。当裁决将善意作为条约解释中的一个要素提及时，这些裁决有时将善意与滥用权利的概念联系起来或者涉及如何行使权利而非如何确定权利的内容。解释和适用之间的边界线变得模糊不清。"[3]

如同硬币的两面性，"善意"的高度抽象性导致确定其具体内容的困难，甚至连 United States—Sections 301－310 of the Trade Act of 1974 案的专家组都感叹道："对 VCLT 对第三方争端解决中应善意解释条约的要求进行解释，这是众所周知地困难或至少是需要慎重处理的，这尤其是因为对当事方之一可

---

[1] 黄东黎：《主张一定的灵活性——国际法条约解释理论和实践研究》，载《国际贸易》2005 年第 3 期，第 35 页。

[2] Jeff Waincymer，WTO Litigation，Procedural Aspects of Formal Disputes Settlement，Cmmeron May Ltd.，p. 499. 转引自：张东平：《WTO 司法解释论》，法律出版社 2005 年版，第 189 页。

[3] Richard K. Garadiner，Treaty Interpretation，Oxford University Press，2008，p. 148.

能存在的不诚实的非难。因此，我们更愿意考虑哪一个解释表明了‘更大的善意’，并仅仅处理这个解释因素。”❶“善意”原则在条约解释中的作用与地位并非永恒不变。“善意”的可能内容难以穷尽，需依据特定的社会历史条件和具体个案予以确定。“善意原则的界定依赖于其他基本原则，正义是善意最直接的理论来源。善意原则必须遵循正义、公平、平等这三项原则，实践理性必须符合价值判断理性。……这也意味着善意原则不是绝对的，而是有其界限与限制的。……因此，在实在国际法上，善意只能成为基本原则之一，而不能代替最基本的原则——主权平等。”❷

第二节　“善意”解释在国际（准）司法实践中的应用

VCLT 条约解释规则作为习惯国际法在国际（准）司法机构和仲裁机构已被广泛适用。“当法院和裁决机构在条约解释中提及善意时，它们倾向于强调善意的极端重要性。……通常难以发现恶意解释的证据，更难发现判决或仲裁裁决中解释的获得是恶意的。如果解释的正当性中明确包括了善意，那么，这通常会在没有提供任何明显额外标准的情况下给其他某种理性的支撑。”❸鉴于善意内涵的难以确定性，有必要加强对争端解决实践中适用 VCLT 第 31 条的研究，因为像善意这样抽象性极强的词语确实需要依托具体的诸多个案来予以阐明。

在美国海龟案中，WTO 上诉机构在解释和适用 GATT 1994 第 20 条时引用了善意原则：“第 20 条的开头语事实上仅是善意原则的一个表达。该原则作为法律的一般原则和国际法的一般原则，控制国家对权利的行使。对该一般原则的一次适用，即作为著名的权利滥用理论而适用，禁止国家权利的滥用，并要求只要对权利的主张涉及条约义务，就必须善意地行使权利，即合理地。因此，成员方对其条约权利的滥用的结果是损害了其他成员方的条约权利，也是对如此行为的成员方自身条约义务的违反。至此，我们此处的任务是解释该开头语中的语言，以酌情从国际法的诸一般法律原则中探究另外的解释指导。”❹ 在此，上诉机构还引述陈斌的著作来辅助阐述“善意”的内涵：“在该案中对权利的合理且善意行使是指，就权利目的来说是适当的、必

---

❶ WT/DS152/R，22 December 1999，para 7. 64.

❷ 罗国强：《国际法本体论》，法律出版社 2008 年版，第 169 页。

❸ Richard K. Garadiner，Treaty Interpretation，Oxford University Press，2008，pp. 147，148.

❹ United States—Import Prohibition of Certain Shrimp and Shrimp Products，WT/DS58/AB/R，para. 158，12 October 1998.

要的（促成该权利旨在保护的利益）。同时在当事人间它应该是公平合理的，而非一方盘算着获得与其义务不符的不公平的利益。对权利的合理行使被认为是与义务相匹配。但以损害其他缔约方条约下利益之方式行使权利并不合理，并被视为与善意履行条约义务不符，且是对条约的违反。”❶

“善意”解释和履行条约已成为缔约方一项习惯国际法义务。在 EU—Trade Description of Sardines 案中，上诉机构强调了成员方的“善意”义务：“秘鲁对《TBT 协定》下该义务的有用性和效力表达了怀疑……我们不同意该观点。我们必须假定 WTO 成员将善意遵守其条约义务，正如 VCLT 第 26 条规定的约定必须遵守原则所要求的那样，每个 WTO 成员必须假定其他每个成员的善意。”❷ 在 Chile—axes on Alcoholic Beverages 案中，上诉机构报告指出：“无论如何，WTO 成员不应该（should）被假定通过采纳新措施的方式来继续以前的保护或歧视。这或许会接近一个不守信用的推定。”❸

第三节　“in good faith”与有效性原则

尽管难以精确界定“善意”的内涵，但它确实包括了“有效性”原则，该原则的一个含义是有效性规则。❹ 该规则的含义是与其让其无效不如使之有效。该原则引导条约解释者向实现条约目的方向努力。“缔约国当然是要使一个条约的条款有某种效果，而不是使它成为毫无意义的。因此，一种使一个条款成为毫无意义或毫无效果的解释是不允许的。……在英伊石油公司案中，国际法院在原则上承认，解释条约应使约文中的每一个字都有其理由和意义。”❺“国际法委员会将有效性原则的两个因素一起归入第 31. 1 条，即‘善意’和‘目的和宗旨’。”❻

在 Libya—Chad 案中，国际法院认为：“没必要借助准备工作来阐明《1955 年法国—利比亚条约》的内容，但正如以前案例所表明的一样，法院发现有可能通过参考准备工作来证实其对条约文本的理解，即该条约构成了

❶ B. Cheng, General Principles of Law as applied by International Courts and Tribunals, Stevens and Sons, Ltd. , 1953 Chapter 4, in particular, p. 125. See WT/DS58/AB/R, footnote 156.

❷ EU—Trade Description of Sardines, WT/DS231/AB/R, 26 September 2002, para 278.

❸ Chile—axes on Alcoholic Beverages, WT/DS87/AB/R, WT/DS110/AB/R, adopted 12 January 2000, para 74.

❹ Richard K. Garadiner, Treaty Interpretation, Oxford University Press, 2008, p. 148.

❺［英］劳特派特修订：《奥本海国际法》（第二分册），王铁崖、陈体强译，商务印书馆 1972 年版，第 365 页。

❻ Richard K. Garadiner, Treaty Interpretation, Oxford University Press, 2008, p. 160.

当事方间的一项协定，特别是界定了边界，也就是说，国际法院通过对正文、上下文和有效性原则的借助已确认了该结果。相关准备工作证明，诸当事方意图确定边界并承认其早期条约已确定的边界。”❶ 利比亚主张上述法国与利比亚间签订的1955年条约附件中列明的文件中所确定的边界中只有某些边界是确定的。国际法院适用了有效性原则来证实该条约第3条对“边界”的提及是指上述文件中规定的所有边界。“其他任何建筑都将违反第3条的实际用语，并将令附件I中对那些文件的一个或另一个的规定不得完全无效。”❷

WTO上诉机构的裁决已明确承认有效性原则为条约解释的一般原则的一部分：“作为源自VCLT第31条规定的条约解释的一般规则之条约解释的根本准则是有效性原则。”❸ 此后，在韩国对某些日用品进口的最终保障措施案中，上诉机构继续并扩大了对有效性原则的适用：“在几个场合我们也承认了条约解释中的有效性原则，该原则要求条约解释者……必须赋予条约所有用语以意义和效力。解释者并不能自由地采纳一个可能会将条约整个条款或段落变得多余或无用的解读。根据有效解释原则，以和谐地赋予所有条款以意义的方式来解读条约中的所有适用条款，这正是任何条约解释者的责任。该原则的一个重要的必然结果是，应将条约作为一个整体来解释，特别是，应将其各部分作为一个整体来理解。《WTO协定》第2.2条明确表明了乌拉圭回合谈判者们的下列意图：必须将《WTO协定》和包括在其附件1、2和3中的《多边贸易协定》作为一个整体来理解。”❹

有效性原则还延伸于相关条约的解释。当《保障措施协定》与GATT 1994二者产生争议，❺ 上诉机构认为：“条约解释者必须以赋予条约所有适用条款以意义的和谐方式来理解之。对该‘不可分割的一揽子权利和纪律必须赋予上述两个具有相同约束力的协定的所有相关条款以意义’。”❻ 菲茨摩里斯从国际法院的判决探究出的下列6个他认为是主要的解释规则列出：……（3）综合的原则：条约须作为整体来解释，一些个别的部分或章节也作为整

---

❶ ICJ Reports, 1994, paras 27 - 28.

❷ ICJ Reports, 1994, para 47.

❸ Japan—Taxes on Alcoholic Beverages, WT/DS8, 10 and 11/AB/R (1996).

❹ Korea—Definitive Safeguard Measure on Imports of Certain Dairy Products, WT/DS98/AB/R, paras 80 and 81, 14 Dec. 1999. Appellate Body Report, United States—Gasoline, supra, footnote 12, p. 23. We also confirmed this principle in Appellate Body Report, Japan—Alcoholic Beverages, supra, footnote 41, p. 12; Appellate Body Report, Canada—Measures Affecting the Importation of Milk and the Exportation of Dairy Products, WT/DS103/ AB/R, WT/DS113/AB/R, adopted 27 October 1999, para. 133; and Appellate Body Report, Argentina—Safeguard Measures on Imports of Footwear, WT/DS121/AB/R, circulated 14 December 1999, para 88. See WT/DS98/AB/R, footnote 42.

❺ Richard K. Garadiner, Treaty Interpretation, Oxford University Press, 2008, p. 161.

❻ Argentina—Safeguard Measures on Imports of Footwear, WT/DS121/AB/R, para 81.

体来解释。[1] 联合国国际法委员会认为条约解释程序是一个统一体，从而本条的各项规定组成一个单一的、互相紧密地连在一起的完整的规则。[2]

第四节　结　语

“善意解释直接来自体现在第 26 条中的条约必须遵守原则。解释是履行条约的一部分，因此研究有关资料及对它们的评价的过程必须善意地进行。”[3] 所有条约的解释应排除诈欺，并应使条约的实施符合于信实原则。[4] 条约解释中对“善意”（原则）的遵循，将有助于条约关系的基本稳定，并利于克服文本解释方法中可能存在的僵化弊端，为实现条约解释与实施的正义目标留下灵活性空间。“就 WTO 法而言，‘善意’原则除了具备它作为国际法一般分类原则的应有之义外，还结合了 WTO 法律制度的特点在 WTO 不同领域发挥着不同的作用，它不但明示、暗示地分布于 WTO 各实体规范、程序性规范、条约解释规范、不违法之诉等诸多领域之中，而且由‘善意’原则派生出的‘条约必须信守’‘平衡利益关系’‘禁止反言’‘防止权利滥用’以及‘合法期望之保护’等法律原则也在不同情形之下发挥着独特的法律功效。”[5] 可见，“善意是国际条约的基础；善意限定国际法上的权利；各国对法律的道义上的承认也主要以善意为基础；全部国际往来建筑在诚实和信用上，如果无视善意，那么实在国际法的全部建筑物就会崩溃。”[6]

善意（原则）在促进国际法发展的同时，其自身也处于发展中。“善意”在条约解释中能起到其他诸因素、方法难以企及的作用，包括对这些解释因素和方法的统领作用，使条约解释诸因素逐步趋于和谐适用。

---

[1] 李浩培：《条约法概论》，法律出版社 2003 年版，第 349 页。

[2] 李浩培：《条约法概论》，法律出版社 2003 年版，第 351 页。

[3] 安托尼・奥斯特：《现代条约法实践》，江国青译，中国人民大学出版社 2005 年版，第 204 页。

[4] ［英］劳特派特修订：《奥本海国际法》（第二分册），王铁崖、陈体强译，商务印书馆 1972 年版，第 365 页。

[5] 刘敬东：《WTO 法律制度中的善意原则》，社会科学文献出版社 2009 年版，第 7 页。

[6] 菲德罗斯等著：《国际法》，李浩培译，商务印书馆 1981 年版，第 777 ~ 778 页。

第二篇　解释之补充资料问题研究

第一章 “缔约情况”（circumstances of its conclusion）研究

“缔约情况”的含义和范围、与“条约之准备工作”和“情势变迁”的比较以及国际（准）司法机构对“缔约情况”的解释和适用等问题，国内学界研究不多。迄今尚无“缔约情况”的明确定义；构成习惯国际法一部分的“缔约情况”包括条约缔结时的当时情况和缔约时其历史背景。与“准备工作”间存在区别和联系。“准备工作”是条约的成立史，应包括与条约谈判、缔结相关的所有书面、口头资料，只是口头资料仅作为例外而使用。在一条约中纳入其他条约某些条款时，后者的“缔约情况、准备工作”可构成前者的一部分。尽管存在尚未明确的区别，这两个因素在条约解释中常相互交织。“缔约情况”与第62条中的“情势根本变更”存在四方面差异：影响“情况”的时间因素、“情况”可能带来的法律后果、“情况”的重要性程度和是否成功适用。

第一节 概 述

VCLT第31～32条规定了适用于所有条约的习惯国际法解释规则，VCLT第31条“条约解释之通则”作为条约解释的基础性、权威性规则，但该条并不能独自解决条约解释中的所有问题；因此，VCLT第32条接着规定了条约解释的补充资料：“为证实由适用第31条所得之意义起见，或遇依第31条作解释而：（甲）意义仍属不明或难解；或，（乙）所获结果显属荒谬或不合理时，为确定其意义起见，得使用解释之补充资料，包括条约准备工作及缔约情况。”“从来源上看，公约的规定遵循了国际司法实践中所有原则……从内容上来看，两条规定都包含一些各自独立而相互关联并构成统一体的一系列因素。如善意、约文、上下文、通常意义、条约的目的和宗旨、嗣后惯例、缔约时的情况等。最后，从结构上来看，这两条间各种解释方法虽然不具有等级上的差异，但它们体现了一种内在的逻辑要求。从条与条的关系看，解释通则是基本的、一般的，解释的补充资料是从属的、特殊的，后者的使用只是为了‘证实’由于适用前者所得到的意义，或者‘确定’按前者解释得出‘不明或难解’或‘显然荒谬或不合理’的结论时的意义。”[1] VCLT 第 31 条使用了四个“shall”来表示一般性规则的强制性质，第 32 条则使用了“may”，来表明其项下条款规定的解释要素有别于第 31 条诸解释要素的不同法律地位。在 1968 年第一次维也纳会议上，公约关于“准备工作”的规定是 VCLT 规则中唯一存在实质性争议的部分。VCLT 第 31 条、第 32 条间的逻辑关系并不很清晰，成为维也纳会议争议的来源，当时美国甚至试图将其合并为一个条款。因此，对“缔约情况”的含义和范围、与“条约的准备工作”的比较、“缔约情况”与第 62 条的“情势根本变更”以及相关国际（准）司法机构对“缔约情况”的解释和采用等诸多问题，仍需加强研究，以明确其在条约解释中的恰当地位，对增加条约的确定性和可预见性、减少模糊，促进相关争端的公正解决，具有重要意义。

第二节　“缔约情况”的含义、范围、性质及相关问题

一、“缔约情况”的含义、范围

有学者将 VCLT 第 32 条“准备工作”理解为“准备资料”予以解释：“准备资料是指在条约的谈判、缔结过程中为条约的缔结所作的准备工作而形成的资料。它是条约文本形成的基础资料，但并非条约本身。对于准备资料的范围，国际法学者间见仁见智，并不一致。”[2]《奥本海国际法》认为：“所谓准备资料，即缔结条约前的谈判记录、通过公约的国际会议的全体大会和委员会的议事记录、条约的历次草案，等等。”[3] 从这两个解释中尚不明了“准备资料”是否包括口头资料。

尽管 VCLT 第 32 条列举了两种主要的补充方法，但并没有穷尽。同样，尽管“准备工作”一词是条约解释中的关键概念之一，但 VCLT 并未界定该词含义与范围。“对准备工作进行界定是个复杂问题。联合国国际法委员会拒绝详细列举属于准备工作的事例，对此的解释是避免将未提及的证据排除的

---

[1] 万鄂湘、石磊、杨成铭、邓洪武：《国际条约法》，武汉大学出版社 1998 年版，第 249 页。

[2] 张东平：《WTO 司法解释论》，法律出版社 2005 年版，第 195 页。

[3] ［英］劳特派特修订：《奥本海国际法》（第二分册），王铁崖、陈体强译，商务印书馆 1972 年版，第 366 页。

需要（II YbILC 1966，223）。"❶ "该委员会没有寻求确定准备工作中所包括的内容，但一般理解应包括书面材料，如条约的连续草案、会议记录、在编纂会议上咨询专家的说明性声明、起草委员会主席无可争辩的解释性声明和联合国国际法委员会的诠释。用康耐尔（O'Connell）的话说：'归于准备工作名下的是大量的不定型文件。'"❷ 劳特派特认为准备资料包括"有关该条约的谈判的记录和文件、送达给各代表的指示、讨论的记录、该条约草案的文件、关于共同同意的宣言、经过核准的报告，简言之，包括缔结该约以前的一切文件。"但是学者间关于它的定义问题意见有些歧异。在国际法学会1956年会议上，麦克奈尔把它定义为"条约的全体签署国在该约谈判中签署前共同参与的工作"，而当时有些学者认为这个定义太狭，提议把它扩大到包括关于政府会议会核准或批准条约的一切文件，从而不仅包括条约起草阶段中的文件，而且也包括条约批准阶段中的文件。❸ "VCLT当时并不认为试图通过对条约的准备工作进行界定，就可能会获得什么东西，并认为，这么做或许仅会导致对相关证据的可能排除。麦克奈尔将'准备工作'一词描述为公共汽车短语，该短语被用来相当宽松地指所有文件，例如备忘录、会议记录和协商中的条约草案。"❹ 或许联合国国际法委员会是为避免第31条、第32条的僵硬性而有意留有一定灵活性，但这引起了对"准备工作"的含义、范围的争议，甚至包括对VCLT本身的"准备工作"的范围以及其是否能构成"准备工作"的问题。

根据下文相关研究可知，"准备工作"应包括与条约谈判、缔结相关的所有书面、口头资料，只是口头资料仅作为例外而使用。

二、"缔约情况"构成习惯国际法的一部分

"缔约情况"的性质问题涉及习惯国际法与条约法的一般关系。国际条约和国际习惯构成了国际法的主要法律渊源。对VCLT是否有习惯国际法规则，安托尼认为："本公约中某一特定规则是否代表了习惯国际法，只有在该事项被提起诉讼，而且甚至只有在有关法院或法庭将本公约作为其出发点（并且通常也作为其结束点）时，才可能成为一个问题。这无疑是国际法院采取的方法，其他一些国际或国内法院或法庭也是如此。在1977年的Gabcikovo案的判决中（在该案中，有关问题的主要条约是案件当事国在本公约生效之前

❶ Alexander Orakhelashvili, The Interpretation of Acts and Rules in Public International Law, Oxford University Press, 2008, p. 383.

❷ 安托尼·奥斯特：《现代条约法实践》，江国青译，中国人民大学出版社2005年版，第215页。

❸ 李浩培：《条约法概论》，法律出版社2003年版，第341页、第364页注释18。

❹ Richard K. Garadiner, Treaty Interpretation, Oxford University Press, 2008, p. 24.

缔结的），法院撇开了本公约的规则可能不具有适用性而应终止或暂停实施条约的问题，而适用了作为反映习惯法的第 60 ~ 62 条，即使它们被认为是相当有争议的。鉴于国际法院以往也有过一些类似于在该判决中所提及的决定，因此有理由认为法院实际上会对本公约所有实体条款采取同样的方法。国际法院还没有任何案例认为本公约是没有反映习惯法的……试图确定本公约的某一特别规定是否代表了习惯国际法现在经常是一项相当徒劳的工作。"❶"毫无疑问，1969 年的 VCLT 所珍藏的解释标准构成了习惯国际法的一部分。国际法院的几个判决已予以证实。"❷ 在 the Kasikili / Sedude Island 案中，国际法院注意到："对于该《条约》（1890 Anglo—German Treaty）的解释，法院注意到，Botswana 和 Namibia 都非 1969 年 5 月 23 日 VCLT 的缔约国，但是这两个国家认为 VCLT 第 32 条可以适用，因为该公约反映了习惯国际法。国际法院自身在过去某些场合也已主张，VCLT 第 31 条中发现了习惯国际法的表达……"❸ 在 Libya v. Chad 领土争端案中，国际法院确认："条约解释的这些习惯规则被包含在 VCLT 第 31 条、第 32 条中。"❹国际法院还有几个判决也阐明 VCLT 反映了习惯国际法。❺

正如国际法院一样，WTO 法通过 DSU 对习惯解释规则的规定而将 VCLT 第 31 ~ 32 条纳入了习惯范畴。DSU 第 3.2 条明确要求 DSB"依照解释国际公法的惯例澄清协定的现有规定"，由此明确规定了国际公法关于解释的习惯规则在澄清 WTO 诸协定时的适用。"实践中，专家组和上诉机构经常援引的'解释国际公法的惯例'是 VCLT 第 31 条和第 32 条……当然，在专家组和上诉机构审理案件过程中，对这条澄清协定的规定进行了进一步的澄清，并且发展出了诸多解释原则。"❻ DSU 第 3.2 条中的"国际公法中的习惯解释规则"被认为是指 VCLT。在 US—Carbon Steel 案中，上诉机构指出："我们忆及 DSU 第 3.2 条承认 WTO 争端解决中产生的解释问题应通过适用国际公法的习惯解释规则来解决。WTO 案例法（case law）已较好解决了该问题——VCLT 第 31 条、第 32 条中编纂的诸原则就是这样的习惯规则。"❼在"United States—

---

❶ 安托尼·奥斯特：《现代条约法实践》，江国青译，中国人民大学出版社 2005 年版，第 11 ~ 12 页。

❷ Malgosia Fitzmaurice, Treaty Interpretation and VCLT: 30 Years on, Martinls Nijhoff Publishers, 2010, pp. 153, 154.

❸ Case Concerning Kasikili/Sedudu Island (Botswana v. Namibia), Judgment of 13 December 1999, 1999 ICJ Rep. 1045, para 18.

❹ Libya v. Chad, ICJ Reports (1994), part 4, para 41.

❺ Territorial Dispute (Libya v. Chad), Judgment of 3 Feb. 1994, 1994 ICJ Rep. 4, para 23; Oil Platforms (Iran v. United States), Preliminary Objections, Judgment of 12 Dec. 1996 ICJ Rep. 812, para 23.

❻ 杨国华：《WTO 争端解决程序详解》，中国方正出版社 2004 年版，第 15 ~ 16 页。

❼ WT/DS213/AB/R, 19 Dec. 2002, paras 61 – 62.

Standards for Reformulated and Conventional Gasoline 案中，上诉机构认为："尽管并不总是涉及相同问题，但 VCLT 第 31 条规定的'解释之一般通则'已被所有参与方和第三方引用。该解释之通则已获得习惯或一般国际法规则的地位。同样，该通则构成了一直指导上诉机构在寻求澄清《总协定》条款和《WTO 协定》中其他涵盖协定中适用的'国际公法习惯解释规则'，并为 DSU 第 3.2 条所规定。该指导反映了对下列措施的承认——对《总协定》的理解不应与国际公法相隔绝。"❶

三、"准备工作"的相关问题

关于何者可作为条约之"准备工作"予以接受的问题主要包括："解释者可以溯及条约历史至多远；是否能包含与另一个条约有关的文件；准备工作能否被有区别地接受"，例如，被参加谈判的一些当事方反对，但为缔结后仅涉及条约程序的国家所接受；特定的谈判程序是否表明某些文件可被接受而另一些文件却被排除；单方面来源的文件是否能被接受。❷ TRIPs 协议纳入了《巴黎公约》《伯尔尼公约》的相关条款，那么，被纳入 TRIPs 协议的这些知识产权公约的"准备工作"能否被用来作为解释该协议的补充方法问题，在加拿大药品专利保护案中，专家组对此予以肯定："在 TRIPs 框架中纳入了先前主要的知识产权国际文件中的某些条款，专家组为解释 TRIPs 特定条款目的可借助的上下文不限于 TRIPs 本身的约文（在本案中为第 27 条、第 28 条）、序言和附件，而且还包含被纳入 TRIPs 的国际知识产权文件中的条款，以及属于 VCLT 第 31.2 条项下的与这些协定有关的当事方之间的任何协定。因此，《伯尔尼公约》（1971 年）第 9.2 条是解释 TRIPs 第 30 条的重要上下文因素。作为解释 TRIPs 时必须要考虑被扩大了的上下文范围的一个结果，专家组在考虑 TRIPs 谈判历史时，得出的结论为，解释可以超越 TIRPs 谈判历史的范围，且还可以探究被纳入的国际知识产权文件的谈判历史。"❸

在评估"准备工作"是否可以接受所依据的重要因素、用什么来证明以及是否包括口头声明等问题，有学者认为："第 32 条并未明确相关准备工作是否必须是经公开并可获得至少在某种程度上相关争端当事方可在准备阶段的时间和解释时获得。就准备工作的正式要素而言，尽管仲裁法庭在 Young Loan 案中已阐明准备工作通常仅限于在稍后日期可以实质性获得的书面文件，但对这个特定问题并没有给出指导。口头声明价值有限，如果是在官方背景

---

❶ WT/DS2/AB/R，part III，para 16.

❷ WT/DS2/AB/R，part III，p. 99.

❸ Canada—Patent Protection of Pharmaceutical Products，WT/DS114/R，17 March 2000，paras 7. 14，7. 15.

中并是在对口头声明本身谈判期间作出的，则能在例外情形中予以承认。”❶这意味着，口头“准备工作”资料在一般情形中不能作为条约解释的“准备工作”资料，主要原因或许在于其难以证明。在加拿大药品专利保护案中，专家组指出没有支持加拿大依据 TRIPs 协议第 30 条谈判历史和某些 WTO 成员方政府的嗣后惯例作为其观点的论据：“专家组并没赋予上述论据以任何重要性，尽管如此，因为并不存在加拿大所声称的谈判谅解的文件证据……”❷ 在印度数量限制案中，由于并不存在谈判记录文件，上诉机构没有支持印度的相关主张：“我们注意到印度关于《BOP 谅解》（国际收支服务贸易统计，Balance of Payments，BOP）谈判历史的论据。尽管如此，由于并不存在涉及《BOP 谅解》脚注 1 的谈判记录，我们发现难以为这些论据提出强有力的证据。我们并不排除该脚注 1 曾经过激烈谈判，并且该脚注试图对《BOP 谅解》谈判的不同当事方的对立观点进行协调。尽管如此，我们相信，脚注 1 的第 2 句与印度的主张并不一致。为解释印度所建议的句子需要我们探究文本中根本不存在的词语的含义。不允许专家组和上诉机构这么做。”❸

对“准备工作”的进一步要求是，这些材料应该能获得并为所有当事方所知。❹“无论如何，正如 Visscher 所指出，只有那些证明当事国共同意图的材料才能被看作（rank as）条约解释的准备工作。”❺ 实际上，国际法院的实践中也确有使用准备工作来证实法院对条约含义理解方面的案例：“在 Ligitan/Sipadan 案中，国际法院决定借助准备工作来对《1891 年 Anglo – Dutch 公约》条款的解释寻求可能的证实。法院发现，一旦公约当事国对 Sebatik 的划分达成协议，它们就会仅对 Borneo 岛的边界感兴趣，并且不会对 Sebatik 以东开阔海洋中的岛屿分配交换看法。因此，当印度尼西亚主张诸当事方不仅对土地边界而且对 Sebatik 东海岸以外的分配线达成了协议时，准备工作并不支持印度尼西亚的主张。”❻

鉴于上述问题的可能存在，在采纳 VCLT 过程中曾伴随着对将“准备工作”作为解释条约的一个因素的怀疑性看法。例如，就“准备工作”的相关性，英国曾表达了否定性态度，认为“准备工作”是不完整的、误导性的。

---

❶ Alexander Orakhelashvili, The Interpretation of Acts and Rules in Public International Law, Oxford University Press, 2008, p. 383.

❷ Canada—Patent Protection of Pharmaceutical Products, WT/DS114/R, 17 March 2000, para 7. 47.

❸ India—Quantitative Restrictions on Imports of Agricultural, Textile and Industrial Products, WT/DS90/AB/R, 23 Aug. 1999, para 94.

❹ Belgiun et al. v. Federal Republic of Germany (Young Loan Arbitration), Award of 16 May 1980, 19ILM (1980), p. 1380.

❺ Visscher, Theory and Reality in Public International law, Princeton University Press, 1963, p. 115.

❻ Ligitan/Sipadan, paras 53, 57, 58.

正如英国代表Ian Sinclair所观察的，“准备工作”在相关词语作出的当时或许能证明相关国家代表的意图，但这与该条约的最终文本未必存在任何关系。❶Lautterpacht曾指出“准备工作”在条约解释中的不足之处：“准备工作常常冗长、重复和矛盾。在涉及多边条约时，准备工作经常透露清晰的而非重要的观点。准备工作的记录有时并不完整以及有错误。在该方面更多的是依赖会议秘书安排的充分性。在激烈或热情的争论中，观点得到发展或词语得到使用，随后以书面语将之修改或使之变得合格的做法被认为是明智的，然而，正是口语使得答案得以浮现并提供了争论的实质，上述情况经常发生。而且，在谈判过程中，参加国会改变其在以前场合中发表的观点，为了排除其他参加国的观点，对准备工作的任何阶段的审查因此而会不完整且具有误导性。”❷Lautterpacht在此指出了“准备工作”资料存在的局限性，因为缔约方的观点可能处于变化中，相关资料不能涵盖所有问题，尤其是重要问题。因此，国际组织官方记录更具有价值。

少数几个作者为“准备工作”的相关性辩护。克莱伯斯（Klabbers）为“准备工作”的相关性证明了一个充满同情的方法，然而他承认“准备工作”并不属于条约解释中最重要的因素。克莱伯斯尤其承认在准备阶段作出的声明可能是自私自利的。令人好奇的是，克莱伯斯对VCLT第31条、第32条中对解释的优先顺序的既存分配提出怀疑，并认为，即使正文足够清楚，也应该查阅准备工作。斯彻维贝尔（Schwebel）将该方法推进一步，他是唯一一个主张“准备工作”能被视为不仅符合而且高于条约通常意义的观点的作者。通过该争论，斯彻维贝尔有效地承认了他试图反对的观点：当条约正文清楚且可理解，准备工作是无关的。❸“在Admissions案中，国际法院认为，如果词语的自然和通常含义模糊或产生不合理结果，仅在此时，国际法院必须诉诸其他解释方法，以寻求当事方在使用这些词语时的真实含义。在该案中，一些当事国曾建议法院借助准备工作来确定《联合国宪章》相关条款的含义。尽管如此，法院认为，由于宪章文本的清晰性，在该案中，对准备工作的依赖不可接受。”❹对“准备工作”与条约解释的相关性问题还存在其他学者的不断怀疑，例如，艾瑞克·贝克特（Sir Eric Beckett）认为：“诸多因素排除了准备工作在条约解释中获得重要地位。关键因素是条约文本的主要相关性。

---

❶ Official Records, Vienna Conference on the Law of Treaties, 1968, p. 178.

❷ Lauterpacht, The Development of International Law by the International Court, Cambridge University Press, 1982, p. 130.

❸ Alexander Orakhelashvili, The Interpretation of Acts and Rules in Public International Law, Oxford University Press, 2008, p. 384.

❹ Admissions (Advisory Opinion), ICJ Reports, 1950, p. 8.

条约文本一经签署就获得了其自身的一种生命。人们不久就会发现，在谈判期间困扰人们的一半问题不再具有重要性，以前几乎不会被想到的很多新问题似乎变得要紧。随着时间流逝，人们对准备工作想得越来越少……为条约解释目的而听从于准备工作可能就像从坟墓中拿出尸体之手或就像让一个成熟男人遵守其儿童时代的来自父亲的禁令。”❶ 另一个学者伯哈德（Berhardt）没有像艾瑞克·贝克特那样完全否定“准备工作”的价值：“关于多边条约，准备工作应该具有特别小的作用；由于充分的理由，在条约解释中，准备工作总是居于一个令人怀疑的位置。”❷

在 Iron Rhine 案中，仲裁法庭就什么可构成条约解释中的“准备工作”描述了某些限制——作为“准备工作”的材料应当具有“阐明共同谅解”的特征这个原则：仲裁庭注意到诸当事方已提供了比利时和荷兰之间缔结的《1839 年分离条约》持续很久的外交谈判的摘录，该条约涉及的讨价还价的性质是本案中的一个问题，但该摘录并不具有仲裁庭可以就 VCLT 第 32 条的规定可放心依靠的“准备工作”的特征，不能据此可安全地将其作为 VCLT 第 32 条所规定的补充手段而依赖。这是因为，尽管这些摘录可能表明了一方或另一方当事方在已被延长的谈判中的特定时刻的愿望或谅解，但对《1839 年分离条约》第 12 条不同规定的含义，该摘录并没有实现阐明共同谅解的目的。仲裁庭认为，起作用的因素有许多，没有一个单一因素是决定性的。尽管如此，仲裁庭表明其将根据 VCLT 第 32 条的要求，对每个可适用的条约所缔结的情形保持注意。”❸

“在一次性的多边条约情形中，如果外交会议遵循了准备机构的工作顺序，则存在如下风险：记录可能是杂乱的。稍后的阶段，例如准备委员会和外交会议，已越来越多地收集了记录，但早期工作的贡献，特别是非政府组织的贡献可能不会在条约档案室被充分记录。”❹ “究竟哪些文件资料属于可用以解释 WTO 规则的准备资料，并不很清楚。有学者认为，这可以倒推至最初的《哈瓦那宪章》、评审小组不时创制的文件、每个谈判回合的文件、形成东京守则和 WTO 的准备文件、不同专门委员会的材料、工作组和理事会报告

---

❶ Beckett, The North Atlantic Treaty: The Brussels Treaty and the Charter of the United Nations, 1950, p. 444.

❷ Bernhardt, Ebolutive Treaty Interpretation, Especially of the European Convention of Human Rights, 42 GYIL (1999), p. 120.

❸ Arbitration regarding the Iron Rhine Railway (Belgium/Netherlands), Award of 24 May 2005, p. 25, para 48.

❹ Richard K. Garadiner, Treaty Interpretation, Oxford University Press, 2008, pp. 101 – 102.

以及类似的其他文件材料。”[1]

可见，无论是VCLT、国际（准）司法机构的实践，还是国内外学者的著述都未能全部列举或穷尽准备工作的范围。“准备资料就是条约的成立史；”“准备工作资料一般包括协定签署前的各种草案、文书、记录和函件。”[2]只要能实现澄清用语目的或探究缔约方意图的目标之“准备工作”资料，似都应纳入解释者考虑的范围。下文所涉国际司法实践将表明，在一定条件下，条约“准备工作”在条约解释中具有相应的而非可有可无的价值。

---

[1] Jeff Waincymer, WTO Litigation, Procedural Aspects of Formal Dispute Settlement, Comeron May Ltd, 2002, p. 483. 转引自：张东平：《WTO司法解释论》，法律出版社2005年版，第204页。

[2] 菲德罗斯等著：《国际法》，李浩培译，商务印书馆1981年版，第215页；陈治世：《条约法公约析论》，台湾学生书局1985年版，第162页。转引自：张东平：《WTO司法解释论》，法律出版社2005年版，第195~196页。

第二章　条约之“准备工作”研究

第一节　条约之“准备工作”在条约解释中的地位、作用

一、“准备工作”具有补充性，不具有第31条诸因素的权威性

对“准备工作”在条约解释中的作用及其权威性问题，“在国际法庭的实践中有一个久已确立的规则，即为解释条约中有争论的规定起见，所谓准备资料是可以利用的。国际常设法院和国际法院常常确认准备资料是有用的。它们使用这种准备资料作为证据，通常仅限于条约‘不清楚’的情形。然而，断定一个条约是否清楚，并不是解释过程的开始，而是解释过程的结果。事实上，国际常设法院即使在它认为条约是‘清楚’的时候，仍然利用了准备资料。在条约的谈判和缔结的各阶段中的讨论和公开性，使这种证据特别有价值（在下述情形下，这是特别明显的，即会议的委员会把为了某种理由不愿包括在条约中的解释性了解正式列入记录。例如，关于退出联合国问题；关于旧金山会议四邀请国对于安全理事会中投票程序事项的解释性声明）。英国法院，尤其是美国法院，在解释条约时向来是毫不犹豫地使用准备资料的”[1]。“准备工作”中“这些材料的价值取决于若干因素，最重要的是真实性、完整性和可得性。”[2] 在国际争端中，国际司法机构和当事方利用“准备工作”资料来解释条约越来越常见。

VCLT 第31条、第32条规定的诸要素在条约解释中的地位与作用并不相同，既有较密切的联系，也有明显区别。就其联系而言，VCLT 规定的诸解释方法是对条约解释主要流派主张的一个兼顾，构成了条约解释规则的有机体

---

[1] ［英］劳特派特修订：《奥本海国际法》（第二分册），王铁崖、陈体强译，商务印书馆1972年版，第366～377页；第377页脚注1、2。

[2] 安托尼·奥斯特：《现代条约法实践》，江国青译，中国人民大学出版社2005年版，第215页。

系，具有相对完整性与内在逻辑性；由于 VCLT 第 31 条规定的条约正文本身是否清楚在某种程度上都具有主观性，因此，VCLT 第 32 条具有内在的灵活性。“按照国际法委员会的见解，VCLT 第 31 条规定所列举的一切因素都是权威性的解释因素，因为这些因素都是与各当事国之间在约文中得到权威性表示的、当时或此后的含义有关的。而 VCLT 第 32 条所提及的条约准备资料和缔约的情况，按其设想的前提就没有这样的性质，因而只能是补充的解释资料，不论其有时在阐明各当事国的合意在约文中的表示方面怎样具有价值，仍不是权威性的解释因素。”❶ “准备工作能证明当事国在准备阶段的观点和意图，但是它不能确立关于经同意的条约义务之意图。此外，在准备阶段对主张的交流不能替代最终已被采纳的文件中的含义。”❷ “准备工作具有合格的相关性特征，就准备工作不能反映诸当事方真实意图而言，准备工作缺乏证据价值。此外，并没有根据来支持对准备工作的借助，并且如果条约文本清楚，无论如何，就没有必要诉诸准备工作；实际上，该借助是被禁止的。”❸ 但是，如果“准备工作”与条约文本和目的相冲突，就不应当认为其具有相关性。

国际法中条约解释的三个主要流派包括目的解释学派（强调条约的宗旨和目的）、客观解释学派（强调条约用语）和主观解释学派（强调缔约意图），“这三种流派的观点不一定是相互排斥的，而且解释条约的想法可以说是（通常也的确是）上述三种观点综合而成的。但是，每个流派通常把条约解释的某个特定因素置于首位，虽不一定排除其他因素，但肯定凌驾于其他因素之上……目的论派则常会‘溢入’司法立法的危险……总之，这三个流派各有利弊。” VCLT“被形象地称为‘关于条约的条约’。从 VCLT 第 31 ~ 33 条规定的内容看，公约的目的在于对主观学派、客观学派和目的学派所持的条约解释方法进行调和和折中，吸收三种学派中合理的因素，构建相对合理的条约解释规则”。VCLT 第 31 条是一个完整不可分的解释操作方法。因此，我们必须考虑条约解释中三个主要因素——条约约文、它的上下文和条约的目的和宗旨的每一个因素。解释条约时人们自然地是从约文开始，随后是上下文，然后是其他事项，特别是嗣后的资料。❹ 李浩培先生指出，联合国国际法委员会认为条约解释程序是一个统一体，从而 VCLT 第 31 条的各项规定组

❶ 李浩培：《条约法概论》，法律出版社 2003 年版，第 352 页。

❷ Alexander Orakhelashvili, The Interpretation of Acts and Rules in Public International Law, Oxford University Press, 2008, p. 384.

❸ J. H. Spencer, L'interpretation des traits par les travaux preparatoires, 1934, pp. 125 – 127, 165 – 167, 196.

❹ 安托尼·奥斯特：《现代条约法实践》，江国青译，中国人民大学出版社 2005 年版，第 203 页。

成一个单一的、互相紧密地连在一起的完整的规则。[1] VCLT 第 31.1 条规定的诸解释要素间“并没有法律效力上的优劣或上下等级之分。”[2] 根据 VCLT 所确立的条约解释原则构成了一栋建筑物，解释者就是该建筑物的看门人。只有 VCLT 原则变得更清楚并被注入更大程度的公平时，该看门人的功能才能被有效发挥。

二、“准备工作”在澄清条约用语含义中的作用

就 VCLT 第 31 条、第 32 条间逻辑关系而言，VCLT 第 31 条是基础、前提、权威性和一般性原则，而第 32 条则是第 31 条的补充资料，其正当性建立在依据第 31 条对条约用语的解释结论“意义仍属不明或难解；或所获结果显属荒谬或不合理时”方可适用。

（一）条约正文含义清楚与“准备工作”的作用

国际司法机构的判例以及一些学者主张，当条约正文含义清楚时，应排除对“准备工作”的借助，至少应非常谨慎。“在联合国国际法委员会的工作中，在条约正文清楚情况下，准备工作的次要地位和非相关性已被特别起草人和该委员会本身多次强调。正如联合国国际法委员会在编纂的最后阶段所强调的，不像条约的通常含义和目标与宗旨，准备工作在条约解释中并不具有可信的含义。该委员会将准备工作归类为‘补充’方法，这意味着它并不提供解释的选择性的、自主的方法，而仅指对被解释之一般原则所包含的原则所支配的解释提供帮助。”[3]在 Libya—Chad 案中，国际法院认为：“没必要借助准备工作来阐明《1955 年法国—利比亚条约》的内容，但正如以前案例所表明的一样，法院发现有可能通过参考准备工作来证实其对条约文本的理解，即该条约构成了当事方间的一项协定，特别是界定了边界，也就是说，国际法院通过对正文、上下文和有效性原则的借助已确认了该结果。相关准备工作证明，诸当事方意图确定边界并承认其早期条约已确定的边界。”[4]

“在 LaGrand 案中，国际法院在《法规》的目标和宗旨基础上，在已确认该法第 41 条临时措施具有约束力之后，法院认为并无必要借助准备工作来确定该条含义。尽管如此，法院决定对准备工作予以审查，并指出该《法规》的准备工作并没排除第 41 条项下命令具有约束力的结论。在对准备工作的审查中，法院承认第 41 条的准备工作表明，在法语（真实的）文本中与‘or-

---

[1] 李浩培：《条约法概论》，法律出版社 2003 年版，第 351 页。

[2] 张东平：《WTO 司法解释论》，法律出版社 2005 年版，第 23 页。

[3] II YbILC 1964 and 1966, p. 57, 204 – 205, 220. Cited from Alexander Orakhelashvili, The Interpretation of Acts and Rules in Public International Law, Oxford University Press, 2008, p. 383.

[4] ICJ Reports, 1994, 27 – 28.

donner'相比，给予了'indiquer'优先性，但通过对法院并无确定其裁决之执行的方法的考虑，来对此予以解释。尽管如此，法院认为，缺乏执行手段和缺乏约束力是两个不同问题。因此，法院本身没有保障依据第41条之命令得到实施的手段的事实并非否定该命令具有约束力性质的论据。"[1] "在the Young Loan仲裁中，国际法院使用了准备工作来证实VCLT第31.1条所确立的对条约条款进行解释的含义。尽管如此，法院的确对《法规》的准备工作进行了审查并发现它并没有排除这些命令具有约束力的结论，法院对此予以重视。ICJ的《法规》与其前身PCIJ的法规完全相同。因此，对规定历史措施的《PCIJ法规》中的一个条款起草中纳入的一个建议所作出的阶段，法院对此进行了回顾，该文本建立在美国和瑞典间一个早期双边条约基础上。"[2] "然后，法院依循起草历史，尤其是依循与法语和英语文本间的明显差异有关的方面。因此，法院将准备工作视为延伸到文本的来源中的相关内容，这些内容不仅包括考虑中的条约前身，而且还包括更遥远的双边来源中的措辞。对条款进行这样的历史追踪在条约解释中是常见的事情。"[3]

（二）条约正文含义模糊与"准备工作"的作用

"当对正文的解释模糊时，解释之通则提供了确定当事方意图的多样方法，实践中就借助条约目的和宗旨、其上下文、国际法一般规则和嗣后惯例。仅在用尽第31条所列举的所有方法后仍存模糊性，才可借助准备工作或条约缔结的情形。如果不符合该顺序要求，准备工作简直就毫不相干。同样，解释结果的荒谬性并非从某些观点来看是不相宜的、不愉快的或不可接受，对当事方来说不可接受或对其利益来说并非有益，而是指使条约条款不能运转了、与条约目标和宗旨或其他条款或与任何上一级的法律规则不一致。一般而言，准备工作包含无数的声明，其中的许多声明与法律义务无关，仅为政治目的或礼节，条约准备的通常过程正是这样。如果这些声明不能为协定提供证据，对为确定条约解释效果而要求对该类声明的每一个进行解释而对准备工作的依赖，无疑是复杂的，并且最后可能会被证明无用，如果可能，就必须避免对准备工作的借助。"[4] "因为人们总是提及解释准备工作的危险而

[1] LaGrand (German v. USA), ICJ Reports 466, Judgment of 27 June 2001, para. 107 and see further Chapter 9, sections 4.4, 4.5 and 4.9.

[2] Belgium et al. v. Federal of Germany (Young Loan Arbitration), Award of 16 May 1980, 19 ILM (1980), 1357.

[3] Richard K. Garadiner, Treaty Interpretation, Oxford University Press, 2008, p. 101.

[4] Alexander Orakhelashvili, The Interpretation of Acts and Rules in Public International Law, Oxford University Press, 2008, pp. 382, 383.

非解释条约的危险，因此，在借助任何准备工作时，都必须谨慎从事。”[1]“《欧洲人权公约》的特殊性质意味着对该公约准备工作的依赖有必要持特别的谨慎。作为条约解释的一般指导，准备工作是众所周知地不可靠；D. Harris 等也认为，准备工作并非经常是有帮助的。”[2]“因此，接触准备文件时必须要时刻小心。它们的调查是费时间的，其作用经常是边缘性的而极少是具有决定性的。……所以这些补充性方法都需要特别小心地予以适用。它们只不过是解释的辅助手段，如果盲目地适用很可能导致错误的结果。”[3]

(三) 条约模糊性与“准备工作”自身的局限性

“准备工作”在条约解释中的地位和作用不应一概而论，因为“准备工作”相关资料可能很多，且内容上可能存在矛盾、模糊之处，或与需要解释的条约条款相关性程度、价值不一，或根本就不存在准备工作资料，“特别是准备资料，或条约谈判的记录，在很多情况下是不完全的或容易引起误解的，从而在决定其作为解释资料的价值时应当谨慎，并且第 32 条也只是在有限的范围内采用为解释资料。……国际法委员会也无意在补充性解释资料和权威性因素之间划出一条严格的界限。”[4]

准备工作资料并不总是存在，有时候条约词语含义的模糊是缔约的需要：“在这些情况下，含糊本身就是缔约方的真实意思表达，或者说缔约方就这些所谓含糊的表达没有或不可能达成真实意思。……客观学派还指出，严格意义上的准备资料往往混乱而不明确，更兼出现僵局中的暗中斡旋和私下交易，而这些是不会出现在正式记录中的。”[5]“欧洲共同体或欧洲联盟的实践是不保存其组织文件谈判的书面记录。一项谈判或起草的最重要部分经常是以非正式形式进行，而没有任何将予以保存的协定记录。从 1973 年 12 月直至 1982 年《联合国海洋法公约》通过，其间断断续续召开的第三次联合国海洋法会议的谈判就是一个很好的例子。一个特别的妥协方案得以通过的理由以及它原先所要表达的意义是什么可能难以确定。如果有些措辞是通过审慎的选择来克服一种几乎是不可能调和的实质分歧时，情况就更是如此。《芝加哥公约》插入第 3 条（禁止对民用航空器使用武力）的最后草案是在三个星期

[1] Judge Spender in Guardianship of Infants, ICJ Reports, 1958.

[2] Jacobs, White & Ovey, The European Converntion on Human Rights, Oxford University Press, 2006, p. 40; D Harris, M. O'Boyle & C. Warbrick, The Law of the European Convention on Human Rights, Oxford University Press, 1995, p. 17.

[3] 安托尼·奥斯特：《现代条约法实践》，江国青译，中国人民大学出版社 2005 年版，第 216 页、第 219 页。

[4] 李浩培：《条约法概论》，法律出版社 2003 年版，第 352 页。

[5] 黄东黎：《主张一定的灵活性——国际法条约解释理论和实践研究》，载《国际贸易》2005 年第 3 期，第 35 页。

会议之后的一次市长招待会期间通过闹哄哄的、高度可见的和非正式的（实际上是写在一个旧信封的背面的）谈判达成的。结果它留下了为了达成协商一致所需要的最后一刻妥协的所有痕迹。”❶ “在确定缔约方真实意图中准备工作真的具有重要价值吗？当许多条约文本中常包含有偶然的甚至是故意的模糊和缺失时，国际会议的记录在描述谈判的真实过程时有时也不够成功。匈牙利法学家Haraszti强调，只有当准备工作阐明了‘当事方的共同意图并与真正达成的协定文本相关时，它才具有解释性价值。’”❷

因此，条约解释者在借助“准备工作”时，应依据VCLT的规定，对“准备工作”资料持谨慎态度严格审查，从中识别出存在相关性的内容。应反对两种倾向：一是完全否定“准备工作”资料在条约解释中的地位与作用，否定条约的历史性；二是本末倒置，以准备工作资料替代条约约文。“因为利用准备资料主要涉及如下问题：准备资料包含各种观点，而有的观点则被有关当事国事后撤回；有的代表团有时候改变了其观点；一个国家的有关立场可能会在相关准备资料公布之后发生改变；并不是所有准备资料法院都可以得到；有时候，如果借助于准备资料法院就可能发现，恰恰是准备资料显示当事国没有达成一致。所以，国际法院在宪章解释问题上较少利用准备资料。”❸

三、条约之“准备工作”与VCLT第31条的局限性

VCLT原则的有些部分并不清楚。显然，VCLT尚没有解决条约解释中的所有难题，因为VCLT第31～32条本身就需要解释。例如，解释者如何确定条约的‘目标和宗旨’；作为‘上下文’的因素需要考虑哪些；它们是否仅限于VCLT第31.2条的明确规定项目；依VCLT第32条对‘补充手段’的使用是否限于该条规定的情形。

“Alvarez法官在其异议意见中表明，当解释条约时，有必要从考虑范围中排除准备工作，因为准备工作中包含变化着的、前后不一致的态度，诸国常对准备工作并不熟悉，并且准备工作可能会妨碍条约与社会生活新条件的和谐。”❹ 由于一些准备工作具有保密性，所以即使求助于准备工作，也不能保证获得对用语的澄清和确定性，这正如US National in Morocco案中法院所关注到的，1906年的Algeciras会议并未能提供许多指导。❺

---

❶ 安托尼·奥斯特：《现代条约法实践》，江国青译，中国人民大学出版社2005年版，第215页。

❷ Lori F，Damrosch，Louis Henkin Sean D. Murphy，Hans Smit，International Law：Cases and Materials（Fifth edition），West，a Thomas business，2009，p. 174，footnote 2.

❸ 宋杰：《国际法院司法实践中的解释问题研究》，武汉大学出版社2008年版，第25页。

❹ Admissions，18（Dissenting Opinion）.

❺ ICJ Reports，1952，p. 209.

欧洲人权法院一直对准备工作的作用持怀疑态度。“在 Golder 案中，欧洲法院拒绝借助 VCLT 第 32 条规定的准备工作，因为法院已依据其目标和宗旨解释了《欧洲公约》。”❶ 在 Lawless 案中，爱尔兰政府提及了《欧洲人权公约》的准备工作，主张为防止犯罪，在没有被要求带到法院的情况下，就能拘留个人。欧洲委员会认为，与涉及国际条约解释的已确立的规则相一致，当需要解释的条款含义清楚且明确时，就不允许借助准备工作。这当然适用于本案中的第 5.3 条。法院并未考虑准备工作。法院注意到，由于也已发现该文本的含义与《欧洲人权公约》的宗旨相关，法院注意到已获得承认的国际条约解释的一般性原则，不能借助于准备工作。❷ “首先，问题存在于按照词语的通常意义解释的原则及与之相关联的准备资料在解释中的相互地位……然而 VCLT 第 31 条和第 32 条的规定不能认为已臻妥善……而准备资料有时有混乱、矛盾的缺点。然而词语的意义时常随着使用时的情况而有差异，所以很难说约文所用的词语有其‘通常意义’　‘自然意义’或‘明白意义’……另一方面，准备资料中的一些会议记录和信件等，时常含有一些对解释条约很重要的声明。从此可以得出这个结论：在制定解释规则时，为了求得缔约各方的真正共同的意思，一方面固然应当强调约文原则，而另一方面也不应当把准备资料的使用限制得过于狭隘。”❸“有人提出，即使通常意义显得清楚，如果从准备工作来看通常意义显然并不代表当事方的意图，VCLT 第 31 条第 1 项中善意解释条约的主要职责则要求法院‘改正’该通常意义。毫无疑问，在实践中就是这样运作的；譬如，争端的各当事方总会将条约的准备资料提交至法庭，而其不可避免地会将这些准备资料与其他资料一起予以考虑。因此这种主张对于有关解释原则的无休止的辩论是一个有益的补充。”❹

VCLT 第 31 条所存在的局限性，或许正如上文已引的《奥本海国际法》中所言：“断定一个条约是否清楚，并不是解释过程的开始，而是解释过程的结果。事实上，国际常设法院即使在它认为条约是‘清楚’的时候，仍然利用了准备资料。”

---

❶ Golder，para 36.

❷ Lawless，paras 10，11，14.

❸ 李浩培：《条约法概论》，法律出版社 2003 年版，第 355 ~ 356 页。

❹ 安托尼·奥斯特：《现代条约法实践》，江国青译，中国人民大学出版社 2005 年版，第 214 ~ 215 页。

第二节　条约之"准备工作"与国际（准）司法实践

"条约的准备工作不是一种主要的解释方法，但是一种重要的补充性方法。国际性法庭长期依靠准备资料以证实通过适用 VCLT 第 31 条中所规定的一般规则而得出的意义。为了努力理解条约谈判者的原意，他们可以求助于补充性解释方法，特别是缔结条约时的准备资料与情形，而这是为第 32 条所承认的。"❶ 国际司法实践中将"准备工作"在条约解释中的重要性列为第二位，在一些案例中也会依据"准备工作"来澄清条约含义。

一、"准备工作"与（常设）国际法院实践

国际法院条约解释实践对应用准备资料的态度经历了一个发展变化的过程。在其运行的早期阶段，它采纳了常设国际法院的政策，对准备资料的审查不感兴趣。"即使荷花号案的判决可能含有对所谓'如果一个公约的约文本身足够明白，就并无斟酌准备资料的必要'的规则的最有名的阐述，然而常设国际法院在该案中实际上却考察了准备资料。"❷ 在 1948 年 5 月 28 日关于接纳联合国会员问题的咨询意见案中声称：'法院认为，约文是相当清楚的。因此，法院不认为应该脱离常设国际法院的一贯实践；按照这个实践，如果公约约文本身相当清楚，就没有理由使用准备资料。（ICJ. Reports 1948，p. 63. ）'这个政策在国际法院的司法实践中一直坚持到 1951 年，这一年国际法院就《防止及惩治灭绝种族罪公约》的保留问题提供了咨询意见，其中法院明确地利用了公约的准备资料，也参考了不同草案的评论和会员大会第六次委员会的准备资料。这一咨询意见体现了国际法院政策的重要变化，从此以后，国际法院解释条约更多地求诸准备资料，以从中探求缔约方的意图。"❸ "利用准备资料是意图解释学派的重要观点和实践。关于准备资料，常设国际法院在实践中曾表现出如下倾向：一项条约，如果是经过长时间和艰苦的谈判才得以缔结的，特别是其缔结过程如果显示，如果不就某一特定的含义或词语或机构安排达成协议，该条约即无法获得签字或批准时，涉及这样的条约的案件，常设国际法院一般会借助于准备资料来解决争端。"❹

"在 Agricultural Labour 案中，常设国际法院拒绝审查准备工作，并认为条

❶ 安托尼·奥斯特：《现代条约法实践》，江国青译，中国人民大学出版社 2005 年版，第 214 页。
❷ 李浩培：《条约法概论》，法律出版社 2003 年版，第 353 页。
❸ 张东平：《WTO 司法解释论》，法律出版社 2005 年版，第 199 页。
❹ 宋杰：《国际法院司法实践中的解释问题研究》，武汉大学出版社 2008 年版，第 25 页。

约正文的解释能使之获得结果；在 Treaty of Lausanne 案中，常设国际法院拒绝接受依赖于准备工作而获得的结果：如果该准备工作确定国际联盟理事会在无当事方协定时不能对土耳其和伊拉克间的边界问题作出裁决，那么，理事会的作用可能会被降为仅是调停，并可能会降低裁决的确定性。该主张与 Lausanne 条约第 3 条规定冲突，因此不可接受。”❶“在洛克比案中，英国坚持《联合国宪章》应给予国际法院对安全理事会的决议以一种司法审查权不是其原意，而这是得到宪章准备资料支持的。”❷“在 IMCO 咨询意见中，国际法院对《IMCO 公约》第 28 条（a）的准备工作进行了审查，旨在对从正文、上下文和目的解释中推断出的该条含义予以证实。”❸

由于“准备工作”存在缺陷，国际司法机构对其适用常持慎重态度：“常被举出的反对使用准备工作以及法院在该事项上的权衡中表现出的犹豫态度之原因是，准备工作常是如此难处理、令人混淆和不确定的，以至于使得对准备工作的审核成为一项费力的工作，并使得法院工作复杂化到与该解释方法的真实用途不成比例的程度。还有其他理由表明，准备工作可能会导致结论的不精确，除非对其完整性予以仔细审查。类似的，只有从整体上对准备工作进行审查才能查明是否具有适用‘吸收’理论的空间，根据该理论，条约吸收了相冲突的对意图的表达并将之纳入最终缔结的条约中，或对意图的不同表达能合法地被允许在解释过程中起到独立的作用。”❹

对“准备工作”在国际司法实践中的地位与作用，劳特派特指出：“对浩繁的准备工作的记录进行彻底审查给国际裁决机构施加了相当大负担。然而，当能获得准备工作记录时，对准备工作结果的顺序和非一致性的处理所需要的繁重劳动或许并无可替代的办法。并不表明准备工作并非揭示当事方意图的唯一方法或应当是一个通常方法。……但当法院在一个重要多边条约中遇到一个存在争议的条款时，假如法院将其自身限于面前的条约正文，并对表明诸当事方事实上说了什么或曾严肃地声明过什么的书面记录弃之不顾，那么，其判决或许会给人留下不完整的印象。”❺“对源于包括依赖准备工作所造成的大多数困难所引发的危险，就法院而言，可对主张采取依据准备工作

---

❶ Advisory Opinion of 6 Dec. 1923，PCIJ Series B，No. 8，6. at 41；Advisory Opinion of 6 Dec. 1925，PCIJ Series B，No12，6. pp. 22，23.

❷ ICJ Reprots（1998），p. 9，paras 4. 17，4. 18. 转引自：安托尼·奥斯特：《现代条约法实践》，江国青译，中国人民大学出版社 2005 年版，第 214 页。

❸ ICJ Reports，1960，p. 161.

❹ Lautterpacht，The Development of International Law by the International Court，Cambridge University Press，1982，p. 130.

❺ Lautterpacht，The Development of International Law by the International Court，Cambridge University Press，1982，p. 131.

的条约解释方法的当事人或对反对特定主张的当事方所提出的主张进行仔细审查方式来予以克服。无疑地，法院对准备工作进行小心翼翼的、挑剔性的审查可能会被认为，并已被某些人认为是为反对采用准备工作的人提供了有力论据。……法院自然可获得勤劳的当事人的帮助，特别是反对依赖该准备工作的那一方当事人。事实上，对法院审查准备工作的案例进行的调查表明，该任务远没有通常所理解的那么可怕。尽管如此，假使情况并非如此，通过将自己限制于文本和逻辑解释，国际法院或许不会觉得可以随意规避对当事方意图的探究所带来的繁重劳动。或许存在也或许并不存在反对使用准备工作的不同种类的论据。但正如法院的实践已表明的，该任务带来的体力困难和不便并不能提供对可能有助于揭示当事方意图的文件予以放弃的理由，这与法院权力相一致。……通过放弃或阻止对确定当事方意图有用的方法——如果他们实际上是有用的话，并不能解决该类性质的困难。……准备工作的问题在某种意义上或许就是一个证据技术难题。事实上，它是条约解释中一个根本的并且或许是最重要的方面。它尤其适用于对像《联合国宪章》这样的一般国际文件的解释。为获得对《宪章》的解释而不提及《宪章》被采纳前众多准备工作的资源，途径是，对《宪章》中最引发争论的概念采纳‘概念法理学’方法。实际上，与整体性《宪章》有关的评论或与《宪章》的任何方面有关的评论主要基于或完全依赖通常可被描述为准备工作的这个要素。”❶

关于“准备工作”在条约解释中的作用，劳特派特提供了某些肯定的但又是平衡了的观察。在早期著作中，他赋予“准备工作”以更大重要性，认为“无论如何，都不应当因为条约本身是清楚的原因而排除准备工作’。法院应该赋予对词语通常含义和准备工作所表明的含义之间的矛盾以重要性。该设想‘将举证负担置于依赖准备工作而声称通常含义和真实含义间存在矛盾的当事方。’（Lauterpache，1958，pp. 123，124）此后，在劳特派特的专著中，他认为，在许多案件中，国际法院一起免除了准备工作，但并没有否定性提及准备工作。劳特派特的观点具有建设性。准备工作的相关性中的真正难题是在何时求助于准备工作是正当的。VCLT对该问题规定了一个清楚的方法，赋予准备工作在解释方法中的补充性作用。”❷ “如果完全漠视有关准备资料，国际法院的意见肯定不会被接受。所以，可以得出的初步结论可能是：如果准备资料对于所解决的问题具有决定性意义，或者有利于对事实进行认

❶ Lauterpacht, The Development of International Law by the International Court, Cambridge University Press, 1982, pp. 132, 133, 134.

❷ Alexander Orakhelashvili, The Interpretation of Acts and Rules in Public International Law, Oxford University Press, 2008, p. 385.

识，而不是一般地涉及对缔约国意图进行探讨，国际法院不拒绝有限制地利用准备资料。如在某些费用案中，国际法院即利用了准备资料。”❶

二、“准备工作”与 WTO（准）司法实践

WTO 专家组/上诉机构对相关协定条款含义的合理解释，是其作出公正裁决的规范基础，也是获得国际公信力的重要准司法保障。DSU 第 3.2 条是判断专家组/上诉机构的裁决报告对条约用语解释是否恰当的规范标准。DSB 并未完全否定条约“准备工作”在条约解释中的作用，相关案例证明，在 WTO 法律中，VCLT 第 31 ~32 条规定的一般性解释原则和补充性手段之间的位阶性具有相当的重要性。DSB 强调了“准备工作”的适当作用。在 US - Gasoline 案中，在上诉机构报告第 4 部分第 2 段中肯定了“准备工作”的价值：“从第 20 条起草历史中得出的该灼见具有相当价值。”❷“正如 WTO 专家组在‘韩国政府采购’案中强调的，DSU 第 3.2 条对习惯国际法解释规范的规定是由于下列事实：在过去的实践中，以与习惯国际法解释规则要求不符的方式使用谈判历史。”❸

（一）专家组主张严格限制采用“准备工作”

在 Japan—Taxes on Alcoholic Beverages 案中，专家组认同联合国国际法委员会严格限制采用“准备工作”资料的主张：“在该方面，专家组注意到联合国包含准备工作的条约解释的‘补充方法’和其在与条约解释的相关性之间的有趣比较。根据 VCLT 第 32 条，专家组注意到，对解释的补充方法的借助仅在特定情形下作为一个例外来要求。在该问题上专家组注意到联合国国际法委员会的评论：‘委员会认为，该例外必须要受到严格限制，即使其不会不正当地削弱词语通常含义的权威性。不论准备工作在协助弄清文本协定词语含义方面有时候可能多么有价值，但……准备工作……并非因此就与解释要素具有相同的可信特征’。而且，毫无疑问，在许多情形中，条约谈判的记录不完整或具有误导性，结果是，在确定解释因素的价值时，不得不行使相当大的自由裁量权。专家组注意到，在国际条约的准备工作和国内立法的准备工作间存在诸多差异，这些差异排除了国际法委员会对其案件进行论证中的自动调换。尽管如此，专家组认为，即使对国内立法的准备工作来说，国际法委员会的分析和论证也可能相关。”❹

---

❶ 宋杰：《国际法院司法实践中的解释问题研究》，武汉大学出版社 2008 年版，第 25 页。

❷ WT/DS2/AB/R，29 April 1996.

❸ Korea—Measures affecting Government Procurement，WT/DS163/R，1 May 2000，para 14.

❹ Japan—Taxes on Alcoholic Beverages，WT/DS10/R，WT/DS11/R，11 July 1996，footnote 87.

在美国虾案中，借助GATT第20条的谈判历史，上诉机构证实了其对该条含义的理解："通过借助1946年国际贸易组织（International Trade Organization，ITO）的谈判历史，上诉机构证实了通过使用一般性原则获得的解释结果。因此，准备工作证实了上诉机构的下列理解——GATT第20条的例外条款要求依据具体例外和其一般性开头语来对国家行为予以评估。在乌拉圭回合谈判末期，谈判者们采纳了GATT 1947的序言作为新WTO协定序言的模板。然而，GATT 1947序言规定的'充分利用世界资源'的目标不再适合20世纪90年代世界贸易体制，新协定加入了对世界资源的充分利用应该与可持续发展相一致。由于该序言性语言反映了《WTO协定》谈判者们的意图，我们相信它一定会为我们对WTO协定附件的解释增加色彩、纹理和对照。在本案中，我们已注意到从上述序言中包含的视角来适当理解GATT 1994第20条（g）。我们也注意到自从谈判该序言性语言以来，某些其他的发展已出现，这有助于阐明WTO成员关于贸易和环境关系的目标。上诉机构还提及了《马拉喀什部长决定》所表达的意图。我们认为，该开头语的语言清楚表明，第20条（a）~（j）段例外是源于GATT 1994其他条款规定的实体性义务的有限的且是有条件的例外，也就是说，例外的最终有效性受制于援引该例外的成员对该开头语要求的遵守。对开头语的这个解释通过其谈判历史被证实。在该上诉机构报告第157段，介绍了GATT 1947的最初筹划者们对第20条内容的影响。因此，第20条的谈判历史证实，第20条的诸段落为GATT实体性条款中的义务规定了有限和有条件的例外。任何措施如果要最终符合例外的要求，就必须满足该开头语的要求。这是受GATT 1947的最初筹划者们影响的权利和义务平衡中的一个根本部分。"[1]

（二）DSB对VCLT第31条、第32条的遵守

在US—Section 211案中，上诉机构认为专家组使用了"准备工作"对相关词语的解释结果，与词语的通常含义相悖，并违反了VCLT第31条、第32条的规定，因此推翻了专家组的解释结果："对谈判历史的引入，我们没有发现它以任何方式对我们面前的问题来说是决定性的。专家组所依赖的文件对TRIPs是否涵盖商号问题并不确定。专家组从第1.2条的谈判历史中所引用的诸段落甚至都没有提及商号。上述段落中根本就没有东西表明成员方是支持还是反对纳入商号。确实，唯一提及的TRIPs中关于涵盖类别的争议涉及商业秘密而非商号。专家组自己承认'该记录并不包含添加第2.1条开头的'in respective of' 词语的目的方面的信息'。因此，我们并不认为可从上述记

[1] United States—Import Prohibition of Certain Shrimp and Shrimp Products, WT/DS58/AB/R, 12 Oct. 1998, paras 152–157.

录中得出关于涉及商号的解释第 2.1 条‘in respective of’词语之任何结论。因此，我们认为，专家组对 TRIPs 第 1.2 条和第 2.1 条的解释与这些条款中词语的通常含义相悖，所以与 VCLT 第 31 条规定的习惯解释规则不符。而且，我们并不相信，就 VCLT 第 32 条含义而言，该谈判历史证实了专家组对第 1.2 条和第 2.1 条的解释。”[1] 此处，上诉机构并没有直接否定专家组对“准备工作”的借助，而是否定了专家组借助 TIRPs 协议的谈判历史对词语的解释结果，因为专家组的解释违反了 VCLT 第 31 条。“在这里，专家组把 WIPO 提供的《巴黎公约》的谈判历史当作‘事实方面的信息’对待，这是十分错误的。因为根据 VCLT 第 32 条，谈判历史记录作为准备资料只是一种补充性的、次要的解释资料，它只能在特定条件下用于限定的目的；而‘事实信息’则是专家组认定案件事实、解释规则、裁判争端的直接依据，专家组的这一做法实际上回避了 TRIPs 协议解释中对相关知识产权国际公约的原始材料（谈判历史材料）的任何法律相关性的审查，无形中提升了这些知识产权公约谈判历史及其形成的准备资料的重要性，把它抬升到了作为解释 TRIPs 协议规则的直接依据的地位，这一做法违背了国际公法解释的习惯规则，实质上是 GATT 1947 时代盛行的‘历史解释’方法（而非约文解释方法）的残余的一种体现。”[2]

在美国影响赌博服务跨境提供措施案中，上诉机构评估了“准备工作”文件的相关性。“正如专家组似乎已做的那样，我们并不同意，仅通过请求这些文件的准备和传播的方法和通过在准备其出价中使用它们的方法，谈判中的诸当事方就已将其作为与条约相关的协定或文件而接受这些文件。确实，存在着相反的表示（para 176）。……上诉机构认为，专家组对如何创立和使用这些文件的描述表明，当事方在他们对具体承诺的谈判中同意使用这些文件。尽管如此，专家组没有引用任何证据来直接证明其进一步的结论——当事方的协定包括了一项将这些文件在成员方预期承诺的解释和适用中作为解释性工具使用的一项协定（para 177）；”[3] 由于包括诸如通常含义、上下文和《美国承诺表》的目标和宗旨在内的其他解释因素都不能揭示其清楚的含义，所以上诉机构借助准备工作：“因此，借助 VCLT 第 32 条规定的补充解释手段是适当的。这些手段包括 W/120、the 1993 Scheduling Guidelines 和 a cover note attached to drafts of the United States' Schedule（para 197）。”[4] 在已拒绝将

---

[1] United States—Section 211 Omnibus Appropriations Act of 1998, WT/DS176/AB/R, July 2001, paras 339, 340.

[2] 张东平：《WTO 司法解释论》，法律出版社 2005 年版，第 214 页。

[3] WT/DS285/AB/R, 7 April 2005, paras 176, 177.

[4] WT/DS285/AB/R, 7 April 2005, para 197.

某些文件的作用视为 VCLT 第 31 条中的上下文后，上诉机构将该文件看作准备工作的一部分。正如上诉机构所述："应当事方的请求，为帮助当事方准备其发价的明确目的，当时向乌拉圭回合谈判准备和散发了 W/120 和 the 1993 Scheduling Guidelines。这些文件也无疑地帮助了当事方对其他成员的出价进行审查和评价。这些文件尽管是非义务性的，但提供了被广泛使用和依赖的共同语言和结构。在这些情形下，并根据 the 1993 Scheduling Guidelines 中规定的具体指南，可以合理地假定，对如此紧密地依循 W/120 中相同部门的语言承诺表的一部分进行审查的谈判方或许期待该部分与 W/120 的相应部分具有相同覆盖范围。"[1] "因此，似乎通过使用准备工作裁决的国际案件只有一个。这就是 the US—Gambling 案，在该案中，在所有其他方法失败后，准备工作被使用了，并且仅在通过对所有资料进行严格评估后才予以使用。当在条约文本和其目的和宗旨基础上获得一个解释结果时，准备工作简直不相关，从 VCLT 和法理学中反复阐明的解释政策中对此予以遵循。"[2] "在条约谈判期间准备的有些文件尽管与相关问题有关，但并非专门为条约最后文本中的特定条款而准备。在 WTO 中的 Gambling 案中，在 GATS 谈判期间，出现的问题之一是成员如何界定其与特定服务相关的承诺。由于每个国家以符合其具体愿望的词语来起草自己的承诺表，这并非条约中会对此进行评估的一个事项。尽管如此，为了试图鼓励某种程度的标准化，GATT 秘书处在谈判期间准备了两份文件。一个标号为 W/120，其标题为'Services Sectoral Classification List'(1991)，其中包括了与联合国编撰物（the Provisional Central Product Classification）中的那些要素具有可比性的要素；另一个被称为'Explanatory Note'。它作为'1993 Scheduling Guidelines'而为人所知，内容包括哪些项目应该纳入国家承诺表中和如何被进入。WTO 上诉机构发现，这些文件并非 GATS 上下文的一部分，因为在与之相关的条约缔结时这些文件还没有被所有当事方接受。'Explanatory Note'表明，它的目的仅是为了提供帮助，而非作为 GATS 的一个权威性解释。"[3] 尽管如此，上诉机构确实同意根据 VCLT 第 32 条规定，这两个文件都可接受，并发现了支持性的证据来表明这些文件是准备工作和 GATS 缔结相关的情况。

此外，WTO 案例实践涉及条约"准备工作"的还有欧共体香蕉案、巴西

---

[1] WT/DS285/AB/R, 7 April 2005, paras 204.

[2] Alexander Orakhelashvili, The Interpretation of Acts and Rules in Public International Law, Oxford University Press, 2008, pp. 391, 392.

[3] United States—Measures affecting the cross-border supply of gambling and betting services, WT/DS285/AB/R, 7 April 2005, and see chapter 8, sections 4. 3. 1, 4. 4. 1 and 4. 4. 6; paras 172, 173, 176.

飞机案等。[1]

第三节　与“准备工作”相关问题解决之探讨

一、“准备工作”追溯的历史可有多久

“准备工作”的范围延伸到能被赋予“阐明共同谅解”特征的材料，这个原则常被含蓄地适用，但在 the Iron Rhine 裁决中被明确了。[2] 然而，“对在条约历史中或其规定中解释者能溯及多远来寻求指引，并无单一的规定。法院倾向于抓住任何看起来会有帮助的东西，并通过适用如下原则来对可接受性进行评估——有助于澄清的信息必须证明被预期的当事方已接受（至少默示接受）的含义。个人的回忆和回忆录并不合格。……准备工作并不扩展到考虑谈判者早餐吃的是什么的影响。”[3] 美国最高法院曾较正式地指出该问题，但是是以较好地反映了国际实践中立场的方式：“人们常说，当条约含义不清楚时，可借助谈判、准备工作和缔约方的外交通信，以确定其含义……但对没有以书面形式被包含在条约中的由参加缔约谈判的人作出的口头声明，且没有被呈报给谈判者所属国政府或其批准机构，该规则并不适用之。”[4] 美国最高法院将未向所属国政府或批准机构呈报并未以书面形式固定的口头声明排除在“准备工作”之外。

有学者主张使用能获得的谈判过程中所有材料：“这应该理解为准备工作是指条约谈判过程中收集的所有文件，并且是谈判者们集体能获得的，而非这些材料之外个人能使用的材料。”[5] 在 the Chilean Price Brand 案中，WTO 专家组对相关文件能否用作“准备工作”进行了解释：“尽管如此，我们认为仅靠‘variable import levy’和‘minimum import price’的文本和上下文本身不能使我们不留模糊地确定这些词语的含义。因此，对其含义的确定应该包括纯语法或语言学解释之外的分析。根据 VCLT 第 32 条，我们将借助解释的补充方法。在本案中，我们认为那些在日期上早于《农业协定》生效日期的某些文件，但严格来说它们并非准备工作的一部分，能清楚显示 WTO 成员使用

---

[1] European Communities—Regime for the Importation, Sale and Distribution of Bananas, WT/DS27/AB/R, para 168; Brazil—Export Finance Programme for Aircraft—Recourse by Canada to Art. 21. 5 of the DSU, WT/DS46 /RW/, 9 May 2000, paras 6. 39, 6. 40.

[2] Richard K. Garadiner, Treaty Interpretation, Oxford University Press, 2008, p. 100.

[3] Richard K. Garadiner, Treaty Interpretation, Oxford University Press, 2008, pp. 99 – 100.

[4] State of Arizona v. State of California 292 US 341, 1934, pp. 359 – 360.

[5] Richard K. Garadiner, Treaty Interpretation, Oxford University Press, 2008, pp. 99 – 100.

上述词语所要表达的意思。"[1] 但该案上诉机构认为专家组没有恰当适用VCLT第32条："尽管如此，我们并不认为专家组恰当适用了VCLT第32条；专家组试图从1958～1986年期间GATT 1947委员会报告和其他文件中'提取''variable import levy'和'minimum import price'的基本特征。尽管专家组承认这些文件并非VCLT第32条意义中的准备工作，但专家组认为这些文件构成了《WTO协定》'缔约情况'的一部分，因为乌拉圭回合谈判者们在谈判期间'使用了'这些文件。尽管如此，为回应对口头审理的质疑，参与者们并未对专家组依据DSU第13条在其权限内从任何相关来源寻求信息的权力提出质疑（尽管智利坚持认为专家组所提及的文件并不符合VCLT第32条中的'解释的补充方法'的规定）。"[2] 此处，与未被承认是"准备工作"材料的可接受性相比，上诉机构的批评可能与补充方法的使用联系更密切。上诉机构是否不同意该材料具有可接受性或是否仅因为上诉机构没有该材料也能获得解释从而忽视该材料，根据上诉机构报告，对此并不清楚。

二、"准备工作"对后加入条约国家的效力

条约"准备工作"资料对探求原始缔约方的意图以解释条约用语含义具有的补充性作用已为VCLT第32条所明确规定，但该公约并未明确这些"准备工作"资料是否也能被适用于后加入条约国家对条约的解释，换句话说，条约准备工作能否有区别地接受。对由少数当事方而非全部当事方对多边条约的解释之约束力的问题，有国外学者认为："在多边条约情形中，获得每个当事方对相关解释的同意通常并不可行。由少数而非所有当事方作出的解释的法律效力是什么？如果非参加国未在合理期间内且未提出抗议，由其他缔约国作出的解释应该约束非参加国吗？对少数而非所有缔约国作出的解释与'单方'解释相比，应该赋予前者更大的重要性吗？在Philippson v. Imperial Airways, Ltd. 案中（1939），上议院认为，《关于国际航空运输的华沙公约》中使用的'High Contracting Party'词语包括了已签署该条约但尚未批准的国家。英国住美国大使馆将该决定通知了国务院，并表明，英国政府对该词语的解释是，该词语仅包含最终受该条约条款约束的国家。国务院对英国立场表达了同意。美国或英国此后是否还可对其他缔约方对该词语的解释表示反对？如果《华沙公约》的其他当事方当时并未在合理时间内提出抗议，那么这些当事方可否要受美国—英国解释的约束？什么会是合理的时间？如果以

---

[1] Chile—Price Band System and Safeguard Measures Relating to Certain Agricultural Products, WT/DS207/R, 3 May 2002, paras 7.35, 7.36.

[2] WT/DS207/AB/R, 23 Nov. 2002, para 230 and footnote 206.

后加入该公约的国家在加入时没有对该问题作出他们的保留，那么，这些国家是否可受美国—英国的解释的约束?”[1]

存在国家没有参加条约谈判而通过加入成为当事国的情形。常设国际法院曾在一案件中因为其中三国没参加 Verasilles 会议的相关工作而排除了对材料的使用（PCIJ Rep，Series A，No. 26，1929）。尽管如此，这没有解决秘密文件作为准备工作对已参加谈判并的确使用了这些文件的其他当事方来说是可提出反对的这个问题。在当代允许有区别的可接受性可能与条约仅有一个正确解释的原则不符，并与避免秘密条约的社会思潮不符。尽管可能有充分理由尊重条约谈判过程中每个缔约方立场声明的保密性和讨价还价的力度，但上述因素并不能为以后根据争端当事方是否涉及争议中的条约谈判来赋予作为准备工作的资料以有区别的可接受性提供任何正当性。随着人们越来越容易获得准备工作，有人建议，如果一个或更多诉讼当事人没有参加到谈判中，就不可引用准备工作的任何规则已被静静地取消了。[2] 该案例表明，“准备工作”不能仅因诉讼当事方是否参加条约的谈判过程而被有区别地接受。“在一项对没参加谈判的国家开放的多边条约的情况下，准备资料很可能在这些争端当事国之间被援引，至少如果它在这些国家成为当事国之前已经公布或以其他方式能够得到。鉴于第二次世界大战以来新出现国家的数目，以及在这个阶段所缔结的新国家后来成为当事国的多边条约的数量，任何其他规则都会是极不方便的。”[3]

不过，也有研究者认为：“后续加入的成员方虽未参加条约的谈判而使其意图未在准备资料中反映，但如果该等资料事先可以知道，则可以在解释条约中对该等资料加以考虑。因为加入的缔约方有义务本着诚信的原则在加入并许诺承担条约义务之前充分注意到这些义务的全部内容，并考虑原缔约方的意图；而准备资料中可能包含着这种义务和意图的某些因素和内容。因此，必须推定自由加入条约的同时就意味着认可了原缔约方的意图和这些准备资料。国际法院在空中事件案（1959）中应用了法院规约的准备资料，而只字不提该案各当事方都没有参加谈判。但是对于未公布的、加入方无从查阅得知的准备资料，似乎不应当在解释中被考虑和应用，因为要求加入方按其加入前根本无从知道的所谓原始缔约方的‘意图’来承担条约义务和责任，显

---

[1] Lori F，Damrosch，Louis Henkin Sean D. Murphy，Hans Smit，International Law：Cases and Materials（Fifth edition），West，a Thomas business，2009，pp. 178－179.

[2] Richard K. Garadiner，Treaty Interpretation，Oxford University Press，2008，pp. 104－105.

[3] ILC Commentary，p. 223，para 20；Sinclair，pp. 142－144. 转引自：安托尼·奥斯特：《现代条约法实践》，江国青译，中国人民大学出版社 2005 年版，第 216 页。

然缺乏法理基础。"[1] WTO 争端解决机构对该问题似乎并未有明确解释，没有区分原始缔约方和后加入方，原因或许在于，"专家组和上诉机构之所以对准备资料的应用采取比较自由宽松的态度，主要是因为准备工作资料的应用已根据 VCLT 而被置于次要的、辅助的地位，而不是决定性的因素……其应用对成员方的条约实体权利和义务并无实质性影响。"[2]

三、单方来源文件之可接受性

不同内容和来源的"准备工作"材料是否具有相同重要性也值得探讨。"一方当事人提供的材料的可接受性需要根据下列原则进行仔细处理——准备工作应该阐明对协定的共同谅解，而非单方面的希望和倾向。显然，如果单方提供的材料已被明确认可，例如对条约条款草案进行修改且被采纳的建议文件，该单方材料就成为准备工作的一部分。"[3] 在 Belilos v. Switzerlang 案中，欧洲人权法院考虑了瑞士的关于其宣言的准备工作："法院承认有必要考虑起草该宣言的那些人的最初意图。法院认为，这些文件表明，瑞士最初考虑作出一个正式保留，但随后选择使用了'宣言'。尽管这些文件并没有使得术语的变更原因变得完全清楚，但它们的确表明，联邦理事会一直注意避免出现法院采用宽泛的权利观点的结果。"[4] 在 Mondev v. USA 一案中，ICSID 仲裁庭必须就相关条约中得到保证的外国公司的最低待遇标准和给予"公平和公正待遇"的要求是否是包含相同术语的许多双边投资条约的共同反映。美国多次通知其参议院很多双边投资条约和争议中的《北美自由贸易协定》在特定情形下试图纳入习惯国际法原则。仲裁庭认为，一方当事人向其本国立法机构作出的声明无论是否构成准备工作，这些声明当然会清楚阐明条约的目标和方法，并因此能证明法律意见。[5] "由一个独立和熟练的秘书处，如联合国秘书处，所制作的会议综述记录会比由一个东道国或参加国所提供的一项未经过协定的记录更为重要。然而，即使是由一个独立的和专家性的秘书处提供的会议记录一般也并没有告知整个事情的全貌。"[6]

四、"准备工作"何时以及如何被使用

"准备工作"的使用问题是 VCLT 第 31 条、第 32 条中最具争议的问题之

[1] 张东平：《WTO 司法解释论》，法律出版社 2005 年版，第 215 ~ 216 页。

[2] 张东平：《WTO 司法解释论》，法律出版社 2005 年版，第 217 页。

[3] Richard K. Garadiner, Treaty Interpretation, Oxford University Press, 2008, p. 106.

[4] Belilos v. Switzerlang, ECHR case no 20 – 1986/118/167, judgement of 23 March 1985, paras 31, 32, 48.

[5] Case No. ABB (AF) /99/2, Award of 11 October 2002, para 111.

[6] 安托尼·奥斯特：《现代条约法实践》，江国青译，中国人民大学出版社 2005 年版，第 215 页。

一，该问题也会涉及“准备工作”如何与 VCLT 其他解释规则相关联。条约文本之外的什么信息和材料是否、何时以及如何能被用来解释条约是主张不同条约解释方法的诸流派无法回避的一个核心问题。对补充方法的使用，VCLT 第 32 条似乎明确区分了“使用补充方法以证实”与“确定条约条款的含义”。显然，根据 VCLT 的规定，VCLT 第 32 条是在第 31 条失灵时才予以适用，并作为第 31 条规定条约解释方法的补充与校正。换句话说。如果 VCLT 第 31 条能解决词语的解释问题，就没必要借助第 32 条规定的包括“准备工作”在内的补充方法。VCLT 第 32 条“把准备资料的使用限于证实依约文解释所得到的意义，而不能用以检定（verify）依约文解释所得到的意义是否符合缔约各方的共同意思。然而国际司法机关认为一个词语所具有的明白的通常意义并非必然符合缔约各方真正的共同意思。……该规定就妨碍了对这种共同意思的探求。当然，该规定有维持条约稳定性的优点，然而这个优点在不少场合是在牺牲对缔约各方共同意思的探求下取得的，所以不能认为已臻妥善。”[1] 此处将“confirm”和“verify”分别译为“确认”“证明”似乎较便于理解。可见，李浩培先生主张“准备工作”仅在依 VCLT 第 31 条未能完全解决解释问题时，VCLT 第 32 条作为第 31 条次要的补充方法而适用。

在印度数量限制案中，专家组指出：“VCLT 第 32 条允许条约解释者借助解释的补充方法，包括条约的准备工作和其缔约情况，旨在对适用第 31 条所获得的含义予以确认，或当根据第 31（a）获得的解释使含义模糊或晦涩，或根据第 31（b）的解释产生了明显荒谬或不合理的结果。在该情形下，我们发现，对 VCLT 第 31 条的使用所产生的含义如果既不模糊又不晦涩，并且不会导致明显荒谬或不合理结果。因此，我们不必（do not need to）考虑作为谈判历史的准备工作以确定词语含义。”[2] 在美国 1916 年反倾销法案中，专家组也表达了类似观点：“诸当事方已提及很多与《哈瓦那宪章》和 GATT 谈判有关的文件。我们并不认为有必要对所有这些资料进行全部审查，因为我们依据 VCLT 第 31 条规定进行的分析并未使得对 Article Ⅵ的解释存在模糊或晦涩之处，也没产生明显荒谬或不合理结果。”[3] 在 Canada—Measures Affecting the Importation of Milk and the Exportation of Dairy Products 案中，专家组也有近似表述：“据此，我们认为争议词语的含义能通过其上下文和依据 GATT 1994 宗旨和目标对其通常含义进行审查来确定。根据上述提及的条约解释诸规则，我们看不到对谈判这些词语的历史背景也进行审查的任何必要性。尽管如此，

---

[1] 李浩培：《条约法概论》，法律出版社 2003 年版，第 356 页。

[2] India—Quantitative Restrictions on Imports of Agricultural, Textile and Industrial Products, WT/DS90/R, 6 April 1999, para 5. 110.

[3] United States—Anti-Dumping Act of 1916, WT/DS136/R, 31 March 2000, para 6. 201.

我们确实注意到，《加拿大的承诺表》相关部分的谈判历史是不确定的，可能会同时支持加拿大和美国的主张。”❶ 但该案上诉机构专家并不同意专家组上述不必借助准备工作资料的观点：“我们认为，《加拿大承诺表》中的用语表面上看并不清楚。确实，该语言是一般性的且是模糊的，因此，对条约解释者而言，需要特殊的谨慎。因为这个理由，在本案中，根据VCLT第32条求助于‘解释的补充方法’是适当的，并确实有必要。在这么做时，我们不能同意专家组的表面上的观点——争议词语的含义是如此清楚和自明以至于也无必要审查这些词语谈判的历史背景。”❷

“广泛的这些在资料中，其价值和意义并不相同。多边条约草案报告起草人在全体会议上关于缔结条约的动机的阐述与会议某些代表团的声明相比，通常对于条约约文的正确意义的阐释有更加直接的作用。对国际会议通过的多边国际公约，不同的委员会报告和其他报告构成准备资料的一个特别重要的组成部分，在其中，委员会达成的某些观点会得到清楚的阐述，这对条约的正确解释很有价值。对公约草案的评论尤其是联合国国际法委员会阐述的评论可以为公约解释提供相当大的帮助。”❸

在判决或仲裁书对案件背景的描述中，常常包含对“准备工作”的提及和缔约情况。当法院和仲裁庭提及由关注特定条约的作者作品中的描述、分析和结论时，附带提及“准备工作”也会不时出现。法院和仲裁庭承认考虑由争端的双方当事人或所有当事人提交的“准备工作”，这是一个可以理解的趋势。确实，即使单方提交的材料并不能清楚地构成准备工作的一部分，也难以将其排除。一般地，向国际法院提交的材料和论据主要是书面形式。法官或仲裁员可能会拒绝考虑材料，或从其推理中将之排除，但是，法官或仲裁员就不能阻止为引起他们的关注而提交材料。❹

---

❶ Canada—Measures Affecting the Importation of Milk and the Exportation of Dairy Products, WT/ DS/103/R, WT/DS113/R, 17 May 1999, para 7. 155.

❷ WT/DS103/AB/R, WT/DS113/AB/R, 13 October 1999, para 138.

❸ Gyorgy Haraszti, Some Fundamental Problems of the Law of Treaties, Akademiai Kiado Budapest, 1973, p. 120. 转引自：张东平：《WTO司法解释论》，法律出版社2005年版，第197~198页。

❹ Richard K. Garadiner, Treaty Interpretation, Oxford University Press, 2008, p. 316.

第三章　概念的比较

第一节　“条约之准备工作”与“缔约情况”的比较

VCLT第32条规定的条约解释可使用的补充资料包括两类：“准备工作”和“缔约情况”。至于这两类补充资料的含义、范围、地位等则付之阙如，在保有一定灵活性的同时，也带来了许多分歧和争议。可以说，“条约之准备工作”和“缔约情况”间存在区别和联系，在条约解释中的作用也并非泾渭分明，常被一起使用。

一、“条约之准备工作”的含义、范围

有学者将VCLT第32条“准备工作”理解为“准备资料”予以解释：“准备资料是指在条约的谈判、缔结过程中为条约的缔结所作的准备工作而形成的资料。它是条约文本形成的基础资料，但并非条约本身。对于准备资料的范围，国际法学者间见仁见智，并不一致。”❶《奥本海国际法》认为：“所谓准备资料，即缔结条约前的谈判记录、通过公约的国际会议的全体大会和委员会的议事记录、条约的历次草案，等等。”❷ 从这两个解释中尚不明了“准备资料”是否包括口头资料。还有学者主张使用能获得的谈判过程中所有材料：“这应该理解为准备工作是指条约谈判过程中收集的所有文件，并且是谈判者们集体能获得的，而非这些材料之外个人能使用的材料。”❸

根据相关研究可知，“准备工作”应包括与条约谈判、缔结相关的所有书面、口头资料，只是口头资料仅作为例外而使用。关于何者可作为条约之“准备工作”予以接受的问题主要包括：“解释者可以溯及条约历史至多远；

❶ 张东平：《WTO司法解释论》，法律出版社2005年版，第195页。

❷ ［英］劳特派特修订：《奥本海国际法》（第二分册），王铁崖、陈体强译，商务印书馆1972年版，第366页。

❸ Richard K. Garadiner, Treaty Interpretation, Oxford University Press, 2008, pp. 99 – 100.

是否能包含与另一个条约有关的文件；准备工作能否被有区别地接受，"例如，被参加谈判的一些当事方反对，但为缔结后仅涉及条约程序的国家所接受；特定的谈判程序是否表明某些文件可被接受而另一些文件却被排除；单方面来源的文件是否能被接受。[1]

可见，无论是VCLT、国际（准）司法机构的实践，还是国内外学者的著述都未能全部列举或穷尽"准备工作"的范围。"准备资料就是条约的成立史；""准备工作资料一般包括协定签署前的各种草案、文书、记录和函件。"[2]只要能实现澄清用语目的或探究缔约方共同意图目标之"准备工作"资料，似都应纳入解释者考虑的范围。国际司法实践表明，在一定条件下，条约"准备工作"和"缔约情况"在条约解释中具有相应的而非可有可无的价值。

二、"缔约情况"的含义、范围

在the Chilean Price Brand案中，"尽管关于'缔约情况'的范围，上诉机构认为专家组没有正确适用VCLT第32条，但上诉机构注意到，根据WTO争端解决机制，诸当事方已接受该材料构成可接受的信息，即使其中一方尚未同意该资料作为解释的补充方法是可接受的。"[3]"这就使得相关观点并不清楚，但它可能表明，法院和仲裁庭可能会对涉及不同条约和相关材料特征的解释性论据的使用采用自主性解释，这些条约和资料可能会被宽泛地视为争议条约缔约情况的一部分的或可能在寻求一特定条款含义时的有价值的例证。"[4]

对其他条约是否也可构成VCLT第32规定的"条约之准备工作和缔约情况"问题并无明确规定。笔者认为，"条约之准备工作"的外延似乎要小于其"缔约情况"的外延。"准备工作"似仅限于被直接纳入争议条约的其他条约相关条款。"法院和仲裁庭常将争议条约用语与其他条约中的用语进行比较而不指明这么做在VCLT中的任何依据。尽管如此，如果可比较的条约诸条款在某种意义上是争议条约内容的一部分（a line），在诸如标的物方面存在联系，且如果在'准备工作'中提及了它们就更是这样了，由此，这些条约可被当作历史的一部分并作为缔约情况而应予以考虑。"[5] TRIPs协议纳入了《巴黎

---

[1] Richard K. Garadiner, Treaty Interpretation, Oxford University Press, 2008, p. 99.

[2] 菲德罗斯等：《国际法》，李浩培译，商务印书馆1981年版，第215页；陈治世：《条约法公约析论》，台湾学生书局1985年版，第162页。转引自：张东平：《WTO司法解释论》，法律出版社2005年版，第195～196页。

[3] WT/DS207/AB/R, 23 Nov. 2002, para 230 and footnote 206.

[4] Richard K. Garadiner, Treaty Interpretation, Oxford University Press, 2008, p. 346.

[5] Richard K. Garadiner, Treaty Interpretation, Oxford University Press, 2008, p. 345.

公约》《伯尔尼公约》相关条款，那么，被纳入 TRIPs 协议的这些知识产权公约的“准备工作”能否被用来作为解释该协议的补充方法问题，在加拿大药品专利保护案中，专家组对此予以肯定：“在 TRIPs 框架中纳入了先前主要的知识产权国际文件中的某些条款，专家组为解释 TRIPs 特定条款目的可借助的上下文不限于 TRIPs 本身的约文（在本案中为第 27 条、第 28 条）、序言和附件，而且还包含被纳入 TRIPs 的国际知识产权文件中的条款，以及属于 VCLT 第 31.2 条项下的与这些协定有关的当事方间的任何协定。因此，《伯尔尼公约》（1971）第 9.2 条是解释 TRIPs 第 30 条的重要上下文因素。作为解释 TRIPs 时必须要考虑被扩大了的上下文范围的一个结果，专家组在考虑 TRIPs 谈判历史时，得出的结论为，解释可以超越 TIRPs 谈判历史的范围，且还可以探究被纳入的国际知识产权文件的谈判历史。”[1] 该案例表明，在一条约中纳入其他条约某些条款的情况下，后者的缔约情况、准备工作可以构成前者缔约情况、准备工作的一部分。

三、二者的联系与区别

“条约之准备工作”和“缔约情况”都是作为 VCLT 第 31 条解释之通则的补充而规定在第 32 条，与第 31 条诸因素相比，都具有从属性、补充性、备用性、非决定性等特征，都是在 VCLT 第 31 条失灵时或仅对根据第 31 条得出的解释结论进行证实或在特定情形下确定用语含义，但不能用以证明依约文解释所得到的意义是否符合缔约各方的共同意思。相关学者的论著和国际司法实践表明，明确区分这二者并不容易，例如，解释性报告、评论以及类似文件与条约的准备、缔结或实施间存在宽泛的差异，它们是否构成 VCLT 第 31.2 条（a）项的上下文、第 31.3 条（c）项的国际法规则或 VCLT 第 32 条的准备工作抑或缔约情况，在某种程度上依赖于这些材料的内容和作出的机构、场合、与待解释用语关联性程度等因素。

在印度数量限制案中，专家组指出：“VCLT 第 32 条允许条约解释者借助解释的补充方法，包括条约的准备工作和其缔约情况，旨在对适用 VCLT 第 31 条所获得的含义予以确认，或当根据第 31 条（a）获得的解释使含义模糊或晦涩，或根据第 31 条（b）的解释产生了明显荒谬或不合理的结果。在该情形下，我们发现，对 VCLT 第 31 条的适用所产生的含义如果既不模糊又不晦涩，并且不会导致明显荒谬或不合理结果。因此，我们不必考虑作为谈判

---

[1] Canada—Patent Protection of Pharmaceutical Products, WT/DS114/R, 17 March 2000, paras 7. 14, 7. 15.

历史的准备工作以确定词语含义。”[1]

“导致起草条约的、影响条约内容的和附属于条约缔结的诸情形是实践中被考虑的所有因素。它们与VCLT中其他因素重叠或相互作用，例如，条约的目标和宗旨和准备工作。缔约情况和准备工作尤其可能都将在VCLT第32条所设想的情形中被考虑到。在条约历史中，其准备工作可溯及多远并不总是清楚的。因此，一个解释性论据何时从考虑缔约情况转向其缔约工作可能并不总是清楚的。这两个因素常常相互交织，因为会附带提及缔约情况。”[2]“当被用于纯粹起到证实作用时，缔约情况也可与准备工作结合使用。”[3]

第二节 “缔约情况”与“情势根本变更”之比较

VCLT第32条中的缔约情况和第62条中的情势根本变更使用了同一个词语“circumstances”。对VCLT第62条中“circumstances”含义的研究有助于加深对VCLT第32条“缔约情况”一词含义的理解。

对VCLT第62条中“情势”一词的含义和范围，国际司法实践尚无详细列举。“情势变迁的一个例子就是：若干国家结成军事与政治联盟，相互交换军事和情报资料，后来其中一国发生了与上述联盟的基础不相容的政府变更。……常设国际法院在‘自由区案’中也认为存在这一原则，不过对于该原则适用的范围与具体方式有所保留。”[4]“在加布西科沃一案中，匈牙利主张深刻的政治变化、经济项目的削减、环境知识的增长和国际环境法新规范的发展构成了一种情况的根本改变，但国际法院没有接受其主张。法院强调条约关系的稳定性要求VCLT第62条只能作为例外的情况予以适用。在拉克案中，法院承认由于南斯拉夫形势的变化可能相当于一种情况的根本改变……”[5]

在上述加布西科沃案中，国际法院详细分析了为什么拒绝接受匈牙利主张的情势根本变更的出现。法院认为：“1977年条约的缔结自然与当时盛行的

---

[1] India—Quantitative Restrictions on Imports of Agricultural, Textile and Industrial Products, WT/DS90/R, 6 April 1999, para 5. 110.

[2] Richard K. Garadiner, Treaty Interpretation, Oxford University Press, 2008, pp. 343, 344.

[3] Sovereignty over Pulau Litigan and Pulau Sipadan (Indonesia / Malaysia) (2002) ICJ Reports 625, pp. 653 -656, paras 53 -58.

[4] 伊恩·布朗利：《国际公法原理》，曾令良、余敏友等译，法律出版社2003年版，第682页。

[5] ICJ Reports (1997), p. 7, para 104; ILM (1998), p. 162; Case C -162/96; ILM (1998), p. 1128. 转引自：安托尼·奥斯特：《现代条约法实践》，江国青译，中国人民大学出版社2005年版，第262页。

政治形势有关系。但是，本院仍然记得，该条约计划实施一个有关能源生产、防洪以及改善多瑙河航运的共同投资项目。因此，在本院看来，当时盛行的政治形势与该条约的目的和宗旨并没有那么密切的联系，而该条约的目的和宗旨才构成了当事国同意承受条约约束的必要根据，何况政治形势的变化并没有根本改变尚待履行的条约义务的范围。上述论点同样适用于1977年条约缔结时的经济制度。此外，即使1992年所估计的该工程获利程度可能低于1977年的估算，但是从法院的记录来看，该获利程度也不会降低到如此地步，以致根本改变当事国的条约义务。本院认为，环境知识和环境法的新发展不能说是完全不可预见的，何况，之所以在该条约中订立第15条、第19条和第20条，就是为了适应可能发生的变化，因此，当事国应该能够考虑到这些新发展，从而在履行条约的规定时适用上述三个条款。在本院看来，匈牙利所提出的诸多变迁情势，无论是就单个而言还是集体而言，其影响都不会根本改变为完成该工程而必须履行的义务的范围。情势基本变迁必须是不可预见的，而且，该条约缔结时存在的情势必须是曾经构成当事国同意承受条约拘束的根本原因。VLCT第62条采用的是否定式和条件式的措辞，这也清楚地表明：条约关系所具有的稳定性，要求只有在特殊情况下才能适用情势基本变迁的抗辩。”❶

VCLT第62条和第32条都是习惯法的编纂，都涉及条约缔结情况，因此，“情势变更”与“缔约情况”之间存在一定的联系和区别。

VCLT第62条规定“情势根本变更”关注的是条约的终止、停止实施和退出条约的问题，立法目的既在于维护条约关系的稳定又在于维护缔约国间关系的稳定，不仅关注缔约时的情况是否发生了根本变化，而且还要求这种变化必须是当事方缔约时未预见到。特别是，该缔约时代情况构成了各当事国同意接受条约的必要基础。缔约前的情况和缔约后的情况的根本变更不在考虑之列。VCLT第62条规定的情势变更之实质意义在于对缔约一方因该变更而导致的过重的、有失公平的负担进行矫正或救济，其法律后果是缔约方有权终止条约、停止实施或退出条约。该原则是“约定必须遵守”原则的补充或例外，构成条约法的一个“安全阀”。“缔约时的情况”可以说构成了第62条“情势根本变更”中的“circumstances”与第32条“缔约情况”中的“circumstances”之间的一个交集。

二者的区别主要涉及以下四个方面：（1）从影响“情况”的时间因素来说，第32条规定的“缔约情况”，既包括缔约时的情况，也包括缔约之前和

---

❶ ICJ Reports（1997），p. 7，para 104. 转引自：伊恩·布朗利：《国际公法原理》，曾令良、余敏友等译，法律出版社2003年版，第682～683页。

之后的情况。一般来说，只要有助于澄清条约用语含义，都可予以考虑，也都可能在条约解释中与第31条、第32条中的“准备工作”等解释诸要素共同发挥各自的特定作用，可以说，VCLT第32条规定的“准备工作”和“缔约情况”构成了条约缔结的整个历史；而VCLT第62条中的“circumstances”仅指缔约时的情况，缔约之前和之后发生的“情况”都不是判断是否发生根本变更的基准。(2) 从“情况”可能带来的法律后果来说，VCLT第32条规定的“缔约情况”仅是对第31条的补充和辅助，对解释条约并不起到决定性、强制性、基础性作用，其最严重的后果就是相关材料未被国际（准）司法机构作为“缔约情况”或“准备工作”的一部分用来证实、确定条约用语含义，至多会对当事国相关权利和义务范围产生影响，但不会产生终止、停止、退出条约的结果，其唯一的效能就是协助澄清条约条款含义；而VCLT第62条规定的缔约时存在的“circumstances”，如果被证明确实产生了根本的变更，在同时符合其他构成要件时，可能产生终止、停止、退出条约的结果。(3) 从“情况”的重要性程度来说，VCLT第62条中的“情势”仅指必须同时具有如下特征：缔约的当时性、变更的根本性、未预见性、构成当事国同意受条约约束的必要基础、对该条约尚待履行的义务改变的程度具有根本性；而VCLT第32条中的“情况”，从条约解释角度来看，尽管不同的“缔约情况”可能具有不同的作用和价值，但判断“缔约情况”的唯一标准似乎是与相关条款/条约或案件是否存在相关性，无相关性，就不应归于“缔约情况”或“准备工作”的范畴，其构成条件相比较而言较为宽松。(4) 从国际（准）司法实践中是否成功适用来看，VCLT第32条中的“缔约情况”被国际法院、WTO在具体案件中成功采用，而VCLT第62条中的“情势”则与此不同，“在实践中，情势根本变迁原则已经多次被有关国家所援引，但这一原则迄今尚未在任何一个国际性法庭或仲裁机构被成功地适用”。[1]

VCLT第32条中的“缔约情况”在较大程度上是“条约准备工作”一词的近义词，尽管二者间存在尚未明确的区别；“缔约情况”和“准备工作”可能都应与条约的谈判、缔结和实施存在内在的关联性。国际（准）司法机构在适用“缔约情况”中的灵活性与VCLT第62条中的“情势”的灵活性比可能要小，这也与其适用结果的重要性程度不同相关：(1) 能否澄清条约用语含义，能否明晰权利和义务的具体内容；(2) 终止、停止或退出条约。因此，笔者认为，一般来说，VCLT第62条中的“情势”包括了第32条中缔约时的“缔约情况”，但通常不包括缔约前/后的情况；(3) VCLT第62条中的“情势”不仅包括缔约时的情况，还涉及该“缔约时情况”在条约生效后缔

---

[1] 邵沙平主编：《国际法》，中国人民大学出版社2007年版，第318页。

约方在缔约时未能预见到的根本变更，该缔约后的情况变更仅是与缔约时的情况进行比较的一个对象，且仅是构成情势根本变更诸条件中的一个。换句话说，VCLT 第 32 条中的“缔约情况”主要着眼于缔约之前和缔约时的情况；而 VCLT 第 62 条“情势变迁”中的“情势”更侧重以后的“情势”与条约缔结时的“情势”相比所发生的根本性变化，以至于动摇了条的存在基础，包括但不限于国际政治、国际经济、国际金融、外交关系、国家安全等领域的情况变化。

第三节 结 语

“国际法学仍然负有对条约、以往的实践，以及其他文件和行为进行解释的任务。当各国之间进行相互协调或合作时，它们需要确立一个协调点。为了实现这一目的，解释的技巧就会变得十分有用。”❶ VCLT 第 31 ~ 33 条正是规定条约解释的技巧和依据的习惯国际法解释规则，在一定程度上实现了条约解释规则的多边统一目标的同时，其本身也存在内在的不和谐性、模糊性，需要在实践中澄清、发展。

“总之，从 VCLT 关于条约解释的规定可以得出结论：善意解释是根本，依约文解释是基础，按照目的和宗旨解释是正当性的保证，使用补充资料或准备资料解释是辅助手段。”❷ 条约解释中对“准备工作”资料的利用问题是条约解释中最具争议的问题之一。VCLT 并未完全明确条约解释诸要素的含义及其相互关系、地位和价值。长期以来，国内外学者对“准备工作”的含义、地位等问题见仁见智，尚无定论，VCLT 仅明确了“准备工作”的“条约解释之补充资料”地位。惠顿（Wheaton）等学者甚至早期的某些国际司法判例主张全盘否定“准备工作”的条约解释价值；劳特派特等学者则推崇其重要价值；国际司法实践表明，“准备工作”资料具有其相应价值，但应要谨慎对待。“VCLT 的起草者当时认为由裁决机构来决定何时应该求助于准备工作是件敏感的事情。”❸ 事实上，VCLT 并未赋予裁决者该自由或自由裁量权。该公约仅明确规定了何时应使用准备工作的指南。谈判者起草条约所用的所有材料都体现了谈判者的行为意志，因此都应被视为条约解释的准备工作，只

❶ ［美］Jack L. Goldsmity，Eric A. Posner：《国际法的局限性》，龚宇译，法律出版社 2010 年版，第 200 页。

❷ 万鄂湘、石磊、杨成铭、邓洪武：《国际条约法》，武汉大学出版社 1998 年版，第 250 页。

❸ Matsushita，M. Schoenbaum Y & P. C. Mavroidis，The World Trade Organization Law，Practice and Policy，（2nd edition），Oxford University Press，2006，p. 39.

是这些材料或文件与所要解释的条约词语之间的密切程度可能依赖解释者的评估。VCLT 本身、国际司法机构或许都难以完全实现为维护条约稳定性而不断强化 VCLT 第 31 条的适用与通过提高对 VCLT 第 32 条规定的“准备资料”的适用以在条约解释中获得更多灵活性之间的艰难平衡，通过对条约用语含义的澄清，以完美地实现对缔约方共同意思的探求目标。

第三篇　条约法视角下《联合国海洋法公约》问题研究

第一章 条约法视角下《联合国海洋法公约》中“海洋科研”条款的含义及效力

《联合国海洋法公约》中尚存模糊条款，未对“海洋科研”“军事测量”等词语进行界定，导致条款的不同解释和争端。主要原因在于其既是政治性协定又是法律协定。《联合国海洋法公约》的大部分内容都相互联系并构成一个整体，为“一揽子交易”。美国并未批准该公约，却常选择性援引相关权利条款，规避义务。根据VCLT规定，第三方享有条约下的权利并非没有任何限制；第三方应受习惯国际法规则和强行法的约束；应根据VCLT来解释《联合国海洋法公约》。应在整个国际法体系下理解条约对第三方的法律效力以及“海洋科研”条款的含义。

1982年《联合国海洋法公约》为20世纪最重要的法律文件之一。随着科技进步，传统海洋自由原则受到更多挑战和限制。作为国际社会“海洋宪章”的《联合国海洋法公约》涵盖了早前的几项海洋法公约，且缔约国众多（约有150多个），尚未批准公约的美国常选择性适用公约。尽管《联合国海洋法公约》成功构建了现代国际海洋法法制，但《联合国海洋法公约》存在众多模糊性和缺失，且“与国内宪法不同，公约没有建立起执行、立法及司法机构。相反地，海洋管理机构的体系结构采取条块分割的办法有机构成”❶，《联合国海洋法公约》条款的确定性、可预见性及有效实施，是有效、和平、公平解决国际海洋争端的制度保障，也是国际海洋法不断发展演变中需逐步解决的问题。《联合国海洋法公约》中的漏洞、模糊与冲突成为诸多海洋争端难以得到解决的法律原因。中美围绕海洋权益的交锋与《联合国海洋法公约》条款解释密切相关。公约中“海洋科学研究”等条款的解释及效力，成为理论和实践中分歧的焦点问题之一。公约试图在沿海国对海洋科研的管辖权与第三国海洋科研权利之间予以平衡。由于公约中的海洋科研条款构成了对美国在他国专属经济区进行军事测量/侦察活动的法律制约，不符合美国的战略

❶ 汉斯·考瑞尔：《国际海洋管理及其执行的挑战》，熊良敏译，载傅崐成等编译：《弗吉尼亚大学海洋法论文三十年精选集》（第三卷），厦门大学出版社2010年版，第1394页。

利益，因此，美国许多学者和官员批评乃至否定公约中的相关条款的价值和效力，论证海洋科研概念不能涵盖军事测量。

专属经济区和大陆架制度的确立导致沿海国管辖权范围的扩张以及公海自由空间的压缩。海洋科研活动日益国际化。海洋科研的含义及与海洋水文测量、海洋军事测量活动间关系及军事测量的合法性问题，都存在争议。沿海国对海洋科研的管辖权与美国主张的（军事）测量自由间产生冲突。美国是 1958 年公约而非 1982 年公约的缔约国，美国与中国等国产生的海洋权益争端涉及《联合国海洋法公约》与之前的相关公约间关系、条约与第三国关系、《联合国海洋法公约》与习惯国际法和强行法，以及根据 VCLT 如何解释《联合国海洋法公约》相关条款等问题。

在他国专属经济区进行包括军事测量在内的军事性质的活动没有明确的国际法依据，与和平使用海洋原则相悖。因为该军事活动对沿海国国家安全未履行《联合国海洋法公约》规定的“合理关注”义务。《联合国海洋法公约》的解释、效力等问题要受包括《联合国宪章》、VCLT 在内的国际法约束。对《联合国海洋法公约》的不同解读，将影响权利和义务的平衡以及导致公约适用上的分歧，妨碍公约目的和宗旨的实现。各国应秉持善意。有必要对中国、美国对海洋科研条款的不同解读从国际条约法视角予以剖析。本书目的并非在于试图界定“海洋科研”，主要是论述应在国际法体系中理解海洋科研条款的含义和效力，原因之一是对该定义的探讨还涉及自然科学知识，且国内外学者对此已有一定论述，笔者学识所限，故规避了该难题。我们认为，美国并非《联合国海洋法公约》的批准国，对公约的选择性适用，规避国际法义务，并无充分的国际法依据，是非善意履行条约义务行为。

第一节　《联合国海洋法公约》有关海洋科研的主要规定、含义及分歧

《联合国海洋法公约》关于海洋科研的规定主要在第 238 ~ 241 条和第 246 ~ 253 条。依海洋科研管辖权所涉及海域，可包括国家管辖范围内/外的海洋科研。前者涉及领海、毗连区、专属经济区、大陆架；后者涉及公海、国际海底区域。国家对不同海域科研活动的控制程度不同。

《联合国海洋法公约》关于海洋科研的规定，既有一般性原则，又有规范其实施的详细规则。第 13 部分对海洋科研进行了规定，共六节（第 238 ~ 265 条）。第一节是一般性规定，主要规定国家和国际组织进行海洋科研的权利，但该权利受本公约所规定的其他国家权利和义务的限制；促进和便利海洋科

研的发展和进行；进行海洋科研的四个一般原则；不承认海洋科研活动为任何权利主张的法律根据。第二节规定“国际合作”，包括：国际合作的促进；有利条件的创造，以进行海洋环境中的海洋科研；促进情报和知识的公布和传播，并给予发展中国家特殊照顾。第三节规定“海洋科研的进行和促进”。主要包括：领海内的海洋科研，体现了领海的领土属性、对领海内海洋科研的专属管辖权，强调“明示同意”；公约还规定了专属经济区和大陆架的海洋科研（第246条）。第246条第1款规定沿海国享有管辖权，但并未使用“专属”一词。第2款规定，在该区域进行海洋科研应经沿海国同意，但没有使用“明示”和“并在沿海国规定的条件下”之用语。第3款规定，沿海国应当同意其他国家或各主管国际组织在本国专属经济区内或大陆架上进行的海洋科研计划，“shall”的使用似乎表明这是一项具有法律约束力的义务，相关限制是：“在正常情形下”“按照本公约专为和平目的和为增进关于海洋环境的科学知识以谋全人类利益”。为此，沿海国应当“制订规则和程序”，“确保不致不合理地推迟或拒绝给予同意”。此处公约将“通常情形”与沿海国可行使自由裁量权的情形予以区分。第4款规定，国家间不存在外交关系并不构成给予同意的障碍。第5款规定了可斟酌决定拒不给予同意的四个情形。第6款的规定是对第5款（a）项的限制。第8款对其他国家/国际组织进行海洋科研的权利与沿海国的主权权利和管辖权间的冲突进行协调：“本条所指的海洋科研活动，不应对沿海国行使本公约所规定的主权权利和管辖权所进行的活动有不当的干扰。”第246条吸收了《联合国大陆架公约》第5.8条。《联合国海洋法公约》第56条规定，沿海国在专属经济区内享有本公约有关条款规定的对海洋科研的管辖权，但要受到一定限制，即“应适当顾及其他国家的权利和义务，并应以符合本公约规定的方式行事”。

第13部分还规定了国际组织进行或主持的海洋科研计划（第247条）。此处似乎规定了沿海国的默示同意。《联合国海洋法公约》第252条规定“默示同意”的例外。“在美国的谈判中取得的为数不多的重要胜利之一就是第252条中的‘默示同意’条款。……这个默示同意条款能否适用于美国和其他非公约签署国？”[1]《联合国海洋法公约》第248条规定了至少6个月前向沿海国提供资料的义务。

《联合国海洋法公约》第249条规定了各国和各主管国际组织在沿海国的专属经济区内或大陆架上进行海洋科研时应当“遵守某些条件的义务”。该条

---

[1] 约翰·克劳斯：“美国坚持不加入‘海洋法公约’给美国海洋科学和海洋科学家带来的特殊问题”，汪家栋译，载傅崐成等编译：《弗吉尼亚大学海洋法论文三十年精选集》，厦门大学出版社2010年版，第68页。

主要规定了沿海国参与并分享相关海洋科研成果的权利。《联合国海洋法公约》第 250 条规定，除另有协议外，应通过适当的官方途径发出关于海洋科研计划的通知。第 251 条规定了“一般准则和方针”，该条为国际海洋法关于海洋科研法制的进一步发展和完善预留了空间。第 253 条规定了“海洋科研活动的暂停或停止”。该条规定在一定条件下，沿海国应有权要求暂停在其专属经济区内或大陆架上正在进行的任何海洋科研活动。第 254 条规定了“邻近的内陆国和地理不利国的权利”。第 255 条规定了“便利海洋科研和协助研究船的措施”。第 257 条规定，所有国家，不论其地理位置如何，和各主管国际组织均有权依本公约在专属经济区范围以外的水体内进行海洋科研。对于国家管辖权之外的海床和海底的科研，可以“依第十一部分的规定在‘区域‘内进行”。第四节规定了“海洋环境中科学研究设施或装备”，第五节规定了“责任”，第六节规定的是“争端的解决和临时措施”，其第 265 条规定了临时措施。《联合国海洋法公约》第 87.1 条（f）项规定了公海科研自由及其限制：“公海自由是在本公约和其他国际法规则所规定的条件下行使的……科学研究的自由，但受第六部分（大陆架）和第十三部分的限制。”

《联合国海洋法公约》还规定了领海、用于国际航行的海峡和群岛海道中海洋科研的管辖权问题。《联合国海洋法公约》第 19.2 条（j）项规定，如果外国船舶在领海内进行研究或测量活动，则为有害通过。《联合国海洋法公约》第 40 条规定：“外国船舶，包括海洋科研和水文测量的船舶在内，在过境通行时，非经海峡沿岸国事前准许，不得进行任何研究或测量活动。”可知，海洋科研不包括水文测量。但水文测量能否涵盖海洋军事测量问题并不清楚。第 54 条规定：第 40 条关于海洋科研的规定比照适用于群岛海道通过。因此，国外学者依据各种理由试图证明在他国专属经济区进行海洋军事测量活动的合法性。例如，在《联合国海洋法公约》中“有关专属经济区、大陆架、公海的部分中并没有提到水文地理调查。因而，在这些区域内所进行的水文地理调查是与船舶和航空器的操作有关的公海自由。水文地理调查并不是海洋科研。军事调查在《联合国海洋法公约》中并没有出现。……在领海之外进行的军事调查行为是公海自由，因为它们与船舶和航空器的操作有关。军事调查不是海洋科研”。❶ 一名美国海军上尉主张并非所有科研活动都是《联合国海洋法公约》第 13 部分规定的海洋科研：“海洋法赋予沿海国管辖权

---

❶ 阿士来·罗切：“对科学研究的界定：海洋数据搜集”，褚晓琳译，载傅崐成等编译：《弗吉尼亚大学海洋法论文三十年精选集》（第四卷），厦门大学出版社 2010 年版，第 1728～1729 页。该作者将海洋数据搜集分为四大类七小类：（1）海洋科学研究。（2）调查：①与水文地理有关的调查；②军事调查。（3）应用海洋学：①海洋评估；②天气预报；③气候预测。（4）勘探和开发：①自然资源；②水下文化遗产（遇难船只）。

力，但并非在海洋环境中进行的所有形式的数据搜集活动都受其管辖；船旗国对不受沿海国管辖的这些活动拥有绝对管辖权力。没有单一法规可以规定海洋数据搜集。法规的适用依赖于信息搜集的方式、方法、定位和目的。（军事）调查，或是勘探和开发，或是应用海洋学都不是海洋科研。"❶《联合国海洋法公约》第40条的规定似乎表明，海洋科研并不包含水文测量，"对于沿海国的管辖权是否及于其他国家在其专属经济区从事水文测量、收集与资源无关的其他海洋数据或并非为了科研目的而从事的活动，仍然存在分歧。尽管对于海洋科研存在明确的同意机制，但在专属经济区中并无关于水文测量的明确规定。一些国家要求其他国家进行该调查时要经其同意，而相反意见认为，在该区域进行水文测量可以自由进行。尽管如此，朝向同意机制的趋势似乎正处于发展之中。"❷实际上，对于海洋科研条款的含义的理解不仅要置于整个海洋法公约体系中进行，还应置于整个国际法体系中进行。孤立地解释海洋科研条款的含义乃见木不见林之举，也不符合VCLT关于条约解释的规定。

《联合国海洋法公约》第264条专门为海洋科研争端规定了一套特殊的解决机制。对于第十五部分第二节和第三节的重要性，爱丁堡大学国际公法学教授阿兰认为，其"将特定类型的海洋科研争端从有拘束力的强制管辖的一般规则中排除了出去。注意，第264条并不限于关于第13部分的争端，而是适用于公约任何条款下与海洋科研相关的所有争端，包括例如关于公海的第12部分。另一方面，它又当然不适用于非海洋科研的争端"。由于《联合国海洋法公约》并未界定海洋科研、水文测量、军事测量等概念，一项行为是否属于海洋科研的范畴会直接涉及公约争端解决机制条款的适用。对此，阿兰还认为，"虽于海上进行但关注的是大气监测或臭氧层空洞的研究不属于'海洋科研'。同样地，具有军事目的的研究也不属于此。而如何对待与水文测量相关的研究则是不确定的，还有其他许多尚未解决的问题"。❸《联合国海洋法公约》谈判期间关于专属经济区中军事活动的争议一直存在于国家实践中。基本问题是对军事活动是否被包含在《联合国海洋法公约》下的航行和飞越自由以及其他国际合法使用海洋的解释中。一些沿海国主张未经其同意就不能从事军事活动；而主要的海洋强国主张，专属经济区机制并未允许

---

❶ 阿士来·罗切："对科学研究的界定：海洋数据搜集"，褚晓琳译，载傅崐成等编译：《弗吉民亚大学海洋法论文三十年精选集》，厦门大学出版社2010年版，第1725~1726页。

❷ Bateman, Sam, Security and the Law of the Sea in East Asia: Navigational Regimes and EEZ, Oxford University Press, 2006, pp. 382-385.

❸ 阿兰·波尔利："'联合国海洋法公约'下涉及海洋科研之争端的择地行诉"，古俊峰译，载傅崐成等编译：《弗吉尼亚大学海洋法论文三十年精选集》，厦门大学出版社2010年版，第1717页。

沿海国限制在该海域从事传统的、与资源无关的公海活动。这样的活动可能包括部队机动、军事演习、通信和太空活动、海洋数据收集和武器试验等。❶

可见，《联合国海洋法公约》并未界定海洋科研、勘探、海洋水文测量、军事测量、资源、海洋环境等概念，也并未规定军舰、军机是否有权在他国专属经济区、大陆架进行军事测量或侦察活动。作为“一揽子”交易成果的专属经济区制度缺陷还包括：“没有明确‘航行和飞越自由’的‘质量’，为解释公约留下了很大弹性空间；没有明确沿海国与其他国家的权利发生冲突时哪方的权利处于优先地位；专属经济区内的剩余权利到底应该归属沿海国还是其他国家。《公约》并没有明确规定，只是提出了解决剩余权利冲突的原则。如此规定事实上是将冲突和矛盾留给了后人。”❷ 关于没有界定“海洋科研”的原因，有学者指出：“当时有各种各样关于定义的建议，但是没有一个得到一致的同意。主要的障碍在于海洋科研自由究竟是普遍自由，还是一种不能包括资源或工业内含的研究自由。将定义排除出文本之外的决定是在1977 年第 16 次会议上作出的。……一些作者已经指出，定义的缺乏是海洋科研机制的问题所在。……因为没有定义‘海洋科研’，联合国第三次海洋法会第三委员会的谈判者才能对第 13 部分文本达成一致。谈判者在区分基础或纯粹的海洋科研和应用或工业研究上一直缺少一致的意见。……定义的缺乏也同时具有灵活性。”❸ 也有学者认为：“海洋法会议的谈判者们明确反对界定海洋科研的建议，因为并无必要进行界定。”❹ 沿海国借助于《联合国海洋法公约》中的相关条款来保护涉及外国的海洋科研活动中可能产生的数据、样品和对其自然资源进行商业利用的结果之所有权利益，这是因为这些外国活动的真实性质和目的存在模糊性或嫌疑。沿海国对某些类型的生物和化学海洋学的动机的怀疑可能会对基础研究具有潜在损害。❺

对《联合国海洋法公约》之海洋科研条款存在不同评价。美国学者表达了如下担忧：“行政管理上和财政上的成本却增加了。然而，关键的问题却在

---

❶ Bateman, Sam, Security and the Law of the Sea in East Asia: Navigational Regimes and EEZ, Oxford University Press, 2006, p. 380.

❷ 任筱锋：“专属经济区及海峡水道军事利用的法律问题”，载 http://law. cssn. cn/fx/fx_ jsfx/201310/ t20131028 730595. shtml，访问日期：2013 年 11 月 30 日。

❸ 阿尔多·切克普：“海洋知识技术的进步：对海洋科研机制的意义”，王玉婷译，载傅崐成等编译：《弗吉尼亚大学海洋法论文三十年精选集》，厦门大学出版社 2010 年版，第 1751 页。

❹ P. Birnie, Law of the Sea and Ocean Resources: Implications for Marine Scientific Research, 10/2 International Journal of Marine and Coastal Law, 1995, pp. 241, 242.

❺ Gorina-Ysern, Montserrat, World Ocean Public Trust: High Seas Fisheries after Grotius—Towards a New Ocean Ethos? 34/3 Golden Gate University Law Review, 2004, pp. 645 - 714.

于，沿海国拥有拒绝许可他国在其专属经济区和大陆架上进行研究的权利。”❶但也有学者认为，第 13 部分的规定较好地平衡了沿海国和研究国之间的利益：“公约就贯彻和提高在专属经济区和大陆架内的科学研究，可谓是整个公约中协调利益平衡的范本。它们提供了折中和草案的最佳模式，在沿海国和研究国权利之间达到一个合适的平衡。”❷“这些过分的海洋主张，比如说 200 海里领海主张及在专属经济区内限制飞行，就明显对我们的利益不利。……这些过分主张使美军丧失了超过几十万平方海里的海洋飞行区域。……在秘鲁，我们的军机在离秘鲁海岸 12 海里之外但在秘鲁主张的 2000 海里领空内被战斗机拦截。”❸应该说，公约仅规定了海洋科研的基本法律制度，对海洋科研的定义、内容、方式方法等具体内容未能加以规定；关于海洋科研的基本制度是明确的，只是在实践中还存在一些问题，例如，军事测量是否属于海洋科研、海洋科研是否可分为纯海洋科研和应用海洋科研等。还存在《联合国海洋法公约》设立的各项法律制度之间的衔接问题，例如，专属经济区的管辖权与公海自由、军事船舶在专属经济区的豁免权、其他国际法规则在沿海国国内法律的适用和实施问题等。❹还有学者质疑沿海国的国内法：“无论如何，某些国家的国内立法并未反映出《联合国海洋法公约》中已取得的沿海国和其他国家间关于海洋科研利益的平衡，而是强调了沿海国的专属管辖。”❺

有趣的是，1983 年美国总统里根发布的关于美国对其专属经济区内海洋科研享有专属管辖权之公告，与美国学者的上述担忧及关于海洋科研的主张之间似乎存在冲突。该公告列明了美国对其专属经济区的管辖权以及其他国家的权利和自由。美国政府的这个公告宣布了美国对其专属经济区的管辖权和其他国家的权利和义务，总体上看，除两方面外，与《联合国海洋法公约》中专属经济区的对应条款并没有太大差异。一是该公告强调了对“国际法”的遵守；二是强调“在不损害美国主权权利和管辖权的前提下，所有国家在

---

❶ 约翰·克劳斯：“美国坚持不加入《海洋法公约》给美国海洋科学和海洋科学家带来的特殊问题”，汪家栋译，载傅崐成等编译：《弗吉尼亚大学海洋法论文三十年精选集》，厦门大学出版社 2010 年版，第 66 页。

❷ 雷诺克·波拉：“国家利益与建立理性的海洋秩序”，邢永峰译，载傅崐成等编译：《弗吉尼亚大学海洋法论文三十年精选集》，厦门大学出版社 2010 年版，第 210 页。

❸ 菲利普·米克：“1982 年‘海洋法公约’中隐含的对空军全球触角、全球力量战略的意义”，魏荣辉译，载傅崐成等编译：《弗吉尼亚大学海洋法论文三十年精选集》，厦门大学出版社 2010 年版，第 440 页。

❹ 张海文：“沿海国海洋科学研究管辖权与军事测量的冲突问题”，汪家栋译，载傅崐成等编译：《弗吉尼亚大学海洋法论文三十年精选集》，厦门大学出版社 2010 年版，第 1612 页。

❺ Keyuan Zou，An International Regime for Marine Scientific Research in China，Singapore East Asian Institute，National University of Singapore，2001，p. 11.

美国除领海之外的专属经济区中享有航行、飞越、铺设海底电缆和管的公海自由，以及其他国际合法用途"[1]。笔者认为，一方面，该公告为其他国家利用美国的专属经济区设定了限制；另一方面，《联合国海洋法公约》当然属于公告中的"国际法"范畴。该公告的主要作用似乎是对《联合国海洋法公约》相关规定的修正。美国的主张实质就是"公海上的专属经济区"："美国和其他主要海洋国家主张，专属经济区是公海的一部分，受沿海国的特殊权利的限制。其他国家主张其是沿海国水域的一部分，受航行和飞越自由的限制。《联合国海洋法公约》第56条和第58条提供了解决这类争端的办法了吗？第56条或第58条中没有涉及什么冲突？应该在什么基础上解决这些冲突？"[2]例如，根据《联合国海洋法公约》第58.3条，沿海国是否可以依"公共利益"而禁止在其专属经济区进行某些活动。

笔者认为，《联合国海洋法公约》关于海洋科研的规定，是在科技迅速发展从而使得外国的包括军用船舶在内的船舶和飞行器对沿海国，特别是发展中沿海国的经济利益、环境利益和安全利益带来了前所未见的巨大影响的现实反映，是前苏联、美国等海洋强国与中国等发展中国家利益妥协的结果。在气候变化以及南北数字鸿沟不断扩大、全球化继续深入发展的背景下，在包括海洋科研成果的分享和能力建设方面，在国际海洋法制中不断加强对小岛国、最不发达国家、发展中国家、新兴经济体国家的帮助，包括内陆国和地理不利国，协助其加强海洋法制和海洋能力建设，确立和完善有助于其获得海洋技术转让、资金、人才、信息的有效制度保障，意义重大且迫切，因为这关涉人类能否走可持续、和平发展之路。当然，随着人类科技的进步，海洋法也迟早将随之而变化，届时公约涉及海洋科研的规定中存在的模糊与空白，或许能被消除或填补，包括海洋法与外层空间法（如遥感技术）、国际知识产权法等法律部门间的协调。同时，也需借助双边、区域性海洋法法制来具体实施《联合国海洋法公约》，因为："必须铭记，从《联合国海洋法公约》的性质上说，它或许仅是一个框架性条约，需要在国家层面和国际层面并在几个领域实施。例如，要求现代国内反海盗立法；内陆国的某些权利需要在双边或区域层面上实施；多边实施协定也是必要的，在渔业和非法运输毒品方面已采纳了这样的协定。"[3]《联合国海洋法公约》存在局限性的主要原因之一是其"既是政治性协定又是法律协定。公约的成果主要是因为平衡

---

[1] Proclamation 5030 of March 10, 1983, Exclusive Economic Zone of the United States of America, By the President of the United States of America.

[2] Louis B. Sohn, John E. Noyes, Cases and Materials on the Law of the Sea, Transnational Publishers, Inc., 2004, pp. 552, 553, note 3.

[3] Helmut Tuerk, Reflections on the Contemporary Law of the Sea, Martinus Nijhoff Publishers, 2012, p. 3.

了政治和法律利益，但其结果是不易将诸事项分开并独立地进行调整。这对《联合国海洋法公约》的发展带来重大挑战”❶。因此，如何既能维持《联合国海洋法公约》中既得的政治利益，同时又使公约能应对新挑战，成为一个难题。《联合国海洋法公约》的海洋宪法地位意味着对其的修改要难于一般的法律。目前，主张将海洋军事测量活动纳入海洋科研概念中，符合我国利益。

第二节 《联合国海洋法公约》“海洋科研”条款的立法史：以第246条为例

尽管海洋科研存在利益，但它也可能存在争议。海洋科研活动本身或许会与其他海洋活动相冲突吗？该活动可能会产生污染吗？商业开发或军事间谍活动可能会披着海洋科研的外衣吗？沿海国，特别是发展中国家沿海国应该有权立即获得研究成果吗？对于一项科研项目，在其被实施前，应该要求什么保护或许可，如果有的话，这些关注使得第三次海洋法会议关于海洋科研条款的谈判复杂化了。❷

围绕《联合国海洋法公约》第246条的起草存在很大分歧。对该立法历史的了解，有助于加深理解《联合国海洋法公约》有关海洋科研条款的形成过程及含义。对于“海洋科研”的含义难以达成一致。加拿大代表团认为：“海洋科研是指任何研究，不论是基础性的还是应用性的，旨在增加对包括所有海洋资源和生物机体在内的海洋环境的知识，并包括所有的相关科学活动。”并认为源自海洋科研的知识是全人类共同遗产的一部分。❸ 智利代表也认为应将科研视为“人类共同遗产”。第三分委员会工作组认为：“海洋科研是指任何研究和相关实验工作，包括旨在工业勘探和其他直接利用海洋资源的活动，增加人类的海洋环境科学知识，并为和平目的而进行（A/AC. 138/SC. III/L. 53 of 15 March 1973）。”“某些代表团曾对科学研究和工业研究予以区分。主张前者应该自由，后者可能被施以某种控制。尽管如此，难以区分纯粹的科学调查和基于工业或商业目标的研究。该代表团难以令人满意地将一特定研究活动归类。因此，可以认为，尽管可能存在这样的区分，但可能

---

❶ David Freestone, Richard Barnes and David M. Ong, The Law of the Sea: Progress and Prospects, Oxford University Press, 2006, pp. 4, 5.

❷ Louis B. Sohn, John E. Noyes, Cases and Materials on the Law of the Sea, Transnational Publishers, Inc., 2004, p. 572.

❸ Official Records of the General Assembly, 27th Session, Supplement No. 21 (A/8721), p. 203.

缺乏进行该区分的客观标准，由此有必要统一适用某种形式的控制。”[1] 墨西哥主张：“对于为起草公约条款目的而在纯粹或善意科研与商业勘探间予以区分，墨西哥代表团对该做法的明智性极度怀疑。主张所谓的纯粹科研是无害的活动有点虚伪。最好现实一点面对下列事实：纯粹科研使得国家进行通常不与国际共同体共享的商业的、军事的和其他利益。”[2] 对于海洋科研的分类，中国主张：“像任何其他科研一样，海洋科研不论是基础的还是应用的，都直接或间接地服务于确定的政治、经济和军事目的，这是常识。与社会实践无关的‘纯粹科研’事实上并不存在。”[3]

对于“海洋科研自由”的空间范围，保加利亚、波兰和乌克兰认为海洋科研自由原则适用于除内水、领海和大陆架海床和底土之外的所有海洋空间（A/AC. 138/SC. III/L. 31 of 15 March 1973）。马耳他主张自海岸线起 12 海里内的海洋科研应取得沿海国的同意（A/AC. 138/SC. III/L. 34 of 23 March 1973）。墨西哥主张：“在国家管辖权之内或外进行海洋科研的自由程度必须随着海域的不同而变化。”巴西、秘鲁、乌拉圭等国主张，在受沿海国主权和管辖权支配的海域之科研活动应当为和平目的而进行，并应符合沿海国相关授权中规定的条件（A/AC. 138/SC. III/L. 45 of 19 March 1973）。

美国主张，进行科研应合理关注海洋的其他用途，且该其他用途应合理关注海洋科研；在行使其主权时，沿海国应当在促进在其领海内的科研以及研究船进入其港口方面的合作；在领海外进行科研的船舶应尊重沿海国行使管辖权的权利和利益，为此目的应当：至少提前__天通知沿海国科研的意图和项目；保证将由适格机构根据本公约进行该纯科学研究；保证沿海国的参与和分享数据、样品、出版物；遵守国际环境标准（A/AC. 138/SC. III/L. 44 of 19 July 1973）。

对此，中国代表团主张，在沿海国国内管辖权范围内的海域中进行海洋科研，必须取得事先同意，且必须遵守沿海国相关法律和规章；沿海国有权参加该活动并获得信息，该信息和研究结果的出版和转让应获得所涉沿海国的事先同意；在国际海域进行海洋科研必须符合诸原则《宣言》的精神。……必须符合某些原则，即希望在其他国家享有管辖权的海域进行海洋科研的任何国家必须获得前者的同意，且在该海域之外进行的海洋科研应该遵守国际机制所确立

---

[1] United Nations Pulication, The Law of the Sea, MSR, Legislative History of Art. 246 of UNCLOS, 1994, p. 26 .

[2] United Nations Pulication, The Law of the Sea, MSR, Legislative History of Art. 246 of UNCLOS, 1994, p. 40.

[3] United Nations Pulication, The Law of the Sea, MSR, Legislative History of Art. 246 of UNCLOS, 1994, p. 82.

的规章。这完全是合理的。必须仅为和平目的并有助于更好地了解海洋环境、对该海域的有效勘探和利用。应当受所涉国际机制的约束；在互相尊重主权、平等和互利基础上，所有国家应当促进海洋科研的国际合作；在尊重发展中国家主权的基础上，所有国家和所涉国际机构应当积极帮助其提升海洋科研能力（A/AC. 138/SC. III/L. 42 of 19 March 1973）。可见，中国并不赞同独立地解读海洋科研问题，强调了海洋科研活动的和平目的。

对于专属经济区和大陆架上的科研，荷兰代表认为，所有海洋使用者应该从对海洋环境的科研中获益；应向沿海国转让技术；所有国家，特别是沿海国，有义务不阻止或妨碍研究活动。[1]

由此可见，关于海洋科研，存在很大分歧，对《联合国海洋法公约》相关条款影响很大。

第三节 《联合国海洋法公约》中“海洋科研”条款的效力

关于美国是否有权享有《联合国海洋法公约》下的权利，VCLT 第 36 条规定了“为第三国规定权利之条约”：“（1）如条约当事国有意以条约之一项规定对一第三国或其所属一组国家或所有国家给予一项权利，而该第三国对此表示同意，则该第三国即因此项规定而享有该项权利。该第三国倘无相反之表示，应推定其表示同意，但条约另有规定者不在此限。（2）依第 1 项行使权利之国家应遵守条约所规定或依照条约所确定之条件行使该项权利。”VCLT 第 36. 1 条表明，国际条约的相对性并非绝对，《联合国海洋法公约》中一些条款的用语似乎为非缔约方赋予了权利。例如，第 2. 1 条规定“沿海国的主权及于……”此处并未使用“沿海缔约国”一语；第 3 条规定，“每个国家有权确定其领海的宽度……”也没有使用“缔约国”之类更明确的词语；第 217. 1 条规定，各国（States）应确保悬挂其旗帜或在其国内登记的船只……公约中多处使用了“States”一词。第 116 条规定，“所有国家（All States）均有权由其国民在公海上捕鱼，但受下列限制……”这可能主要是因为《联合国海洋法公约》具有“海洋宪法”的地位，其条款在一定程度上具有基础性和普适性。“这些权利和义务具有相互对应的性质，如果仅对缔约国适用，那么这一制度效用是否能得以发挥令人怀疑。那些旨在保护国际社会共同体利益的义务，从《联合国海洋法公约》的措辞看，同等地赋予了缔约

---

[1] United Nations Pulication, The Law of the Sea, MSR, Legislative History of Art. 246 of UNCLOS, 1994, p. 95.

国和第三国。所有沿海国都有义务通过适当的养护和管理措施确保专属经济区内生物资源的维持不受危害。所有沿海国都有责任对溯河产卵种群和降河产卵鱼种进行管理，而其他国家被禁止在公海捕捞这些鱼种……”《联合国海洋法公约》中对各国权利和义务与缔约国的权利和义务进行区分的措辞表明，公约的创立或者说编纂并非仅仅为了缔约国，同时也为了那些未批准或加入公约的国家。[1] 类似地，VCLT 第 36.1 条也使用了“所有国家”一语。

权利与义务不应被分割。非缔约国行使条约权利并非毫无限制。VCLT 第 36.2 条表明了这种限制——前提是履行条约下的相关义务或要受条约的有关限制。该款规定第三国行使条约赋予的权利时应遵守的条件（条约规定或依照条约所确定的条件），“该句的后一段考虑到了有些条件可能规定在补充文件中或在不与条约相冲突时由一当事国单方面提出的事实。有关一些特定国际河流或水道自由航行的规定通常要受领土国制定其行使条件权利的限制。同样，《宪章》第 35.2 条给予非会员国将一项与其会员国之间的争端提请安理会和大会注意的权利，只要它为解决该争端的目的事先接受宪章中所规定的和平解决国际争端的义务。”[2]应在整个国际法体系中解释《联合国海洋法公约》之海洋科研条款对第三方的效力和含义。《联合国海洋法公约》有多个条款提到“（其他）国际法规则”（第 2.3 条、第 19.1 条、第 21.1 条、第 31 条、第 34.2 条、第 58.3 条、第 87.1 条、第 138 条、第 139.2 条、第 239.1 条、第 297.1 条、第 303.4 条）。整个国际法制本身构成一个有机体系。“《联合国海洋法公约》基于如下根本假定，所有海洋问题彼此密切相关，需要作为一个整体来考量。因此，《联合国海洋法公约》被正确地称为‘海洋宪章’。”[3] VCLT 第 31.3 条（c）项规定：“应与上下文一并考虑者尚有：（c）适用于当事国间关系之任何有关国际法规则。”ICJ 也已承认应在解释条约时的整个法律体系框架中解释、适用条约。[4]

VCLT 第 37 条规定了“取消或变更第三国之义务或权利”，其中第 2 款规定：“依照第 36 条使第三国享有权利时，倘经确定原意为非经该第三国同意不得取消或变更该项权利，当事国不得取消或变更之。”在当事国为第三国创设权利时，特别是在国际水道的自由航行或过境通过领土方面合乎需要的是这种权利应该有一定的坚实性和可靠性。如果当事国希望有此种选择，它们

---

[1] 罗迪杰·沃夫门：“海洋法律秩序”，黄洵译，载傅崐成等编译：《弗吉尼亚大学海洋法论文三十年精选集》，厦门大学出版社 2010 年版，第 411 页。

[2] 安托尼·奥斯特：《现代条约法实践》，江国青译，中国人民大学出版社 2005 年版，第 228 页。

[3] R. R. Churchill, Ten Years of the UN Convention on the Law of the Sea—Towards a Global Ocean Regime? A General Appraiaal, 48 German Yearbook of International Law, 2005, p. 84.

[4] Namiba Advisory Opinion (1971) ICJ Rep 16, 31; Argean Sea Continental Shelf Case (1978) Rep 3, 32 – 33.

可将它规定在条约中或以其他方式创设这种权利。如果当事国没有这样做，而且条约创设了一种对世有效的地位或体制，则推定该权利非经第三国同意不得更改。没有必要规定由第三国取消其权利，因为它们可以始终不行使这种权利。[1] 可见，《联合国海洋法公约》中的类似对世权利也不可未经第三国同意而由缔约国单方面取消或变更。由此，非《联合国海洋法公约》的缔约国在一定条件下享有该公约中的对世权利。

非《联合国海洋法公约》缔约国的公约下权利、义务并非孤立，相关权利与义务同在。有研究者将整个《联合国海洋法公约》视为习惯国际法并认为："在《联合国海洋法公约》基础上产生的习惯法也应当作为一个整体来加以考虑。公约不是凭个人喜好而可以自由挑选的篮子里的水果，各国必须要么全部接受《公约》，要么一点也不接受。《公约》的各项规定是不可分割的，不得要求依照《公约》享有权利，而不承担《公约》的各项义务。否则，就会破坏制定《公约》的让步和交换的对称。"[2] 例如，《联合国海洋法公约》第87.1条规定公海自由权利及限制："公海自由是在本公约和其他国际法规则所规定的条件下行使的。""该语言的使用清楚表明，《联合国海洋法公约》并不打算使《联合国海洋法公约》成为使用公海或专属经济区唯一的法律渊源。"[3]《联合国海洋法公约》"的大部分内容都相互联系并构成一个整体，构成'一揽子交易'。'虽然公约是一系列妥协的结果，但它们构成一个不可分割的整体。这就是公约不允许保留（第309条）的原因。各国因此也不可能只挑选他们喜欢的部分而无视他们不喜欢的。同国内法一样，国际法中的权利与义务是同在的。因此，只享受公约权利而不愿承担相应义务，在法律上是不可能的。（Tommy B. Koh 语）'"[4] 这也构成对"有约必守"这一习惯国际法规则的违反。"因此，海洋科研自由并不是一个绝对的且不受限制的原则。它构成了科学家们的合法期待，同时该原则的范围需要界定，正当关注沿海国的合法权利和利益。"[5] 1985年，国际法院裁决认为诸国设立专属

---

[1] 安托尼·奥斯特：《现代条约法实践》，江国青译，中国人民大学出版社2005年版，第228～229页。

[2] 吴卡："条约规则如何成为一般习惯法——以《联合国海洋法公约》为考察重点"，载《北京科技大学学报（社会科学版）》2011年第27卷第2期，第75页。

[3] David Freestone, Richard Barnes and David M. Ong, The Law of the Sea: Progress and Prospects, Oxford University Press, 2006, p. 352.

[4] 罗南·朗："海洋科学能力建设与技术转让：1982年《联合国海洋法公约》下权利与义务同在"，古俊峰译，载傅崐成等编译：《弗吉尼亚大学海洋法论文三十年精选集》，厦门大学出版社2010年版，第1665页。

[5] United Nations Pulication, The Law of the Sea, MSR, Legislative History of Art. 246 of UNCLOS, 1994, p. 33.

经济区的实践表明专属经济区已成为习惯法的一部分，这不可争辩。[1]《奥本海国际法》也认为"专属经济区已成为国际习惯法的一部分"[2]。"在北海大陆架案中，法院遇到这样问题：德国已签署但没批准1958年《大陆架条约》，那么它是否应受该公约第6条约束？法院拒绝承认德国由于禁止反言学说而受第6条拘束的观点，但德国仍可能要受到普遍国际法或习惯国际法的拘束。习惯国际法必须对国际社会所有成员都具有相同的法律拘束力。"[3]

此外，和平利用海洋已成强行法。[4] VCLT第53条规定条约在缔结时与一般国际法强制规律（绝对法/强行法）抵触者无效。从与国际共同体根本利益关联性角度而言，不同习惯国际法规则的约束力程度存在差异。强行法更多来源于习惯国际法，因而具有普遍约束力。但习惯国际法依然对"一贯反对者"无效，而强行法规范则根本不存在该例外问题。强行法能对国家创设或改变国际法规则的权利进行限制。[5]"可推断出许多根本原则。首先，应当专为和平目的进行海洋研究。"[6]《联合国海洋法公约》多个条款涉及和平利用海洋。例如，第19.1条规定船舶通过他国领海时："不损害沿海国的和平、良好秩序或安全"；"公海只用于和平目的（第88条）"。第58.2条规定："第88～115条以及其他国际法有关规则，只要与本部分不相抵触，均适用于专属经济区。"可见，专属经济区的利用（包括科研活动）不应当有违和平目的，或只适用于和平目的；第141条规定应当专为和平目的利用"国际海底区域"，第143.1条规定国际海底区域中的海洋科研应按照第13部分专为和平目的并为谋全人类利益进行；第155条、第147.2条也都含有"应专用于和平目的"之语；第240条将"专为和平目的"作为进行海洋科研的四个一

---

[1] Continental Case (Libya v. Malta), 1985 I. C. J. 13, 33.

[2] ［英］詹宁斯、瓦茨修订：《奥本海法》（第一卷　第二分册），王铁崖等译，大百科全书出版社1998年版，第206页。

[3] 吴卡："条约规则如何成为一般习惯法——以《联合国海洋法公约》为考察重点"，载《北京科技大学学报（社会科学版）》2011年第27卷第2期，第73～75页。国际法院在此列举了条约规则成为一般习惯法的四个条件：条约的造法性、条约的普遍性（包括利益受到特别影响的国家的参加）、通例和法律确信。通过编纂现行习惯法规则、明确正在形成的习惯法规则和促进习惯法的逐步发展这三种方式，条约中的部分规则可成为习惯国际法……《联合国海洋法公约》似乎已具备整体成为习惯法规则的条件。目前已有157个国家签署、160个国家批准了该公约。

[4] 关于国际强行法的认定标准问题，可参阅张潇剑："论国际强行法的定义及识别标准"，载北大法律网：http：//article. chinalawinfo. com/Article_ Detail. asp? ArticleID = 20262，访问日期：2013年10月7日。

[5] 宋杰：《国际法中普遍性法律利益的保护问题研究》，中国人民大学出版社2012年版，第13～14页。关于普遍性法律利益、"对一切"义务、习惯国际法、强行法间关系的更多论述，可参见该书第10～14页；王秀梅：《国家对国际社会整体的义务》，法律出版社2009年版。

[6] United Nations Publication, The Law of the Sea, MSR, Legislative History of Art. 246 of UNCLOS, 1994, p. 34.

般原则之一；第 242.1 条规定应“促进为和平目的进行海洋科研的国际合作”；第 279 条规定“用和平方法解决争端的义务”；第 301 条规定了“海洋的和平使用”；公约序言提及《联合国宪章》以及《联合国海洋法公约》对维护和平和正义的作用。符合《联合国宪章》规定的武力使用包括自卫和获得安理会授权的军事行动，属于《联合国海洋法公约》规定的和平使用海洋原则的例外。

第四节　中国的海洋科研立法、挑战与应对

我国国务院于 1996 年颁布的《涉外海洋科学研究管理规定》与《联合国海洋法公约》相关规定基本一致。《涉外海洋科学研究管理规定》并未界定“海洋科研”。1998 年的《中华人民共和国专属经济区和大陆架法》（以下简称《专属经济区和大陆架法》）第 9 条规定，在该海域进行海洋科研，必须经中国主管机关批准，并遵守中国的法律、法规。尽管相关国内立法并未界定海洋科研等概念，但我国国际法学者大多基于军事侦察测量活动属于海洋科研的范畴，且关涉中国国家安全和海洋权益的维护，主张中国对专属经济区中的外国军用舰机的侦察测量活动享有管辖权，我国专属经济区中的管辖实践也表明了这一点。

海洋军事测量的实践已能证明，利用《联合国海洋法公约》相关规定的模糊及缺失而未经许可在他国专属经济区进行危害沿海国国家军事安全的军事测量活动，已导致生命、财产损失，恶化了国家间关系，威胁了区域乃至世界和平。以美国在中国专属经济区进行的军事测量活动为例，美国在中国专属经济区的非法活动难以计数，影响很大的事例有：2001 年，美军 EP－3 侦察机在海南岛东南 104 千米处与中方一架跟踪监视的军机相撞，致使中方飞机坠毁，飞行员牺牲。中国扣押未经许可降落在海南岛机场的该机及 24 名机组人员，时任美国国务卿的鲍威尔甚至以终止永久性正常贸易关系威胁中国释放美方人员及飞机，该事件使布什总统上台后中美关系一度面临严重危机；2002 年 9 月，美军“鲍迪奇”号测量船进入中国黄海专属经济区从事监听、侦察等行为，在海监飞机驱离未果时由我渔船撞断其拖曳声纳的水下听音器，迫使美船驶离。迄今，美国仍未停止或减少在中国专属经济区的军事侦察测量活动，对中国国家安全造成极大损害。

为应对美国在我专属经济区的非法军事活动，我国应采取积极应对措施。在法律层面上，就国内法而言，基于我国的海洋条约实践及海洋执法实践，逐步修改、完善国内海洋立法，在尊重条约义务的前提下，在国内法中澄清、

填补《联合国海洋法公约》中的相关规定，使得军队、涉海洋行政执法部门的执法活动有法可依；就国际法而言，我国应通过积极参与影响国际海洋法解释、实施、修订的多边谈判，不断增强影响力；在实践层面，鉴于我国的具体国情，应高举尊重、维护国际法尊严的旗帜，在法制框架下采取“有理、有利、有节”的应对措施，使我国永远站在国际法制、国际道德、人权保护的高地上，以中华的软实力抑制美国军事舰机在我专属经济区的强权行为，同时尽量避免留给美国说中国无视国际法的口实。渔船对搏美国测量船仅是权宜之计，因为国家间利益博弈的基础是包括软实力在内的综合国力，从长远看，唯有中国真正成为与美国比肩的强国，才能充分、有效地捍卫其海洋权益，“不战而屈人之兵”为上策，近期美、日等国对我行使划设东海防空识别区合法权利的敌意以及对我将划设南海防空识别区的恶意炒作，抹黑中国威胁地区稳定，可作为例证。在此之前，早日实现中华复兴的目标是主要矛盾，与美国等国的海洋博弈似应服务于该目标，因为“中国梦”的实现需要和平环境。

第五节　结　语

迄今对《联合国海洋法公约》中海洋科研条款中关键术语界定、解释、效力等问题存在诸多分歧。应根据 VCLT 以及其他国际法原则、规则、国际法院的司法实践来理解和解释《联合国海洋法公约》中的相关争议条款。国际海洋法服务于国家的海洋实践，它必将随着国际海洋实践的发展而发生变化。正像国际法的其他领域，当国际社会对先前存在诸多分歧的条款凝聚更多共识之时，很可能就是相关模糊条款、条约漏洞得到澄清和弥补之时。条约的未来发展会逐步解决包括海洋科研条款含义与效力在内的争议。鉴于美国等海洋强国在国际海洋法的制定、解释、实践中掌握或拥有相当的影响力和综合实力，就中国而言，与美国关于海洋科研问题的博弈，在努力提升综合国力的同时，目前应加强国际海洋法理论和实践的研究，坚持以国际法作为己方主张的基石，并努力以更具说服力的论证来阐述中国的相关主张，以彰显中国的法治国家追求以及对国际法治的尊重。这需要学界、实务部门等的共同努力。此外，对国际法治的弘扬，美国的实用主义态度，执着于国家利益的维护，游走于国内法和国际法之间，对我国有关部门并非毫无启示。

似乎与《WTO 协定》谈判中诸成员方围绕贸易、投资、知识产权等跨领域利益的交换而最终达成一揽子协议近似，《联合国海洋法公约》的谈判历史表明，相关妥协的达成也存在利益的复杂交换。《联合国海洋法公约》存在局限性的主要原因之一在于其“既是政治性协定又是法律协定。公约的成果主要是因为平衡了政治和法律利益，但其结果是不易将诸事项分开并独立地进行调整。这对《联合国海洋法公约》的发展带来重大挑战”❶。联合国海洋法会议10年的讨价还价以及许多国家的条款建议稿表明，《联合国海洋法公约》的成功缔结幕后存在十分复杂的因素，该论断有其合理性一面。因此，如何既能维持《联合国海洋法公约》中既得的政治利益，同时又使公约能应对新挑战，成为一个难题。公约的海洋宪法地位意味着对其修改要难于一般性法律。美国的国内法不应与美国条约义务相悖，对《联合国海洋法公约》中海洋科研条款的解读应遵守相关国际法规则，尽管美国非《联合国海洋法公约》缔约国，其在他国专属经济区进行军事侦察行为应受到相关习惯国际法、强行法的约束，对《联合国海洋法公约》下权利的行使应遵守相关条件和限制。

从海洋法发展史看，公海自由意义上的海洋科研自由由基本无限制自由演变为在不同海域受到程度不同的限制，其主要原因在于海洋科研或军事测量活动直接涉及沿海国国家安全，且使用军舰/军机非善意地在他国专属经济区进行海洋测量，与《联合国宪章》《联合国海洋法公约》相悖，有违海洋只应使用于和平目的之宗旨，直接违反相关国际习惯、强行法。“加强环境保护、资源保护、生物多样性保护以及对不同的海上暴力威胁而增加安全保护，符合整个人类利益。作为多边谈判过程的一个结果，在这些区域采取的必要措施当然使得对海洋传统自由的进一步限制具有正当性。”❷ 在全球化背景下，具体体现各国海洋权益博弈的《联合国海洋法公约》中的海洋科研条款的澄清、发展的争斗还将持续。《联合国海洋法公约》已为其未来发展预留了制度空间。中国应继续加强对海洋法发展、变革的参与，学界也应继续加强对《联合国海洋法公约》的研究，以促进中国海洋法制建设，增强对国际规则制定与解释中的影响力，有效维护中国海洋权益、国家安全和世界和平。

---

❶ David Freestone, Richard Barnes and David M. Ong, The Law of the Sea: Progress and Prospects, Oxford University Press, 2006, pp. 4, 5.

❷ Helmut Tuerk, Reflections on the Contemporary Law of the Sea, Martinus Nijhoff Publishers, 2012, p. 185.

第二章 论条约解释中的国际法体系之构建

——兼论 VCLT 第 31.3 条“any relevant rules of international law”的含义、作用

现存国际法是个不完备的体系。体系化/宪法化与碎片化并存。对于具体的国际法部门间的互动关系内容并无定论。国际法规则间相互联系，新条约必须考虑与其他规则保持一致性，以维护条约体系的完整性，但规则间的冲突、模糊、漏洞是客观存在，不利于条约下权利和义务的确定性，损害了国际法的体系性，形成“碎片化”。产生的原因较复杂，包括国际法本身局限性、立法者的原因、国际关系演变等。解决之道主要有：条约中规定冲突规则；后法先于前法；特别法优于一般法；条约解释；多边谈判修约。WTO 法乃国际公法体系的一部分，同时具有自身的特殊性，对外部规则持受到限制的开放性。VCLT 第 31.3 条从条约解释角度维护了国际法的体系性。但该方法只能解释条约，而不能修改条约。对国际法一体化中不同价值或宪法性解释似乎可理解为鼓励了国际法的进一步专业化和碎片化。

可否将国际法看作一个法律体系并无共识。国际社会的特征决定了国际法低水平的体系化。但国际法必须保持其一致性。诸如贸易、环境、人权等领域的条约间冲突的解决并非易事，哪类条约优先适用常涉及相关条约的效力位阶及条约解释问题，与国际法自身的局限性有关联。诸如 WTO 法制已为“自成一类的法律体系。WTO 的法律体系比联合国及其专门机构的法律体系的一体化程度要高”[1]。缔约国参加的不同条约下的权利、义务间相互影响甚至存在冲突。事物具有普遍联系性，国家间关系往往涉及各个领域，包括经济、政治、贸易、外交、文化、宗教、军事等，这些不同领域共同作用于国家间的整体关系，难以截然割裂，同样，调整国际关系的国际法也是一个系统，存在内外部的有机联系，尽管国际法下分三个部门——国际公法、国际私法、国际经济法，且每个分支学科都有其子系统，且都处于相互作用的发

[1] 曾令良：“WTO 法治面临的主要挑战及其应对”，载《法学杂志》2011 年第 9 期，第 37 页、第 43 页。

展过程中。鉴于国际社会与国内社会在权力结构、法治特质等诸多方面存在明显差异，国际法体系受到诸多因素的侵蚀，例如，国际法的“碎片化”、非善意履行/解释条约；在贸易、知识产权、人权、环境、防扩散、反恐、主权等领域的国际条约在目的与宗旨间以及在对不同国际法价值的追求间常存在不协调甚至冲突的现象，在一定程度上损害了国际法体系性基础。不利于条约的有效适用、履行、解释及争端解决。如何有效构建并维护国际法的体系性是一个重要课题，且已有学者提出诸多建议。利用条约法规则是补充跨部门多边条约间联结的缺陷的一个重要方法。本书将基于国际缔约实践和相关判例，主要从条约法视角来探讨“国际法规则”实现该目标中的含义和作用，以及存在的分歧、建议。

第一节　国际法的体系性及基础之侵蚀

全球化与全球治理的去一体化并存带来诸多挑战，使得国际法正在经历影响深远的结构性演变及复杂挑战。国际法对上述挑战存在两个明显矛盾的理论化回应：碎片化和宪法化。

一、国际法有其体系性

（一）国际法体系的价值基础

国际宪政理想主义学派认为，国际法不仅发挥着限制政治权力行使，保护国际社会核心价值的宪法性功能，而且是全人类共同遵守的行为准则，承载着规范国际社会秩序的社会性功能。[1] 国际法体系的价值基础是国际社会对人类根本命运、尊严进行考虑的结果。全球正义是国际法秉持的重要价值。国际法由体现共同价值追求的规则体系构成。这些基本价值同时往往也构成绝大多数国家的国内法价值。作为联系的纽带，体现国际法理念的国际法基本原则将不同的国际法部门结合在一个完整的国际法体系之中。体现人类或国际共同体共同利益的一般原则能制约国家的缔约权利。国际法部门所调整的特定事项并非“孤立”的事项。国际法体系是一个开放的动态体系，相对于国内法体系来说，这个体系还不够完善，也不够严密；国际法的体系结构是有层次的；不同形态、不同部门、不同板块的规范只有结合成为一个功能

---

[1] 高翔：“国际宪政主义思潮及其启示”，载《武汉理工大学学报（社会科学版）》2010年第2期，第228页。

协调、结构优化的规范体系，才能最大限度地提高其适用效率。[1] 现行国际法并非不成体系，而是体系不够完善，表现为国际法体系内部的各要素间有机联系和统一性受到侵蚀。国际法分支的“自足性”并非指其绝对孤立与自我发展。追求、维护诸如和平、正义、可持续发展、人权等人类核心价值是国际法制定、适用、解释中的价值基础，对核心价值的坚守维系了国际法的内在一致性。

国际法核心价值和全球人权的发展、国际组织的活力以及国际司法机构的管辖范围、欧盟的实践，促进了全球化的国际法律秩序中对宪政语言的应用，国外学界对此有深度探讨。

（二）国际法体系的效力基础

根据私法平等精神构建的国际法难以持续、有效地保障主权国家对和平与安全的需求。新的国际关系现实客观上要求建立某种形式的等级制与集中化架构，由此发展公法意义上的国际法。许多西方学者把《联合国宪章》看作国际社会的“宪法”。[2]

规则的渐进（一般国际法的“后退”）和冲突（一般国际法的“退出”）这两者都强调了一般国际法在促进国际法律体系协调统一上所起的关键作用。WTO 规则与其他任何国际法分支一样，都必须在国际法的更广泛范围内得到尊重，包括一般国际法及其分支……条约不是孤立的，它将与其他国际法规则一起被适用。[3]随着全球化的演进以及国际共同体意识的逐渐强化，尽管国家仍然是国际法律秩序的制定者和实施者，但其不再享有绝对主权，其权力边界受到国际法制的压缩。国内法的规则内容、体系结构、效力层次受到国际法的侵蚀。国际法的发展正体现碎片化与宪法化并存的特征。理论上讲，国际法规则间并无效力位阶上的差异，然而，事实上，强行法、国家的对一切义务有助于维护、实现国际共同体共享的利益和价值。国际强行法与《联合国宪章》第 103 条使得本无效力层级关系的国际条约产生了客观上的效力位阶关系：“二者使得平权式国际社会和国际法律体系中出现了一定的规范等级秩序，然而《联合国宪章》第 103 条只是规定宪章义务具有优先性，并未提及与《联合国宪章》相冲突条约是否无效。VCLT 也没有如此规定。国际强行法将使那些与之抵触的条约或者其他法律行为无效。国际强行法的约束力不是来源于国家主权同意，在法律效力上国际强行法高于一般国际法规范。”[4]

---

[1] 古祖雪：“国际法体系的结构分析”，载《政法论坛》2007 年第 6 期，第 76 页、第 78 页。

[2] 蔡从燕：“国内公法对国际法的影响”，载《法学研究》2009 年第 1 期，第 179 页、第 181 页。

[3] ［比］约斯特·鲍威林：《国际公法规则之冲突——WTO 法与其他国际法规则如何联系》，周忠海等译，法律出版社 2005 年版，第 232 ~ 233 页。

[4] 陈海明：“国际强行法的基本法理思考”，载《太平洋学报》2013 年第 4 期，第 18 页。

当然，对于强行法的外延及认定标准仍存在争议。

国际法多元价值常常作为原则被规定在条约中，从而对条约缔约方具有拘束力，如果体现上述价值的条款成为习惯国际法或强行法，则对第三国有约束力，尤其是强行法。“国际强行法的内容主要涉及国际社会核心利益，与国际公共秩序有关；也有一些国际强行法是国际法体系运作的逻辑基础，与国际社会利益本身并无直接关系。例如，有约必守原则、主权平等原则。有必要将国际强行法作为国际法的一个独立渊源。”❶

像联合国、WTO 的成员涵盖了绝大多数国家/地区，有约必守、善意履行条约的国际习惯构成国家履行条约义务的规范基础,《联合国宪章》《WTO 协定》对违法行为的强制性处罚机制以及国际形象构成国家履行条约义务的外部压力；国家信念构成国家践行价值观的内在动力。

（三）国际法体系的全球化基础

当今的国际社会中，无政府的文化形式已经开始走向衰落，一种新兴的文化形式“共同体文化”正在取而代之。❷ 国际法体系化背后的根本动力是推动全球化的全球文化的融合。现代国际法已确立了现存国际秩序的基本法律框架。“国际经济的一体化，推动了国际经济立法内部各领域规则的‘整合’，从而有助于形成内部联系紧密的国际经济法律秩序。而国际经济立法与外部规则的‘联结’，将进一步加强其与其他相关法律部门的联系。”❸

（四）国际法体系的国内法体系之依托

随着国际法治进程的推进，国际法的触角不断延伸至新领域，国际法规则日益繁杂，新分支时有显现，国际法调整的国际关系日益精细化、复杂化，国际贸易法、国际环境法、国际人权法、国际知识产权法、WTO 法等国际法学分支领域逐步自成体系。

与国内法体系相比，除尚无国际公认的宪法外，国际法与国内法的体系既相互连接，又相互影响。国内法体系构成之标准、内容较为明晰，因此，体系性相对较强；而国际法主体及调整对象、调整方法的特殊性决定了国际法体系构成的特殊性，例如，似难以公法和私法的标准来确定国际经济法的体系；国际法制定、实施、解释、遵守中的跨国性，使得不同法系的文化和规范、不同意识形态以及不同国家利益、国际共同体的共同挑战及利益、体现人类共同良知或法律意识的普世价值等决定了国际法体系具有自身质的规

❶ 陈海明：“国际强行法的基本法理思考”，载《太平洋学报》2013 年第 4 期，第 15 页。

❷ 张胜军：“当代国际社会的法治基础”，载《中国社会科学》2007 年第 2 期，第 142 页。

❸ 徐崇利：“经济自由化、全球化、一体化与世贸组织法律体制的特征及发展趋势”，载《南京大学法律评论》2002 年秋季号，第 105 页。

定性。国际法体系在体系化方面既与国内法体系存在联系，又存在明显差异。

（五）国际法体系之条约基础

国际法是由许多部分构成的有机体系。各领域的国际条约共同构成调整国际关系的"条约网"。条约条款的适用、履行、解释不仅需要在该条约内部顾及条款间的关系，而且常会涉及与其他条约间的关系问题。"体系"要求从宏观、整体、联系层面上把握国际法。

VCLT 第 31.3 条（c）项反映了"整合原则"，强调"国际法的统一性"，且强调任何规则的意义都不能与一般国际法相分离。就 WTO 而言，可以推定解释 WTO 体系时必须与一般国际法保持一致，除非 WTO 条约已彻底排斥了这种一般性规则。因此，反对与习惯性规则保持一致解释的那一方有义务解释为什么习惯性条款不能被适用……VCLT 第 31.3 条（c）项规定的"外部规则"只能辅助解释比如 WTO 规则的含义，不能改变或推翻 WTO 规则。习惯性规则（VCLT 第 31.3 条（c）项涉及的）起次要作用，从这种意义上讲，习惯性规则中部分或整体上而言都没有取代条约。❶ 菲茨摩里斯从国际法院的判决探究出 6 个主要的解释规则：……（3）综合的原则：条约须作为整体来解释，一些个别的部分或章节也作为整体来解释。❷联合国国际法委员会认为条约解释程序是一个统一体，从而本条的各项规定组成一个单一的、互相紧密地连在一起的完整的规则。❸

二、国际法体系之侵蚀："碎片化"

包括 WTO 在内的各领域条约增长的数量和复杂性给国际法体系基础带来挑战。"有关 WTO 未来发展的争议之一集中于 WTO 的权力是扩展到其他新的领域，如投资、竞争、环境、人权等，还是应维持现状。……一些特定的'非贸易'目标被注入到贸易协定之中。"❹ 贸易与投资、环境、人权、知识产权等领域彼此间相互作用。缔约国参加的不同条约下的权利、义务间相互影响甚至存在冲突。同一领域也往往形成复杂的"条约网"，潜在地损害了法律的体系性及可预见性。WTO 谈判议题趋向复杂与敏感。

诸体系之间相互联系、冲突，这必然对国际法的发展变革提出新挑战。"由于贸易和环境之间的复杂关系，这两类规则之间注定要出现某种程度的重

---

❶ ［比］约斯特·鲍威林：《国际公法规则之冲突——WTO 法与其他国际法规则如何联系》，周忠海等译，法律出版社 2005 年版，第 290 ~ 291 页。

❷ 李浩培：《条约法概论》，法律出版社 2003 年版，第 349 页。

❸ 李浩培：《条约法概论》，法律出版社 2003 年版，第 351 页。

❹ 曾令良："WTO 法治面临的主要挑战及其应对"，载《法学杂志》2011 年第 9 期，第 37 页、第 40 页。

叠。采用了贸易措施的多边环境条约给国际法律体系提出了一个问题，即多边环境条约中的贸易措施和 WTO 规则下的贸易措施如何协调。”❶ 不同层级、不同领域的条约以及同一领域的不同条约、同一条约内部，由于缔约目的和宗旨、调整对象、价值追求等因素的不同，条约间冲突难以避免，且并无根本性措施彻底解决该问题，由此，国际法体系性基础受到侵蚀。

多边环境条约限制成员与非成员之间贸易的规定可能违反 WTO 的最惠国待遇原则；基于预先防范原则的贸易措施和 WTO 的《卫生与植物检疫措施协议》对科学依据的要求；能否对产品的生产和加工方法进行限制，特别是那类与产品的品质无关的生产和加工方法。❷

国际法的“碎片化”侵蚀了国际法的体系性。“国际法的‘碎片化’所表现的就是国际法上的不同规则、不同制度之间缺乏统一性，没有形成一种和谐而有序的规则体系的状态。而在这种状态之中，存在问题最多的就是一般国际法与特别国际法之间的关系。国际法上权利之间的冲突正是这种不成体系状态的现实表现。”❸国际法的不成体系也称国际法的碎片化，主要是指随着国际法所规范领域的扩大（多样化和扩展）而导致的国际法的不同规则之间的不和谐、缺乏一致性和冲突。❹

关于国际法规范间是否存在等级，“主要有‘肯定说’‘否定说’三种观点。第一种认为国际法中不存在也不可能存在任何正式等级（Bownlie）；第二种认为国际法中存在且必须存在明确的等级（Hans Kelson）；第三种认为传统国际法中确实不存在正式等级，不过，从国际法体系的统一性考虑，国际法应该具有等级，而且认为随着强行法等概念的出现，国际法确实已经具有一定的等级（Friedmann）。”❺ 为解决目前国际法体系内的冲突，实现国际法的统一和谐目标，对国际法规范效力进行等级划分具有必要性，但也面临等级判断标准和判断主体的问题。从国际法效力等级化的理论和实践发展来看，国际司法机构对其适用仍较为谨慎，国际法规范效力等级化将是漫长过程。❻从国际法规范效力层次看，国际法存在体系性。虽然通说认为，鉴于国际社会的平权结构特征决定了条约间无效力高低之分，但不可否认的是，一方面，

---

❶ 边永民：《多边环境条约中的贸易措施分析》，载《国际商法论丛》（第 9 卷），法律出版社 2008 年版，第 10 页。

❷ 边永民：《多边环境条约中的贸易措施分析》，载《国际商法论丛》（第 9 卷），法律出版社 2008 年版，第 21 ~ 22 页。

❸ 田慧敏：《国际法上的权利冲突问题研究》，吉林大学 2013 年博士论文，第 91 ~ 92 页。

❹ 王秀梅：“国际法体系化机制及其进路”，载《政法论丛》2007 年第 2 期，第 78 页。

❺ 黄伟：“也论国际法的等级”，载《2008 全国博士生学术论坛（国际法）论文集》。

❻ 张辉：“国际法效力等级问题初探”，载《海南大学学报（人文社会科学版）》2010 年第 4 期，第 46 页。

基于调整对象的重要性程度不同而决定了《联合国宪章》《联合国海洋法公约》之类的条约在其各自领域具有事实上的“宪法”地位，其最高法律效力从《联合国宪章》第103条、《联合国海洋法公约》的第311.1条之规定可见。此外，习惯国际法、强行法、任意法赋予了国际法规范体系内在的相对逻辑性、体系性。

第二节　国际法体系性受到侵蚀的主要原因

国际法体系的内在协调中有利因素和不利因素共存。国际法立法和（准）司法主体多元、全球化导致调整对象的复杂化、规范数量的激增、国际法分支部门的分离与融合以及共同的价值基础构成国际法的不完整体系化。传统国际法以国家利益为核心的价值取向、治理结构及追求共存的国际法体制受到巨大冲击。合作、责任、人权的国际法发展趋势凸显。价值多元、利益分歧、文化的多样性在一定程度上影响了对国际法规范制定、理解、适用的一致性。“与其说‘碎片化’是国际法的缺陷，不如说它是国际社会的缺陷。”[1]当前，全球化与区域一体化并行，国际法的宪政化与碎片化共存，使得国际法体系具有自身的发展特征——不稳定性、开放性。

国际法并非运行于真空，它要受其他国际关系的制约，例如，“实践表明，近半个世纪的‘冷战’导致安理会实际上陷于瘫痪状态，联合国体系乃至整个国际法成为了国际政治纷争的牺牲品”[2]。

一、国际法的多元价值间的冲突

由于不同的条约/规范背景，使得一些情形下难以共享价值及解释。对国际法一体化中不同价值或宪法性解释似乎可以理解为鼓励了国际法的进一步专业化和碎片化。GATT 1994第20条和GATS第14条中的“一般例外”体现了WTO贸易自由化与人权保护间的冲突及协调。

二、国际法的调整范围扩大及规则的日益复杂化而导致法律冲突

国际法扩展为诸多分支部门带来部门间、机构间以及规则制度间的协调问题。

当代国际法首先呈现出全球化与碎片化共存趋势。近年来当代国际法的

[1] 古祖雪：“现代国际法的多样化、碎片化与有序化”，载《法学研究》2007年第1期，第147页。
[2] 蔡从燕：“国内公法对国际法的影响”，载《法学研究》2009年第1期，第179页、第181页。

发展出现两种重要的现象：（1）国际法的适用范围不断扩大，国际法越来越全球化；（2）各种规范之间的冲突和矛盾加剧，国际法的体系结构愈益碎片化。国际社会的组织化趋势，使国际法的实质内容正处于变动之中，国际法的约束力不断增强。当代国际法的调整范围逐步已由过去的以和平与安全为主扩大到“非传统安全”领域。发展、安全、人权等成为当代国际法的价值目标。国际社会共同利益成为国际法的最终目的性价值。[1]由于缔约目的、对国际法的不同理念的强调，不同领域的条约往往难以给其他领域相关问题留下充分的制度空间，且位阶体系尚未形成。“各个国际法部门是相互独立的。不同的国际法部门具有不同的调整事项，代表着国际社会不同的利益诉求，有着不同的立法目的，在不与强制法相抵触的情况下，它们一般都排除其他国际法部门在其领域内的适用，表现出专题自主（topic autonomy）的‘部门主义’倾向；不同的国际法部门成为国际法上自成体系的一种‘自足制度’；不同的国际法部门之间并不存在严格的效力等级，国际法规范的部门结构是一种由‘平等法律’构成的横向结构。”[2]“像‘法律冲突’方法中的国内法一样，这些国际公法中的不同分支体系相互作用，可能会引起冲突。”大多数情形下的条约冲突一方面和人权、环境保护公约（一般设置一些“整体义务”）有关，另一方面又和WTO的义务（主要是互惠义务）有关，因此WTO条款将不得不做出让步。[3] 国际法协会比利时分部主席、荷语布鲁塞尔自由大学国际经济法教授基姆·范德伯特认为，国际法体系朝着更加公平的方向发展，但与此同时，这一体系也变得更加复杂化。新兴国家对现行国际法体系产生重大影响，国际法的民主化步伐加快，打破了国际法领域“西方一统”的格局。但是，当今国际法的协调较以往正变得愈加复杂。新兴国家、欧美国家对某些国际法规则存在不同看法。个别欧美国家为了自身利益，常常曲解甚至无视国际法，导致国际法的落实变得格外困难。现行国际法体系需要重新评估，无论是关于外层空间利用的法律，还是海洋法体系，都需要进行重新定位。需要根据历史和情势发展完善相关法律体系。现行国际法体系已经无法适应新的形势，需要发展与完善。今后10～20年，国际法将进入新的调整期。其发展趋势是更加民主化、平等化，但其过程可能会是痛苦的、复杂的。因为这种调整所带来的法规修正，体现的是权利的让渡、利益的重新

---

[1] 杨泽伟：“当代国际法：全球化碎片化共存”，载《中国社会科学报》2010年9月28日第10版。

[2] 古祖雪：“国际法体系的结构分析”，载《政法论坛》2007年第6期，第75页。

[3] ［比］约斯特·鲍威林：《国际公法规则之冲突——WTO法与其他国际法规则如何联系》，周忠海等译，法律出版社2005年版，第13页、第557页。

分配。这虽然是欧美国家所不愿看到的，但它是大势所趋，无法阻挡。[1] 在WTO 权力的扩大与成员主权权力的保留之间作出审慎和适当的平衡，关键是国家主权原则和世界或人类事务日益增长的全球化之间的平衡。[2] 不同国际组织的组织能力及协调能力制约了相关条约能否形成合力致力于对各领域国际关系的一致性调整。条约间及其内部的抵触影响了其作用的有效发挥。“仍然不确定的是，在 UNCLOS、SPA、CBD 下进行的‘合作要求’事实上是否包括法律约束力的义务，这可能被视为建立合作的习惯法。”[3]

WTO 和欧盟法律“在法律体系方面都是典型的高度一体化。这种必要性，实质上取决于多边贸易体制管辖的广度和深度及其对 WTO 成员的贸易和与贸易有关政策主权的渗透和限制。”[4] 全球化的一方面是出现了全球范围专业技术领域的合作网络，通过传统的国际法来调整这些合作网络十分困难，国内法面对这些网络的跨国性质又显得不足。于是，这些网络倾向于发展自己的规则和规则体系。这个过程有时是无意识地进行的，这些专业化的条约与习惯是专门为每一个网络的需要与利益设置的，很少将外面的世界考虑在内。这就是分析国际法的碎片化的背景：专业化规则与规则体系出现，但它们之前的关系不明确。[5]

国际关系乃国际法发展之基础。国际法随着国际关系的演变而逐步发展，国际法新分支不断产生。科技的飞速发展、信息化、民主化、全球化、国际共同体、新兴经济体的发展、“9·11”事件、全球性金融危机、文化多样性、气候变化、对伊拉克和利比亚的军事干涉、国际社会组织化和法治化等都表明国际关系的新变化，国际关系日趋复杂、全球治理难度增加，国际法需要从价值和制度层面应对新挑战。国际法调整范围的扩大模糊了管辖权的国内外界限，也使国际法规则数量增加很快，日益复杂化。每一项新的国际法律原则、规则的产生都可能对国际法体系产生冲击。

国际规则的制定和实施是国家间利益博弈的主要领域之一。“国际法中的政治化倾向更加凸显。突出表现为‘政治问题法律化’‘法律问题政治化’。在国家间关系上，‘国家主权与全球治理’‘不干涉内政与保护的责任’‘和平解决国际争端与扩大使用武力’‘国内管辖与国际管辖’等四组矛盾将激烈

---

[1] 章念生：“国际法体系渐趋平等化”，载 http：//world. people. com. cn/GB/57507/11735736. html，访问日期：2013 年 8 月 19 日。

[2] 曾令良：“WTO 法治面临的主要挑战及其应对”，载《法学杂志》2011 年第 9 期，第 38 页。

[3] Patricia Birnie：“对国际合作法发展之影响：UNCLOS、‘联合国鱼类种群协定’和 CBD”，熊良敏译，载傅崐成等编译：《弗吉尼亚大学海洋法论文三十年精选集》（第三卷），第 972 页。

[4] 曾令良：“WTO 法治面临的主要挑战及其应对”，载《法学杂志》2011 年第 9 期，第 43 页。

[5] 田慧敏：《国际法上的权利冲突问题研究》，吉林大学 2013 年博士论文，第 91 页。

折冲对撞，将决定未来国际秩序的方向。”[1] 从国际法治走向全球法治尚存诸多难题，二者存在明显区别：“（1）全球法治不以国家作为唯一重要的法律主体，而是倡导以个人为基本行为体的世界法。（2）国际法治强调维护国家的主权和平等，而全球法治则以全球共享的价值、观念和共同利益为依归，以实现全球正义为导向。国际法治和全球法治是国际社会同一法治进程不可分割的组成部分。”[2]

各种规则之间潜在的冲突似乎在任何法律体系中都存在。这是法律体系中所固有的现象，即一种法律体系试图用有限的一般性规则来涵盖所有的社会活动现象……会产生“涵盖不足”的法律风险。这些过分涵盖的规则和其他涵盖不足的规则之间产生冲突不可避免。[3] 国际法规则的模糊性、空白、条约解释规则的局限性、缔约国的利益导向解释等是损害国际法体系性基础的主要原因。

三、VCLT 第 31.3 条与国际法自身的局限性

国际社会是由主权平等的国家所构成的“平权”社会，不像国内社会存在统一的最高立法、行政和司法机构，因此，也难以形成以宪法为核心的严谨的法律体系。国际法的“软法”性、对国内法的依赖、缔约者的“实用主义”哲学观、国际关系的复杂性等诸多因素决定了国际法体系的不稳定性、规则的模糊性、冲突性及空白性。尽管缔约者试图通过在条约中规定“冲突条款”，甚至试图通过 VCLT 的解释条款来维系国际法的一致性或体系化，但这些方法尚难以充分实现该目标。例如，作为“条约之条约”的 VCLT 本身也存在诸多争议，需要解释与澄清。

VCLT 第 31.3 条“any relevant rules of international law”具有维持国际法体系之功用。VCLT 第 31.3 条（c）项涉及的国际法规则似乎并没有被规定只能是任何具体一类的国际法渊源，对其渊源没有限制。因此，解释 WTO 条款，VCLT 第 31.3 条（c）项指导专家组和上诉机构要考虑到条约条款、习惯国际法和符合一定条件的一般法律原则。[4] VCLT 第 31.3 条“any relevant rules of international law”彰显了不同条约（机制）、习惯国际法、强行法、一般法律原则间的相互作用。就其效力位阶而言，除强行法外，尚无定论。例如，

[1] 黄惠康：“当代国际法的若干发展趋势”，载《西安政治学院学报》2013 年第 26 卷第 4 期，第 93 页。

[2] 张胜军：“当代国际社会的法治基础”，载《中国社会科学》2007 年第 2 期，第 141 页。

[3] ［比］约斯特·鲍威林：《国际公法规则之冲突——WTO 法与其他国际法规则如何联系》，周忠海等译，法律出版社 2005 年版，第 17 页。

[4] ［比］约斯特·鲍威林：《国际公法规则之冲突——WTO 法与其他国际法规则如何联系》，周忠海等译，法律出版社 2005 年版，第 291～292 页。

国际习惯“是各国在其实践中形成的一种有法律约束力的行为规则”[1]；一些国家不认可国际习惯法，在某种程度上美国也是一样；[2] 约斯特·鲍威林认为：“就实际操作而言，可以肯定的是，除了那些强制性规则，法律的一般原则不得不让位于条约和习惯法。在多数情况下，条约优先于习惯法，尽管习惯可以修改甚至推翻先前存在的条约（前提是条约和习惯的法律等级相同）。”[3]

VCLT 第 31.3 条（c）项反映了“整合原则”，强调“国际法的统一性”，且强调任何规则的意义都不能与一般国际法相分离。就 WTO 而言，可以推定解释 WTO 体系时必须与一般国际法保持一致，除非 WTO 条约已彻底排斥了这种一般性规则。因此，反对与习惯性规则保持一致的解释的那一方有义务解释为什么习惯性条款不能被适用。……VCLT 第 31.3 条（c）项规定的“外部规则”只能辅助解释比如 WTO 规则的含义，不能改变或推翻 WTO 规则。习惯性规则（VCLT 第 31.3 条（c）项涉及的）起次要作用，从这种意义上讲，习惯性规则中部分或整体上而言都没有取代条约。[4]

条约解释作为解决国际法规则局限性问题的方法之一具有自身的局限性。存在无法靠条约解释、解决条约规则疑问的诸多情形。国际立法者以及国际（准）司法机构之间应加强在国际法规范制定、解释、适用中的协调和合作。

第三节　维护国际法体系性的举措：以《联合国海洋法公约》与其他相关条约的关系为例

经济全球化要求适用于国际贸易、投资的跨国经济活动的法律实现国际化和统一化。[5] 澄清与发展《WTO 协定》条款常常是多边贸易谈判议题之一。WTO 未在其自身的多边贸易层面建立司法或独立审查机制不仅可能有损 DSB 的透明度、合法性与公正性，而且可能有损 WTO 法律体系乃至整个国际法体系的完整性：“指控可以基于如下理由：违反《马拉喀什协议》、违反各多边

---

[1] 梁西主编：《国际法》，武汉大学出版社 2000 年版，第 45～46 页。

[2] Carlson M. LeGrand：“1982 年‘海洋法公约’中的国家安全利益”，魏荣辉译，载傅崐成等编译：《弗吉尼亚大学海洋法论文三十年精选集》，厦门大学出版社 2010 年版，第 437 页。

[3] ［比］约斯特·鲍威林：《国际公法规则之冲突——WTO 法与其他国际法规则如何联系》，周忠海等译，法律出版社 2005 年版，第 554 页。

[4] ［比］约斯特·鲍威林：《国际公法规则之冲突——WTO 法与其他国际法规则如何联系》，周忠海等译，法律出版社 2005 年版，第 290～291 页。

[5] 黄惠康：“当代国际法的若干发展趋势”，载《西安政治学院学报》2013 年第 26 卷第 4 期，第 92 页。

贸易协定、违反国际强行法、违反一般法律原则、滥用权力、缺乏权力或违反必要程序要求，等等。”[1]《马拉喀什协议》能够维护WTO条约群体系的一致性；对习惯国际法/国际强行法/一般法律原则的遵守有助于维护整个国际法律体系的完整性与和谐。主要路径主要包括国际立法和国际司法。国际立法中的模糊性、空白等问题常常成为诸缔约方达成妥协的技术手段；通过条约解释、法官的自由裁量，国际（准）司法判例在维护国际法一致性方面具有独特作用。国际法的编纂也推动了国际法的体系化发展。

对于如何消除国际环境法中的贸易措施与WTO法间冲突，有学者提出了可能的措施：“（1）通过GATT第25条的解除义务条款解决；（2）在GATT中开设环境窗口；（3）通过WTO的争端解决机构个案解决。”[2]通过国际裁决机构的条约解释来消除条约冲突，与修订条约本身相比，可行性更大，因为像《WTO协定》《联合国海洋法公约》等基础性公约可能是“一揽子”协议，涉及缔约方政治利益、法律利益、安全利益等的复杂平衡。个案解决虽具灵活性大、针对性强的优点，但缺乏确定性和可预见性，可能会涉及不同裁决机构的管辖权。

国际法的宪政功能越发凸显。[3]下位法应服从上位法，相同位阶的条约间具有平等地位，互不从属，“是国际法体系内平等的法律规范，彼此应相互尊重”[4]。有的公约直接规定了一般法律原则来限制权利的行使。例如，《联合国海洋法公约》第300条引入了一般法律原则之“禁止权利滥用”：“缔约国应诚意履行根据本公约承担的义务并应以不致构成滥用权利的方式（in a manner which would not constitute an abuse of right），行使本公约所承认的权利、管辖权和自由。”

为了保持条约解释与整个国际法体系的一致性，避免冲突，许多条约条款明确规定了“相关国际法规则”。裁决机构在解释条约时应使不同条约间相互支持。此外，在条约中明确规定条约间效力关系，以解决冲突问题。例如，《马拉喀什协议》第16.3条规定：“当本协议的规定与多边贸易协议的规定发生冲突时，应以本协议的规定为准。”“然而，这一规定至今没有在判例法中予以解释。如果GATT 1994的条款和《马拉喀什协议》附件1A中的另一协

---

[1] 曾令良：“WTO法治面临的主要挑战及其应对”，载《法学杂志》2011年第9期，第43页。

[2] 边永民：“多边环境条约中的贸易措施分析”，载《国际商法论丛》（第9卷），法律出版社2008年版，第24~29页。

[3] 杨泽伟：“当代国际法：全球化碎片化共存”，载《中国社会科学报》2010年9月28日第10版。

[4] 边永民：“多边环境条约中的贸易措施分析”，载《国际商法论丛》（第9卷），法律出版社2008年版，第31页。

议条款间发生冲突，则另一协议应当在冲突涉及的范围内具有优先效力。”❶《联合国海洋法公约》有多个条款提到“（其他）国际法规则”。《联合国海洋法公约》第311条专门规定了“同其他公约和国际协定的关系”，第1款明确了《联合国海洋法公约》与1958年日内瓦海洋法四公约间的关系：“在各缔约国间，本公约应优于1958年4月29日日内瓦海洋法公约。”附件9第4.6条❷、《联合国宪章》第103条规定：“联合国会员国在本宪章下之义务与其依任何其他国际协定所负之义务有冲突时，其在本宪章下之义务应居优先。”“国际法治是建立在国际法基本原则基础上的法治。1997年公约、1999年公约这些20世纪90年代的国际刑法公约与以前的国际刑法公约相比，最大的进步在于：不仅规定了在控制国际犯罪方面应履行的国际义务，还规定了各国在履行国际义务时应遵守的国际法基本原则。”❸

《联合国海洋法公约》被誉为“海洋宪法”，基于政治和法律利益的相对平衡确定了20世纪末国际关系背景下的海洋法律秩序，具有“一揽子交易”、综合性特征。在其解释、适用中，它与其他相关国际公约的关系问题需要明确。《联合国海洋法公约》既受到其之前其他国际法的影响，也对其后相关国际法制的发展产生影响。例如，《联合国海洋法公约》必将对海洋生物多样性、海洋中的文化遗产保护、有害货物贸易、国家海洋安全、打击海上恐怖主义、麻醉毒品控制等领域的国际立法产生重大和深远影响。当然，条约间的关系远比相关公约规定得复杂，因为关于影响条约间关系的VCLT规则中仍存在许多不确定性。只有对相关国际法规则、条约的整体把握才有可能对当代国际海洋法取得综合性的、内在一致的理解，尤其在条约中没有明确规定时更是如此，才有助于国际法的有效实施。

一、《联合国海洋法公约》与《联合国宪章》的关系

“解释者的作用是赋予当事人持续的一致意见以效力而不是赋予协约签订时的意愿以效力；具有‘宪法’性质的条约应当遵循不同的解释规则以便适应宪法的内在性质。”❹

---

❶ ［比］约斯特·鲍威林：《国际公法规则之冲突——WTO法与其他国际法规则如何联系》，周忠海等译，法律出版社2005年版，第290~291页。

❷ 《联合国海洋法公约》附件9之第4.6条：“遇有某一国际组织根据本公约的义务同根据成立该组织的协定或与其有关的任何文件的义务发生冲突时，本公约所规定的义务应居优先。”

❸ 邵沙平：“国际刑法公约中的‘保护主权’条款探析”，载《甘肃社会科学》2005年第6期，第135页。

❹ Denys Simon：《国际组织条约的司法解释》，Paris：Pedone，1981，p. 373. 转引自约斯特·鲍威林：《国际公法规则之冲突——WTO法与其他国际法规则如何联系》，周忠海等译，法律出版社2005年版，第306页，脚注89。

任何国际条约的实施都离不开国际法基本原则的指引。《联合国宪章》无疑确立了公认的国际法基本原则，构成国际社会宪政秩序之基石，确立了高于其他国际法规范的法律效力，有助于减轻国际法的“碎片化”，减少条约解释、适用中的冲突，维护国际法的体系性与确定性。VCLT 第 30 条规定了“关于同一事项先后所订条约之适用”。VCLT 第 30 条第 1 款规定了《联合国宪章》第 103 条具有高于任何其他条约规定的效力。《联合国宪章》第 103 条规定本宪章下之义务应居优先。《联合国公海公约》《联合国海洋法公约》不得与《联合国宪章》冲突。《联合国海洋法公约》的和平利用海洋原则是《联合国宪章》第 1.1 条规定的作为联合国宗旨之一的“维持国际和平及安全”以及第 2.4 条规定之具体体现。《联合国海洋法公约》在序言中强调了公约对“维护和平”的意义以及“促进海洋的和平用途”，还强调了公约对《联合国宪章》的原则和宗旨的促进。此外，《联合国海洋法公约》在许多条文中（至少 13 个）强调了“和平”利用海洋和解决争端。《联合国海洋法公约》六次提及《联合国宪章》。

《联合国海洋法公约》序言明确表明：“确认本公约未予规定的事项，应继续以一般国际法的规则和原则为准据。”《联合国宪章》效力高于《联合国海洋法公约》《联合国公海公约》等其他条约；调整利用海洋国际关系的海洋法渊源不限于《联合国海洋法公约》；《联合国海洋法公约》的成员国和非成员国都必须遵守公认的国际法原则和规则；以违反《联合国宪章》以及其他公认的国际法原则和规则义务来解释、适用 1958 年日内瓦公约和《联合国海洋法公约》，不具有国际法上的合法性，违反了 VCLT 规定的善意履行、解释条约义务。

二、与其他公约间关系：以《生物多样性公约》（CBD）/WTO 为例

（一）与实施、修订、解释《联合国海洋法公约》有关的海洋法条约

《联合国海洋法公约》有多个条款提到“（其他）国际法规则”。《联合国海洋法公约》第 311 条专门规定了“同其他公约和国际协定的关系”。第 1 款明确了《联合国海洋法公约》与 1958 年日内瓦海洋法四公约间的关系：“在各缔约国间，本公约应优于 1958 年 4 月 29 日日内瓦海洋法公约。”根据 VCLT 第 30.2 条规定：“遇条约订明须不违反先订或后订条约或不得视为与先订或后订条约不合时，该先订或后订条约之规定应居优先。”日内瓦海洋法公约的规定与《联合国海洋法公约》冲突时，在各缔约国间后者优先适用。根据 VCLT 第 30.4 条（b）项规定：“遇后订条约之当事国不包括先订条约之全

体当事国时：……（b）在为两条约之当事国与仅为其中一条约之当事国间彼此之权利与义务依两国均为当事国之条约定之。”

《联合国海洋法公约》第317.3条规定涉及国家退出《联合国海洋法公约》后仍应履行的国际条约义务问题：“退出决不影响任何缔约国按照国际法而无须基于本公约即应担负的履行本公约所载任何义务的责任。”同样，尚未加入该公约的国家也不影响其公约下相关义务。

（二）与并未被纳入或非为实施《联合国海洋法公约》之条约间关系：以《生物多样性公约》/WTO为例

1992年《生物多样性公约》及其《议定书》、1994年《WTO协定》与《联合国海洋法公约》间存在较密切联系。前者涉及海洋生物多样性，后者在可持续有效利用世界（海洋）资源方面目标相同。它们都促进了国际法律机制的一体化发展。

1.《联合国海洋法公约》与《生物多样性公约》

对二者来说，“很清楚，每个协定与解释另一个协定的目的相关。关于海洋生物多样性和生态系统方面的以不可持续方式进行的具有毁灭性效果的渔业实践是直接影响CBD实施的事项。毫无疑问存在如下可能性——实施CBD可能会影响到UNCLOS下权利和义务”[1]。《生物多样性公约》第22条规定了“与其他国际公约的关系”：“（1）本公约的规定不得影响任何缔约国在任何现有国际协定下的权利和义务，除非行使这些权利和义务将严重破坏或威胁生物多样性；（2）缔约国在海洋环境方面实施本公约不得抵触各国在海洋法下的权利和义务。”该条规定表明，生物多样性保护要与《联合国海洋法公约》规定或习惯国际法确定的各国在不同海域的权利、义务协调起来。缔约国对《联合国海洋法公约》下权利的行使要受不得损害生物多样性的限制，构成对《联合国海洋法公约》下相关权利的新制约，第2款是对《联合国海洋法公约》第311.3条的强化，或许构成了对《联合国海洋法公约》第五部分、第七部分的修改。这些与其他国际法规则进行协调的条款有助于减少条约冲突，实现条约目的和宗旨，维护国际法的体系化。

2.《联合国海洋法公约》与WTO

WTO规则和国际法的其他规则之间的相互作用和冲突是大量的；WTO规则是横穿几乎所有国际法其他规则的一种规则。[2] 与《联合国海洋法公约》

---

[1] David Freestone, Richard Barnes and David M. Ong, The Law of the Sea: Progress and Prospects, Oxford University Press, 2006, p. 56.

[2] ［比］约斯特·鲍威林：《国际公法规则之冲突——WTO法与其他国际法规则如何联系》，周忠海等译，法律出版社2005年版，第26页。

有关的其他协定直接提及了贸易，如1994年《关于实施1994年关税与贸易总协定第6条的协定》（附件第6节1. b项）[1]、2001年联合国粮食及农业组织（Food and Agriculture Organization，FAO）《关于预防、制止和消除非法、不报告和不管制捕鱼国际行动计划》（paras 65～68）。与《生物多样性公约》不同，WTO协定未直接提及海洋法事项；GATT并未规定与其他条约关系。DSU第3.2条明确了应依VCLT第31～33条来解释涵盖协定，而非依GATT本身规定的标准来解释。"该变化能使上诉机构考虑到《联合国海洋法公约》和国家的环境承诺和义务，并试图以与一般国际法一致的方式适用WTO法律，而非将之视为封闭的或自含（closed or self-contained）的体制。"[2]《联合国海洋法公约》的解释可根据公约本身以及其他国际法规则（例如，第2.3条）。在WTO案例中存在关于二者互动的情形。

DSB在一些案件中曾借助第31.3条（c）项来解释条约。在欧共体影响生物技术产品批准和营销案中，一个问题是，在解释WTO诸相关条约下权利和义务时，《生物多样性公约》和《生物安全议定书》是否是条约。专家组认为："毫无疑问，条约和国际法习惯规则是第31.3条（c）项含义下的'国际法规则'（尽管仍存在关于这些法律文件的内容及仅有某些争论者是其缔约方的事实）。"[3] WTO上诉机构对GATT1947某些词语的解释也曾采取过类似的发展解释方法。例如，在Shrimp—Turtle案裁决中，为确定"exhaustible natural resources"短语的当前含义，提及了1992年《里约环境与发展宣言》、1982年《联合国海洋法公约》、1973年《濒危野生动植物物种国际贸易公约》、1979年《保护迁徙野生动物物种公约》以及1992年《生物多样性公约》。[4]在该案中，上诉机构认为，如果所涉国家未先寻求与受影响的其他国家通过协商以寻求合作性解决方法，则对海洋生物资源贸易的限制，在GATT下很可能被视为是任意的或歧视性的。[5] 美国不愿通过协商寻求可能的解决方法使其难以令人信服地依赖GATT 1994第20条规定的例外。WTO相关裁决有效加强了而非威胁了《联合国海洋法公约》第116～119条下义务。可见，对《联合国海洋法公约》的遵守并不会损害GATT下的承诺。

对《联合国海洋法公约》之前/后缔结的条约，《联合国海洋法公约》具有效力上的优先性（第311条）；而GATT义务主要是适用于一系列双边贸易

---

[1] "1994 Agreement on Part XI"第六节生产政策：1. 管理局的生产政策应以下列原则为根据：(b)《关税和贸易总协定》、其有关守则和后续协定或替代协定的规定，应对"区域"内的活动适用。

[2] David Freestone, Richard Barnes and David M. Ong, The Law of the Sea: Progress and Prospects, Oxford University Press, 2006, p. 59.

[3] WT/DS291－293 R, 29 Sep. 2006, at 384, para 7.67.

[4] WT/DS58/AB/R, Paras 130, 131.

[5] WT/DS58/AB/R, Paras 166－172.

关系，并不享有 VCLT 第 41 条规定的优先性。《联合国海洋法公约》的效力要高于（prevail）GATT，因为后者是一项特别法。[1]《联合国海洋法公约》是海洋宪章。

"关于有关海洋生物技术的使用和交易，海洋法与其他国际法律制度往往相交叉（intersect），值得注意的是那些调整知识产权的公约、《1973 年濒危野生动植物物种国际贸易公约》、CBD 以及 TRIPs 协议。"[2] 有必要对相关问题予以进一步澄清。

并没有完美的解决条约冲突、解释等问题的途径。约斯特·鲍威林提出的可适用的法律冲突解决方案包括："（1）可通过使明确的冲突条款生效来解决，如《联合国宪章》第 103 条；（2）如果没有冲突条款，可按照后法优于先法的原则。然而，在某些情况下，尤其是那些具有延续性或现行有效的条约，很难确定哪个条约在先，哪个条约在后。也有可能冲突的条约是平行的而不是先后的，导致无法适用该原则；（3）没有冲突条款也无法适用后法优于先法原则的情况下，可采用特别法优于普通法的原则。该原则不能凌驾于第 2 个原则之上。"如果所有 WTO 的规定都是同一个条约的一部分，后法优于前法规则将不能起作用。相反，特别法优于普通法规则将会解决大量的冲突，例如 GATT 和《服务贸易总协定》之间的冲突。[3] 此外，国际法制定机构间应当加强合作，加强国际法的体系建设。

从纯法律技术角度努力以提高国际社会的造法水平，国际法的上述缺陷固然可以得到一定补救，但从根本上讲，这是一个国家协调的问题，而不是国际法自身所能解决的。国际法体系的结构问题并非单纯的理论问题，而是具有重要实用性和政治意义的课题。[4]国际法体系化机制不但必要而且可能，国际法体系化机制的进路主要有国际习惯、立法进路、司法进路和制度整合进路。司法进路主要是指通过条约抵触时的解释、适用与司法造法来减少国际法规则之间的冲突。[5] 国际法的体系性目标最终要受制于国家对利益和权力的追逐。

---

[1] David Freestone, Richard Barnes and David M. Ong, The Law of the Sea: Progress and Prospects, Oxford University Press, 2006, p. 60.

[2] Richard J. McLaughlin, Foreign Access to Shared Marine Genetic Materials: Management Options for a Quasi-Fugacious Resource, 23 ODIL 297, 2003.

[3] ［比］约斯特·鲍威林：《国际公法规则之冲突——WTO 法与其他国际法规则如何联系》，周忠海等译，法律出版社 2005 年版，第 554 页、第 558 页。

[4] 古祖雪："国际法体系的结构分析"，载《政法论坛》2007 年第 6 期，第 78 页。

[5] 王秀梅："国际法体系化机制及其进路"，载《政法论丛》2007 年第 2 期，第 78 页、第 82 页、第 83 页。

第四节 WTO（准）司法实践中“国际法规则”的运用

目前尚无对“任何相关国际法规则”的明确界定：“与争端有关的非WTO国际法规则是解释《WTO协定》的有用工具。所谓非WTO国际法规则在本文中是指除了WTO规则以外的所有非WTO国际法中包含的法律规则，尤其指那些未被WTO涵盖协定明确提到或纳入的其他国际法规则。”[1] 尽管由于“DSB的建议和裁决不能增加或减少适用协定所规定的权利和义务”等规则强化了WTO规范体系的封闭性/自足性，但“WTO条约必须结合所有其他的国际法来解释和适用。其他国际法可以填补漏洞或提供解释的依据，但它也可能否定WTO规则。WTO法必须与其他的公开国际性的法律联合起来”[2]。DSU第3.2条是其规范基础。在美国汽油案中，上诉机构认为在解释《WTO协定》时不应将其与国际公法隔绝开来：“That direction reflects a measure of recognition that the General Agreement is not to be read in clinical isolation from public international law.”[3] 可以说，在WTO争端解决中通过对“适用于当事国间关系之任何有关国际法规则”的援引与借助，旨在解决WTO涵盖协定条款以及被纳入该体系的其他国际条约的澄清问题，并非对非WTO涵盖条约群的直接适用，否则，有违VCLT第34条。

尽管VCLT第31.3条（c）项要求解释者在解释《WTO协定》时考虑和使用范围广泛的非WTO国际法规则，但它并没有规定必须赋予这些规则一定的重要性和价值。不过，当被解释条约的缔约方也是其他条约的缔约方、当条约规则已经形成或反映习惯国际法、当其表明了缔约方对于被解释条约的宗旨和目的或特定用语含义的共同理解时，这类其他规则尤其重要。然而，这些非WTO国际法规则只有在与某一WTO争端有关的情况下，它们才被赋予重要性和价值。[4]

在欧共体鸡块案的上诉机构报告中，专家组认为：“如果符合第31.3条

---

[1] 许楚敬：“WTO争端解决中‘有关国际法规则’的一个解释工具”，载《学术研究》2010年第12期，第59页。

[2] ［比］约斯特·鲍威林：《国际公法规则之冲突——WTO法与其他国际法规则如何联系》，周忠海等译，法律出版社2005年版，第558页。

[3] US—Standards for Reformulated and Conventional Gasoline, WT/DS2/AB/R, at 17.

[4] Report of the Study Group of the ILC. Fragmentation of International Law: Difficulties Arising from the Diversification and Expansion of International Law. Finalized by Martti Koskenniemi, 13 April 2006 (Analytical Study). 转引自：许楚敬：“WTO争端解决中‘有关国际法规则’的一个解释工具”，载《学术研究》2010年第12期，第64页。

（c）规定的标准，则《统一商品名称及编码系统国际公约》可以视为‘a relevant rule of international law applicable in the relations between the parties’。”[1] ICJ 也已承认应在解释条约时的整个法律体系框架中解释、适用条约。[2] VCLT 第 31.3 条（c）项的规定也留下诸多疑问：哪些规则具有相关性？“适用于当事国间关系的”这个短语是否对可适用的国际法规则的范围具有限制性作用？是否是指条约解释之时处于生效状态的国际法的全部？这些疑问都尚待研究。此外，WTO 上诉机构对 GATT 1947 某些词语的解释也曾采取过类似的发展解释方法。例如，在 Shrimp—Turtle 案裁决中，为确定“exhaustible natural resources”短语的当前含义，提及了 1992 年《里约环境与发展宣言》、1982 年《联合国海洋法公约》、1973 年《濒危野生动植物物种国际贸易公约》、1979 年《保护迁徙野生动物物种公约》以及 1992 年《生物多样性公约》。[3] 上诉机构在美国虾案中就使用了各种非 WTO 国际法规则，以协助其解释 WTO 的规定。在解释《WTO 协定》序言中所提到的“可持续发展”时，它提到《里约环境与发展宣言》和《21 世纪议程》等国际法律文书；在评估美国的措施是否以相当于不合理的歧视的方式适用，特别是根据其他国际公约，已进行的以及应进行的协商的方式时，上诉机构还参考了国际（和区域）条约，如《保护和养护海龟美洲公约》。在这方面值得一提的是，上诉机构承认，条约的解释会受到以后国际法发展的影响，大概包括新的习惯、一般法律原则和条约。[4]

在该案中，上诉机构在解释 GATT1994 第 20 条开头语时明确提及了作为一般法律和国际法一般原则的“善意原则”：“事实上，第 20 条的开头语是仅是善意原则的表达。该原则同时也是一般法律和国际法一般原则（a general principle of law and a general principle of international law），它控制了国家权利的行使。作为广为人知的滥用权利原则便是该一般原则的一次适用……必须善意行使权利。……我们在此的任务是解释开头语中的语言，根据具体情况，从国际法一般原则中寻求其他的解释性指导。”[5] 可见，该案中既考虑了一般法律原则，又考虑了其他条约。

还有一些适用一般法律原则的 WTO 案例。

这种“考虑”非 WTO 规则的义务的目的不是要实施、适用或执行这些非

---

[1] E-Chicken Cuts, WT/DS269/AB/R, WT/DS286/AB/R, para 195.

[2] Namiba Advisory Opinion（1971）ICJ Rep 16，31；Argean Sea Continental Shelf Case（1978）Rep 3, 32 – 33.

[3] WT/DS58/AB/R, Paras 130, 131.

[4] US—Shrimp, WT/DS58/AB/R, paras154，166 – 176. 许楚敬：“WTO 争端解决中‘有关国际法规则’的一个解释工具”，载《学术研究》2010 年第 12 期，第 63 页。

[5] US—Import Prohibition of Certain Shrimp and Shrimp Products, WT/DS58/AB/R, para 158.

《WTO 协定》规定的权利和义务，相反，其目的是在解释《WTO 协定》规定的权利和义务时考虑它们，以确保 WTO 法律制度与国际法的其他法律制度协调一致地发展。[1] 非 WTO 规则可能因此效力高于 WTO 条约的事实，也并不意味着 WTO 专家组必须依法遵守这些非 WTO 规则。非 WTO 规则可能成为 WTO 专家组可适用法律的一部分并因此特别提供了对于违反 WTO 规则的一个有效的抗辩。然而，它们不能构成后法请求的基础；WTO 专家组的管辖权只限于 WTO 项下协议的请求。[2]

WTO 法乃国际公法体系的一部分，同时具有自身的特殊性，对外部规则持受到限制的开放性。"任何相关国际法规则"的明确界定将涉及 DSB 能在多大范围内确定可用以解释条约的非 WTO 国际法规则。VCLT 第 31.3 条（c）项的规定也留下诸多疑问：哪些规则具有相关性？"适用于当事国间关系的"这个短语是否对可以适用的国际法规则的范围具有限制性作用？是否是指条约解释之时处于生效状态的国际法的全部——即必须考虑《国际法院规约》第 38 条规定的所有国际法渊源？学界对于"当事国"是指争端的当事各方还是指 WTO 各成员方也似无定论。[3] 笔者认为，从有效解决争端角度看，似乎可以将"适用于当事国间关系的"含义理解为与当事国间争端有关的"任何相关国际法规则"，这当然包括所有当事国皆为缔约方的非 WTO 规则/条约，也包括全部/部分当事国并非非 WTO 条约群之条约的缔约国情形，因为根据 VCLT，条约对第三方的效力情形也较复杂。VCLT 下的"当事国"似应是条约的当事国；在 WTO 争端解决层面来说，从逻辑上讲，将"当事国"理解为"争端的当事各方"似无不可。"如果由于有关的国际条约的当事国并非 WTO 的所有成员方，导致 WTO 不能审查与争端有关的国际条约，可能会造成 WTO 裁决机构无法调查清楚整个争端的法律背景并作出正确的裁决。有关国

---

[1] Gabrielle Marceau，A Call for Coherence in International Law—praises for the Prohibition Against "Clinical Isolation" in WTO Dispute Settlement，Journal of World Trade，1999，128（5）．转引自：许楚敬："WTO 争端解决中'有关国际法规则'的一个解释工具"，载《学术研究》2010 年第 12 期，第 60 页。

[2] ［比］约斯特·鲍威林：《国际公法规则之冲突——WTO 法与其他国际法规则如何联系》，周忠海等译，法律出版社 2005 年版，第 557 页。

[3] 关于"当事国"外延的理解，有研究者列出了三种可能性："（1）'当事国'狭义的解释可分两种情况，一是把'当事国'明确地解释为所有的 WTO 成员。二是当其他国际法规则反映了所有 WTO 成员方暗示的或默许的共同意图时，上诉机构在解释 WTO 协定时可以引用该规则。（2）'当事国'广义的解释有三种主张。第一种主张是指争端的当事各方；第二种主张是指被解释条约的全部当事国的一个'子集'（subset），即按照有关条约其关系被审查的特定国家；第三种主张认为至少 WTO 争端各方也必须是被援引的非 WTO 条约的当事国。（3）对'当事国'更宽泛的解释是，只要有一个以上的 WTO 成员方（但少于所有 WTO 成员方）是其当事国，就可以使用非 WTO 条约解释 WTO 义务。"许楚敬："WTO 争端解决中'有关国际法规则'的一个解释工具"，载《学术研究》2010 年第 12 期，第 61 页。

际法规则范围的大小将对可用来澄清 WTO 义务的解释工具产生影响。”❶ 这样也会增加裁决机构条约解释的难度，不利于争端的公平、有效解决和国际法体系的维护，维护条约解释的一致性，加强国际法的确定性和可预期性。

在一定情况下，条约对第三方有拘束力。对条约与第三国的关系，VCLT 规定：“条约非经第三国同意，不为该国创设义务或权利”（第 34 条）；“如条约当事国有意以条约之一项规定作为确立一项义务之方法，且该项义务经一第三国以书面明示接受，则该第三国即因此项规定而负有义务”（第 35 条）。这体现了国家主权平等原则。关于 VCLT 第 35 条，安托尼·奥斯特认为：“与接受该义务一致的行为本身并不拘束该第三国。即使一个第三国已接受了一项条约中的义务，它并不成为该条约的当事国。”❷ 但并非在任何情况下都不能给第三国施加条约义务。因为，主要由国家构成的国际社会，不仅需维护和尊重国别利益，也有必要维护国际共同体的利益和核心价值，这两种利益间常会冲突。《联合国宪章》在一些条款中为非会员国设定了权利和义务。“联合国在维护国际和平与安全的必要范围内，应确保使非会员国遵循上述原则。”（第 2.6 条）为非缔约国设定义务往往与维护国际社会根本性利益——即国际法中的普遍性法律利益相关。《联合国宪章》第 32 条、第 35 条、第 50 条为非会员国规定了权利。这与联合国负有维护国际和平与安全的重要职能密不可分。在一定条件下已成为习惯国际法规则的义务对非公约缔约国也有拘束力。VCLT 第 38 条规定“条约所载规则由于国际习惯而成为对第三国有拘束力”：“第 34 ~ 37 条之规定不妨碍条约所载规则成为对第三国有拘束力之公认国际法习惯规则。”VCLT 第 36 条规定了“为第三国规定权利之条约”。权利与义务不应被分割。非缔约国行使条约权利并非毫无限制。VCLT 第 36.2 条规定第三国行使条约赋予的权利时应遵守的条件（条约规定或依照条约所确定的条件），“该句的后一段考虑到了有些条件可能规定在补充文件中或在不与条约相冲突时由一当事国单方面提出的事实。有关一些特定国际河流或水道自由航行的规定通常要受领土国制定其行使条件的权利的限制。同样，《联合国宪章》第 35.2 条给予非会员国将一项与其会员国之间的争端提请安理会和大会注意的权利，只要它为解决该争端的目的事先接受《联合国宪章》中所规定的和平解决国际争端的义务。”❸ VCLT 第 37 条规定了“取消或变更第三国之义务或权利”。

---

❶ 许楚敬：“WTO 争端解决中‘有关国际法规则’的一个解释工具”，载《学术研究》2010 年第 12 期，第 63 页。

❷ 安托尼·奥斯特：《现代条约法实践》，江国青译，中国人民大学出版社 2005 年版，第 225 ~ 226 页。

❸ 安托尼·奥斯特：《现代条约法实践》，江国青译，中国人民大学出版社 2005 年版，第 228 页。

对待条约第三国的权利义务问题，应从整体上来看待包括《联合国海洋法公约》、WTO 法在内的整个国际法法制。例如，《联合国海洋法公约》正是在更宏大的“一体化”法律体系而非在“碎片化”的法律体系中运行。正如《联合国海洋法公约》序言所言：“各海洋区域的种种问题都彼此密切相关，有必要作为一个整体来加以考虑。”整个国际（海洋）法也是一个整体。不应无视或人为割断其联系。非《联合国海洋法公约》缔约国的公约下相关权利与义务同在。UNCLOS 有多个条款提到“（其他）国际法规则”（第 2.3 条、第 19.1 条、第 21.1 条、第 31 条、第 34.2 条、第 58.3 条、第 87.1 条、第 138 条、第 139.2 条、第 239.1 条、第 297.1 条、第 303.4 条）。整个国际法制本身构成一个有机体系。

“在某些情况下，条约会对第三方产生法律效果：首先，条约的规定形成了国际习惯法规则。在这种情况下，第三方的权利义务的法律根据不是条约，而是国际习惯法，即一项规则最初是条约中的规定，但在实践中已逐步演变为国际习惯法规则。国际法院在北海大陆架案和军事和非军事行动案的判决中，都肯定了这种从条约产生习惯法的过程。其次，边界领土条约。再次，某些国际公约也曾经为第三方创设权利。……这些条约被称为创立“客观制度”的条约。”❶ “在北海大陆架案中，法院遇到这样问题：德国已签署但没批准 1958 年《联合国大陆架公约》，那么它是否应受该公约第 6 条约束？法院拒绝承认德国由于禁止反言学说而受第 6 条拘束的观点，但德国仍可能要受到普遍国际法或习惯国际法的拘束。习惯国际法必须对国际社会所有成员都具有相同的法律拘束力。”❷ 然而，条约规则成为习惯国际法的条件或法律程序尚不很明确，且并非所有习惯国际法规则都对所有国家具有拘束力。条约可使国际习惯具体化，也能使国际习惯在短期内形成。从与国际共同体根本利益关联性角度而言，不同习惯国际法规则的约束力程度存在差异。强行法更多来源于习惯国际法，因而具有普遍约束力。但习惯国际法依然对“一贯反对者”无效，而强行法规范则根本不存在该例外问题。强行法能对国家

---

❶ 王铁崖主编：《国际法》，法律出版社 1995 年版，第 312 页。

❷ 吴卡：“条约规则如何成为一般习惯法——以 UNCLOS 为考察重点”，载《北京科技大学学报（社会科学版）》2011 年第 27 卷第 2 期，第 73 ~ 75 页。国际法院在此列举了条约规则成为一般习惯法的四个条件：条约的造法性、条约的普遍性（包括利益受到特别影响的国家的参加）、通例和法律确信。通过编纂现行习惯法规则、明确正在形成的习惯法规则和促进习惯法的逐步发展这三种方式，条约中的部分规则可成为习惯国际法……《联合国海洋法公约》似乎已具备整体成为习惯法规则的条件。目前已有 157 个国家签署、160 个国家批准了该公约。

创设或改变国际法规则的权利进行限制。❶ 学界对习惯国际法的效力无定论。缺乏统一的最高立法机制正是现代国际社会的一个主要特征，就国际法法理而言，能约束所有国家的国际法乃强行法规则和习惯国际法，尽管它们本身仍存在诸多模糊性和争议。如果相关规范已成强行法或习惯国际法，则具有约束所有国家的法律效力。VCLT 第 38 条规定了“条约所载规则由于国际习惯而成为对第三国有拘束力”。

对于为何在条约解释中应适用“其他国际法规则”，主要基于 VCLT 第 31 条以及具体公约中的明确规定（例如，《联合国海洋法公约》）。此外，约斯特·鲍威林在评析美国虾案中上诉机构对其他条约的引用时指出：“尽管上诉机构对于参照非 WTO 条约的法律依据问题保持沉默，仍可得知这些被援引的条约虽然在法律意义上不约束全体 WTO 成员，但它们反映了 WTO 成员的‘共同意志’或 GATT 1994 第 20 条（g）项中的‘不可再生自然资源’这一术语的‘一般意义’。”❷ 此处约斯特·鲍威林指出了解释条约时适用“其他国际法规则”的部分原因。

第五节 结 语

WTO 法治的挑战是长期的，而其改革必然是持久的，不可能一蹴而就，亦不可能一劳永逸。❸ 现代国际法规范面临的解释和适用上的分歧及未能得到有效实施，制约着国际法治的实现程度。各国应遵守《联合国宪章》的目的和宗旨以及其他被广泛接受的国际法规则。

这一条款的作用就像开启国际法这座大厦的一把“万能钥匙”。假如有体系问题——两个或两个以上的规则之间存在不一致、冲突、重叠等，而且没有其他任何解释手段能提供解决办法，那么就可能始终必须诉诸该条，以便以一种经缜密分析的方法来处理问题。❹ 其局限性在于：“这种解释过程是有

---

❶ 宋杰：《国际法中普遍性法律利益的保护问题研究》，中国人民大学出版社 2012 年版，第13～14 页。关于普遍性法律利益、“对一切”义务、习惯国际法、强行法间关系的更多论述，可参见该书第 10～14 页；王秀梅：《国家对国际社会整体的义务》，法律出版社 2009 年版。

❷ ［比］约斯特·鲍威林：《国际公法规则之冲突——WTO 法与其他国际法规则如何联系》，周忠海等译，法律出版社 2005 年版，第 298 页。

❸ 曾令良：“WTO 法治面临的主要挑战及其应对”，载《法学杂志》2011 年第 9 期，第 45 页。

❹ Report of the Study Group of the ILC. Fragmentation of International Law：Difficulties Arising from the Diver-sification and Expansion of International Law. Finalized by Martti Koskenniemi，13 April 2006（Analytical Study）. 转引自：许楚敬：“WTO 争端解决中‘有关国际法规则’的一个解释工具”，载《学术研究》2010 年第 12 期，第 63 页。

局限性的，它只对条约内涵条款的含义进行界定，它不能修改条约。作为外部规则的参考依据它也是有局限的，这些外部规则可以反映出各个成员对条约的共同目的。"[1] 分属国际法不同体制的分支间的互动所产生的跨部门特征决定了国际法体系的协调进路的多元性。条约解释方法并不能从根本上解决国际法的"碎片化"问题。要深度参与国际规则制定，加强议题设置能力，谋求更多话语权和制度性权力，扩大我国对国际立法进程的影响力，在国际法的编纂、发展、解释和适用方面发挥建设性作用。[2]

---

❶ ［比］约斯特·鲍威林：《国际公法规则之冲突——WTO 法与其他国际法规则如何联系》，周忠海等译，法律出版社 2005 年版，第 554 页。

❷ 黄惠康："当代国际法的若干发展趋势"，载《西安政治学院学报》2013 年第 26 卷第 4 期，第 93 页。

第三章　论条约对第三方的法律效力

——以《联合国海洋法公约》中专属经济区“海洋科研”条款的含义和效力为中心

对军舰、军机能否在他国专属经济区（Exclusive Economic Zone，EEZ）进行军事侦察测量活动，涉及条约对第三方效力和条约解释等诸多国际法问题。《联合国海洋法公约》中尚存“灰色区域”，没有对“海洋科研”“军事测量”等词语进行界定，导致不同解释和争端。美国未批准《联合国海洋法公约》，却常援引相关条款下的权利、规避义务。根据 VCLT，第三方享有条约下的权利并非没有任何限制；第三方还应受习惯国际法规则和强行法的约束。EEZ 制度已成习惯国际法规则。美国并不否定 EEZ 的习惯国际法地位，相关分歧的实质乃条约效力和解释问题。新国际习惯可能改变既存国际习惯。美国通过援引 1958 年公约公海自由来否定 1982 公约中的习惯国际法规则和强行法规则无国际法依据，实乃以“搭便车”方式对《联合国海洋法公约》的选择性适用，规避相关条款的适用条件或限制，有违《联合国宪章》、VCLT 等相关规定。

被誉为“海洋宪章”的 1982 年《联合国海洋法公约》为 20 世纪最重要的法律文件之一，涵盖了早前的几项海洋法公约，且缔约国众多（有 150 多个）。尚未批准公约的美国常以之论证美国主张的合法性。公约未界定海洋科研（MSR）、军事测量、海洋水文测量的概念、和平目的及“适当顾及”的含义等，也未规定军舰、军机是否有权在他国 EEZ、大陆架进行军事测量或侦察活动。作为“一揽子”交易成果的 EEZ 制度缺陷还包括：“没有明确‘航行和飞越自由’的‘质量’，为解释公约留下了很大弹性空间；没有明确沿海国与其他国家的权利发生冲突时哪方的权利处于优先地位；专属经济区内的剩余权利到底应该归属沿海国还是其他国家。《公约》并没有明确规定，只是提出了解决剩余权利冲突的原则。如此规定事实上是将冲突和矛盾留给了后人。"❶《联合国海洋法公约》仍存在众多模糊性和缺失，且"与国内宪法不同，公约没有建立起执行、立法及司法机构。相反地，海洋管理机构的体系结构采取条块分割的办法有机的构成"❷；"公约仅规定了MSR的基本法律制度，对MSR的定义、内容、方式方法等具体内容未能加以规定；关于MSR的基本制度是明确的，只是在实践中还存在一些问题，例如，军事测量是否属于MSR、MSR是否可分为纯MSR和应用MSR等；还存在《公约》设立的各项法律制度之间的衔接问题，例如，EEZ的管辖权与公海自由、军事船舶在EEZ的豁免权、其他国际法规则在沿海国国内法律的适用和实施问题等。"❸《联合国海洋法公约》中的漏洞、模糊与冲突成为诸多海洋争端难以得到解决的法律原因。公约中"海洋科学研究"（MSR）等词语的解释，成为理论和实践中分歧的焦点问题之一。美国主张具有军事目的的研究并非《联合国海洋法公约》下的海洋科研。许多美国学者主张传统公海自由原则适用于沿海国领海之外的海域。例如，"美国极力支持科研自由。一贯坚持MSR是一项公海自由，在领海外对所有国家开放。美国感兴趣的是，防止沿海国通过行使对MSR的管辖权来妨碍有用的调查和限制传统的公海自由。"❹ Theodore G. Kronmiller上述主张的实质是将适用于公海的科研自由适用于EEZ和大陆架。《联合国海洋法公约》第246条的立法史表明，海洋科研的含义难以达成一致。❺"当时有各种各样关于定义的建议，但没有一个得到一致同意。主要障碍在于MSR自由究竟是普遍自由，还是一种不能包括资源或工业内含的研究自由。将定义排除出文本之外的决定是在1977年第16次会议上作出的。……一些作者已指出，定义的缺乏是MSR机制的问题所在。……因为没有定义MSR，联合国第三次海洋法会第三委员会的谈判者才能对第13部分文本达成一致。谈判者在区分基础或纯粹的海洋科研和应用或工业研究上一直缺少一致意见……定义的缺乏也同时具有灵活性。"❻ 军事测量的性质和目的与沿海国国家安全存在冲突。

EEZ和大陆架制度的确立导致沿海国管辖权范围的扩张以及公海自由空

---

❶ 任筱锋："EEZ及海峡水道军事利用的法律问题"，载http://law.cssn.cn/fx/fx_jsfx/201310/t20131028_730595.shtml，访问日期：2013年11月30日。

❷ Hans Corell："国际海洋管理及其执行的挑战"，熊良敏译，载傅崐成等编译：《弗吉尼亚大学海洋法论文三十年精选集》（第三卷），厦门大学出版社2010年版，第1394页。

❸ 张海文："沿海国海洋科学研究管辖权与军事测量的冲突问题"，汪家栋译，载傅崐成等编译：《弗吉尼亚大学海洋法论文三十年精选集》，厦门大学出版社2010年版，第1612页。

❹ Theodore G. Kronmiller：《专属经济区》，汪家栋译，载傅崐成等编译：《弗吉尼亚大学海洋法论文三十年精选集》，厦门大学出版社2010年版，第49页。

❺ United Nations Pulication, The Law of the Sea, MSR, Legislative History of Art. 246 of UNCLOS, 1994.

❻ Aldo Chircop："海洋知识技术的进步：对MSR机制的意义"，王玉婷译，载傅崐成等编译：《弗吉尼亚大学海洋法论文三十年精选集》，厦门大学出版社2010年版，第1751页。

间的压缩及限制的增加。海洋科研活动日益国际化。海洋科研的含义及与海洋水文测量、海洋军事测量活动间关系及军事侦察测量的合法性问题，都存在争议。美国是1958年公约而非1982年公约的缔约国，美国与中国等国产生的海洋权益争端涉及《联合国海洋法公约》与之前的相关公约间关系、条约与第三国关系、《联合国海洋法公约》与习惯国际法和强行法，以及根据VCLT如何解释《联合国海洋法公约》相关条款等诸多国际法问题。

EEZ不是公海或国际水域。未经许可在他国EEZ进行包括军事测量在内的军事性质的活动没有明确的国际法依据，与和平使用海洋原则相悖。因为该军事活动对沿海国国家安全未履行《联合国海洋法公约》规定的“合理关注”（due regard）义务。《联合国海洋法公约》的解释、效力等问题要受包括《联合国宪章》、VCLT在内的国际法规则的约束。对《联合国海洋法公约》的不同解读，将影响权利和义务的平衡以及导致公约适用上的分歧，妨碍公约目的和宗旨的实现。各国应秉持善意有效实施、解释条约。有必要对中、美对海洋科研条款的不同解读从国际条约法视角予以剖析，以探究条约对第三国的效力以及与习惯国际法、强行法相关的EEZ问题。

第一节　《联合国海洋法公约》对第三国权利义务的影响

美国的主张及实践涉及诸多国际法理论问题，包括条约对第三国的效力、强行法、习惯国际法、条约的冲突、条约间的关系等。

一、非《联合国海洋法公约》缔约国能否享有公约下的权利

1958年《联合国公海公约》默示地涵盖了公海科研自由。《联合国大陆架公约》第2条规定任何人探测大陆架需得到沿海国的明示同意；第5.1条规定：“探测大陆架及开发其天然资源……亦不得对于以公开发表为目的而进行之基本海洋学研究或其他科学研究有任何妨害。”该公约也未对海洋科研及其管辖权作出直接、明确规定。尽管美国是《联合国公海公约》的缔约国，但美国并未批准加入《联合国海洋法公约》，美国却以实用主义方法选择适用相关公约来证明其在他国EEZ军事活动的合法性。“美国利用了《公约》的制度创制并享有了《公约》的利益。例如，1983年里根参照《公约》内容颁布了5030号总统公告，宣布美国实施200海里EEZ。……设立防空识别区的

国家包括美国均援引《公约》第58条作为法律支撑。”❶ 美国是否享有/承担《联合国海洋法公约》下权利/义务，涉及条约与第三国关系以及国际法中的前法与后法的关系等问题。

对条约与第三国的关系，VCLT规定：“条约非经第三国同意，不为该国创设义务或权利”（第34条）；“如条约当事国有意以条约之一项规定作为确立一项义务之方法，且该项义务经一第三国以书面明示接受，则该第三国即因此项规定而负有义务”（第35条）。这体现了国家主权平等原则。“也有类似规则适用于契约法，但本公约中的该规则牢固地建立在国家的主权与独立基础之上。因此，无论是一项双边条约或多边条约，都不能凭自己的力量给第三国施加义务，也不能在未经其同意的情况下以任何方式更改其法律权利。由于同样原因，第三国也不能从一项对该国未作任何规定的条约中产生权利。”❷ 可见，安托尼·奥斯特并不主张非缔约国可行使条约下的任何权利，或者说毫无限制地行使条约下的权利。但并非在任何情况下都不能给第三国施加条约义务。因为，主要由国家构成的国际社会，不仅需维护和尊重国别利益，也有必要维护国际共同体的利益和核心价值，这两种利益间常会冲突。《联合国宪章》在一些条款中为非会员国设定了权利和义务。“联合国在维护国际和平与安全的必要范围内，应确保使非会员国遵循上述原则（第2.6条）。”为非缔约国设定义务往往与维护国际社会根本性利益——国际法中的普遍性法律利益相关。《联合国宪章》第32条、第35条、第50条为非会员国规定了权利。这与联合国负有维护国际和平与安全的重要职能密不可分。在一定条件下已成为习惯国际法规则的义务对非公约缔约国也有拘束力。VCLT第38条规定：“条约所载规则由于国际习惯而成为对第三国有拘束力”；“第34~37条之规定不妨碍条约所载规则成为对第三国有拘束力之公认国际法习惯规则”。

关于美国是否有权享有《联合国海洋法公约》下的权利，VCLT第36条规定了“为第三国规定权利之条约”：“（1）如条约当事国有意以条约之一项规定对一第三国或其所属一组国家或所有国家给予一项权利，而该第三国对此表示同意，则该第三国即因此项规定而享有该项权利。该第三国倘无相反之表示，应推定其表示同意，但条约另有规定者不在此限；（2）依第1项行使权利之国家应遵守条约所规定或依照条约所确定之条件行使该项权利。”VCLT第36.1条表明，国际条约的相对性并非绝对，《联合国海洋法公约》中

---

❶ 管建强：“美国无权擅自在中国EEZ从事‘军事测量’”，载《法学》2009年第4期，第52~53页。

❷ 安托尼·奥斯特：《现代条约法实践》，江国青译，中国人民大学出版社2005年版，第225~226页。

一些条款的用语似乎为非缔约方赋予了权利。例如，《联合国海洋法公约》第2.1条规定了“沿海国（a coastal State）的主权及于……”此处并未使用“沿海缔约国”一语；第3条规定，“每一国家（Every State）有权确定其领海的宽度……”也没有使用“缔约国”之类更明确的词语；第217.1条规定，各国（States）应确保悬挂其旗帜或在其国内登记的船只……公约中多处使用了“States”一词。第116条规定，“所有国家（All States）均有权由其国民在公海上捕鱼，但受下列限制……”这可能主要是因为《联合国海洋法公约》具有“海洋宪法”的地位，其条款在一定程度上具有基础性和普适性。“这些权利和义务具有相互对应的性质，如果仅对缔约国适用，那么这一制度效用是否能得以发挥令人怀疑。那些旨在保护国际社会共同体利益的义务，从《联合国海洋法公约》的措辞看，同等地赋予了缔约国和第三国。所有沿海国都有义务通过适当的养护和管理措施确保EEZ内生物资源的维持不受危害。所有沿海国都有责任对溯河产卵种群和降河产卵鱼种进行管理，而其他国家被禁止在公海捕捞这些鱼种……”《联合国海洋法公约》中对各国权利和义务与缔约国的权利和义务进行区分的措辞表明，公约的创立或者说编纂并非仅仅为了缔约国，同时也为了那些未批准或加入公约的国家。❶ 类似地，VCLT第36.1条也使用了“所有国家”一语。

权利与义务不应被分割。非缔约国行使条约权利并非毫无限制。VCLT第36.2条规定第三国行使条约赋予的权利时应遵守的条件（条约规定或依照条约所确定的条件），“该句的后一段考虑到了有些条件可能规定在补充文件中或在不与条约相冲突时由一当事国单方面提出的事实。有关一些特定国际河流或水道自由航行的规定通常要受领土国制定其行使条件的权利的限制。同样，《宪章》第35.2条给予非会员国将一项与其会员国之间的争端提请安理会和大会注意的权利，只要它为解决该争端的目的事先接受宪章中所规定的和平解决国际争端的义务”❷。

VCLT第37条规定了“取消或变更第三国之义务或权利”。VCLT第1款规定：“依照第35条使第三国担负义务时，该项义务必须经条约各当事国与该第三国之同意，方得取消或变更，但经确定其另有协议者不在此限。”义务的取消可以由第三国首先提出，在这种情况下，条约所有当事方的同意是必要的；但如果它们想要放弃其敦促该第三国履行该义务的权利，该第三国的同意则会是一种形式。然而，第三国的义务可能会涉及一种与条约的所有当

---

❶ Rudiger Wolfrum：《海洋法律秩序》，黄洵译，载傅崐成等编译：《弗吉尼亚大学海洋法论文三十年精选集》，厦门大学出版社2010年版，第411页。

❷ 安托尼·奥斯特：《现代条约法实践》，江国青译，中国人民大学出版社2005年版，第228页。

事国之间的复杂关系，而且也可能包括该第三国的权利。因此，可取的是任何义务的变更应该得到相互的同意。❶ VCLT 其第 2 款规定："依照第 36 条使第三国享有权利时，倘经确定原意为非经该第三国同意不得取消或变更该项权利，当事国不得取消或变更之。"在当事国为第三国创设权利时，特别是在国际水道的自由航行或过境通过领土方面合乎需要的是这种权利应该有一定的坚实性和可靠性。如果当事国希望有此种选择，它们可将它规定在条约中或以其他方式创设这种权利。如果当事国没有这样做，而且条约创设了一种对世有效的地位或体制，则推定该权利非经第三国同意不得更改。没有必要规定由第三国取消其权利，因为它们可以始终不行使这种权利。❷ 可见，《联合国海洋法公约》中的类似对世权利、义务不可未经相关方同意而单方面取消或变更。非《联合国海洋法公约》的缔约国在一定条件下享有/承担该公约中的对世权利/义务。

二、权利、义务同在：习惯国际法与非《联合国海洋法公约》缔约国之义务

对待条约第三国的权利义务问题，应从整体上来看待包括《联合国海洋法公约》在内的国际海洋法和整个国际法法制，《联合国海洋法公约》正是在更宏大的"一体化"法律体系而非在"碎片化"的法律体系中运行。正如《联合国海洋法公约》序言所言："各海洋区域的种种问题都彼此密切相关，有必要作为一个整体来加以考虑。"整个国际（海洋）法也是一个整体。不应无视或人为割断其联系。非《联合国海洋法公约》缔约国的公约下相关权利与义务同在。有研究者将整个《联合国海洋法公约》视为习惯国际法并认为："在 UNCLOS 基础上产生的习惯法也应当作为一个整体来加以考虑。'公约不是凭个人喜好而可以自由挑选的篮子里的水果'，各国必须要么全部接受《公约》，要么一点也不接受。《公约》的各项规定不可分割，不得要求依照《公约》享有权利，而不承担《公约》的各项义务。否则，就会破坏制定《公约》的让步和交换的对称。"❸ 例如，《联合国海洋法公约》第 87.1 条规定了公海自由权利及限制："公海自由是在本公约和其他国际法规则所规定的条件下行使的。""该语言的使用清楚表明，UNCLOS 并不打算使 UNCLOS 成为使

---

❶ 安托尼·奥斯特：《现代条约法实践》，江国青译，中国人民大学出版社 2005 年版，第 228 页。

❷ 安托尼·奥斯特：《现代条约法实践》，江国青译，中国人民大学出版社 2005 年版，第 228～229 页。

❸ 吴卡："条约规则如何成为一般习惯法——以 UNCLOS 为考察重点"，载《北京科技大学学报（社会科学版）》2011 年第 27 卷第 2 期，第 75 页。

用公海或 EEZ 唯一的法律渊源。”❶《联合国海洋法公约》“的大部分内容都相互联系并构成一个整体，构成‘一揽子交易’。‘虽然公约是一系列妥协的结果，但它们构成一个不可分割的整体。这就是公约不允许保留（第 309 条）的原因。各国因此也不可能只挑选他们喜欢的部分而无视他们不喜欢的。同国内法一样，国际法中的权利与义务是同在的。因此，只享受公约权利而不愿承担相应义务，在法律上是不可能的（Tommy B. Koh）。’”❷ 这也构成对“有约必守”这一习惯国际法规则的违反。“因此，海洋科研自由并不是一个绝对的且不受限制的原则。它构成了科学家们的合法期待（aspiration），同时该原则的范围需要界定，正当关注（due regard）沿海国的合法权利和利益。”❸

《联合国海洋法公约》有多个条款提到“（其他）国际法规则”（第 2. 3 条、第 19. 1 条、第 21. 1 条、第 31 条、第 34. 2 条、第 58. 3 条、第 87. 1 条、第 138 条、第 139. 2 条、第 239. 1 条、第 297. 1 条、第 303. 4 条）。整个国际法制本身构成一个有机体系。“UNCLOS 基于如下根本假定（fundamental premise），所有海洋问题彼此密切相关，需要作为一个整体来考量。因此，UNCLOS 被正确地称为‘海洋宪章’。”❹ 由此，调整国际法主体从事海洋活动之相互关系的国际海洋法乃至整个国际法不应被割裂、孤立甚至故意曲解地实施，《联合国海洋法公约》相关规定增加了公约灵活性，使公约能适应整个国际法体系的变化和发展，而省去了对公约某些不必要修改。对此，VCLT 第 31. 3 条（c）项规定：“应与上下文一并考虑者尚有：（c）适用于当事国间关系之任何有关国际法规则。”ICJ 也已承认应在解释条约时的整个法律体系框架中解释、适用条约。❺ VCLT 第 31. 3 条（c）项的规定也留下了诸多疑问：哪些规则具有相关性？“适用于当事国间关系的”这个短语是否对可适用的国际法规则的范围具有限制性作用？是否指条约解释之时处于生效状态的国际法的全部？这些问题都尚待研究。此外，WTO 上诉机构对 GATT 1947 某些词语的解释也曾采取过类似的发展解释方法。例如，在 Shrimp—Turtle 案裁决中，为确定“exhaustible natural resources”短语的当前含义，提及了 1992 年

---

❶ David Freestone, Richard Barnes and David M. Ong, The Law of the Sea: Progress and Prospects, Oxford University Press, 2006, p. 352.

❷ Ronan Long：“海洋科学能力建设与技术转让：1982 年 UNCLOS 下权利与义务同在”，古俊峰译，载傅崐成等编译：《弗吉尼亚大学海洋法论文三十年精选集》，厦门大学出版社 2010 年版，第 1665 页。

❸ United Nations Pulication, The Law of the Sea, MSR, Legislative History of Art. 246 of UNCLOS, 1994, p. 33.

❹ R. R. Churchill, Ten Years of the UN Convention on the Law of the Sea—Towards a Global Ocean Regime? A General Appraiaal, 48 German Yearbook of International Law, 2005, p. 84.

❺ Namiba Advisory Opinion (1971) ICJ Rep 16, 31; Argean Sea Continental Shelf Case (1978) Rep 3, 32 – 33.

《里约环境与发展宣言》、1982 年《联合国海洋法公约》、1973 年《濒危野生动植物物种国际贸易公约》、1979 年《保护迁徙野生动物物种公约》以及 1992 年《生物多样性公约》。❶

《联合国海洋法公约》第 56 条规定，沿海国在行使 EEZ 内享有本公约有关条款规定的对海洋科研的管辖权时，要受到“应适当顾及（shall have due regard to）其他国家的权利和义务的限制”；“各国在 EEZ 内根据本公约行使其权利和履行其义务时，应适当顾及沿海国的权利和义务，并应遵守沿海国按照本公约的规定和其他国际法规则所制定的与本部分不相抵触的法律和规章（第 58.3 条）。”尽管对“due regard”“其他国际法规则”的解释尚存争议，但 EEZ 中的权利与义务携手而行。

根据《联合国海洋法公约》第 35 条、第 36 条的规定，第三国可享有《联合国海洋法公约》所载明的权利和义务。这一权利和义务的享有可通过不同方式，而并不要求直接援引《联合国海洋法公约》。例如，可通过扩张领海的界线，或通过 EEZ 的声明，或通过主张群岛国的权利等进行。所有这些方式的运用都表明其乐于享有《联合国海洋法公约》所规定的权利。但这些权利只有在同时接受相应义务的约束的前提下才能享有。例如，如果沿海国不履行《联合国海洋法公约》第 52 条所载义务（无害通过权），那么他们就无权根据《联合国海洋法公约》第 47 条规定主张划定直线群岛基线。❷ 1983 年美国曾发布其 EEZ 公告。“在某些情况下，条约会对第三方产生法律效果：首先，条约的规定形成了国际习惯法规则。在这种情况下，第三方的权利义务的法律根据不是条约，而是国际习惯法，即一项规则最初是条约中的规定，但在实践中已逐步演变为国际习惯法规则。国际法院在北海大陆架案和军事和非军事行动案的判决中，都肯定了这种从条约产生习惯法的过程。其次，边界领土条约。最后，某些国际公约也曾经为第三方创设权利……这些条约被称为创立‘客观制度’的条约。”❸

国际习惯的形成需要两个要素：惯例和法律确信意见。具体而言，国家实践必须符合三个条件才能形成“惯例”：(1)（实践的）一贯性（consistency）和划一性（uniformity），即有关国家实践在一定时间内必须是一致的和连贯的。但布朗利教授认为，“并不要求（国家实践）完全划一，只要求它们基本统一”。(2)（实践的）一般性（generality），这是指有一定数量的国家在一段时期内重复某种形成习惯的实践，即某一特定行为得到各国的广泛实行，

---

❶ WT/DS58/AB/R, Paras 130，131.

❷ Rudiger Wolfrum：“海洋法律秩序”，黄洵译，载傅崐成等编译：《弗吉尼亚大学海洋法论文三十年精选集》，厦门大学出版社 2010 年版，第 412 页。

❸ 王铁崖主编：《国际法》，法律出版社 1995 年版，第 312 页。

尤其是得到那些能实际实施该行为和对该行为有利害关系的国家的接受，但并不要求该国家行为或实践一定要具有普遍性。（3）时间性。然而在现代，习惯规则也可在很短时间内得到确认，例如，大陆架法律制度从提出到获得各国普遍承认，前后不足20年时间。[1] 沿海国拥有的EEZ和大陆架边缘的延伸部分的权利，已逐步演变成共同认可的国际法中的习惯。[2] “由于《1983年里根公告》，美国成为主张200海里EEZ国家中的一个。在UNCLOS于1994年生效前，EEZ当时是相关国际法的一部分吗？实践中EEZ已继续获得接受。截至2001年，125个国家主张200海里EEZ。有7个国家并不主张EEZ，而是主张领海之外的渔区。7个国家主张200海里领海。”[3] 在the Nicaragua案中，国际法院注意到在单边国家实践中存在的不一致性（uniformity）可能不会总是损害国际机构对习惯规则的确认。可能还存在能被用来解释相互冲突的国家实践的其他理由：“对确立一项规则为习惯来说，下列情形足矣：法院并不认为相应的实践必须与该规则严格一致（rigorous conformity）。法院认为，一般来说，诸国的行为应该与该规则一致，且与一特定规则不相符的国家行为一般应该被视为对该规则的违反，而非对一项新规则承认之标志（indications）。”[4] 1985年，国际法院裁决认为诸国设立EEZ的实践（practice）表明EEZ已成为习惯法的一部分，这不可争辩（incontestable）。[5]《奥本海国际法》也认为“EEZ已成为国际习惯法的一部分”[6]。“在北海大陆架案中，法院遇到这样问题：德国已签署但没批准1958年《联合国大陆架公约》，那么它是否应受该公约第6条约束？法院拒绝承认德国由于禁止反言学说而受第6条拘束的观点，但德国仍可能要受到普遍国际法或习惯国际法的拘束。习惯国际法必须对国际社会所有成员都具有相同的法律拘束力。”[7]

---

[1] 黄瑶主编：《国际法》，北京大学出版社2007年版，第11～12页。

[2] Myron H. Nordquist：“有关科学研究和争端解决的评论”，熊良敏译，载傅崐成等编译：《弗吉尼亚大学海洋法论文三十年精选集》，厦门大学出版社2010年版，第487页。

[3] Louis B. Sohn, John E. Noyes, Cases and Materials on the Law of the Sea, Transnational Publishers, Inc., 2004, p. 551, note 1.

[4] Case Concerning Military and Paramilitary Activities in and against Nicaragua (Merits) (1986) ICJ Reports 14, para 186.

[5] Continental Case (Libya v. Malta), 1985 I. C. J. 13, 33.

[6] ［英］詹宁斯、瓦茨修订：《奥本海法》（第一卷第二分册），王铁崖等译，大百科全书出版社1998年版，第206页。

[7] 吴卡：“条约规则如何成为一般习惯法——以UNCLOS为考察重点”，载《北京科技大学学报（社会科学版）》2011年第27卷第2期，第73～75页。国际法院在此列举了条约规则成为一般习惯法的四个条件：条约的造法性、条约的普遍性（包括利益受到特别影响的国家的参加）、通例和法律确信。通过编纂现行习惯法规则、明确正在形成的习惯法规则和促进习惯法的逐步发展这三种方式，条约中的部分规则可成为习惯国际法……《联合国海洋法公约》似乎已具备整体成为习惯法规则的条件。目前已有157个国家签署、160个国家批准了该公约。

然而，条约规则成为习惯国际法的条件或法律程序尚不很明确，且并非所有习惯国际法规则都对所有国家具有拘束力。国际法院已承认了区域性习惯规则（Asylum Case，1950，ICJ Reports 266）、事实上具有双边特点的习惯规则（Rights of Passage over Indian Territory，1960，ICJ Reports 6，at 37）。并无必要表明所有国家都已积极参与了习惯国际法的创设。在北海大陆架案中，ICJ 认为，国家实践必须是“广泛的和实质上一致的（extensive and virtually uniform)”。尽管这当然地确立了参加国家实践的高门槛，但这缺乏普遍性。正如国际法协会所主张的：“没有国际法院或仲裁庭曾拒绝认为，仅因为国家没有亲自主动参加该实践或故意默许，国家就受所称的一般习惯国际法规则的拘束。对规则的被动的默许将常足以令一国受拘束（See Anglo - Norwegian Fisheries Case，1951，ICJ Reports 116，at 138）。只有对一规则的积极反对才能确定地阻止其适用于一个特定国家。”[1] 条约可使国际习惯具体化，也能使国际习惯在短期内形成，“从条约规则成为习惯国际法的过程来看，似乎更强调法律确信而不是通例”[2]，但对于一项规则究竟是否已成为国际习惯的证明却并不容易。综上，《联合国海洋法公约》的 EEZ 制度已具备大多数国家的一致实践和法律确信，已成习惯国际法规则。目前，包括中国和美国在内的国家对 EEZ 中海洋科研条款的争端，本质上是条约解释问题而非对其习惯国际法性质的否定。

尽管存在关于习惯国际法的“一贯反对者原则”作为习惯国际法普遍效力的例外或限制——“如果一项习惯规则受到某个国家清楚而一贯的反对，则此项规则不能适用于该反对国，也就是说，一贯反对该规则的国家不受该习惯规则的约束。该原则被国际法院在 1951 年英挪渔业案的判决中予以确认。”[3] 但习惯国际法是否对所有国家都具有约束力以及“一贯”的含义仍存分歧。如被某国一贯反对的习惯国际法规则已成强行法，应成为对该例外的限制，但美国并不反对 EEZ 的习惯国际法地位，仅是理解和解释上的分歧。2001 年 10 月 28 日，美国鲍迪奇号军舰在韩国 EEZ 内进行军事调查，遭到韩国一艘巡逻船的接近和查问。查问该军舰的登记国、任务、始发地、目的地和在韩国 EEZ 水域停留的期间。美国军舰仅提供了其名称和登记国。韩国联

---

[1] James Harrison, Making the Law of the Sea: A Study in the Development of International Law, Cambridge University Press, 2011, pp. 13, 14.

[2] 吴卡：“条约规则如何成为一般习惯法——以 UNCLOS 为考察重点”，载《北京科技大学学报（社会科学版）》，2011 年第 27 卷第 2 期，第 73 页；随着国际社会的不断发展以及国际法新领域的开辟，国家实践已不足以作为判断习惯国际法的标准，而规范性要求具有重要意义，国家接受成为判断习惯法是否成立的主要因素。付志刚：“习惯国际法构成要素的法理学思考”，载《江西社会科学》2006 年第 6 期，第 213 页。

[3] 黄瑶主编：《国际法》，北京大学出版社 2007 年版，第 13 页。

系了美国驻首尔的大使馆，表明未经事先许可，美国军舰在韩国 EEZ 进行了海洋科研活动，且该军舰拒绝提供其任务。美国对其在韩国 EEZ 的合法存在提供了下列解释：（1）鲍迪奇当时在韩国 EEZ 进行军事调查，这完全符合习惯国际法，《联合国海洋法公约》对该习惯国际法有反映。（2）该军舰的任务是为军事目的在东海、南海收集国家的军事调查信息，目的是为维护亚太地区和平和安全，美方认为这是一个美韩都享有共同利益的问题。（3）国际法允许所有国家在另一个国家的 EEZ 进行军事调查。这些调查被认为是军事行动，因此并不需事先通知或沿海国同意。（4）美国同意，沿海国可要求任何人在其 EEZ 中进行海洋科研之前需获得事先许可。尽管如此，军事调查活动不是海洋科研。准确地说，这是国际法规定的所有国家都在 EEZ 中对海洋进行的与公海航行自由有关的国际合法军事使用。（5）至于鲍迪奇号对韩国巡逻船的答复，在行使其公海航行自由时，美国海军不会泄露其活动的具体性质，仅提供一般信息作为回应。（6）美国愿与韩国就该问题达成谅解。尽管如此，美国必须强调，美国的军事调查活动符合国际法，在此基础上美国在全世界都这么做。美国已在 85 个不同的 EEZ 中进行了军事调查，且未通知沿海国或获得其同意。美国计划在全世界继续进行军事调查活动，包括鲍迪奇这样的调查。[1] 美国的上述理由缺乏充分的国际法法理和规范依据，是对《联合国海洋法公约》中海洋科研含义的曲解，非善意地适用条约，规避条约义务/限制，不符合“其他国际法规则”，也有违相关习惯国际法规则和强行法。“《公约》编纂的海洋法律制度，是对源自于缔约国之间长期的海洋实践的肯定，也是顺应自然法法则的归纳，国际社会绝大多数国家批准了《公约》，其中的各项制度当然具有相当的普遍性，必将衍生为国际习惯法。”[2] EEZ 制度已成习惯法。

第二节　维护海洋和平：习惯国际法、强行法[3]与美国相关主张

从与国际共同体根本利益关联性角度而言，不同习惯国际法规则的约束力程度存在差异。强行法更多来源于习惯国际法，因而具有普遍约束力。但

[1] Louis B. Sohn, John E. Noyes, Cases and Materials on the Law of the Sea, Transnational Publishers, Inc., 2004, pp. 579, 580.

[2] 管建强：“美国无权擅自在中国 EEZ 从事‘军事测量’”，载《法学》2009 年第 4 期，第 53 页。

[3] 关于国际强行法的认定标准问题，可参阅张潇剑：“论国际强行法的定义及识别标准”，载北大法律网：http://article.chinalawinfo.com/Article_Detail.asp?ArticleID=20262，访问日期：2013 年 10 月 7 日。

习惯国际法依然对"一贯反对者"无效，而强行法规范则根本不存在该例外问题。强行法能对国家创设或改变国际法规则的权利进行限制。❶ 学界对习惯国际法的效力无定论："在美国，一个习惯国际法规范的约束力可被后来的联邦制定法、美国的条约或总统的行为所取代。但如果某些习惯国际法规则具有国际法强制规范（即强行法）的地位，那么这些习惯规则的地位应高于前述的制定法、条约或总统行为。至于强行法包括哪些具体规范的问题，仍存在着争议。"❷

在对《联合国海洋法公约》进行商议过程中，哈姆菲·沃多克（Humphrey Waldock）试图引入的一个关于条约与第三国的附加条款被否决了。根据这一条款，国家可就特殊的区域、国家、领土、地区、江河、水道或特殊的海洋、海床、上空建立一般性的利益、义务和权利。他在联合国国际法委员会的同事们则不愿赋予这些国家或国家会议这样的立法权力，他们认为这无疑是对国家主权不可接受的侵犯。尽管VCLT作了如此限制性的规定，但为第三国设定权利和义务并非完全不容于国际条约法。❸ 相关问题是对世权利与义务的性质、效力、范围等问题。

关于VCLT第35条，安托尼·奥斯特认为："与接受该义务一致的行为本身并不拘束该第三国。即使一个第三国已接受了一项条约中的义务，它并不成为该条约的当事国。"❹ "有些条约被认为是建立了一种对整个世界普遍有效的地位和制度。例如，这些条约包括规定某特定领土或区域或如冷岛群岛或外层空间中立化或非军事化的条约，规定国际水道如苏伊士运河、土耳其（或黑海）海峡与麦哲伦海峡自由航行的条约，或规定一个特别区域体制的条约。1959年的《南极条约》是后一种情况的例子。"❺ 由此可认为，安托尼·奥斯特主张对世权利与义务存在国际条约法依据。

然而，在国际海洋法实践中，美国等国从实用主义立场出发，对《联合

---

❶ 宋杰：《国际法中普遍性法律利益的保护问题研究》，中国人民大学出版社2012年版，第13~14页。关于普遍性法律利益、"对一切"义务、习惯国际法、强行法间关系的更多论述，可参见该书第10~14页；王秀梅：《国家对国际社会整体的义务》，法律出版社2009年版。

❷ 黄瑶："习惯国际法与美国国内法的冲突问题"，载《中山大学学报（社会科学版）》1997年增刊，第192页。

❸ Rudiger Wolfrum："海洋法律秩序"，黄洵译，载傅崐成等编译：《弗吉尼亚大学海洋法论文三十年精选集》，厦门大学出版社2010年版，第406页。

❹ 安托尼·奥斯特：《现代条约法实践》，江国青译，中国人民大学出版社2005年版，第225~226页。

❺ 安托尼·奥斯特：《现代条约法实践》，江国青译，中国人民大学出版社2005年版，第227~228页。VCLT并没有涉及此种对世权利和义务。联合国国际法委员会认为，第36.1条可以给予"所有国家"（all States）一项权利的规则以及第38条承认的程序，为确立对于整个世界有效的条约权利与义务提供了足够的法律根据。

国海洋法公约》相关权利、义务进行选择性适用，经常曲解相关条款的含义与效力，明显存在"搭便车"行为："只要一国对国际社会共同体利益的保护欠缺责任感，也将无法激励其加入相关协定。所以，可能会有国家抱着'搭便车'的想法，不接受特别条约规定的义务却享受着由其他国家的联合努力而产生的利益。正是这一原因，一些关于环境保护的现代国际条约设计了对第三国产生效力的机制。然而，尽管做了上述种种努力，国际法仍未认可，保护国际社会共同体基本利益的国际条约将不依赖于各国对条约的接受而对各国产生拘束力。"❶ 对美国来说，拒绝加入《联合国海洋法公约》在获得方便和利益的同时，也会承担成本："如果我们继续徘徊于《公约》之外，我们在国际海洋事务中长期保有的领导地位将必然受损。……作为一个局外人，美国将失去影响《公约》进一步发展及解释的地位。如果拒绝加入《公约》，我们要继续影响海洋法制度变化的唯一途径就是通过单边行动，而单边行动可能会导致进一步的不稳定，增加国际冲突，特别是在我们的盟友及贸易伙伴都加入《公约》的情况下。……我们在少数几个对《公约》持不同意见的国家中将会孤立。这将很不幸。"❷

一、"和平利用海洋"已成强行法

和平利用海洋已成强行法。VCLT 第 53 条规定条约在缔结时与一般国际法强制规律（绝对法/强行法）抵触者无效。

能否和平利用海洋与世界经济能否繁荣发展、人类能否有效应对气候变化以及世界和平能否长期维持间具有密切关联，和平之海才有助于减少包括海上恐怖主义在内的对海上安全的威胁。尽管《联合国海洋法公约》并未界定"和平目的"之含义，根据《南极条约》第 1.1 条，似乎可认为海洋军事测量具有军事性质，如果没有国际法依据，在他国 EEZ 的军事侦察、测量活动就不属于"和平目的"范畴。"和平目的""强调的并非是方式的和平，而是目的地和平，目的的和平应理解为善意，即对一国领土和主权完整的尊重，而间谍活动的目的，显然不能被认为是善意的"❸，而是对航行和飞越自由的滥用（《联合国海洋法公约》第 300 条规范了以滥用权利的方式行使自由、管

---

❶ Rudiger Wolfrum："海洋法律秩序"，黄洵译，载傅崐成等编译：《弗吉尼亚大学海洋法论文三十年精选集》，厦门大学出版社 2010 年版，第 407 页。为第三国设定义务的需要尤其可能发生在那些旨在保护国际社会共同体基本利益的国际协定的场合。许多关于环境保护的普遍性协定都属于这一类型。这类国际条约（如关于保护臭氧层的协定）有一个共同特点，即施加于各缔约国的义务与其各自的利益并不直接相匹配。保护臭氧层的协定对所有国家都有益，而不论其与相关协定间的关系如何。

❷ Carlson M. LeGrand："1982 年'海洋法公约'中的国家安全利益"，魏荣辉译，载傅崐成等编译：《弗吉尼亚大学海洋法论文三十年精选集》，厦门大学出版社 2010 年版，第 437 ~ 438 页。

❸ 管建强："美国无权擅自在中国 EEZ 从事'军事测量'"，载《法学》2009 年第 4 期，第 56 页。

辖权、权利)。相关数据信息将被用于对中国的威慑及战时使用，且在和平时期不会公开分享。

“可推断出许多根本原则。首先，应当专为和平目的进行海洋研究。”[1]《联合国海洋法公约》多个条款涉及和平利用海洋。《联合国海洋法公约》第19.1条规定船舶通过他国领海时：“不损害沿海国的和平、良好秩序或安全”；“公海只用于和平目的（第88条)”。第58.2条规定：“第88~115条以及其他国际法有关规则，只要与本部分不相抵触，均适用于EEZ。”可见，EEZ的利用（包括科研活动）不应当有违和平目的，或只适用于和平目的。第141条规定应当专为和平目的利用“国际海底区域”，第143.1条规定国际海底区域中的海洋科研应按照第十三部分专为和平目的并为谋全人类利益进行。第147.2条、第155条也都含有“应专用于和平目的”之语。第240条将“专为和平目的”作为进行海洋科研的四个一般原则之一：“MSR应（shall）专为和平目的而进行”；且“MSR应以符合本公约的适当科学方法和工具进行”；“MSR不应对符合本公约的海洋其他正当用途有不当干扰，而这种研究在上述用途过程中应适当地受到尊重”。第242.1条规定促进和进行海洋科研的国际合作时应当（shall）遵守的义务：“各国和各主管国际组织应按照尊重主权和管辖权的原则，并在互利的基础上，促进为和平目的进行海洋科研的国际合作”。第279条规定“用和平方法解决争端的义务”：“各缔约国应（shall）按照《宪章》第2.3条以和平方法解决它们之间有关本公约的解释或适用的任何争端，并应为此目的以《宪章》第33条第1项所指的方法求得解决。”第301条规定了“海洋的和平使用”：“缔约国在根据本公约行使其权利和履行其义务时，应不对任何国家的领土完整或政治独立进行任何武力威胁或使用武力，或以任何其他与《宪章》所载国际法原则不符的方式进行武力威胁或使用武力。”公约序言提及《联合国宪章》以及《联合国海洋法公约》对维护和平和正义的作用：“认识到本公约对维护和平、正义和全世界人民的进步作出重要贡献的历史意义。…… 认识到有需要通过本公约，在妥为顾及所有国家主权的情形下，为海洋建立一种法律秩序，以便利国际交通和促进海洋的和平用途……”符合《联合国宪章》规定的武力使用包括自卫和获得安理会授权的军事行动，属于《联合国海洋法公约》规定的和平使用海洋原则的例外。

《联合国海洋法公约》上述条款明确将和平利用海洋（包括海洋科研）以及和平解决海洋争端作为公约下的一项有法律约束力的义务。而对各国海

[1] United Nations Pulication, The Law of the Sea, MSR, Legislative History of Art. 246 of UNCLOS, 1994, p. 34.

洋执法行动中可能涉及武力的使用问题，则未予明确规定。《联合国海洋法公约》第73.1条规定了沿海国在EEZ内可采取的必要措施（包括登临、检查、逮捕和进行司法程序）。第89条规定，每个国家应采取有效措施，以防止和惩罚贩运奴隶。第107条并未明确军舰、军用飞机扣押发生海盗行为的船舶和飞机时是否可使用武力。第111条也并未涉及行使紧追权的船舶、飞机是否有权使用武力。“UNCLOS明确限制使用监禁和人身处罚。由于回避了讨论所能使用的武力（即使协议可能对海上执行作出规定），并且缺乏通常一切所接受的程序，尽管满足国内和国际政策的要求，但对所能认可的习惯得出具体的结论相对困难。缺乏具体指导使得制定积极的执行制度变得困难重重。……依赖普通的国际标准也意味着缺乏具体标准衡量各国行动。非法使用武力的主张必然以是否过度为标准来衡量，而非是否符合国际认可的程序。”[1]

海洋军事测量的实践已能证明，利用《联合国海洋法公约》相关规定的模糊及缺失而未经许可在他国EEZ进行危害沿海国军事安全的军事测量活动，已有导致生命、财产损失并加剧地区紧张局势、威胁区域乃至世界和平之诸多事例。例如，2001年美军EP－3侦察机在海南岛东南104千米处与中方一架跟踪监视的军机相撞，致使中方飞机坠毁，飞行员牺牲；2002年美军鲍迪奇号测量船进入中国黄海EEZ从事监听、侦察等行为；2009年无暇号事件，都加剧了中美关系紧张。美国已签署但尚未批准《联合国海洋法公约》，有义务不破坏公约的目的和宗旨（VCLT第18.1条），而建立和平的海洋国际法律秩序正是《联合国海洋法公约》目的之一。

二、《联合国海洋法公约》相关规定是否已成为或正在成为习惯国际法

20世纪初的海洋法几乎都是习惯国际法。随着条约成为国际法的主要渊源，情形发生了很大改变，因为条约的确定性和精确化要比习惯国际法的模糊性和形成的漫长性具有明显优点。《联合国海洋法公约》中的某些创新性规则也可能会衍变成习惯国际法规则。显然，《联合国海洋法公约》是对海洋法领域的国际习惯的编撰和发展，公约的许多规定属于习惯国际法范畴。问题是，如何证明某一规则已成习惯国际法？哪些条款是习惯国际法？习惯国际法的法律效力究竟如何？

对习惯国际法的形成及效力等问题，并无一致看法。有些学者肯定习惯国际法对所有国家有法律约束力。国际习惯“是各国在其实践中形成的一种

---

[1] Peter K. Mitchell：“从实践角度看海上使用武力”，熊良敏译，载傅崐成等编译：《弗吉尼亚大学海洋法论文三十年精选集》，厦门大学出版社2010年版，第459页。

有法律约束力的行为规则……通例的存在，一般要求，在空间上要求包括较广泛的国家，在数量上要求有多次不断的实践，在方式上要求对同类问题采取经常和一致的做法。”[1] 四类多边公约是真正的国际性法律，绝大多数国家签署的这些公约应对其他国家也有约束力，因为其反映的是习惯国际法规则。其他学者也有类似概括。[2] 有美国学者认为习惯国际法仅对承认的国家有拘束力：“一些国家不认可国际习惯法，在某种程度上美国也是一样。他们将 UNCLOS 视为一项法律合同，认为非缔约国不享有《公约》的权利和好处。在这些国家中有很多国家的海岸线都与关键水域相连，包括西班牙和摩洛哥（直布罗陀海峡）……”[3] 在关于《联合国海洋法公约》的争论过程中，许多国家提出《联合国海洋法公约》是就海洋领域制定的唯一合法的法律，因此自然对所有国家具有拘束力而不论其是否为《联合国海洋法公约》的缔约国。但这一推论缺乏合法的论据支持。这只能说明国际秩序的建立需要制定真正法定的条约。由于普遍性条约需要国际社会共同体中所有成员的合作，国际社会共同体的客观利益和意志应当优先于单个国家的利益和意志。不能仅仅以国际社会共同体利益这一概念来说明其应当对第三国具有拘束力。对于是否属于国际社会共同体利益的评判经常是一个带有政治色彩的问题。基于这一原则所作的立法（将对所有国家具有拘束力）不能仅由一群国家而只有由一个代表国际社会共同体的整体来进行。[4]缺乏统一的最高立法机制正是现代国际社会的一个主要特征，就国际法法理而言，能约束所有国家的国际法乃强行法规则和习惯国际法，尽管它们本身仍存在诸多模糊性和争议。如果《联合国海洋法公约》中的相关规范已成强行法或习惯国际法，则具有约束所有国家的法律效力。

VCLT 第 38 条规定“条约所载规则由于国际习惯而成为对第三国有拘束力”：“第 34 ~ 37 条之规定不妨碍条约所载规则成为对第三国有拘束力之公认国际法习惯规则。”一项条约可以制定一项规则或确立一项制度而后来为条约非当事国的国家所普遍接受。关于 1899 年和 1907 年《海牙公约》中的陆战规则，纽伦堡法庭判决认为至 1939 年时这些规则已“被视为宣告了战争的法

---

[1] 梁西主编：《国际法》，武汉大学出版社 2000 年版，第 45 ~ 46 页。

[2] Dissenting Opinion of M. Alvarez, Reservation to the Convention on Genocide, Advisory Opinion; ICJ Reports 1951, pp. 51 – 53; Wofeng Friedman, The Changing Structure of International Law, Stevens & Sons, 1964. 转引自：宋杰：《国际法中普遍性法律利益的保护问题研究》，中国人民大学出版社 2012 年版，第21 ~ 22 页。

[3] Carlson M. LeGrand：“1982 年‘海洋法公约’中的国家安全利益”，魏荣辉译，载傅崐成等编译：《弗吉尼亚大学海洋法论文三十年精选集》，厦门大学出版社 2010 年版，第 437 页。

[4] Rudiger Wolfrum：“海洋法律秩序”，黄洵译，载傅崐成等编译：《弗吉尼亚大学海洋法论文三十年精选集》，厦门大学出版社 2010 年版，第 406 页。

律和惯例”。同样，一项旨在编纂习惯法的条约可被视为代表了习惯规则。VCLT 本身就是一个很好例子。公约中的这些情况并不是条约对第三国具有法律效果；这些规则对第三国的拘束力仍然是习惯。然而决定在公约中加入第38 条是为了澄清前面几个条款中并没有任何排除此种结果的内容。❶ 严格地说，由于第三国并非受条约而是受具有自治性的国际习惯法的拘束，这与条约可能对第三国产生的拘束力并无关系。然而，我们不应当忽略国际条约与国际习惯法之间的相互依赖性。它们不再被认为是两种界限分明的法律。这一发展趋势体现在国际法院提起的争论中。……在几内亚与几内亚比绍共和国之间关于海域定界的争端中，仲裁法庭认为公约中的许多条文是国际习惯法的反映。这一推论最关键的问题并非国际协定的条文是否能作为国际习惯法规则，而是对那些是否被认为是法律并在各国实践中得以反映这一问题缺乏任何实验性研究。❷

对国际习惯法，条约可能产生三方面影响。条约可能对国际习惯法予以重申，可能对国际习惯法予以明确，也可能为国际习惯法的发展提供台阶。对已存国际习惯法进行编纂、规定使得国际习惯法规则得以稳定，并能使其内容更明确。这样，各国（包括那些并非进行编纂的公约的成员国的国家）和国际法院可能将相应的重申作为公认的权威标准，从而使得对各国实践的评价成为不必要。然而，在将一个条约所确立的规则之外对国际习惯法的重申之前，必须确定相关条约是对既有国际习惯法的编纂而非渐进发展。虽然从理论上说，编纂与渐进发展间存在清楚界限，但在实践中却很难对其进行清楚的区分。❸ 可见，条约与国际习惯间的关系存在不同情形。国际习惯是“各国重复类似的行为而具有法律拘束力的结果。它由两个因素构成：一是各

---

❶ 安托尼·奥斯特：《现代条约法实践》，江国青译，中国人民大学出版社 2005 年版，第 408 ~ 409 页。

❷ Rudiger Wolfrum：“海洋法律秩序”，黄洵译，载傅崐成等编译：《弗吉尼亚大学海洋法论文三十年精选集》，厦门大学出版社 2010 年版，第 408 ~ 409 页。国际法院在对丹麦与荷兰及德意志联邦共和国之间大陆架边界争端的审理过程中，否决了《联合国大陆架公约》第 6 条构成一项国际习惯法规则的观点。法院指出仅仅文本的起草不足以确立这样一个习惯国际法规则。然而，在利比亚与突尼斯关于各自大陆架定界的争端中，国际法院试图对此后的非正式复合谈判文本进行指引。但应注意到这样一个事实，即争端双方都提请法院考虑“第三次联合国海洋法会议中新的被接受的趋向”。在 1985 年 Continental Shelf 案中，利比亚和马耳他都认为《联合国海洋法公约》中的一些条文构成了“对相关事务的国际习惯法”。法院认为其有责任对公约中的条文在何种程度上“作为国际习惯法的规则而对争端各方具有拘束力”作出判定。然而，在其他争端各方和法院没有达成这样共识的案例中，则诉诸《联合国海洋法公约》所规定的是否存在着习惯国际法。在 Nicaragua 案中，法院指出《联合国海洋法公约》第 18 条第 1（b）段关于无害通过领海权的规定，“只不过是关于这一问题的国际习惯法的编纂”。

❸ Rudiger Wolfrum：“海洋法律秩序”，黄洵译，载傅崐成等编译：《弗吉尼亚大学海洋法论文三十年精选集》，厦门大学出版社 2010 年版，第 406 页。

国的重复类似行为，另一是被各国认为有法律拘束力。[1]特别在现代，国家之间交往方便而频繁，国际习惯有可能在较短时间内形成。在海洋法以及在外空法等领域，有些原则、规则和制度由于得到许多国家相继迅速采取类似行动，得到普遍的承认，从而成了国际习惯法原则、规则和制度，如海洋法中的大陆架、EEZ，外空法中的外空法律地位等。这样形成的国际习惯法曾被称为'即时'国际习惯法，其重点在于'法律确念'，而不在于'常例'。”[2]郑斌主张EEZ已属（即时）习惯国际法。

关于如何确定新的国际习惯是否已产生或发展，即国际习惯的证明问题。有学者认为：通过影响各国的行为，《联合国海洋法公约》推动了国际习惯法的更快产生。公约为所有国家所制定的规则尤其具有这样的作用。如果这些规则在目前不是国际习惯，那么他们将很快成为国际习惯法。要判断国际习惯法是否因公约而产生或发展，需要从各国的实践（不仅仅包括那些已批准或加入公约的国家，尤其还包括那些尚未签署公约的国家）进行评判。[3]总的来说，国际习惯法是在三种情况中形成的：（1）国家之间的外交关系，表现于条约、宣言以及各种外交文书；（2）国际组织和机构的实践，表现于国际组织和机关的决定、判决等；（3）国家内部行为，表现于国内法规、法院判决、行政命令等。这三种情况所表现的种种资料表明国家的实践，表明国家的意志，从而成为习惯国际法的证据。有了可靠的国际法的证据，才能找出国际习惯法的原则、规则和制度。[4]

就EEZ中的海洋科研而言，争端焦点在于如何解释和适用《联合国海洋法公约》相关条款含义，并非对EEZ中海洋科研权利与管辖权的彻底否定，也非否定EEZ的习惯国际法性质。因此，其本质是是否善意解释、适用条约问题。

第三节　传统的公海自由与《联合国海洋法公约》

包括公海法制在内的国际海洋法一直处于发展变化中，基于一国私利幻想其永远静止不变的想法并不现实。公海自由确实为习惯国际法，但习惯国

---

[1] 王铁崖主编：《国际法》，法律出版社1995年版，第10页。

[2] 郑斌：“联合国关于外空的决议：即时习惯国际法”，载郑斌主编：《国际法教学与实践》1982年英文版，第237～262页。转引自：王铁崖主编：《国际法》，法律出版社1995年版，第10页。

[3] Rudiger Wolfrum：“海洋法律秩序”，黄洵译，载傅崐成等编译：《弗吉尼亚大学海洋法论文三十年精选集》，厦门大学出版社2010年版，第411～412页。

[4] 王铁崖主编：《国际法》，法律出版社1995年版，第11页。

际法也在变化中，因为“条约在编纂习惯国际法规则时，往往会对其作一定程度的修改，以适应新的情势。因此，公约规定和习惯国际法规则很少有完全一致的情形”。[1] 公海自由原则有其产生和发展过程。今天的海洋/公海自由也远不同于格劳秀斯时代，因为科技发展和国际关系演变不断推动海洋法发生改变。事实上，主张公海自由原则赋予其在他国 EEZ 享有军事侦察、测量之传统权利的美国也并非对该原则“抱残守缺”，也会根据其利益需要，对传统公海自由原则进行限制。1993 年，美国指控中国籍货轮银河号向伊朗运输化武材料，并将该船拦截并扣留在印度洋公海上三周，且最终并未发现美国所指称的可用于制造化学武器的原料。美国对银河号的错误拦截违反了公海航行自由原则。美国将 EEZ 中的航行、飞越自由混同于传统的公海自由，并混淆海洋科研、水文测量、军事测量等概念，旨在规避《联合国海洋法公约》下“事先同意”、数据信息共享等限制/义务。

“9·11”事件使美国对恐怖主义对其国家安全的威胁有了新认识。2002 年，为应对朝核危机，美国授意西班牙海军在也门外海拦截了朝鲜载有导弹的货船。2003 年，美国前总统布什提出“防扩散倡议”（以下简称 PSI），旨在全球范围阻止大规模毁灭武器与相关设备、与导弹有关的技术、相关材料的海陆空运输与扩散，具体措施包括海陆空的有效拦截等。2003 年，根据美国情报，德国和意大利在苏伊士运河对一艘载有能生产高浓缩铀的离心机的并驶往利比亚的德国货船进行了拦截。自该倡议被提出后，其国际法上的合法性存在很大争议，因为包括《不扩散核武器条约》（Treaty on the Non-Proliferation of Nuclear Weapons，NPT）等国际公约仅约束缔约国。该倡议与《联合国海洋法公约》有关条款相冲突。运载大规模杀伤性武器并不属于《联合国海洋法公约》第 19 条规定的有害通过领海的情形；公海航行自由受到的限制包括海盗、非法广播、贩奴、非法贩毒等。简言之，PSI 仅是没有国际法律效力的自愿性政治承诺，在海洋上对船舶的拦截并无《联合国海洋法公约》的法律依据。美国的实践表明传统公海自由并非绝对，是发展中的公海自由。

根据现代国际（海洋）法，并不存在绝对的公海自由权利。公海捕鱼自由原则的含义也在变化中。公海范围逐步变小，公海捕鱼自由受到更多限制。随着科技发展，人类对海洋的影响力越来越大，对海洋的依赖也越大，现代捕鱼技术、运载石油、有毒有害化学品、核材料的巨轮以及对海底油气等矿产的开采、海上恐怖主义，已使传统公海（捕鱼）自由原则不能适应全球化背景下维护全人类共同利益的需要，因此，无论是《联合国公海公约》《公海

---

[1] 吴卡：“条约规则如何成为一般习惯法——以 UNCLOS 为考察重点”，载《北京科技大学学报（社会科学版）》2011 年第 27 卷第 2 期，第 72 页。

渔业和生物资源养护公约》，还是《联合国海洋法公约》（如第117条）、《养护与管理跨界和高度洄游鱼类种群协定》，以及限制公海捕鱼自由的区域性协定等，都对公海捕鱼自由予以限制，且有日益趋向严格的发展态势。公海概念的外延也在变化："最初，在领海概念出现之前，整个海洋都被看作是'大家共有之物'，即所有海洋都是公海；领海的概念确定后，领海以外的海面都是公海；1958年《公海公约》规定，公海是指'不包括在一国领海或内水在内的全部海域'；UNCLOS规定公海指'不包括在国家的EEZ、领海或内水或群岛国的群岛水域在内的全部海域。'"[1]近年来，毫无疑问，海洋自由受到了不断加快的侵蚀。[2] 美国将传统的公海（航行、飞越）自由原则机械地、僵硬地、绝对地予以坚持和适用，而无视国际海洋法的最新发展，并无充分的国际法依据。可以预见，随着国际社会在气候变化背景下对包括保护生物多样性在内的海洋环境的紧迫性认识的不断提高，以及新世纪对国家经济利益和安全利益的追求，海洋自由将会受到更多、更严格限制。在他国EEZ主张公海自由的美国也在《1983年里根公告》中宣布，其他国家在美国EEZ享有航行、飞越自由的前提是"不损害美国主权权利和管辖权"。

美国虽非《联合国海洋法公约》签署国，却有义务遵守维护世界和平的强行法和习惯国际法，也有义务履行强行法和习惯国际法一般原则性规定在国际海洋法领域的重申及具体化规则。整个国际法机制是一个有机联系的整体，不应为一己之私而人为割裂或规避国际法义务与责任。《联合国宪章》中的国际法基本原则已成强行法，约束各国："它意指必须绝对服从和执行的法律规范。对于'国际社会全体接受'的含义，多数学者认为应理解为被世界上绝大多数国家接受和承认，而并不要求某一规则必须为所有国家接受和承认是具有拘束力和不许损抑的。……国际法基本原则具有强行法性质。"[3] VCLT第53条规定："条约在缔结时与一般国际法强制规范抵触者无效。"美国基于其全球第一的海军力量以及其已加入的《联合国公海公约》规定的传统海洋自由，无视《联合国海洋法公约》已被国际社会绝大多数国家普遍接受的事实，出于维护其海洋霸权的自私动机而不批准加入《联合国海洋法公约》。美国的主张及海洋实践与《联合国海洋法公约》的规定以及包括中国在内的发展中国家的主张和理解相悖，究其原因，除涉及上述条约对第三国设定权利和义务的问题、第三国享有条约下权利的条件或限制，还涉及诸国际海洋法公约间的关系问题，特别是《联合国海洋法公约》与之前其他主要海

---

[1] 屈广清、曲波主编：《海洋法》，中国人民大学出版社2011年第2版，第149页。

[2] Mapplebeck, Management of Navigation through Vessel Traffic Services, Martinus Nijhoff Publishers, 2000, p. 138.

[3] 黄瑶主编：《国际法》，北京大学出版社2007年版，第33~34页。

洋法公约间的关系？能否以之前相关公约来对抗《联合国海洋法公约》？

关于1958年公约与《联合国海洋法公约》间关系，我们认为，美国并无条约法上的依据，通过援引1958年公约中公海自由来否定1982年公约中的习惯国际法规则和强行法规则；美国通过“搭便车”方式对《联合国海洋法公约》采实用主义态度而进行选择性引用，规避相关条款的适用条件或限制，与VCLT不符。至于美国创造的“国际水域”“军事测量”之类术语，并无国际法上的效力。有学者认为新国际习惯可能改变既存国际习惯：“国家实践中仍不断产生新的国际习惯规则，新的习惯不仅可能改变既存的习惯，而且还‘可以取代或变更条约，如果此等效力被有关缔约国的后来行为所认可的话’（布朗利语，《国际公法原理》）。”[1]

《联合国海洋法公约》毕竟只是国际海洋法领域的“宪章”，既不可能也无必要涵盖所有事项。对于《联合国海洋法公约》应作出规范却因诸多原因未能予以规范或明确的事项，也并非一律无章可循，任由美国任意解释。《联合国海洋法公约》序言明确表明：“确认本公约未予规定的事项，应继续以一般国际法的规则和原则为准据。”VCLT第30条确定了解决条约冲突的规则——“关于同一事项先后所订条约之适用”，VCLT第30条第1款规定：“以不违反《联合国宪章》第103条为限，就同一事项先后所订条约当事国之权利与义务应依下列各项确定之。”第103条规定：“联合国会员国在本宪章下之义务与其依任何其他国际协定所负之义务有冲突时，其在本宪章下之义务应居优先。”

《联合国大陆架公约》对大陆架上的科研活动并非没有任何规制，只是使用了不同表达，其第2.2条规定：“沿海国如不探测（explore）大陆架或开发（exploit）其天然资源，非经其明示同意，任何人不得从事此项工作或对大陆架有所主张。”该款规定了沿海国对大陆架上的勘察活动享有专属管辖权，强调了沿海国的明示同意；然而，该公约第5.1条又作出了似乎与此存在一定冲突的规定：“探测大陆架及开发其天然资源不得对于以公开发表为目的而进行之基本MSR或其他科学研究有任何妨害。”第5.8条还规定：“对大陆架从事实地研究必须征得沿海国之同意。倘有适当机构提出请求而目的系在对大陆架之物理或生物特征作纯粹科学性之研究者，沿海国通常不得拒予同意，但沿海国有意时，有权加入或参与研究，研究之结果不论在何情形下均应发表。”该条显然试图对沿海国对大陆架上科研的管辖权与研究国权利间达成相对平衡。但仍存模糊性，例如，何谓“纯粹科学性（purely scientific）之研究”？可见，《联合国大陆架公约》对大陆架上的MSR并未适用公海上的“科

---

[1] 黄瑶主编：《国际法》，北京大学出版社2007年版，第14页。

研自由”，对研究国在他国大陆架上从事 MSR 活动规定了一些限制——包括“沿海国同意”“物理或生物特征”“纯粹科学性”“发表研究成果”等。不过，第三分委员会工作组认为：“假如不是在准备工作（travaux preparatoires）基础上所进行的解释，将科研包含在该条规定四个主要自由之外的其他自由中，1958 年《联合国公海公约》除其第 2 条外，并无对海洋科研的条款，尽管它甚至没有提及科研。”❶

《联合国海洋法公约》第 56 条规定的“due regard”同样适用于公海。对此，有国外学者正确指出，一国在公海和 EEZ 进行军事演习应受不干涉其他使用者的权利的制约，这一点是清楚的。❷ 传统的公海自由原则已为现代公海自由原则所修正，更何况自由乃法律状态，并非绝对和毫无限制，美国军机/舰须在遵守国际法、中国国内法条件下才享有在中国 EEZ 自由航行、飞越、进行海洋科研的权利。

第四节 条约的适用：《联合国海洋法公约》与其他相关条约的关系

《联合国海洋法公约》被誉为“海洋宪法”，基于政治和法律利益的相对平衡确定了 20 世纪末国际关系背景下的海洋法律秩序，具有“一揽子交易”、综合性特征。在其解释、适用中，它与其他相关国际公约的关系问题需要明确。《联合国海洋法公约》既受到其之前其他国际法的影响，同时也对其后相关国际法制的发展产生影响。例如，《联合国海洋法公约》必将对海洋生物多样性、海洋中的文化遗产保护、有害货物贸易、国家海洋安全、打击海上恐怖主义、麻醉毒品控制等领域的国际立法产生重大和深远影响。当然，条约间的关系远比相关公约规定得复杂，因为关于影响条约间关系的 VCLT 规则中仍存在许多不确定性。只有对相关国际法规则/条约的整体把握才有可能对当代国际海洋法取得综合性的、内在一致的理解，尤其在条约中没有明确规定时更是如此，才有助于国际法的有效实施。

一、《联合国海洋法公约》与《联合国宪章》的关系

《联合国宪章》构成国际社会宪政秩序之基石，确立了高于其他国际法规

---

❶ United Nations Pulication, The Law of the Sea, MSR, Legislative History of Art. 246 of UNCLOS, 1994, p. 41.

❷ B. H. Oxman, The Regime of Warships under UNCLOS, 24 Virginia Journal of International Law, 1984, p. 809.

范的法律效力。有助于减轻国际法的“碎片化”，减少条约解释/适用中的冲突，维护国际法的体系性与确定性。VCLT 第 30 条规定了“关于同一事项先后所订条约之适用”，其中第 1 款规定了《联合国宪章》第 103 条具有高于任何其他条约规定的效力。该 103 条规定本宪章下之义务应居优先。《联合国公海公约》《联合国海洋法公约》不得与《联合国宪章》冲突。《联合国海洋法公约》的和平利用海洋原则是《联合国宪章》第 1.1 条规定的作为联合国宗旨之一的“维持国际和平及安全”以及第 2.4 条规定之具体体现。《联合国海洋法公约》在序言中强调了公约对“维护和平”的意义以及“促进海洋的和平用途”，还强调了公约对《联合国宪章》的原则和宗旨的促进。此外，《联合国海洋法公约》在许多条文中（至少 13 个）强调了“和平”利用海洋和解决争端。《联合国海洋法公约》六次提及《联合国宪章》。

《联合国宪章》效力高于《联合国海洋法公约》《联合国公海公约》等其他条约；调整利用海洋国际关系的海洋法渊源不限于《联合国海洋法公约》；《联合国海洋法公约》的成员国和非成员国都必须遵守公认的国际法原则和规则；以违反《联合国宪章》以及其他公认的国际法原则和规则义务来解释、适用 1958 年《联合国公海公约》和《联合国海洋法公约》，不具有国际法上的合法性，违反了 VCLT 规定的善意履行/解释条约义务。

二、《联合国海洋法公约》与其他公约间关系：以《生物多样性公约》（CBD）/WTO 为例

（一）与实施、修订、解释《联合国海洋法公约》有关的海洋法条约

如前所述，《联合国海洋法公约》有多个条款提到“（其他）国际法规则”。《联合国海洋法公约》第 311 条专门规定了“同其他公约和国际协定的关系”，第 311 条第 1 款明确了《联合国海洋法公约》与 1958 年日内瓦海洋法四公约间的关系：“在各缔约国间，本公约应优于 1958 年 4 月 29 日日内瓦海洋法公约。”根据 VCLT 第 30.2 条规定：“遇条约订明须不违反先订或后订条约或不得视为与先订或后订条约不合时，该先订或后订条约之规定应居优先。”日内瓦海洋法公约的规定与《联合国海洋法公约》冲突时，在各缔约国间后者优先适用。根据 VCLT 第 30.4 条（b）项规定：“遇后订条约之当事国不包括先订条约之全体当事国时：……（b）在为两条约之当事国与仅为其中一条约之当事国间彼此之权利与义务依两国均为当事国之条约定之。”

《联合国海洋法公约》第 317.3 条规定涉及国家退出《联合国海洋法公约》后仍应履行的国际条约义务问题：“退出绝不影响任何缔约国按照国际法而无须基于本公约即应担负的履行本公约所载任何义务的责任。”同样，尚未

加入该公约的国家也不影响其公约下相关义务。

（二）与并未被纳入或非为实施《联合国海洋法公约》之条约间关系：以《生物多样性公约》/WTO 为例

1992 年《生物多样性公约》及其《议定书》、1994 年《WTO 协定》与《联合国海洋法公约》间存在较密切联系。前者涉及海洋生物多样性，后者在可持续有效利用世界（海洋）资源方面目标相同。它们都促进了国际法律机制的一体化发展。

1.《联合国海洋法公约》与《生物多样性公约》

对二者来说，“很清楚，每个协定与解释另一个协定的目的相关。关于海洋生物多样性和生态系统方面的以不可持续方式进行的具有毁灭性效果的渔业实践是直接影响《生物多样性公约》实施的事项。毫无疑问存在着如下可能性——实施《生物多样性公约》可能会影响到《联合国海洋法公约》下权利和义务。”[1]《生物多样性公约》第 22 条规定了“与其他国际公约的关系”：“（1）本公约的规定不得影响任何缔约国在任何现有国际协定下的权利和义务，除非行使这些权利和义务将严重破坏或威胁生物多样性；（2）缔约国在海洋环境方面实施本公约不得抵触各国在海洋法下的权利和义务。”该条规定表明，生物多样性保护要与《联合国海洋法公约》规定或习惯国际法确定的各国在不同海域的权利、义务协调起来。缔约国对《联合国海洋法公约》下权利的行使要受不得损害生物多样性的限制，构成对《联合国海洋法公约》下相关权利的新制约，《生物多样性公约》第 22 条第 2 款是对《联合国海洋法公约》第 311.3 条的强化，或许构成了对《联合国海洋法公约》第五部分、第七部分的修改。这些与其他国际法规则进行协调的条款有助于减少条约冲突，实现条约目的和宗旨，维护国际法的体系化。

《联合国海洋法公约》没有具体规定有关生物多样性保护的具体要求。根据《联合国海洋法公约》第 87 条的规定，海洋自由理论仍适用于缺乏明确协议的区域。所有国家在公海上享有六大自由。这些活动受到《国际捕鲸管制公约》、《生物多样性公约》、1995 年《联合国鱼类种群协定》等现行公约的管理规制。实质上《生物多样性公约》包括的海域范围不仅包括缔约国海事管辖范围内的地区（比如在 EEZ/EFZ），而且在注册船舶及其设备的公海也可以为各种目的而利用。[2]

---

[1] David Freestone, Richard Barnes and David M. Ong, The Law of the Sea: Progress and Prospects, Oxford University Press, 2006, p. 56.

[2] Patricia Birnie：“对国际合作法发展之影响：UNCLOS、‘联合国鱼类种群协定’和 CBD”，熊良敏译，载傅崐成等编译：《弗吉尼亚大学海洋法论文三十年精选集》，厦门大学出版社 2010 年版，第 964 页、第 966 页、第 971 页。

2.《联合国海洋法公约》与 WTO

与《联合国海洋法公约》有关的其他协定直接提及了贸易，如 1994 年《关于第十一部分的协定》（附件第 6 节 1. b 项）[1]、2001 年 FAO《关于预防、制止和消除非法、不报告、不管制捕鱼国际行动计划》（paras 65 ~ 68）。与《生物多样性公约》不同，《WTO 协定》未直接提及海洋法事项；GATT 并未规定与其他条约关系。DSU 第 3. 2 条明确了应依 VCLT 第 31 ~ 33 条来解释涵盖协定，而非依 GATT 本身规定的标准来解释。"该变化能使上诉机构考虑到 UNCLOS 和国家的环境承诺和义务，并试图以与一般国际法一致的方式适用 WTO 法律，而非将之视为封闭的或自含的体制。"[2]《联合国海洋法公约》的解释可根据公约本身以及其他国际法规则（例如，第 2. 3 条）。在 WTO 案例中存在着关于二者互动的情形。

DSB 在一些案件中曾借助 VCLT 第 31. 3 条（c）项来解释条约。在欧共体影响生物技术产品批准和营销案中，一个问题是，在解释 WTO 诸相关条约下权利和义务时，《生物多样性公约》和《生物安全议定书》是否是条约。专家组认为："毫无疑问，条约和国际法习惯规则是 VCLT 第 31. 3 条（c）项含义下的'国际法规则'（尽管仍存在关于这些法律文件的内容及仅有某些争论者是其缔约方的事实）。"[3] WTO 上诉机构对 GATT1947 某些词语的解释也曾采取过类似的发展解释方法。例如，在 Shrimp—Turtle 案裁决中，为确定"exhaustible natural resources"短语的当前含义，提及了 1992 年《里约环境与发展宣言》、1982 年《联合国海洋法公约》、1973 年《濒危野生动植物物种国际贸易公约》、1979 年《保护迁徙野生动物物种公约》以及 1992 年《生物多样性公约》。[4]在该案中，上诉机构认为，如果所涉国家未先寻求与受影响的其他国家通过协商以寻求合作性解决方法，则对海洋生物资源贸易的限制，在 GATT 下很可能被视为是任意的或歧视性的。[5] 美国不愿通过协商寻求可能的解决方法使其难以令人信服地依赖 GATT 1994 第 20 条规定的例外。WTO 相关裁决有效加强了而非威胁了《联合国海洋法公约》第 116 ~ 119 条下的义务。可见，对《联合国海洋法公约》的遵守并不会损害 GATT 下的承诺。

对《联合国海洋法公约》之前或之后缔结的条约，《联合国海洋法公约》具有效力上的优先性（第 311 条）；而 GATT 义务主要是适用于一系列双边贸

---

[1] "1994 Agreement on Part XI"第六节生产政策 1. 管理局的生产政策应以下列原则为根据：（b）《关税与贸易总协定》、其有关守则和后续协定或替代协定的规定，应对"区域"内的活动适用。

[2] David Freestone, Richard Barnes and David M Ong, The Law of the Sea: Progress and Prospects, Oxford University Press, 2006, p. 59.

[3] WT/DS291 - 293 R, 29 Sep. 2006, p. 384, para 7. 67.

[4] WT/DS58/AB/R, paras 130, 131.

[5] WT/DS58/AB/R, paras 166 - 172.

易关系，并不享有VCLT第41条规定的优先性。《联合国海洋法公约》的效力要高于（prevail）GATT，因为后者是一项特别法。[1]《联合国海洋法公约》是海洋宪章。

第五节　问题的解决

现代国际法规范面临的解释和适用上的分歧及未能得到有效实施，制约着国际法治的实现程度。尽管《联合国海洋法公约》一直试图在沿海国和其他国家利益以及国际公共利益间进行小心平衡，但公约尚未能完全实现该目标。就EEZ内的海洋科研争议而言，《联合国海洋法公约》第59条规定了"解决关于EEZ内权利和管辖权的归属的冲突的基础"："在本公约未将在EEZ内的权利或管辖权归属于沿海国或其他国家而沿海国和任何其他一国或数国之间的利益发生冲突的情形下，这种冲突应在公平的基础上参照一切有关情况，考虑所涉利益分别对有关各方和整个国际社会的重要性，加以解决。"该条"包含了一个非常明智（wise），但并不明确的（imprecise）解决方法。尽管如此，该方法的价值仍需在实践中予以证明。"[2]该条强调了国别利益和整个国际社会的共同利益。区域和平和世界和平以及海洋的可持续利用无疑符合国际共同体的利益。美国未经同意而在其他国家EEZ进行军事活动或进行为军事用途目的之海洋数据收集测量活动，无疑会损害沿海国的国家安全利益，沿海国的反制措施所带来的冲突与对立，将危及区域和世界和平，与《联合国宪章》的目的和宗旨以及《联合国海洋法公约》规定的和平利用海洋的目标相悖。对《联合国海洋法公约》涉及海洋科研条款的解读，应在整个国际法体制下，根据VCLT相关规定进行系统性理解。"要通过确立不同规范的等级来解决规范适用上的冲突。其他规范在适用时如果同高等级规范或不可减损的规范相冲突，后者在任何时候都应居于优先地位，这样的规范如'对一切'规范、强行法规范等。"[3] 应善意解释、履行、行使国际条约涉及海洋科研的义务和权利，坚持海洋科研权利与义务的统一性。

在实施《联合国海洋法公约》时，各国应遵守《联合国宪章》的目的和宗旨以及其他被广泛接受的国际法规则。随着科技进步，海洋法自身也迟早

---

[1] David Freestone, Richard Barnes and David M. Ong, The Law of the Sea: Progress and Prospects, Oxford University Press, 2006, p. 60.

[2] Helmut Tuerk, Reflections on the Contemporary Law of the Sea, Martinus Nijhoff Publishers, 2012, p. 28.

[3] 宋杰：《国际法中普遍性法律利益的保护问题研究》，中国人民大学出版社2012年版，第3页。

将随之变化，其与外层空间法（例如遥感技术）、国际知识产权法等法律部门间将更趋协调。需借助双边、区域性海洋法法制来具体实施《联合国海洋法公约》，因为："必须铭记，从 UNCLOS 的性质上说，它或许仅是一个框架性条约，需要在国家层面和国际层面并在几个领域实施。例如，要求现代国内反海盗立法；内陆国的某些权利需在双边或区域层面上实施；多边实施协定也是必要的，在渔业和非法运输毒品方面已采纳了这样的协定。"❶《联合国海洋法公约》中海洋科研条款存在的模糊性正是谈判各方能就现有条文达成一致的技术处理，鉴于《联合国海洋法公约》体现了谈判方政治利益和法律利益的"一揽子交易"的整体性，海洋科研条款的澄清、修订与发展必定要经历一个难以确定长度的期间，与国际格局的演变相关。体现了对《联合国海洋法公约》一定程度修订的《关于执行 1982 年 12 月 10 日〈联合国海洋法公约〉第十一部分的协定》和 1995 年《联合国鱼类种群协定》的低参与度，或许是个反面例证。无论如何，该协定是可被用来作为解释《联合国海洋法公约》的"嗣后协定"。

我国国务院 1996 年《中华人民共和国涉外海洋科学研究管理规定》（以下简称《涉外海洋科学研究管理规定》）与《联合国海洋法公约》相关规定基本一致。《涉外海洋科学研究管理规定》并未界定海洋科研。1998 年《中华人民共和国专属经济区和大陆架法》（以下简称《专属经济区和大陆架法》）第 9 条规定，在该海域进行 MSR，必须经中国主管机关批准，并遵守中国的法律、法规。

第六节　结　语

海洋预警和对海洋的综合利用取决于可靠的海洋科研数据的获得与分享。国际法的"碎片化"是妨碍其有效实施的原因之一。"尽管公约的规定是细节性的，但它也没有避免一些重大的含义模糊的规定。因此，国家实践——包括在公约内的和在公约外的——将继续在国际法上阐述 EEZ 的内容。"❷《联合国海洋法公约》存在局限性的主要原因之一在于其"既是政治性协定又是法律协定。公约的成果主要是因为平衡了政治和法律利益，但其结果是不易

❶ Helmut Tuerk, Reflections on the Contemporary Law of the Sea, Martinus Nijhoff Publishers, 2012, p. 3.

❷ Theodore G. Kronmiller：《专属经济区》，汪家栋译，载傅崐成等编译：《弗吉尼亚大学海洋法论文三十年精选集》，厦门大学出版社 2010 年版，第 49 页。

将诸事项分开并独立地进行调整。这对 UNCLOS 的发展带来重大挑战。”❶ 它“并非一个清晰、预先制定好的，旨在重新定义和改进海洋法的计划的结果。……新的问题和忧虑要求我们检查公约的法律制度是否足够灵活以使得国际社会能应对这些新挑战。”❷ 公约的海洋宪法地位意味着对其的修改要难于一般性法律。美国的国内法不应与美国国际法义务相悖，对《联合国公海公约》《联合国海洋法公约》中海洋科研条款的解读应遵守相关国际法规则，尽管美国非《联合国海洋法公约》批准国，其在他国 EEZ 进行军事侦察行为应受到相关习惯国际法、强行法的约束，对《联合国海洋法公约》下权利的行使应遵守相关条件和限制。

《联合国海洋法公约》显然促进了海洋科研，首次确立了“同意制度”，是联合国在海洋法领域进行编纂国际法和逐步实现国际法发展之重要成果，该公约被誉为“海洋法典和宪章”。但《联合国海洋法公约》自身也存在局限性，如何使该“同意”机制良性运行，尚需海洋法与国际知识产权法间的协调与融合。因为近年来海洋生物技术与知识产权已成一个具有重大商业意义的议题。“对从海洋生物技术产品中或从沿海国 EEZ 中寻求商业利益的研究者来说，《联合国海洋法公约》第 241 和第 249. 2 条的重要性何在？这些条款表明沿海国可要求赔偿金或其他利益以作为允许研究者获得海洋科研成果的知识产权的条件吗？关于有关海洋生物技术的使用和交易，海洋法与其他国际法律制度往往相交叉（intersect），值得注意的是那些调整知识产权的公约、1973 年《濒危野生动植物物种国际贸易公约》《生物多样性公约》以及 TRIPs。”❸ 有必要对相关问题予以进一步澄清。

从海洋法发展史看，公海自由意义上的海洋科研自由从基本无限制自由演变为在不同海域受到程度不同的限制，其主要原因在于海洋科研或军事测量活动直接涉及沿海国国家安全，且使用军舰/军机在他国 EEZ 进行海洋测量，与《联合国宪章》《联合国海洋法公约》相悖，有违海洋只应使用于和平目的之宗旨，直接违反相关国际习惯、强行法。“加强环境保护、资源保护、生物多样性保护以及对不同的海上暴力威胁而增加安全保护，符合整个人类利益。作为多边谈判过程的一个结果，在这些区域采取的必要措施当然

---

❶ David Freestone, Richard Barnes and David M. Ong, The Law of the Sea, : Progress and Prospects, Oxford University Press, 2006, p. 4, 5.

❷ S. Jayakumar：“UNCLOS：20 年记”，王玉婷译，载傅崐成等编译：《弗吉尼亚大学海洋法论文三十年精选集》，厦门大学出版社 2010 年版，第 1513 ~ 1514 页。

❸ Richard J. McLaughlin, Foreign Access to Shared Marine Genetic Materials: Management Options for a Quasi-Fugacious Resource, 23 ODIL 297, 2003.

使得对海洋传统自由的进一步限制具有正当性。”[1] 在全球化背景下，具体体现各国海洋权益博弈的《联合国海洋法公约》中的海洋科研条款的澄清、发展的争斗还将持续，《联合国海洋法公约》已为其未来发展预留了制度空间。中国应继续加强对海洋法发展、变革的参与，学界也应继续加强对《联合国海洋法公约》的研究，以促进中国海洋法制建设，增强对国际规则制定与解释中的影响力，有效维护中国海洋权益、国家安全和世界和平。

---

[1] Helmut Tuerk, Reflections on the Contemporary Law of the Sea, Martinus Nijhoff Publishers, 2012, p. 185.

第四章　条约的国内解释及我国条约解释制度的完善

——以完善我国《缔结条约程序法》为视角

由于《宪法》《中华人民共和国立法法》（以下简称《立法法》）、《中华人民共和国缔结条约程序法》（以下简称《缔结条约程序法》）等法律都未规定条约在我国法律体系中的地位，由此导致条约与我国《宪法》、基本法律之间的关系存在不同观点，并对条约在我国国内的法律位阶、解释主体、解释的效力等问题造成困惑。《缔结条约程序法》存在条约解释方面的立法缺陷，究其原因，主要包括立法的缺失、该法自身存在的缔约权限及制约机制方面的缺陷以及条约的国内解释与其他国内法解释在主体、效力、客体和方法等方面存在明显差异等。我国国内法对不同机构规定了不同的解释法律的权限。如果能够初步确定条约在我国法律体系中的位阶，可便于初步确定条约的国内解释主体。VCLT 第 46 条表明，在特定情况下，条约的效力与缔约国国内法关于缔约权限的规定间存在重要联系，即国内法对缔约权限的配置并非仅仅具有国内法意义，应完善国内法关于条约在国内法位阶和条约国内解释主体、效力方面的规定。

第一节　条约国内解释问题的提出

条约在我国国内的解释问题涉及法律解释权同立法权之间的关系。“从现今各国实际情况看，有的国家的法律解释权是包含于立法权之中的；有的国家的法律解释权是从属于立法权的；有的国家的法律解释权同立法权是平行存在的；而在法治偏于落后的国家，则没有比较明确的制度，实践中则呈现比较杂乱的状况。中国目前仍然属于后者之列。”❶ 根据我国法律，全国人大常委会应是最主要的法律解释机关，但“实际生活中，最主要、最经常的法律解释主体不是全国人大常委会，而是最高司法机关。学界甚至有人以为中国不存在事实上的全国人大常委会的法律解释。”❷ 司法机关的法律解释与行政法规、地方性法规间的效力层次以及行政机关的法律解释权限问题并不清楚。对条约采取转化方式的我国来说，条约的国内解释制度仍存在诸多缺陷。条约在我国国内法律体系中的位阶因《宪法》规定的缺失而存疑。

国际社会的“水平型”特征决定了作为国际法主要渊源的条约的制定、修订、解释、适用、效力、位阶等方面都与国内法的相关方面存在显著差异。一国缔结条约不仅会涉及诸如缔约能力、缔约权、全权证书、谈判、签署、批准、登记与保存、公布，还会涉及条约的国内、国外解释问题。由于诸多主客观原因，“国际法的规则鲜少能够获得精确表达”,❸ 国际法在国际争端裁决机构和国内法院的适用中，不可避免地会涉及对条约用语含义、条约间关系的解释问题以及条约解释主体、解释的效力、翻译的准确性等问题。国际法体系的日益丰富使得条约解释问题日趋复杂。VCLT 第 31 条、第 32 条的习惯国际法地位赋予了上述机构适用相关解释规则的义务，但条约的国内解释主体如何对待该解释规则，不同法系下的具体国家的实践并不相同。“对条约解释规则的恰当适用需要正确的程序和对达致正确解释的最佳保障。”❹ 我国尚缺乏明确的条约国内法解释的程序保障。

条约在我国的解释问题无论在立法还是在司法领域都尚未得到有效解决。条约的国内解释涉及条约的解释主体、解释方法、解释程序、解释效力、双语翻译等问题，而条约解释主体直接与条约的制定主体问题相关。国内宪法、法律都尚未就我国批准或参加的条约在国内的解释权限与方法问题作出明确规定。国内涉及条约解释的有权机构主要是立法、司法和行政机构。由上述不同机构作出的条约解释涉及我国基本的国家制度。目前，国内法对条约在我国解释的主体、方法、解释效力（即按照解释国内法的方法还是根据 VCLT）规定的缺失，直接涉及条约在我国的效力问题，并制约着条约能否有效实施以及条约与国内法的协调程度。

可以从诸多渠道来确定条约在一国国内的解释问题。“关于在国内体系中如何解释 WTO 诸协定和这些协定应该被怎样解释的真正的国内观点可以从下

---

❶ 周旺生：“中国现行法律解释制度研究”，载《现代法学》2003 年第 2 期，第 5 页。

❷ 周旺生：“中国现行法律解释制度研究”，载《现代法学》2003 年第 2 期，第 6 页。

❸ 郑斌：《国际法院与法庭适用的一般法律原则》，韩秀丽、蔡从燕译，法律出版社 2012 年版，第 24 页，脚注 97。

❹ Richard K. Garadiner, Treaty Interpretation, Oxford University Press, 2008, p. 29.

列一系列来源得以被发现，这些来源包括：（1）在加入谈判或多边谈判期间作出的声明或采取的立场；（2）作为当事方或第三方在 WTO 中的诉讼期间采取的立场；（3）在 WTO 不同机构中采取的主张；（4）对违反《WTO 协定》指控的官方回应；（5）在贸易政策审查机制中，成员自己以及作为对其他成员审核的回应而作出的声明；（6）关于国内贸易政策和实践的官方声明；（7）国内的对外贸易机制。影响上述观点形成的因素包括一般性的经济导向和国内历史和政治背景。”[1] 需要在国内法律框架下来理解国内措施。然而，在国内措施中对 WTO 协定中术语的使用并不能保证这些术语的含义是相同的。此外，孤立看待国内措施，而不考虑它是如何在国内制度中被解释和实施，这违反了《关于争端解决的规则和程序的谅解》第 11 条规定的专家组应客观评估案件事实。必须根据其历史、文化、法律和经济背景来考虑国内措施，正如国内法院通常会考虑该背景一样。[2] 条约的国内解释与国际解释间存在内在的关联性。[3] 上述七个方面体现了条约的国内解释及其效力。因此，条约的国内解释主体及权限问题、乃至翻译问题都会关涉我国条约义务的履行、国内法与条约的一致性。

1990 年《缔结条约程序法》仅在第 13 条规定不同文字文本在涉及条约解释中的作准问题。这涉及 VCLT 第 33 条相关规定，但对条约的国内法位阶、解释主体、解释效力、解释的权力制约及程序等相关内容并无任何规定。国家的主权性决定了条约国内、国际解释在解释主体、方法、效力、程序等方面存在差异。“谁制定的法律谁就有权解释”是罗马法的原则之一，该原则表明法律解释主体与立法主体间的密切关系。假如条约的国内解释会影响条约的国内实施，那么，条约的国内解释之国际法意义如何？例如，该解释结果会否导致 GATT 1994 第 23 条规定的成员方利益的丧失或损害？换句话说，条约的国内解释在国内法、国际法上的效力如何？深入研究条约的解释主体、

---

[1] Asif H. Qureshi, Interpreting WTO Agreements: Problems and Persspectives, Cambridge, 2006, p. 75.

[2] US—Anti-Dumping Act of 1916 (Panel), paras 6. 59, 6. 41, 6. 60.

[3] 在 WTO 争端中，成员既可对争议的《WTO 协定》条款进行国内解释，也可寻求国外解释。DSU 第 3. 2 条仅规定了解释《WTO 协定》应遵循的规则，第 9 条仅规定成员有“寻求对一适用协定规定的权威性解释的权利”，都未明确有权解释的主体范围。对《WTO 协定》的有权解释问题，DSU 第 9. 2 条规定：“部长会议和总理事会对本协议和多边贸易协议具有专属的解释权。”“这表明解释条约的权力不会隐含着或不经意地存在别处。此外，DSB 通过专家组报告，与部长会议和总理事会解释条约，两者不同。例如，DSU 第 3. 9 条规定：本谅解的规定不影响成员根据《WTO 协定》的决策程序寻求对协定条款进行权威解释的权利。上诉机构还指出，《国际法院规约》第 59 条也有类似规定：‘法院之裁判除对于当事国及本案外，无拘束力。’但这并没有妨碍该法院发展出一套先例，并且这些先例的价值是显而易见的……‘引用’和‘遵循’除了名义上的区别之外，事实上是很难区分的。事实上，WTO 是‘遵循先例’的。”参见杨国华：“事实上的遵循先例”，载 http://article. chinalawinfo. com/Article_ Detail. asp? ArticleID = 82306&Type = mod，访问日期：2014 年 4 月 9 日。

背景、过程、程序等问题，以及条约国内解释间冲突的解决、条约国内解释的模糊，对完善《缔结条约程序法》等国内法条约解释条款，明确条约的国内法位阶、条约解释主体、解释方法、解释效力及监督制约机制，通过条约国内解释来善意履行我国条约义务，维护我国合法权益，有重要理论和实践意义。“特别是还需要从法律解释在法制整体中的位置的角度来观察问题，才能完整地认知并进而完整地实现法律解释的意义和价值。”❶ 因此，研究条约的国内解释问题不仅涉及相关国内法的完善，还具有重要的国际法意义。

第二节　我国《缔结条约程序法》存在的条约解释缺陷及原因

我国《缔结条约程序法》制定的历史并不长，尽管已在规范我国缔结条约程序方面起到了重要的规范作用，但随着我国对外交往的不断扩大，我国缔结的条约数量、内容等越来越多、越来越复杂，该法存在的局限性逐渐显现。该法“实施已20年，外交实践也发生了很大变化，许多缔结条约问题依照目前《缔结条约程序法》的程序进行处理，不仅缺乏必要的灵活性，有时甚至面临实践突破立法的问题。鉴于此种情形，外交部采取了很多临时性措施来‘打补丁’，以弥补漏洞。”❷ 其局限性包括条文过于原则，影响了可实施性；缔约权限及制约机制不够清晰；有关“条约”的概念与分类使用较为混乱；国家主席缔约权限缺失；未明确规定条约解释主体、解释程序、解释监督等。“一是该法仅有21条，只对条约的谈判签署、国内审批以及公布和备案等程序问题作出了原则规定。一些条约主管部门反映，缔约程序法的内容过于原则，在实际工作中无法充分发挥该法作为工具法的指导作用；二是该法对国务院各部门办理缔约工作的事权规定不清晰，造成缔约工作的混乱。由于缔约程序法对国务院各部门在缔约工作的各个环节中需要承担什么职责、怎样承担职责缺乏清晰的规定，导致这些部门无所适从，办理的缔约工作出现混乱，严重影响了我国的国际信誉；三是近年来，由于该法第7.2条的规定过于原则，全国人大常委会批准条约的权力与国务院核准条约的权力界限不清，影响了全国人大常委会及时审议批准一些国际条约和重要协定；四是对外缔约的工作实践产生新问题。该法颁布实施于1990年，该法没有对条约

❶ 周旺生：“中国现行法律解释制度研究”，载《现代法学》2003年第2期，第4页。

❷ 谢新胜：“中国的条约缔结程序与缔约权——以‘缔结条约程序法’立法规范为中心的考察”，载《华东政法大学学报》2012年第1期，第46页。

适用于香港、澳门特别行政区的问题进行规定，条约主管部门在办理与港澳有关的条约时缺乏法律依据。”[1]由于对各类条约的界定并不明确，导致运用缔约程序的不一致。重要协定的范围偏窄，投资、税收等经贸类条约关涉国家经济主权，其地位和影响均非常重要，却不在重要协定之列。[2]

《缔结条约程序法》存在条约解释方面的立法缺陷，其原因还包括上位法立法的缺失、该法自身存在的缔约权限及制约机制方面的缺陷以及条约的国内解释与其他国内法解释在主体、效力和方法等方面存在明显差异等。“解释WTO协定在国内法律制度中实施的立法和相关的国内贸易立法的规定是国内层面上解释WTO协定的关键因素之一，特别是对翻译的授权和部门、解释的方法以及与WTO协定有关的WTO法理被接受到国内体系的方式和影响解释的方式。”[3] 此外，管理和实施《WTO协定》的政府部门的相关措施和行为也属上述关键因素。

除明确规定特定实施模式的条约外，只要缔约方遵守VCLT相关习惯国际法条款，缔约方可自由适用其国内宪法规定的方法来履行条约义务。在立法方面，现行国内立法对条约外延、缔约主体及权限的划分并不清晰。“很多非条约性的国际文件，如示范法、指南、宣言等，商务部也广泛和频繁地参与谈判和提供意见。这些文件往往成为正式条约的前身，或者即使最终没有形成正式条约，也会在相当大的程度上反映参与国家的立场和观点。因此，这些工作也具有非常重要的意义和影响。但是，《缔结条约程序法》仅规定了正式条约的缔结程序，对于这些同样重要的文件却没有涉及。”[4]由此，这些文件的国内解释主体、解释效力、监督等问题就缺乏国内法规范。“一国法律解释制度通常由宪法、法律解释法和其他有关宪法性法律所建置。中国迄今尚无专门的法律解释法。中国现行法律解释制度主要存在于现行宪法和立法法关于法律解释的规定中。”[5] 由于《缔结条约程序法》的规定，全国人大常委会

---

[1] 谭丽琳、陈成智：“尽快修改缔结条约程序法”，载《海南日报》2008年3月14日第5版。

[2] 谢新胜：“中国的条约缔结程序与缔约权——以‘缔结条约程序法’立法规范为中心的考察”，载《华东政法大学学报》2012年第1期，第48页。

[3] Asif H. Qureshi, Interpreting WTO Agreements: Problems and Persspectives, Cambridge, 2006, p. 75.

[4] 谢新胜：“中国的条约缔结程序与缔约权——以‘缔结条约程序法’立法规范为中心的考察”，载《华东政法大学学报》2012年第1期，第47页、第49页。对于《缔结条约程序法》第7条规定之外的非重要协定，只需国务院“缔结”，而无须经过全国人大常委会的批准程序，也无须国家主席履行任何法定程序。这一规定将那些非经批准的技术性协定的缔约权完全赋予了国务院。仅就立法权限来看，与国务院制定行政性法规的权限相互呼应并无不妥。但也由此可见，我国行政机关缔结非重要协定似乎缺少向全国人大常委会的备案程序。其实，从《立法法》的相关规定来看，国务院制定行政法规亦须报经全国人大常委会备案，但经由中国行政机关签署的“非重要协定”却无须履行这一程序了，这似乎也说明了国际法在我国较为“等而下之”的地位。

[5] 周旺生：“中国现行法律解释制度研究”，载《现代法学》2003年第2期，第4页。

（《缔结条约程序法》并未明确全国人大的缔约权，但鉴于缔约的立法性质，从法理看应明确其缔约权限，非仅限于批准/废除条约和重要协定，否则，“由于国际条约只能由全国人大常委会决定批准，在实践中可能导致以全国人大常委会批准的条约为标准去修改全国人大通过的法律，这就在法理上产生了‘僭越’，违反了立法的位阶次序……若要明确宪法、国际条约以及国内法的实体关系，全国人大批准条约的权力不能缺位”[1]）、国务院、政府部门都具有该法规定的缔约权，“我国全国人大常委会、国家主席和国务院在不同程度上共享缔结条约的职权”，[2] 而条约的性质是法律，国务院及政府部门无权解释法律，最高司法机关的司法解释与立法机关的立法解释并不具有完全相同的法律意义。换言之，我国《宪法》《立法法》等国内主要立法都存在相关规定的缺失，使条约在中国法律体系中的地位不明，从而造成了法律体系的紊乱，令条约解释主体等事项难以在1990年《缔结条约程序法》中予以明确。《立法法》第42条规定：“法律解释权属于全国人大会常委会。”根据《立法法》第43条规定，国务院及政府部门、最高人民检察院、最高人民法院都不具有解释法律的权力，仅有请求全国人大常委会解释法律的建议权。而上述规定与尚未被废止的1981年《全国人大常委会关于加强法律解释工作的决议》的规定存在一定冲突，因为根据该决议，我国的法律解释权并非仅属全国人大常委会，包括国务院（部委）、最高司法机关等机构也有一定范围的法律解释权。“全国人大常委会的法律解释运作制度，立法法已有若干规定，但不具体，需要进一步细化，使其既周全又可以操作。最高司法机关的法律解释运作制度，尚无法律作出哪怕是框架性的规定，因而其建置和完善的任务更显突出。”[3] “我国宪法对国际条约在我国国内的适用及效力问题没有作出直接和具体的规定，仅规定了条约签订的主体及批准的主体……我国缺少宪法性的法律规范来调整国际法与国内法的关系，导致国际条约在我国的法律地位处于不确定的状态中，”[4] 由于《宪法》未规定条约在我国法律体系中的地位，条约与我国宪法、法律的位阶问题缺乏根本法上的依据，从而导致下位法对条约解释等事项进行明确的困难，由此导致学者间对条约在我国法律体系中应处于何种位阶的不同主张。该问题明晰与否直接涉及条约国

---

[1] 谢新胜：“中国的条约缔结程序与缔约权——以‘缔结条约程序法’立法规范为中心的考察”，载《华东政法大学学报》2012年第1期，第52页、第53页。

[2] 江国青：“国际法与国际条约的几个问题”，载《外交学院学报》2000年第2期。

[3] 周旺生：“中国现行法律解释制度研究”，载《现代法学》2003年第2期，第7~8页。

[4] 侯连琦：“论我国宪法中有关国际条约适用的缺失”，载《江南大学学报（人文社会科学版）》2008年第1期，第36~37页。我国在实践中倾向于直接采纳与转化相结合的做法……我国急需从国际法与国内法的关系、国际条约在我国法律体系中的接受与效力三方面制定相应的宪法性规范。

内解释的有权主体的确定。❶ 大多数国家国内宪法都规定了条约在国内法的地位及效力。❷ 允许采用纳入或转化的方式确定条约的国内法位阶对于条约的国内解释方法也会产生影响："采'纳入'方法的 VCLT 缔约国可能会内在地更倾向于适用 VCLT 规则；与此形成对比，采'转化'方法的国家存在的一个特定难题是，对于法院是否将适用自己的解释任何其他国内法的诸解释原则，或对于它们是否将引进国际法规则作为解释受国际法支配的法律文件之适当规则，并不总是清楚。"❸

该问题涉及国内法和国际法在解释主体和方法上的差异与联系。条约解释与国内法解释存在联系与差异。从国内法解释的主体和效力看，包括立法解释、司法解释和行政解释。"最高权力机关的解释如同立法本身；最高司法机关的司法解释对各级法院具体运用法律从事审判活动有约束力；国家最高行政机关，即国家最高权力机关的执行机关在执行法律过程中所作的行政解释，对各级国家行政机关正确执行法律有约束力。"❹ 条约的国内解释具有对内对外的不同意义。从条约的国内解释对其他缔约国的影响来说，一般认为，单个或少数缔约国对条约的解释并不具有条约法效力，至多形成嗣后协定，在特定条件下可能形成嗣后惯例。从条约解释主体和解释效力来看，国内宪法和其他法律规定的条约解释机关的解释都是有权解释，其解释具有普遍的法律效力；而条约的有权解释主体主要包括全体缔约国、一定条件下的国际司法机关和某些国际组织。"如果说条约的法律效力和条约的缔结程序有关的话，那么经过不同程序缔结的条约就应具有不同的法律效力，而具有不同法律效力的条约在我国的法律体系中也就应处于不同的地位。"❺ 从 VCLT 规定的条约效力角度来说，我国缔结的所有条约都对我国具有相同的法律约束力；但从条约国内解释层面来说，不同国内缔约主体缔结/批准/核准的条约在国内似乎具有事实上的不同法律位阶，从而影响对解释主体的确定，尽管其解释在国内具有普遍的约束力，但在条约法意义上，这些国内不同主体的有权解释对其他缔约国通常不具有约束力。

综上，我国根本法对条约在我国国内法体系中的位阶及适用问题的规定尚付之阙如的现实，导致难以确定不同性质、内容的条约在国内法中的位阶，从而难以明确其制定主体和解释主体。原因还可能是："如果人民代表机关制

---

❶ 在宪法和法律没有规定的情况下，目前学者们关于条约在国内法中的法律位阶的主要观点有五种。参见王勇：《条约在中国适用之基本理论问题研究》，北京大学出版社 2007 年版，第 117 ~ 120 页。

❷ 王勇：《条约在中国适用之基本理论问题研究》，北京大学出版社 2007 年版，第 68 ~ 69 页。

❸ Richard K. Garadiner, Treaty Interpretation, Oxford University Press, 2008, p. 127.

❹ 万鄂湘、石磊、杨成铭、邓洪武：《国际条约法》，武汉大学出版社 1998 年版，第 209 页。

❺ 刘永伟："国际条约在中国适用新论"，载《法学家》2007 年第 2 期。

定的法律，允许人民代表机关以外的其他国家机关予以解释，这种解释又具有法律效力，则人民代表机关作为国家权力机关的地位和权威在逻辑上便不复存在，‘议行合一’便不复存在；所存在的，便是立法、司法、行政三者分权制衡的体制。而这种体制，许多人认为是不符合中国国情的。”❶《缔结条约程序法》存在条约在国内法位阶不清从而造成我国条约解释方面的一些问题，究其原因，“一方面在于立法者忽视国际条约作为法律的性质，没有从总体上协调宪法、国际法以及国内法的立法，导致《宪法》《缔结条约程序法》与《立法法》在立法权限上有冲突，进而导致国际法与国内法的关系难以厘清；另一方面，中国立法还存在忽视国际法价值的倾向，没有把参与国际法立法置于与国内法立法同等重要的位置，更没有注意到参与国际法立法与国内法立法的不同特点。”❷ 对法律规则的有权解释的权利仅属于有权力修改或废止该规则的人或机构，这是一个已确立的原则。❸ 即条约的缔约方全体最终控制条约解释。实践中，诸缔约方间的协定并非获得有权解释的唯一途径。在国际条约法层面，条约解释主体通常包括国际组织、国际法院和法庭以及国内法制中的条约解释者。在国家为条约缔约方情形下，条约解释者事实上是指“政府、政府法律顾问和官员、国家立法机关、律师和非政府机构。”❹《立法法》和 1981 年决议分别对全国人大常委会和最高司法机关法律解释权限范围所作的规定，形式上似乎划清了界限，实际上没有真正划清界限，因而不可避免地会出现此类问题：应由全国人大常委会解释的事项，往往由最高司法机关解释；在少数情况下，应由最高司法机关解释的事项，却由全国人大常委会解释。这种法定制度界限不清的状况，实际上也就是以往全国人大常委会的法律解释数量很少的主要原因之所在。❺

第三节　“国际法位阶比照论”与条约国内解释主体、效力

法律解释制度是同立法制度、行政制度、司法制度、监督制度等制度要素并行的一种法定制度，是国家法制整体中一种专门制度。法律解释在国家

---

❶ 周旺生：“中国现行法律解释制度研究”，载《现代法学》2003 年第 2 期，第 6 页。

❷ 谢新胜：“中国的条约缔结程序与缔约权——以‘缔结条约程序法’立法规范为中心的考察”，载《华东政法大学学报》2012 年第 1 期，第 54 页。

❸ Delimitation of the Polish—Czechoslovakian Frontier (Questions of Jaworzina) PCIJ Advisory Opinion, Series B, No. 8, p. 37.

❹ I. Johnstone, Treaty Interpretation: the Authority of Interpretive Communities, Michigan JIL (1990 - 1991) 12, p. 371.

❺ 周旺生：“中国现行法律解释制度研究”，载《现代法学》2003 年第 2 期，第 8 页。

法制中不仅是一个相对独立的分支，而且还是一个具有辐射性和跨越性的重要方面，是关乎法制全局的一种制度。只有那些法定的正式解释或有效解释，才是法制的重要组成部分。[1] 亚辛（Yasseen）认为，对法律文本的解释并非仅仅是使用语言的练习和对事实模式的适用。沃多克认为“解释”是适用条约的一个根本要素。[2] 条约的解释和适用并非完全是一个机械过程。条约在我国的解释主体在实践中是多元的，包括了立法机关、司法机关、行政机关、个人、研究机构等。由此产生的问题之一是，当对条约条款存在几个不同的国内解释时，例如，具有管辖权的国内法院适用不同的解释而作出不同、相冲突的裁决时，就有必要在国内法法理和国内法律制度的框架下权衡这些不同的解释。WTO 争端解决机构的专家会从中选择与国内法最相一致的司法解释。

条约在我国法律体系中的位阶问题存在不同观点。“国际法位阶比照论”是否存在合理性？根据我国法律规定，条约制定/批准/核准部门是否与相关缔约权限成一一对应关系？不同位阶法律制定者之间在法规的制定和解释方面是否存在联系？最高司法机关在条约的国内解释方面的实践情况怎样？“对《WTO 协定》的直接、间接理解都会受一国包括宪法在内的法律制度以及该国的文化、历史和意识形态背景的影响。”[3] 实施 WTO 诸协定的国内立法是在国内层面上解释 WTO 诸协定的关键因素之一，尤其是起草该立法的方式和在该起草过程中解释 WTO 诸协定的方式。[4] 因此，我国国内法相关规定制约着条约的国内解释。

所谓“国内法位阶比照论”是指有些学者把我国立法中规定的我国国内法的位阶拿来比照国际条约在我国的效力地位的推论。他们把国内法的制定机关和条约的批准机关相比照，把立法权限和缔约权限、缔约名义相比照，推断出条约在我国法律体系中的地位和顺序为：（1）宪法；（2）全国人大决定批准的条约、法律；（3）国务院核准的条约、行政法规；（4）无须决定批准或者核准的条约、部门规章。[5]赵建文教授认为该观点不成立，并给出了下列主要理由：（1）“国内法位阶比照论”不符合国际法的基本理论；（2）无论哪个国家机关行使缔约权，都是代表国家缔结条约；（3）无论国家以什么名义缔结条约，都是代表国家缔结条约；（4）无论国家以什么名义缔结条约，

---

[1] 周旺生：“中国现行法律解释制度研究”，载《现代法学》2003 年第 2 期，第 4 页。

[2] Richard K. Garadiner, Treaty Interpretation, Oxford University Press, 2008, p. 29.

[3] Asif H. Qureshi, Interpreting WTO Agreements: Problems and Persspectives, Cambridge, 2006, p. 71.

[4] Asif H. Qur eshi, Interpreting WTO Agreements: Problems and Persspectives, Cambridge, 2006, p. 75.

[5] 陈寒枫等：“国际条约与国内法的关系及中国的实践”，载《政法论坛》2000 年第 2 期。转引自：赵建文：“国际条约在中国法律体系中的地位”，载《法学研究》2010 年第 6 期，第 202 页。

缔约权都是统一行使的；（5）无论国家以什么名义缔结条约，缔约代表的权限都是国家统一授予的。[1] 笔者认为，《缔结条约程序法》规定的有权对外缔结条约的机构所缔结/批准/核准的条约，根据 VCLT 的相关规定，确实对我国都有拘束力，是代表国家缔结的条约。根据 VCLT 第 2.1 条甲项规定，条约可以采取其他特定名称。但公约并未明确不同的条约名称在法律意义上是否存在差异。从条约的法律效力角度而言，这些诸多不同的条约名称并不影响其对缔约方的拘束力。“条约的效力不取决于它的名称。因此，国际条约不论采取什么名称，都具有国际法上的法律效力。”[2] 从条约的其他缔约方角度来看，不同国家的国内法在缔约程序、条约与国内法关系、条约在国内的实施方式、缔约权限的配置及制约等方面常存在不同的规定，但其他缔约方关心的是所订条约能否被善意遵守，只要符合 VCLT 的规定，并不在意其他国家国内法对享有缔约权的机构作如何规定。从其他国家的视角看，中国的缔约权是统一行使的，不管是由《缔结条约程序法》等国内法规定的那一个机构或个人来行使。

尽管如此，并不能得出结论说，条约的不同名称间无任何差异；从国内视角看，不同国家的国内法对缔约程序、缔约权限、条约形式/名称、条约的国内解释主体等的规定往往具有国内法上不同的意义或效果。“在国际法领域中，有一种普遍意见，认为文件名称具有法律意义是没有必要的，事实上这种说法是难于接受的。”[3] 就中国《缔结条约程序法》而言，不同机构或个人具有不同的缔约/批准/审查权限。实际上，使用不同名称的条约往往与该条约的内容、批准程序等问题存在一定相关性，例如，造法性条约常使用“公约”这个名称。不同性质或重要性不同的条约，或是造法性条约还是契约性条约，与缔结/批准条约的机构/个人的权力层级直接相关。换句话说，由不同国家机构签订/缔结/批准/核准的条约，尽管对其他缔约国来说，对中国都具有同样法律效力，但从中国国内层面来说，还意味着条约缔结、解释权力在不同国内机构间的配置。对国内缔结条约权限的严重违反可能会影响条约效力。

从国际法理来看，“有约必守原则”“善意履行条约义务”已成习惯国际法规则，VCLT 明确规定国际法与国内法的效力关系。VCLT 第 27 条规定：“一当事国不得援引其国内法规定为理由而不履行条约。此项规则不妨碍第 46 条。”VCLT 第 46 条规定：“一国不得援引其同意承受条约拘束之表示为违反该国国内

[1] 赵建文：“国际条约在中国法律体系中的地位”，载《法学研究》2010 年第 6 期，第 202 ~ 206 页。

[2] 徐杰：“论条约的概念及其法律特征”，载《外交学院学报》1996 年第 4 期，第 51 页。

[3] ［美］小约翰·金·甘布尔：“多边条约各种名称的不同意义”，载《环球法律评论》1983 年第 1 期，第 67 页。

法关于缔约权限的一项规定之事实以撤销其同意……”第47条“关于表示一国同意权力之特定限制”的规定表明国内法对缔约权限的规定对条约效力的影响。除VCLT第27条规定的例外，一般情况下，包括一国宪法在内的国内法体系都不应成为该国不履行条约义务的依据。VCLT第46条表明，在特定情况下，条约的效力与缔约国国内法关于缔约权限的规定间存在重要联系，即国内法对缔约权限的配置并非仅具有国内法意义。条约在国内法体系中的位阶直接涉及国际法与国内法冲突的解决。就我国而言，尽管《宪法》并未明确条约在我国法律体系中的地位，但似乎并不能直接得出条约的效力低于我国《宪法》和高于法律的结论。从国际法理看，有效条约除保留条款外，对缔约国具有约束力。对于违反我国《宪法》重要条款的条约约文，可采取条约保留、公共秩序条款等途径排除相关条款对我国的效力。从确定条约国内解释主体而言，“国内法位阶比照论”具有一定价值，因为我国国内法对不同机构规定了不同的解释法律的权限。如果能初步确定条约在我国法律体系中的位阶，可便于初步确定条约的国内解释主体。“国内机构或个人对《WTO协定》的解释会受到其所处的政治和意识形态框架的制约。该国内框架可能会清楚地规定在实施WTO的立法中。就解释者的环境而言，这会对解释产生影响。尽管这严格来说更是一个法律渊源的事项，但该背景因素可能会对解释过程产生影响，特别是对解释的方法产生影响。”❶“因此，解释履行WTO承诺的国内立法之目的解释方法可能不一定与WTO争端解决机制层面上对WTO义务的严格解释相一致。为了在国内解释中既不出现对WTO义务的扩大解释，也不出现与国际承诺不一致的解释，需要使国内对WTO层面上解释WTO诸协定的方法的认识保持一致。”❷

尽管条约解释借鉴了国内法解释的相关理论和方法，但二者间仍存在某些差异。“与国内法解释相比，国际法解释在解释主体、效力、客体和方法等方面体现出自身的特点。只有立法、行政、司法等国家机关或其他得到授权机构的解释，因其与国家权力相结合而成为‘有权’的。此外，在国内法中，主体的解释权力与其解释的法律拘束力是紧密结合的，只要是有权主体的解释必然会相应具有拘束力，而非有权主体所做的解释没有拘束力。对于究竟什么是条约的‘有权’和‘非有权’解释，国际法学界给出的较为清楚明确的界定却实在不多。”❸ 李浩培先生根据条约解释的主体、解释的效力分别界定了官方解释和有权解释的含义：“官方解释是条约当事国或其授权的国际机

---

❶ Asif H. Qureshi, Interpreting WTO Agreements: Problems and Persspectives, Cambridge, 2006, pp. 74, 75.

❷ Supra note 10, p. 74.

❸ 韩燕煦：“条约解释的特点——同国内法解释的比较研究”，载《环球法律评论》2008年第1期，第110页、第111页。

关所作出的对于条约的解释。必须条约当事国全体同意的解释才是有权解释。……有权解释是指一个条约的全体缔约国对该条约的解释。国际司法或仲裁机关根据当事国共同同意而作出的解释，也是有权解释。”❶ 但对国际司法或仲裁机关的解释是否是具有普遍约束力的有权解释则存在疑义：“国际司法或仲裁机关所作的解释实际上不一定具有而且在大多数情况下并不具有普遍拘束力。例如，国际法院在具体案件中对条约的解释，按照《国际法院规约》第59条的规定仅对案件当事国有拘束力，而对其他国家没有拘束力。”❷ 不过，有学者认为：“国际组织中的司法机构对国际协定的解释可能具有立法特征。”❸ 例如，国际法院的判例的作用已超过个案范围；WTO争端解决机构判例作为事实上的“先例”也时常被其他案件的专家组/上诉机构引用。《国际法院规约》第38条将司法判例作为国际法的辅助渊源。可见，国际法中的条约缔约方作出的解释未必具有拘束力，而国内法的有权解释主体所作出的条约国内法解释有相应效力，即其解释权力与解释效力是统一的，而非像条约那样可能是割裂的。

国际社会权力的分散反映到条约解释上，就表现为一个或部分缔约国的解释只能拘束该国或该部分国家，对其他缔约国则没有拘束力；而那些被国家授权的机构所做解释虽然是有权的，但是否有拘束力，还需视主权国家态度依具体情况而定……个别缔约国的解释具有拘束其本国的效力；而且这种拘束力并不是没有意义的：基于善意和禁止反言的原则，该国对于其解释不能够随意更改或违背。❹ 部分缔约国之间的“嗣后协定”仅对该条约的解释起到与“上下文”大致相同的作用，单个缔约方的条约解释行为只有在特定情形下才可能会对条约解释具有意义，但其效力尚无定论。“缔约方的一致惯行是其对条约正确解释的最好证据。”❺嗣后惯例构成了对当事方就条约含义达成的谅解的客观证据。❻

---

❶ 李浩培：《条约法概论》，法律出版社2003年版，第334页、第347页。

❷ Asif H. Qureshi, Interpreting WTO Agreements: Problems and Persspectives, Cambridge, 2006, p. 112.

❸ J. P. Trachtman and P. M. Moreman, Costs and Benefits of Private Participation in WTO Dispute Settlements: Whose Right Is It Anyway? (Winter) HJIL, 2003, pp. 221 - 250.

❹ 韩燕煦：“条约解释的特点——同国内法解释的比较研究”，载《环球法律评论》2008年第1期，第112页、第114页。

❺ Richard K. Garadiner, Treaty Interpretation, Oxford University Press, 2008, p. 225. 关于嗣后惯例的含义、形式、效力等问题，可参见冯寿波：“‘维也纳条约法公约’第31.3条‘Subsequent Practice’研究”，载《西南政法大学学报》2014年第2期。

❻ Kasiki / Sedudu Island (Botswana / Namibia) (1999) ICJ Reports 1045, p. 1076, para 49.

第四节 翻译与条约解释

VCLT 第 33 条规定了“以两种以上文字认证之条约之解释”，但该条仅与国际协定有关。《WTO 协定》第 16 条规定：“英文、法文和西班牙文各有一文本，每个文本均有同等效力。”这似乎间接规定了 WTO 的三种工作语言——英语、法语和西班牙语。这在韩国商船案的专家组报告（WT/DS273/R，para 24）中得到了证实。DSU 也并未就应当如何解决对国内措施翻译中存在的冲突问题提供许多指导。DSU 第 13 条规定了专家组“寻求信息的权利”，国内法律/措施作为事实问题，与之相关的翻译问题当然可借助于语言专家了，专家组当然会自主决定是否采取所指定的（语言）专家的意见。对此，日本胶卷案的专家组似乎已发展出处理就国内措施的正确翻译所存在的意见分歧的程序（WT/DS44/R，para 1.9）。

在国际争端中，对条约用语或 WTO 成员方国内措施的翻译方面的分歧，与其说是翻译学问题，不如说是该翻译或解释涉及能否为当事方的诉求提供支持的问题。因此，对翻译存在的分歧之实质很可能就是条约解释方面的分歧。例如，在巴西影响干可可措施案专家组报告中，“曾提及在专家组与诸当事方首次见面的第二天，巴西向专家组提交了一份两页的文件，载明了对‘Interministerial Ordinance No. 11 和 DTIC Opinion 006/95’翻译的矫正。巴西表明最初译本并不能恰当反映出葡萄牙语言的本义。菲律宾认为专家组在较晚日期接受经修正的译本对菲律宾不公平。”❶ “当事方对国内措施的正确翻译存在不同看法所引发的解释问题，已有不同 WTO 案例。这些问题中的大多数似乎已发生在专家组层面，这可能是因为，在 WTO 中，涉及国内措施的问题通常是事实问题，而仅能向上诉机构就法律问题提起上诉。如果国内法院能引用 WTO 诸协定，则翻译方面的差异在理论上说也可能会在国内层面发生。这些差异大多会与翻译成国内语言有关或与实施《WTO 协定》的国内立法有关。从比较视角研究已出现的任何差异的形式和这些差异如何被消除，非常有价值。尽管如此，该活动会面临语言技能的挑战，需要这些技能来积累数据和比较研究。”❷

在对条约的翻译、国内司法机构对条约的解读、国内立法对条约的转化、在国内层面上对国际法的解释以及政府部门的行政管理中，可发现对包括

---

❶ WT/DS22/R, pp. 36, 37.

❷ Asif H. Qureshi, Interpreting WTO Agreements: Problems and Persspectives, Cambridge, 2006, p. 82.

《WTO 协定》在内的国际法的解释。“正如国内贸易立法影响国际贸易一样，翻译国内贸易立法涉及对《WTO 协定》的实施。”❶ 缔约方对条约的国内实施不仅是通过国内立法方式的实施，还通过将条约翻译成本国官方语言方式来实施。翻译条约的过程也是解释条约的过程。将条约翻译为并非 WTO 等国际组织的官方语言的中文或将国内法翻译为外文，其背景都是对该条约的理解和国内法律制度中对国际条约义务的通常理解。要达到对条约内容的适当理解，除须具备良好外语和汉语水平，还需其他相关材料来促成对条约的恰当理解，这些材料可能包括条约的谈判历史、草案及修订情况、国际争端裁决机构的相关判例、学界研究成果等。“在该方面，国内官方的翻译是相关的。尽管如此，在国际层面上，该翻译文本并不会改变或取代一 WTO 成员的义务。”❷ 这是因为条约是所有缔约国意志的协调，在整体上体现了其共同意思表达，单方或部分缔约国对条约的解释一般来说对其他缔约国无法律效力。一些条约本身会明确规定条约解释的有权机构。

除了在信息透明、准确方面翻译工作有重要作用，在信息收集方面，翻译工作对政府决策和执行部门而言都有积极作用：“如果专家组和上诉机构的裁决在日本和中国未被分别翻译成日语和中文以供其政府机构使用，则这些机构对 WTO 诸协定的认知将是不全面的。”❸ 鉴于翻译在条约解释和国际诉讼中的重要性，“大多数 WTO 法理都指向了解释的差异，表达翻译方面的差异，本质上是《WTO 协定》背景下的国内措施解释方面的差异。”❹ 翻译意味着对两种或两种以上语言的精通，条约翻译意味着对公共英语和专业英语的高水平掌握。否则，在条约的谈判、缔结、实施、国内解释中，会因语言水平而产生问题。“中国入世谈判经历了 15 年，现在回过头来看，当初签订的一些文件中确实存在不少谈判者自己都不一定弄清楚其确切含义的措辞……有些则可能是受到语言的影响。”❺

在包括 WTO 体系在内的国际法层面，可能会因翻译产生许多涉及国内立法的规范冲突问题。首先，如果对国内措施的翻译与成员方提供的与其自己的国内法翻译不同，该新翻译会产生自动修订国内立法的结果吗？当裁决涉及国内措施与 WTO 法相符性背景下对《WTO 协定》的解释时，这与 WTO 专家组/上诉机构的裁决在国内体系中的地位问题不同。如果根据该新译本，国

---

❶ Asif H. Qureshi, Interpreting WTO Agreements: Problems and Persspectives, Cambridge, 2006, p. 71.

❷ Asif H. Qureshi, Interpreting WTO Agreements: Problems and Persspectives, Cambridge, 2006, p. 73.

❸ Asif H. Qureshi, Interpreting WTO Agreements: Problems and Persspectives, Cambridge, 2006, p. 74.

❹ Asif H. Qureshi, Interpreting WTO Agreements: Problems and Persspectives, Cambridge, 2006, p. 82.

❺ 朱榄叶编著：《世界贸易组织国际贸易纠纷案例评析 2007 ~ 2009》，法律出版社 2010 年版，第 369 页。

内立法并未被修订，则该成员并未遵守其WTO义务。而且，该译本的修订在其国内法律制度中的地位通常依赖于其关于国际义务的国内宪法；其次，如果成员以WTO工作语言翻译的其自己的立法与其国内立法不同时，情形会怎样？在该情形下，在WTO层面上，是该成员自己介绍了对其立法的变更；在国内法律制度层面，这两个立法版本哪一个优先？作为国内法事项，这必须依赖于该国国内宪法。作为国际法事项，该情形或许相当于错误（misrepresentation）。如果该译本与WTO一致，则如果该成员在其国内制度中继续使用未被翻译的文本，可能就违反了其WTO义务。[1] 该译本的结果是对国内立法的实质性变更。在韩国影响政府采购措施案中，韩国将其1989年版本的《政府组织法》第2.3条的标题“subordinate linear organizations of the central administrative organs”翻译成修订了原文的“subsidiary organs of central administrative agencies”。专家组认为这两个短语含义不同。并认为对韩文原文的翻译可能增加了该问题的某种模糊性。[2]

第五节　条约的国内有权解释主体

在大多数国内制度中，并不能直接适用《WTO协定》，因此使得国内解释具有WTO的法理基础。包括《WTO协定》在内的条约中规定的各种例外在一定条件下为条约的国内解释提供了自由，尤其在条约对某些具体问题没有作出具体、明确规定的时候，更是如此，且易导致争端。成员对《WTO协定》的国内解释反映了其对相关协定条款的理解，是对协定中模糊条款、漏洞的澄清与填补，是可能形成的“嗣后惯例”中国家一致性行为的组成部分。条约国内有权解释主体主要包括立法、行政和司法机关。

一、国内司法机构的条约解释

《宪法》《立法法》《中华人民共和国人民法院组织法》（以下简称《人民法院组织法》）、《中华人民共和国人民检察院组织法》（以下简称《人民检察院组织法》）等都未明确规定最高人民法院、最高人民检察院是立法主体。但在实践中，最高司法机关已成法律解释的主要主体，其所做的法律解释具备事实上的“法律”效力。“两高相当多数量的以‘通知’‘规定’为形式的司法解释就是一种规范性的解释，尤其是以‘规定’命名的司法文件，大多是

[1] Asif H. Qureshi, Interpreting WTO Agreements: Problems and Persspectives, Cambridge, 2006, p. 85.

[2] WT/DS163/R, paras 2.50, 7.40.

对诉讼程序、证据、法庭规则等作出的规定，并不以解释相关法律文件为目的，甚至是没有可供‘解释’的相关立法。”❶ “现今绝大多数国家法律解释权一般都主要由司法机关行使。……全国人大常委会的确难以有效享有和行使主要的法律解释权，难以胜任主要的法律解释的角色。”❷ 现行有效的司法解释的数量达上千件。❸ 国内法院也进行条约解释。最高人民法院、最高人民检察院对条约的司法解释对我国司法机关有一体遵循的效力。“我国最高司法机关可以就司法工作中具体应用法律、法令问题进行解释。”❹ 该 1981 年决议和《人民法院组织法》第 32 条是我国最高司法机关法律解释权之法律根据。❺《中华人民共和国各级人民代表大会常务委员会监督法》（以下简称《各级人民代表大会常务委员会监督法》）第 31 条规定：“最高人民法院、最高人民检察院作出的属于审判、检察工作中具体应用法律的解释，应当自公布之日起三十日内报全国人大会常委会备案。”但“具体应用法律”的含义及标准并不清楚，对此，有学者认为：“司法解释应严格限制在个案解释的范围，不能超越一个个案而进行规范性的解释，即‘立法化解释’，司法机关‘具体应用’法律的理解，应严格限制于司法机关处理的个案中，严格限制于‘个别性解释’。”❻从而达到减少或避免司法解释的立法化现象。《人民检察院组织法》则无法律解释权方面的规定。该 1981 年“决议内容并没有被《宪法》《立法法》所吸纳，致使其合法性没有得到更高层次的认可。在《立法法》第五章

❶ 袁明圣：“司法解释‘立法化’现象探微”，载《法商研究》2003 年第 2 期，第 4 页；汪全胜：“司法解释正当性的困境及出路”，载《国家检察官学院学报》2009 年第 3 期，第 93 页。

❷ 周旺生：“中国现行法律解释制度研究”，载《现代法学》2003 年第 2 期，第 5 页、第 6 页。司法实践中随时可能发生只有通过法律解释才能正确适用法律的事情，而全国人大常委会通常是每两个月召开一次会议，会议所持续的时间一般也比较短，仅仅由常委会行使法律解释权，就不可能满足司法实践对法律解释的需求。而且，由于法律解释主要是基于司法实践中存在需要解释法律的原因而发生的，常委会并不具体从事司法实践，把法律解释权主要由没有司法实践经验的常委会行使，让专门从事司法实践的主体作为其次的法律解释主体，在理论上和逻辑上便难以说通。这是中国法制建设和法治运作中的一个矛盾。这样的矛盾，既不是立法机关所造成的，也不能归咎于司法机关，而是现行有关法律体制所不可避免的伴随物。改变这种状况，便需要改革和完善现行有关法律体制，完善我们的政治文明。

❸ 汪全胜：“司法解释正当性的困境及出路”，载《国家检察官学院学报》2009 年第 3 期，第 91 页。

❹ 参见 1981 年《全国人大常委会关于加强法律解释工作的决议》。在中国现行法律解释制度框架中，宪法和立法法规定的法律解释制度，是合法或合宪的。而宪法和立法法规定的法律解释制度，不包括最高司法机关、国务院及其主管部门、其他有关机关也可以解释法律的内容。现在仍然有效的 1981 年全国人大常委会《关于加强法律解释工作的决议》，则只有部分内容是合法和合宪的，即只有关于全国人大常委会自身的法律解释事项所作的制度规定是合法和合宪的；其他内容是否合法、合宪，则至少存在疑问。参见周旺生：“中国现行法律解释制度研究”，载《现代法学》2003 年第 2 期，第 5 页。

❺ 《人民法院组织法》第 32 条规定：“最高人民法院对于在审判过程中如何具体应用法律、法令的问题，进行解释。”

❻ 汪全胜：“司法解释正当性的困境及出路”，载《国家检察官学院学报》2009 年第 3 期，第 92 页。

中规定了最高人民法院、最高人民检察院可向全国人大常委会提出法律解释要求，却未明确规定司法机关能独立进行法律解释。可能这里有争议，比如说，《宪法》《立法法》关于法律解释的法律范围仅指全国人大及其常委会的法律，其他属于'法律'的法规范性文件该由谁来解释没有明确，这种情况下司法机关可以行使法律解释权。"❶ 该主张试图通过对"法律"的广义或狭义界定来协调实践中法律解释的法理困境。

我国法院对条约的适用会涉及条约解释。国内外的（准）司法机构在解释条约时的考量和要求存在差异。对 WTO 争端解决机构专家来说，DSU 第 8.2 条强调其公正、独立与专业性，超然于其国籍国利益，在个案中对争端当事方对相关条约条款的解读方式和内容进行评估并得出自己的解读结论；而国内司法机构对条约的解读要受到维护本国主权和利益、文化传统、意识形态的制约，代表本国参与 WTO 争端解决程序的官方代表也与此相同。"国内司法机关会以不同方式涉及解释问题。负责解释过程的国内有权机关的地位和性质是重要的。在某些成员方（例如，中国），仅被指定的组织才能进行条约解释。"❷ 司法解释在我国属于非正式的法律渊源，不具有立法性质。在 WTO 争端解决过程中，国内法院对国内贸易立法或国内实施《WTO 协定》的立法的解释会以多种方式具有意义。同样，国内解释途径对在国内制度中实施《WTO 协定》来说具有重要性。因此，在国内层面和 WTO 层面上，国内解释途径与符合 WTO 规范之间就会相互作用：（1）在确定符合 WTO 法的国内立法中；（2）在解释 WTO 条款过程中，尤其是解释成员减让表过程中，确定国内解释的意义；（3）在 WTO 争端解决制度中确定国内解释的意义。❸

对国内法院作出的不同、存在冲突的条约国内解释时，国际争端裁决机构会面临选择问题。在 1916 年美国反倾销法案中，专家组提及国际法院做法，并引用了巴西贷款案："如果在案件中确定国内法的一个问题对国际法院的裁决来说具有根本性作用，则国际法院将不得不对国内诸法院所依据的法理进行权衡，且如果这并不确定或是割裂的，法院将选择其认为与法律最相一致的解释。"专家组认为，DSU 条款以及上诉机构的实践都未禁止专家组"对（美国）国内法院的法理进行权衡，如果它是不确定的或是割裂的话"。这并不要求我们对美国法律进行独立解释，而仅是在诸相关判决中选择最符合美国法律的解释，以解决争端。专家组还列出了选择正确裁决时要考虑的因素，包括对不同级别美国法院判决的选择、与非终审判决相比更加重视终

---

❶ 汪全胜："司法解释正当性的困境及出路"，载《国家检察官学院学报》2009 年第 3 期，第 91 页。

❷ Asif H. Qureshi, Interpreting WTO Agreements: Problems and Persspectives, Cambridge, 2006, p. 74.

❸ Asif H. Qureshi, Interpreting WTO Agreements: Problems and Persspectives, Cambridge, 2006, p. 77.

审判决、判决中论证和推理的说服力价值。如果用尽上述方法仍不能确定最合适的法院解释，专家组将认为原告未能令人信服地支持其诉求。[1] 不同级别法院在其判决中对体现条约的国内法的解释之效力问题与一国的国内宪法规定相关。国内各级法院作出的涉及条约国内解释的判决间存在冲突、最高法院的裁决或司法解释与本国条约义务相冲突问题，也同样是国内宪法规定的事项。在国际层面上，如果条约的国内解释与条约条款不一致，则该国可能需要对此进行解释，在 WTO 中，则可能会被其他成员提起诉讼。“国内法院的解释在 WTO 争端解决过程中可能会以其他方式表现其特点，尤其是被诉讼的诸当事方用以支持论证。确实，WTO 诸协定越是被纳入成员的国内法律体系，诸当事方在 WTO 层面上就越能获得更多这样的次级规范（second-generation norms）。尽管如此，如果一成员国内法院的解释与该成员在 WTO 争端解决机制中主张的解释不一致时，其自己造成的该解释差异并不能取代 WTO 专家组解释《WTO 协定》相关条款的职能。”[2]

当国内法院涉及国内措施的判决构成 VCLT 第 32 条“缔约情形”之基础时，这些判决会变得重要。对成员国内法院判决原则上能否作为 VCLT 第 32 条的补充方法来予以考虑的问题，欧共体无骨分割冻鸡关税分类案的专家组认为，就 VCLT 第 32 条而言，欧共体立法与欧共体判决间并不存在有效的差异，上诉机构同意该看法，并认为：“就第 32 条下的解释目的而言，如果国内法院判决能有助于确定诸当事方的共同意图，我们同意专家组的一般不应将国内法院判决排除于作为条约‘缔约情形’的考虑。尽管如此，有必要指出，判决一般处理具体事项的争端，就判决性质而言，其与通常适用的立法行为（尽管在某些法律体系中判决可能具有先例的效力）相比不具有什么相关性。”[3] 该案专家组认为，就 VCLT 第 32 条目的而言，“缔约情形”可能有助于对《欧共体减让表》当时谈判历史背景的深入了解。该历史背景由代表欧共体主要形势的事件、行为和其他文件构成。并引用了学者 Mustafa Yasseen 和 Ian Sinclair 的观点予以佐证。[4] 可见，该案上诉机构专家认为，国内司法判决可作为 VCLT 第 32 条规定的缔约情形而在条约解释中起到一定作用。作为条约解释的“缔约情形”之国内法院解释需具备下列条件：“只要与阐明条约文本含义是‘相关的’，没有时间限制；对该‘相关性’的确定要根据国内判决对条约文本的影响——特别是判决如何有助于识别条约当事方的共同意图；需要依据诸客观因素来确定‘相

[1] Case Concerning Elettronica Sicula S. P. A ［ELSI］（US v. Italy）ICJ（1989）, see WT/DS162/R/Add. 1, note 389; WT/DS136/R, para 6. 53, 6. 57, 6. 58.

[2] Asif H. Qureshi, Interpreting WTO Agreements: Problems and Persspectives, Cambridge, 2006, p. 81.

[3] WT/DS269/AB/R, WT/DS286/AB/R, para 309.

[4] WT/DS269/R, para 7. 392; WT/DS269/R, paras 289, 291 and 297.

关性'；国内法院解释已被官方出版且可公开获得。"❶

"假如国内法院和其他机构适用VCLT规则，它们这么做并非仅因为它们选择了'自体法（the proper law）'，而且还因为这会使其结果更可能符合争议中的条约义务。国内判例法可提供有用的难题实例和所建议的解决方法。有很多实例表明国内法院参照、适用VCLT规则的广泛意愿。例如，在CUGNA Insurance Company of Europe Nvea v. Transport NIJS BVBA案中，比利时法院明确提及了VCLT第31条，并认为如果违反解释规则的结果是违反了正在被解释的条约下义务，则可能导致判决被推翻。英国法院判例表明，VCLT规则常仅被作为解释的一个助手（aid），而非一个解释性框架。这或许是因为，法院发现这些规则在为特定难题提供方法或证明将特定要素纳入推理中的合理性方面是有用的。尽管如此，英国实施条约的体制已使法院难以将条约解释视为与解释制定法不同的事情。"❷ 可见，一些国家国内法院在解释条约时重视VCLT解释规则。

二、条约的国内解释与政府国内措施

1981年全国人大常委会《关于加强法律解释工作的决议》规定："不属于审判和检察工作中的其他法律、法令如何具体应用的问题，由国务院及主管部门进行解释。""在法律解释权的归属问题上，中国所采行的制度是二元化的体制。一方面确定全国人大常委会作为法律解释主体，行使法律解释权；另一方面又规定最高司法机关和其他方面也是法律解释的主体，也行使法律解释权。这种二元化的法律解释体制，在目前各国法律解释体制中殊为少见。这是中国法律解释权限划分体制不同于大多数国家的一个特征。"❸ 尽管立法、司法和行政机构都会涉及条约解释，但政府最经常会涉及条约解释，因为政府是条约谈判的主要机构。尽管通常会受到最高权力机关的制约，处理对外各领域的国际关系是政府的重要职能。条约的谈判、缔结和实施中，政府及其官员都必须要解释条约。不同宪法安排下政府实施条约的方法存在差异。条约往往需要借助国内法措施来有效实施，因此，国内立法、行政、司法机构在履行各自职能时都会涉及条约解释。❹

政府采取的措施表明了对包括《WTO协定》在内的条约的国内解释，是条约国内解释的一种表现形式。这些行政措施或行政法规反过来对理解特定的《WTO协定》也会产生影响。"成熟的国内贸易政策的内在一致性会形成

❶ WT/DS269/AB/R, WT/DS286/AB/R, para 309.

❷ Richard K. Garadiner, Treaty Interpretation, Oxford University Press, 2008, pp. 127, 129, 130.

❸ 周旺生："中国现行法律解释制度研究"，载《现代法学》2003年第2期，第6页。

❹ Richard K. Garadiner, Treaty Interpretation, Oxford University Press, 2008, p. 127.

对条约的国内解释结果。由于这个理由，国内贸易政策视角是理解影响国内层面上条约解释过程的一个重要因素。”❶ 由于政府机构拥有宪法、法律规定的权力，不同行政机关拥有不同行政管理权力。政府机关通过其管理行为和执行活动制定与条约有关的行政法规、部门规章、地方规章、政策等，从而因此实际上参与了条约的国内解释过程。例如，国务院发布的《中华人民共和国反倾销条例》（以下简称《反倾销条例》）、《中华人民共和国反补贴条例》（以下简称《反补贴条例》）和《中华人民共和国保障措施条例》（以下简称《保障措施条例》）的性质是行政法规，是最高行政机关以国内行政立法形式对《WTO 协定》之《关于执行 1994 年关贸总协定第 6 条的协定》、SCM 和《保障措施协议》的转化。这些国内立法是国内行政机关对《WTO 协定》的国内解释/转化的最终结果，从理解的角度来说，它们与专家组和上诉机构对《WTO 协定》的解释一样，都是对 WTO 规则的理解和澄清。这些国内立法是如何形成的，其过程就包含对条约的国内理解和解释。中国影响汽车零部件进口措施案与此相关，该案背景是，许多汽车制造商通过大量进口汽车零部件（税率为 10%）方式来规避汽车整车进口关税（25%）。中国政府为此出台了三部部门规章：《汽车产业发展政策》《构成整车特征的汽车零部件进口管理办法》和《进口汽车零部件构成整车特征核定规则》，加强了对进口具有整车特征的汽车零部件关税征收的规制，反映了中国发改委、财政部、海关总署、商务部对 WTO 规则以国内部门规章形式进行的解释或理解。“作为申诉方，欧盟、美国、加拿大等认为系争措施以违反 GATT 1994 第 3.2 条第 1 句话的方式征收了‘国内费用’，而中国则抗辩认为征收的是符合 GATT 1994 第 2.1 条（b）的‘普通关税’。”❷ 该案经过专家组程序和上诉程序后以中国败诉结案，该案对中国上述部门规章的影响是，2009 年 9 月 1 日，上述部委联合宣布取消实施 4 年多的《构成整车特征的汽车零部件进口管理办法》，即未来等于或超过整车价值 60% 的进口零部件将不再被按整车征收关税。在该案的各个阶段，中国商务部基于自己对系争措施和 WTO 规则的理解而提出诉求，“中国针对专家组对依系争措施所征收的费用的定性提出了上诉，并将这一上诉请求作为其随后多项上诉请求的基础。”❸ 中国稀土案 2014 年专家组报告涉及《中华人民共和国进出口关税条例》《2012 年关税实施方案》等法规。可见，政府的行政立法体现了其对包括《WTO 协定》在内的条约的理解和解释，具有国内法效力，但通常不具有国际条约法上的效力，除

---

❶ Asif H. Qureshi, Interpreting WTO Agreements: Problems and Persspectives, Cambridge, 2006, p. 73.

❷ 朱榄叶编著：《世界贸易组织国际贸易纠纷案例评析》，法律出版社 2010 年版，第 27 页。

❸ 朱榄叶编著：《世界贸易组织国际贸易纠纷案例评析》，法律出版社 2010 年版，第 44 页。

非其构成了嗣后协定或嗣后惯例，因为这将对条约的解释产生一定影响。条约的国内解释通常对其他缔约方无约束力，在国际争端解决中，往往成为引发争端的系争措施。如果被WTO争端解决机构确认违反了《WTO协定》，败诉的成员不得不废止或修改相关国内法措施。该案例表明，作为条约的国内解释之表现形式的国内行政法，对条约的理解/解释是准确性与模糊性并存。产生该模糊性或错误理解的主要原因在于国家的利益导向，也会与条约的国内翻译和解释难题有关。当然，国内行政机关对条约的解释与实施并非总是界限如此清晰。我国政府在WTO中作为申诉方/被申诉方/第三方涉诉，相关权利主张往往体现了在国内层面上对条约的解释和理解——无论是通过国内行政法形式，还是通过在争端解决过程中对条约含义或国内法合法性的解释与论证。“申诉方对争端解决机制的启动反映了一缔约方对《WTO协定》解释的看法是如何相异于另一方的看法；当条约的一缔约方作为被告参与了争端，则反映了一成员方对被规定在其国内法中的《WTO协定》的最初解释；通常作为第三方参与争端的成员往往会涉及对《WTO协定》的解释过程的参与，该国国内对诸体系问题的关注。”❶ WTO成员以不同身份参与争端解决，往往会从追求胜诉的策略性目的解释《WTO协定》和本国国内法。国家基于对自身利益的维护，对同一条约条款用语的含义的理解/解释会发生变化。

条约的国内解释也受制于条约为其国内解释留下的可以不同方式实施、解释的自由裁量空间范围。例如，TRIPs第1.1条表明其关注的是各成员保护知识产权的水平而非方式。因此，各成员在其国内法律体系中拥有了实施该协议更为灵活、广泛的立法、司法、法律解释空间。就WTO法而言，通过条约的国内解释，使国内贸易政策目标尽量得以实现。同样，在国际争端解决机构中，国家也拥有解释其国内法的自由裁量空间。

三、条约的国内解释与全国人大及其常委会的立法活动

全国人大常委会的法律解释与法律具有同等效力。《立法法》第42～47条专门规定了法律解释的权限与程序。这些解释程序中仍存在缺陷。“研究和回答谁有权规定中国法律解释制度的问题，便需要选择下限，也就是确定一个起码的规则：有权规定法律解释制度的，至少应当是有权制定法律的机关；无权制定法律的机关，也同样无权规定法律解释制度。”❷ 国家通过宪法规定对条约的实施主要有两个方法：直接适用和转化。后者是指国内立法机关直

---

❶ Asif H. Qureshi, Interpreting WTO Agreements: Problems and Persspectives, Cambridge, 2006, p. 73.

❷ 周旺生：“中国现行法律解释制度研究”，载《现代法学》2003年第2期，第5页。关于《立法法》第42～47条规定的局限性可参见周文第9页。

接援用条约原文或将其转变成立法条款而赋予条约以国内法效力。与国内立法有关的事项在 WTO 中被认为是事实问题，对事实的确定会受制于与翻译有关的某些不确定性。

条约的国内解释并非任意。在 WTO 法框架中，全体成员依据贸易审查机制（TPRM）对成员国/域内全部贸易政策和措施的透明度及对多边贸易的影响、与《WTO 协定》的一致性、对承诺的履行等进行定期监督。条约如何被一般性或具体地进行国内解释也是与完善我国条约解释制度相关的一个问题。不同国家基于自身利益对条约在国内应如何被解释的主张往往存在差异。此外，国际法作为国内法的一个直接渊源或间接渊源，国际法法理或 WTO 法理何时以及如何在国内的条约解释中被予以考虑也会对解释结果是否会与该条约保持一致性产生影响。

在国际海洋法领域，作为"一揽子交易"的 1982 年《联合国海洋法公约》并未解决或明确所有海洋法问题，该公约仅规定了历史性海湾、历史性文物、历史性所有权对划定领海界限的影响（第 15 条），尚未见适用于中国南海"九段线"的条款。但在中国国内层面上，中国对南海九段线以内的海域享有历史性权利或类似领土主权（权利）的理念一直贯穿于我国海洋政策和海洋立法之中。《专属经济区和大陆架法》第 14 条规定："本法的规定不影响中国享有的历史性权利。"该条规定的历史性权利之含义与《联合国海洋法公约》中规定的历史性权利的含义有所不同。该差异与我国人大常委会如何在国内法层面理解公约条款相关。为实施条约而进行的国内立法之起草历史、方式，可体现国内相关政策。但是，对为了在国内实施条约而制定的国内法进行的解释往往应遵守关于法律解释的国内法原则和规则，但这些原则和规则能展现国内解释条约的过程。"因此，解释履行 WTO 承诺的国内立法之目的解释方法可能不一定与 WTO 争端解决机制层面上对 WTO 义务的严格解释相一致。为了在国内解释中既不出现对 WTO 义务的扩大解释，也不出现与国际承诺不一致的解释，需要使国内对 WTO 层面上解释 WTO 诸协定的方法的认识保持一致。"❶ 同样，1986 年第六届全国人大常委会通过的《中华人民共和国外交特权与豁免条例》（以下简称《外交特权与豁免条例》）"是结合中国的法律、具体情况和外交实践，将《维也纳外交关系公约》转化为国内法的结果。"❷ 该条例"不仅澄清了《维也纳外交关系公约》中不明确的条款，而且对公约未作规定的地方也加以补充和完善。"❸ 该条例是我国最高权力机

❶ Asif H. Qureshi, Interpreting WTO Agreements: Problems and Persspectives, Cambridge, 2006, p. 74.
❷ 黄德明：《现代外交特权与豁免问题研究》，武汉大学出版社 2005 年版，第 346～347 页。
❸ 朱奇武：《中国国际法的理论与实践》，法律出版社 1998 年版，第 347 页。

关以国内立法形式对《维也纳外交关系公约》的转化和解释。

在直接适用条约的一些国家，同意成为条约缔约国时向立法机构或其他机构提交的材料中常包括对条约义务的解释性备忘录或其他指南，尽管这样的指南包括了对条约条款的指导性解释，但从根本上说，该解释是对条约用语含义的单边理解。尽管如此，在源于对条约含义分歧而对条约的解释过程中，有时会提及该指南。在采取“转化”方式的国家，与条约文本在措辞上的任何差异可能被当作立法者对条约用语的理解。❶ 全国人大在批准我国加入条约时，其批准文件中时常载有对条约的立法解释。例如，1991 年全国人大常委会通过的对 1965 年《关于向国外送达民事或商事司法文书和司法外文书公约》之文件中，在公约正文之前，有一段说明/解释/对法官适用该条约的指导，其中还包括对第 10 条的保留。不过，《立法法》在法律解释草案说明方面存在一定缺陷：“立法法没有规定列入审议议程的法律解释草案是否应当同时提出关于草案的说明。”❷

条约的国内解释应与其条约义务保持一致，否则可能会涉诉。在 WTO 争端中，国内有权解释成为案件事实。因此，国内立法机关应按照法定权限和程序做好条约的国内解释工作。“国家（National）解释和国内（domestic）解释过程都会与 WTO 争端解决过程和《WTO 协定》的实施间相互影响……一旦缔结了国际协定，就必须在国际层面上对之进行解释并涉及国内立法，并以该方式实施。由于同样原因，为了得到实施，必须在国内层面上解释国际协定。”❸ 中国《领海及毗连区法》《专属经济区和大陆架法》与《联合国海洋法公约》间的互动关系体现了上述观点的正确性。TRIPs 第 1 条体现了国际法与国内法间的相互协作或制约关系。❹ 如果成员域内法规定被其他成员视为不符《WTO 协定》，就可能涉诉。例如，2000 年加拿大药品专利保护案（WT/DS114/R）中，欧共体对《加拿大专利法》第 55.2 条的合 TRIPs 性提出了申诉；在 WTO 争端解决机制中，申诉方和被申诉方都会竭力论证本方诉求的合法性，包括对相关条约/协定条款的解释以及对国际（准）司法机构判

---

❶ Richard K. Garadiner, Treaty Interpretation, Oxford University Press, 2008, p. 128.

❷ 周旺生：“中国现行法律解释制度研究”，载《现代法学》2003 年第 2 期，第 9 页。

❸ Asif H. Qureshi, Interpreting WTO Agreements: Problems and Persspectives, Cambridge, 2006, p. 70.

❹ 在美国 1974 年贸易法第 301 ~ 310 节案中，专家组认为，当根据《WTO 协定》第 26.4 条对国内法与 WTO 义务的一致性进行评估时，必须考虑诸成员法律制度中范围广泛的多样性。在不同法律制度中可以不同方式保证相符性。有价值的是最终结果，而非获得最终结果的方式。只有通过理解和尊重每个成员的法律制度的方法，才能确立对相符性的准确评估。即使授予政府机构具体权力的制定法用语可能在表面上与 WTO 规则相符，但该负责机构在其被授予的自由裁量权限内可能会采取与 WTO 义务不符的国内标准或行政程序，结果使全部法律违反了 WTO 法。相反情形可能同样正确：尽管制定法用语可能构成表面不一致，但在对该相同法律的其他行政的或机构的因素审查后，可合法解除该不一致性。See WT/DS152/R, paras 7.24, 7.27.

例的援引；WTO专家组/上诉机构在其报告中往往会对争端各方对相关条约条款含义的解释之分析论证进行评析并得出自己的理解；如果WTO裁决生效，被指控国内法违反《WTO协定》义务的成员就需修改或完善其域内法，使之与条约义务一致。条约的国内解释应与条约的缔约方在约文中体现的共同意图一致，对条约任意、非善意甚至扭曲的解释是对“有约必守原则”的违反。“并不存在普遍可适用的制度，每个国家的（条约国内解释）程序受其宪法和法律制度的支配。尽管如此，单边解释必须诚实反映缔约方间协定下义务。国内法中的缺陷并不构成缔约方违反条约义务的抗辩。”[1] VCLT第26条、第27条对此有明确规定。在确定国内立法与《WTO协定》的相符性方面，印度专利案的上诉机构认为，为此目的的国内法律是一个事实问题：“在国际公法中，国际裁决机构可能会以几种方式来看待国内法。国内法可以起到对事实的证据作用，并提供国家实践的证据。尽管如此，国内法也可以构成与国际义务相符或不相符的证据。”[2] 因此，作为我国法定的条约解释主体的全国人大常委会通过转化方式解释条约时，其所制定的国内法是对条约的国内理解和解释，具有一定的国际法意义。

第六节　中国国内条约解释主体制度的立法完善

包括条约解释在内的法律解释问题的解决目前可通过完善相关立法作为过渡，在条件成熟时，可制定《法律解释法》。“在法治国家，法律解释制度通常由宪法予以原则规定，再由法律解释法予以集中、系统的专门规定。”[3]在《宪法》与《立法法》中，以‘立法解释’概念取代‘法律解释’之概念，使语义表述更为精确性，另外，在《宪法》与《立法法》中确立‘司法解释’的地位。[4] 包括条约解释在内的法律解释实践与国内条约解释立法间存在互动关系。条约解释实践为相关立法的完善提供实证支持与推动力，条约解释立法有助于使条约的国内解释规范化。“用宪法接受条约，即将‘经我国合法缔结和公布的条约，为我国国内法的重要组成部分’写入我国的宪法。”[5]对中国有效的国际条约实际上已经构成了中国法律体系的组成部分，应当在我国宪法或法律中写入条约在中国法律体系中的地位的一般规定来确认这一

[1] Richard K. Garadiner, Treaty Interpretation, Oxford University Press, 2008, p. 110.

[2] WT/DS50/AB/R, para 65.

[3] 周旺生：“改善中国法律解释制度诸境况”，载《法制日报》2007-04-08。

[4] 汪全胜：“司法解释正当性的困境及出路”，载《国家检察官学院学报》2009年第3期，第94页。

[5] 王勇：《条约在中国适用之基本理论问题研究》，北京大学出版社2007年版，第79页。

事实，应当承认我国法律体系包括对外关系法这个部门和国际条约这个层级。[1] 条约的国内解释有助于在国内层面上实施条约。从对《WTO 协定》的遵守角度看，应重视国内的条约解释（主体、程序）制度的构建与完善。“作为知识的解释需要的材料涉及对国内案例法和 WTO 案例法的翻译。为遵守条约目的的解释需要对国内解释过程予以某种关注，例如，解释的方法和辅助。作为一个策略性的立法工具的解释需要考虑解释过程。作为冲突解决机制的解释需要解决翻译中冲突以及国内解释和 WTO 解释间差异的相应程序。”[2]

中国应修改和完善现行《宪法》和《立法法》关于法律解释权属制度的规定，给予最高司法机关主要的、经常的法律解释主体的合法地位，并进而完善最高司法机关的法律解释制度，使法律解释主体的法律地位和实际作用呈现和谐的而不是分裂的局面。应使《立法法》关于全国人大常委会法律解释范围的规定进一步具体化和具有可操作性。最高司法机关法律解释范围制度，同样需要以法定形式使其具体化和具有可操作性。至于最高司法机关的法律解释程序的法定制度尚付阙如的状况，当然更需要尽快转变。完善中国法律解释制度，需要简化和统一法律解释的名称，实现法律解释内容和形式的统一。[3] “建议在《宪法》第 127 条、第 129 条分别增加规定最高院/最高检察有权对于在审判/检察过程中如何具体应用法律、法令的问题进行解释。”[4] 如果认为条约在国内法中的位阶高于《宪法》，则只能由全国人大常委会来解释我国缔结的条约，这显然与我国条约解释实践不符。如果认为其位阶低于《宪法》而高于或等于我国法律，则根据《立法法》第 42 条，应由全国人大常委会来解释条约。在广义的法律制定方面，国务院仅有权根据《宪法》和狭义的法律来制定行政法规。最高人民法院和最高人民检察院并无解释法律的权力（《立法法》第 43 条）。但上述分析与我国条约解释实践并不完全相符。全国人大常委会专门解释条约的例证尚少。外交部、商务部也无解释法律的权力。但涉及条约解释的相关法律文件表明，最高人民法院、外交部、司法部实际上行使了条约解释的权力。例如，1986 年全国人大常委会批准加入 1958 年《承认及执行外国仲裁裁决公约》，对此，最高人民法院于 1987 年发布了《关于执行我国加入的“承认及执行外国仲裁裁决公约”的通知》，该通知中涉及对《承认及执行外国仲裁裁决公约》第 4 条的解释，这似乎可视为司法权对立法权的侵蚀。

鉴于我国涉及条约解释的立法、理论和实践中存在的问题和争议，鉴于

---

[1] 赵建文：“国际条约在中国法律体系中的地位”，载《法学研究》2010 年第 6 期，第 206 页。
[2] Asif H. Qureshi, Interpreting WTO Agreements: Problems and Persspectives, Cambridge, 2006, p. 86.
[3] 周旺生：“中国现行法律解释制度研究”，载《现代法学》2003 年第 2 期，第 7 ~ 10 页。
[4] 汪全胜：“司法解释正当性的困境及出路”，载《国家检察官学院学报》2009 年第 3 期，第 94 页。

可预见的期间内修改《宪法》《立法法》的可能性难以预测，参照国外相关立法例，我国目前应完善《缔结条约程序法》中的条约解释条款，明确条约在我国法律体系中的位阶，并由此为确定条约的国内解释主体和权限奠定基础，并完善我国条约缔结、解释中的权力制约机制、条约国内解释程序。建议未来修改草案中增加下列几个内容。(1) 依法批准或者参加的条约，自对我国生效之后具有高于法律的效力，但与我国《宪法》相抵触的条款，《宪法》具有高于该抵触条款的效力。(2) 对于具有基本法律性质的条约的解释，全国人大及其常委会拥有解释的权力；对于具有契约性质的经贸性质的条约的解释，国务院及相关部委具有解释的权力；最高人民法院和最高人民检察院在个案中对条约的解释不具有普遍的效力。(3) 应当规范条约的汉译和国内法的外文翻译。(4) 加强对条约国内解释权力的制约和监督。

法律解释与制定、修改法律并不相同，因此，有必要划清法律解释同法律制定、修改之间界限。否则，"使立法的严肃性受损害。最高司法机关的法律解释同法律修改和补充混同起来，就直接侵犯了立法权，堕入违法以至违宪的境地。"❶ 此外，还应明确国务院及其部委的法律解释权限、程序及效力："《立法法》虽然是规定国家的立法制度，但也需要确立'各制定机关对其制定的法规性文件的解释是立法解释，立法解释与立法机关制定的法规性文件具有同等效力。'严格将司法解释限制在'个案'上，其他解释权力可以由最高人民法院、最高人民检察院提出议案，由全国人大常委会来进行立法解释。司法解释的法律效力限于其个案的范围。行政解释只对行政机关的行为有约束力，不能对司法机关产生约束力。司法解释不能侵越立法权。建立与《立法法》《监督法》规定相一致的司法解释的备案审查制度。"❷

❶ 汪全胜："司法解释正当性的困境及出路"，载《国家检察官学院学报》2009年第3期，第8页。
❷ 汪全胜："司法解释正当性的困境及出路"，载《国家检察官学院学报》2009年第3期，第94页。

参考文献

一、中文资料

（一）著作

[1] 安托尼·奥斯特．现代条约法实践［M］．江国青，译．北京：中国人民大学出版社，2005.

[2] 约翰·H. 杰克逊．世界贸易体制：国际经济关系的法律与政策［M］．张乃根，译．上海：复旦大学出版社，2001.

[3] 李浩培．条约法概论［M］．北京：法律出版社，2003.

[4]［英］伊恩·布朗利．国际公法原理［M］．曾令良，余敏友等，译．北京：法律出版社，2003.

[5]［英］劳特派特修订．奥本海国际法（上卷第二分册）［M］．王铁崖，陈体强，译．北京：商务印书馆，1972.

[6] 朱榄叶．WTO 国际贸易纠纷案例评析 1995 ~ 2002（上）［M］．北京：法律出版社，2004.

[7] 杨国华等．WTO 争端解决程序详解［M］．北京：中国方正出版社，2004.

[8] 张东平．WTO 司法解释论［M］．北京：法律出版社，2005.

[9] 杨国华．WTO 的理念［M］．厦门：厦门大学出版社，2012.

[10] 邵沙平．国际法［M］．北京：中国人民大学出版社，2007.

[11] 万鄂湘，石磊，杨成铭，邓洪武．国际条约法［M］．武汉：武汉大学出版社，1998.

[12] 韩立余．既往不咎——WTO 争端解决机制研究［M］．北京：北京大学出版社，2009.

[13] 朱奇武．中国国际法的理论与实践［M］．北京：法律出版社，1998.

[14]［英］蒂莫西·A. O. 恩迪科特．法律中的模糊性［M］．北京：北京大学出版社，2010.

[15]［美］约翰·H. 杰克逊．世界贸易体制：国际经济关系的法律与政策［M］．上海：复旦大学出版社，2001.

[16] 王铁崖．国际法［M］．北京：法律出版社，1995.

[17] 程红星．WTO 司法哲学的能动主义之维［M］．北京：北京大学出版社，2006.

[18] 宋杰．国际法院司法实践中的解释问题研究［M］．武汉：武汉大学出版社，2008.

[19] 陈欣．WTO 争端解决中的法律解释——司法克制主义 vs. 司法能动主义［M］．北京：北京大学出版社，2010.

[20] 保护文学艺术作品伯尔尼公约指南［M］．刘波林，译．北京：中国人民大学出版

社，2002.
[21]［英］杰罗德·莫尔，［加］维托尔德·提莫斯基.《粮食和农业植物遗传资源国际条约》解释性指南［M］. 北京：中国政法大学出版社，2011.
[22] 王军等. WTO 保障措施成案研究（1995～2005 年）［M］. 北京：北京大学出版社，2008.
[23] 赵维田. WTO 的司法机制［M］. 上海：上海人民出版社，2004.
[24] 李巍. 联合国国际货物销售合同公约评释（第二版）［M］. 北京：法律出版社，2009.
[25] 张玉卿. 国际货物买卖统一法——联合国国际货物销售合同公约释义［M］. 北京：中国商务出版社，2009.
[26] 陈安. 国际经济法概论［M］. 北京：北京大学出版社，2010.
[27]［德］约格·莱因伯特，西尔克·冯·莱温斯基. WIPO 因特网条约评注［M］. 万勇，相靖，译. 北京：中国人民大学出版社，2008.
[28] 孔祥俊. WTO 知识产权协定及其国内适用［M］. 北京：法律出版社，2002.
[29] 廖诗评. 条约冲突基础问题研究［M］. 北京：法律出版社，2008.
[30] 刘瑛. 联合国国际货物销售合同公约解释问题研究［M］. 北京：法律出版社，2009.
[31]［英］宁勋爵. 法律的训诫［M］. 北京：群众出版社，1985.
[32] 周鲠生. 国际法大纲［M］. 北京：商务印书馆，1922.
[33] 邹瑜. 中华人民共和国法律释义全书（国家法律、刑事法律卷）［M］. 北京：法律出版社，1996.
[34] 罗国强. 国际法本体论［M］. 北京：法律出版社，2008.
[35] Thomas Cottier，Krista N. Schefer. WTO 中的善意及合法期望之保护［M］. 韩秀丽，译. 北京：北京大学出版社，2005.
[36] 刘敬东. WTO 法律制度中的善意原则［M］. 北京：社会科学文献出版社，2009.
[37] 菲德罗斯等. 国际法［M］. 李浩培，译. 北京：商务印书馆，1981.
[38] 王千华. 论欧洲法院的司法能动性［M］. 北京：北京大学出版社，2005.
[39] 傅崐成等编译. 弗吉尼亚大学海洋法论文三十年精选集（第三卷）［M］. 熊良敏，译. 厦门：厦门大学出版社，2010.
[40] 王秀梅. 国家对国际社会整体的义务［M］. 北京：法律出版社，2009.
[41]［比］约斯特·鲍威林. 国际公法规则之冲突——WTO 法与其他国际法规则如何联系［M］. 周忠海等，译. 北京：法律出版社，2005.
[42] 梁西. 国际法［M］. 武汉：武汉大学出版社，2000.
[43] 宋杰. 国际法中普遍性法律利益的保护问题研究［M］. 北京：中国人民大学出版社，2012.
[44] 黄瑶主编. 国际法［M］. 北京：北京大学出版社，2007.
[45] 郑斌. 国际法院与法庭适用的一般法律原则［M］. 韩秀丽，蔡从燕，译. 北京：法律出版社，2012.

[46] 黄德明．现代外交特权与豁免问题研究［M］．武汉：武汉大学出版社，2005.
[47]［美］Jack L. Goldsmity，Eric A. Posner. 国际法的局限性［M］．龚宇，译．北京：法律出版社，2010.

（二）论文

[1] 曾令良．WTO 法治面临的主要挑战及其应对［J］．法学杂志，2011（9）．
[2] 王勇．论条约名称在中国国内法上的规范化运用［J］．南京社会科学，2012（2）．
[3] 蔡从燕．国内公法对国际法的影响［J］．法学研究，2009（1）．
[4] 邵沙平．国际刑法公约中的“保护主权”条款探析［J］．甘肃社会科学，2005（6）．
[5] 赵建文．国际条约在中国法律体系中的地位［J］．法学研究，2010（6）．
[6] 苏小妹．法律语体中的情态动词“得”［J］．求索，2008（2）．
[7] 李剑波，种夏．法律英语中情态动词 shall 和 may 的翻译［J］．US – China Foreign Language，2006（6）．
[8] 许加庆．法律英语文本中情态动词 shall 的用法及翻译［J］．学理论，2009（5）．
[9] 赵宏坤．浅述法律汉语“应当”的误译［J］．重庆城市管理职业学院学报，2011（1）．
[10] 孙志祥．合同英译理解过程中的“合法”前提和“求信”标准［J］．中国翻译，2001（5）．
[11] 王宏．模糊语言及其语用功能［J］．外语教育，2003（2）．
[12] 魏敏．论法律用语的语言特征——论模糊性及其翻译［J］．福建政法管理干部学院学报，2008（1）．
[13] 陈小全，刘劲松．法律文本中 shall 的问题及解决途径［J］．中国翻译，2011（3）．
[14] 陈云良．法律的模糊问题研究［J］．法学家，2006（6）．
[15] 吕洁．论嗣后惯例解释方法的 WTO 争端解决实践［D］．郑州：郑州大学，2012.
[16] 李克兴．英语法律文本中主要情态动词的作用及其翻译［J］．中国翻译，2007（6）．
[17] 刘勇．论 GATT1994 第 20 条对中国加入议定书的可适用性［J］．环球法律评论，2012（1）．
[18] 冯寿波．TRIPs 协议公共利益原则条款的含义及效力——以 TRIPs 协议第 7 条能否约束其后的权利人条款为中心［J］．政治与法律，2012（2）．
[19] 黄东黎．主张一定的灵活性——国际法条约解释理论和实践研究［J］．国际贸易，2005（3）．
[20] 吴卡．条约规则如何成为一般习惯法——以《联合国海洋法公约》为考察重点［J］．北京科技大学学报（社会科学版），2011，27（2）．
[21] 索必成．谈“中国加入世界贸易组织法律文件”的中文翻译［M］//陆文慧主编．法律翻译——从实践出发，北京：法律出版社，2004.
[22] 高翔．国际宪政主义思潮及其启示［J］．武汉理工大学学报（社会科学版），2010（2）．
[23] 古祖雪．国际法体系的结构分析［J］．政法论坛，2007（6）．
[24] 施蕾．法律英语中的情态动词 shall 及其翻译［J］．工会论坛，2008，14（2）．
[25] 陈海明．国际强行法的基本法理思考［J］．太平洋学报，2013（4）．
[26] 张胜军．当代国际社会的法治基础［J］．中国社会科学，2007（2）．

[27] 徐崇利．经济自由化、全球化、一体化与世贸组织法律体制的特征及发展趋势[J]．南京大学法律评论，2002，秋季号．
[28] 边永民．多边环境条约中的贸易措施分析［M］//国际商法论丛（第9卷）．北京：法律出版社，2008.
[29] 田慧敏．国际法上的权利冲突问题研究［D］．吉林：吉林大学，2013.
[30] 王秀梅．国际法体系化机制及其进路［J］．政法论丛，2007（2）．
[31] 黄伟．也论国际法的等级［G］．2008 全国博士生学术论坛（国际法）论文集．
[32] 张辉．国际法效力等级问题初探［J］．海南大学学报（人文社会科学版），2010（4）．
[33] 古祖雪．现代国际法的多样化、碎片化与有序化［J］．法学研究，2007（1）．
[34] 黄惠康．当代国际法的若干发展趋势［J］．西安政治学院学报，2013，26（4）．
[35] 王宝川．论 Shall 在汉英法律翻译中的应用［D］．重庆：西南政法大学，2010.
[36] 许楚敬．WTO 争端解决中“有关国际法规则”的一个解释工具［J］．学术研究，2010（12）．
[37] 管建强．美国无权擅自在中国 EEZ 从事“军事测量”［J］．法学，2009（4）．
[38] 周旺生．中国现行法律解释制度研究［J］．现代法学，2003（2）．
[39] 谢新胜．中国的条约缔结程序与缔约权——以“缔结条约程序法”立法规范为中心的考察［J］．华东政法大学学报，2012（1）．
[40] 侯连琦．论我国宪法中有关国际条约适用的缺失［J］．江南大学学报（人文社会科学版），2008（1）．
[41] 刘永伟．国际条约在中国适用新论［J］．法学家，2007（2）．
[42] 赵宏坤．浅述法律汉语“应当”的误译［J］．重庆城市管理职业学院学报，2011（1）．
[43] 徐杰．论条约的概念及其法律特征［J］．外交学院学报，1996（4）．
[44] ［美］小约翰·金·甘布尔．多边条约各种名称的不同意义［J］．环球法律评论，1983（1）．
[45] 韩燕煦．条约解释的特点——同国内法解释的比较研究［J］．环球法律评论，2008（1）．
[46] 冯寿波．“维也纳条约法公约”第［31］3 条“Subsequent Practice”研究［J］．西南政法大学学报，2014（2）．
[47] 袁明圣．司法解释“立法化”现象探微［J］．法商研究，2003（2）．
[48] 汪全胜．司法解释正当性的困境及出路［J］．国家检察官学院学报，2009（3）．

二、英文资料

（一）著作

[1] H. Grotius, De Jure Belli ac Pacis, Book II, Oceana, reprint 1964.
[2] Richard K. Garadiner, Treaty Interpretation [M]. Oxford University Press, 2008.
[3] Alexander Orakhelashvili. The Interpretation of Acts and Rules in Public International Law [M]. Oxford University Press, 2008.
[4] J. H. Spencer. L'interpretation des traits par les travaux preparatoires [M]. 1934.
[5] Yearbook of ILC, vol I, 1964.

[6] Malgosia Fitzmaurice. Treaty Interpretation and VCLT：30 Years on [M] . Martinls Nijhoff Publishers，2010.

[7] Bryan A. Garner. Black's Law Dictionary（Senenth Edition）[M] . West Group，1999.

[8] Daniel Gervais. The TRIPs Agreement：Drafting History and Analysis（2nd Edition）[M] . London Sweet & Maxwell，2003.

[9] Carlos M. Correa，Trade Related Aspects of Intellectual Property Rights [M] . Oxford University Press，2007.

[10] Asif H. Qureshi. Interpreting WTO Agreements：Problems and Persspectives [M] . Cambridge，2006.

[11] UNCTAD-ICTSD. Resource Book on TRIPs and Development [M] . Cambridge University Press，2005.

[12] Lori F. Damrosch，etc. International Law：cases and materials（Fifth Edition）[M] . West Academic Publishing，2009.

[13] Nuno Pires de Carvalho. The TRIPs Regime of Patent Rights（2nd Edition）[M] . Kluwer Law International，2005.

[14] David Palmeter and Petros C. Mavroidis. Dispute Settlement in the World Trade Organization：Practice and Procedure [M] . Kluwer Law International，1999.

[15] Ian Sinclair. The Vienna Convention on the Law of Treaties（2nd edition）[M] . Manchester University Press，1984.

[16] Malgosia Fitzmaurice，etc. Treaty Interpretation and the Vienna Convention on the Law of Treaties：30 Years on [M] . Martinus Nijhoff Publishers，2010.

[17] Myres S. McDougall，etc. The Interpretation of International Agreement and World Public Order [M] . New Heaven Press，1994.

[18] Gyorgy Haraszti. Some Fundamental Problems on the Law of Treaties [M] . Akademiai Kiado，1973.

[19] J. H. Spencer. L'interpretation des traits par les travaux preparatoires [M] . 1934.

[20] Harris，M. O'Boyle & C. Warbrick. The Law of the European Convention on Human Rights [M] . Oxford University Press.

[21] B. Cheng. General Principles of Law as applied by International Courts and Tribunals [M] . Stevens and Sons，Ltd.，1953.

[22] Lautterpacht. The Development of International Law by the International Court [M] . Cambridge University Press，1982.

[23] Jacobs，White & Ovey. The European Converntion on Human Rights [M] . Oxford University Press，2006.

[24] Matsushita，M. Schoenbaum Y. & P. C. Mavroidis. The World Trade Organization Law，Practice and Policy（2nd Edition）[M] . Oxford University Press，2006.

[25] Bateman，Sam. Security and the Law of the Sea in East Asia：Navigational Regimes and EEZ [M] . Oxford University Press，2006.

[26] Keyuan Zou. An International Regime for Marine Scientific Research in China [M] . National University of Singapore, 2001.

[27] Louis B. Sohn, John E. Noyes. Cases and Materials on the Law of the Sea [M] . Transnational Publishers, Inc. , 2004.

[28] Helmut Tuerk. Reflections on the Contemporary Law of the Sea [M] . Martinus Nijhoff Publishers, 2012.

[29] David Freestone, Richard Barnes and David M. Ong, The Law of the Sea: Progress and Prospects [M] . Oxford University Press, 2006.

[30] Louis B. Sohn, John E. Noyes. Cases and Materials on the Law of the Sea [M] . Transnational Publishers, Inc. , 2004.

[31] United Nations Pulication. The Law of the Sea, MSR, Legislative History of Art [M] . 246 of UNCLOS, 1994.

[32] Mapplebeck. Management of Navigation through Vessel Traffic Services [M] . Martinus Nijhoff Publishers, 2000.

（二）论文

[1] G. Schwarzenberger. Myths and Realities of Treaty Interpretation: Art [J] . 27 – 29 of the Vienna Draft Convention on the Law of Treaties, 1968, 9 Va J Int'Il1.

[2] Peter K. YU. The Objectives and Principles of the TRIPs Agreement [J] . 46 Hous. L. Rev. 979, 2009.

[3] Protocol Rectifying Discrepancy in Text of Charter, Berlin, 6 Oct. 1945, in Trial of Major War Criminals Before the International Military Tribunal, Vol. 1, Documents (London: HMSQ, 1947).

[4] R. Dhanjee and L. Boisson de Chazournes. TRIPs: Objectives, Approaches and Basic Principles of the GATT and of Intellectual Property Conventions [J] . 5 Journal of World Trade, 1990.

[5] N. Netanel. The Next Round: The Impact of the WIPO Copyright Treaty on TRIPs Dispute-Settlement [J] . 37Virginia J. of Int'l Law, 1997.

[6] B. H. Oxman, The Regime of Warships under UNCLOS [J] . 24 Virginia Journal of International Law, 1984.

[7] I. Johnstone. Treaty Interpretation: the Authority of Interpretive Communities [J] . Michigan JIL, (1990 – 1991) 12.